社会学入門

塩原良和・竹ノ下弘久 編

弘文堂

社会学入門……………目次

はじめに────塩原良和・竹ノ下弘久…………1
 1 人は、独りでは生きられない
 2 分業と相互依存
 3 構造の束縛
 4 変革への想像力
 5 批判的思考・再帰的実践・対話
 6 本書の構成と使い方

第 1 部 社会を読み解く──社会学的思考　　　　　　　　11

●第 1 章●
「自己」を読み解く──相互行為・後期近代社会・アイデンティティ
 荻野達史…………12
 1 問わされる「自分」、分からない「自分」
 2 「自己」と相互行為
 3 「自己」と近代社会
 4 「社会学」的な自己論の想像力へ
COLUMN　「分かりやすくされた私」と悩ましい「アイデンティティ」●荻野達史　　26

●第 2 章●
「家族」を読み解く──親たちへの批判的なまなざしを問い直す　西村純子…………27
 1 「モンスターペアレント」問題
 2 「モンスターペアレント」を生みだす社会
 3 村落社会の子育てシステム
 4 近代化のプロセスと家族
 5 近代家族
 6 子ども・家族・地域社会の今後
 7 「モンスターペアレント」再考
COLUMN　保育園ってどんなところ？●北相模美恵子　　38

●第 3 章●
「性」を読み解く──ジェンダーとセクシュアリティ　大貫挙学…………39
 1 社会現象としての「性」
 2 「女」「男」であることの政治性
 3 「異性愛」は「自然」なことなのか？
 4 後期近代における「性」の再帰的変容
COLUMN　アグネスとブランドン──マイノリティの存在から浮かび上がる性別の社会性●松木洋人　　50

目次　i

●第4章●
「教育達成」を読み解く──階層構造・選抜システム・行為選択
　　荒牧草平…………51
　1　格差社会化と二極化の進行？
　2　事実の確認
　3　社会の仕組みを知る──教育選抜のシステム
　4　人々の行為選択と教育達成の階層化
COLUMN　教育熱心と学校不信●荒牧草平　　65

●第5章●
「階層」を読み解く──グローバリゼーション・労働市場の流動化・不平等
　　竹ノ下弘久…………66
　1　格差問題への関心の高まり
　2　階層研究の基本的な考え方と階層移動を媒介する制度
　3　日本における階層移動と諸制度との関係
　4　脱工業化、グローバル化、労働市場の流動性の増大
　5　貧困、階層、福祉国家
COLUMN　外国人の受け入れと統合●ウラノ・エジソン　　79

●第6章●
「情報」を読み解く──「メディアと政治」研究入門　烏谷昌幸…………80
　1　メディアと政治
　2　アジェンダの設定
　3　政治とテレビ
　4　グローバル・ニュースメディアとテロリズム
COLUMN　その出来事をニュースにしたのは誰か？●山口　仁　　92

●第7章●
「環境問題」を読み解く──環境問題の空間的・時間的変容　平岡義和…………93
　1　公害から環境問題へ？
　2　公害の空間的（国際的）構図の変容
　3　地球温暖化の時間的・空間的構図
　4　地球温暖化と経済成長──環境社会学の理論から
COLUMN　Climategate事件と温暖化の科学的・社会的構築●平岡義和　　105

●第8章●
「文化」を読み解く──ブラジル系移民の文化活動を事例に
　　アンジェロ・イシ…………106
　1　「文化研究」の幅広さと奥深さ
　2　「移民の文化」というパズルをどう解読するか

3　終わりなき追跡への誘い
COLUMN　日本で広がる「ブラジル文化」●MC Beto　　120

第 2 部　社会を調べる──社会学的調査　　121

●第9章●
数字で社会学する──量的調査と計量分析　田辺俊介…………122
　1　はじめに──「数字で社会を見る」ということ
　2　量的調査とは何か？──「数字」として社会を捉える方法
　3　計量分析の色々──量的調査データを料理する道具
　4　数字は「雄弁」である。ゆえに「ウソ」や「間違い」には要注意！
COLUMN　社会調査データの図書館としての「データアーカイブ」●田辺俊介　　137

●第10章●
ライフストーリーインタビューで社会学する──人生の物語を聞き取る
　　　　南山浩二…………138
　1　人生の物語を聞き取る──ライフストーリーインタビューへ
　2　質的研究法への関心の高まり
　3　ライフストーリーインタビューとは何か
　4　人間主体の方法としてのライフストーリー研究
　5　固有な人生の物語──ライフストーリー研究の実際
　6　社会・文化の痕跡を読み解く
　7　ユニークで生々しい人生の物語との出会いとさまざま気づき
COLUMN　ライフストーリーインタビューと語られ方をめぐる政治●南山浩二　　150

●第11章●
歴史で社会学する──歴史社会学、あるいは近代世界を縁から折り返す方法
　　　　石原　俊…………151
　1　1931年、小笠原諸島、ある女性の語りから
　2　「周辺」化された側から近代世界をみる
　3　近代世界を縁から折り返す
COLUMN　指紋法と移動の管理●高野麻子　　165

第 3 部 社会を動かす／社会とつながる──社会学と実践　167

●第 12 章●
社会学で社会を動かす──社会学の実践について考える　斎藤嘉孝……… 168
1　はじめに
2　社会学を学んだ人が社会を動かす、4 つのシナリオ
3　おわりに

●第 13 章●
市民運動・社会運動とつながる──社会学から見えてくること
　　　西城戸誠………182
1　社会を動かす／社会とつなげるための「社会運動」
2　生活クラブ生協の実践──消費材から社会を考える
3　生活者の視点による政治と労働──代理人運動とワーカーズ・コレクティブ
4　「個」の時代の社会運動の困難と可能性
5　社会運動に対して社会学ができること

COLUMN　グローバル社会運動●濱西栄司　　195

●第 14 章●
地域とつながる──社会学と地域づくり　土居洋平………196
1　はじめに──地域を研究することは地域とつながること
2　地域と地域づくりを考える
3　地域づくりに〈関わる〉
4　まとめ

COLUMN　まちづくりくまちづくろい●明石あおい　　208

第 4 部 社会が変わる──社会学と高度近代　209

●第 15 章●
「社会」が変わる──近代社会の論理とその変容　菅野博史………210
1　「婚活」の時代背景
2　民主主義制度の再帰性
3　民主主義のパラドックス
4　リスク社会としての現代
5　再帰的近代の可能性

COLUMN　経済システムと再帰性●菅野博史　　221

●第 16 章●
「空間」が変わる——グローバル都市／地方都市における「ジモトらしさ」のゆくえ
　　　五十嵐泰正・川端浩平…………222
　　1　グローバル化と都市
　　2　まちづくり／創造都市論の可能性と陥穽
　　3　「ジモト」と「ヨソモノ」
　　4　意図せざる帰結としての排除／没個性化

●第 17 章●
「国家」が変わる——福祉国家の形成と変容　冨江直子…………236
　　1　「国家」の両義性
　　2　近代国家と「個人」
　　3　共同体としての「国家」——「国民」の形成
　　4　福祉国家
　　5　現代福祉国家の挑戦
COLUMN　福祉国家の諸類型●金　成垣　　249

●第 18 章●
「国民」が変わる——ナショナリズムと多文化主義／多文化共生
　　　塩原良和…………250
　　1　「単一民族」社会という「事実誤認」
　　2　「同質的な社会」という信念と「日本人性」
　　3　「郷に入れば郷に従え」の不可能性
　　4　「助っ人」との「共生」？
　　5　「既得権益」を失うことへの不安
　　6　「対話」と「共生」の根拠
COLUMN　私を見て疑いなく「日本人」と思うのは時代遅れ●宮ヶ迫ナンシー理沙　　264

●第 19 章●
時代が変われば、社会学も変わる
——新しい社会学的思考の担い手となるべき社会学入門者のために
　　　櫻井龍彦…………265
　　1　はじめに
　　2　社会学的思考の典型としてのアーヴィング・ゴフマン
　　3　社会の変化と社会学
　　4　社会学を学ぶからには
COLUMN　社会学の入門書から見る社会の変化●櫻井龍彦　　277

●補論●
場所が変われば、「社会学」も変わる
　　　——国境を越えて社会学を学ぶということ　木村真希子…………278
　　1　はじめに
　　2　西洋の理論と、現地の文脈と——輸入学問としての社会学
　　3　エスニシティを事例に
　　4　おわりに——国境を越えて社会学を学ぶということ

索引…………285
執筆者紹介…………292

はじめに

塩原良和・竹ノ下弘久

1……人は、独りでは生きられない

「人は、独りでは生きられない」——これが、社会学を学ぶ際の根本的な前提である。言い換えれば、人は、社会とは無関係ではありえず、常に社会関係のなかにある社会的存在だ。当たり前じゃないか、と思うかもしれない。だが、この言葉に反発する人もいるはずだ。「いや、俺は独りで生きてきた」。「人は、なるべく他人の世話にならずに自立して生きるべきだ」。世の中には、そのように信じている人も多い。

「人は、独りでは生きられない」——この言葉を、もう少し詳しく考えてみよう。「独り」とはすなわち「他者との関わりをもたない」ということだ。この場合の「他者」には、ひとりひとり固有の顔や人格をもつ他人という意味もある。しかし、そのような個別具体的な人間関係を超えて抽象化・一般化された価値規範（G. H. ミードのいう**一般化された他者**[1]）であったり、制度やシステムであったりもする。

いっぽう「生きられない」には、文字通り生命を維持するという意味もある。しかし、「もう、あの経営者は死に体だ」「彼の政治生命は終わった」などともいう。この場合、その経営者や政治家が生物学的に死ぬわけではない。そうではなくて、その人が何らかの意味で社会的に意味ある人生を送ることが困難になるということだ。これは社会的な死である。

したがって「人は、独りでは生きられない」という言葉は、以下の図で示されるA-X、A-Y、B-X、B-Yという4つの意味をもちうる。

	「独り」		「生きられない」
A	個別具体的な他人との人間関係がない	X	生命が維持できない
B	社会を動かす規範・制度・システムとの関わりをもたない	Y	社会的に意味ある人生を送れない

---

[1] G. H. ミード（河村望訳）『精神・自我・社会』人間の科学社、1995.

A-Xの意味での「人は、独りでは生きられない」という主張には、原則として誰も反論できない。結局のところ、赤ん坊は誰かの助けがなければ大人になれないのだから。ただし、乳幼児を取り巻く社会のあり方は時代や場所によってさまざまだ。現代日本であれば、児童虐待や育児放棄が社会問題とされる。とにかく、誰もが誰かの助けを借りて大人になったことは間違いない。しかし、大人になってからはそのことをすっかり忘れて「俺は独りで生きてきた」と言い張る人も多い。そして、「自立」や「自己責任」といった言葉が濫用される。

　A-Yの意味で「人は、独りでは生きられない」のだろうか。たとえばひきこもり、不登校、ニートといった、他人との具体的なつながりを断たれたり、不十分なかたちでしか持つことができないような状況にある人々は、幸せなのだろうか。人が幸せを感じるのは、どんな人とつながって生きているかによるところが大きいのではないか。

　このように、「人は、独りでは生きられない」についてA-X、A-Yの意味で考えてみることも、現代社会のあり方を考えるうえで大きなヒントになる。したがって、社会学は個別具体的な個人間の関係も考察の対象にする[2]。ただし、心理学や精神医学、コミュニケーション論といった隣接領域との対比で考えると、社会学のユニークさは、B-XやB-Yといった意味で「人は、独りでは生きられない」について考えるところにあるといえる。

2………分業と相互依存

　B-Xの意味での「人は、独りでは生きられない」については、あまり実感がわかない人が多いかもしれない。しかし、現代社会において、人は市場メカニズムを通じた相互依存なくして生命を維持することはできない。

　たとえば、あなたが都会に暮らしているとしよう。あなたは日々の食料をスーパーや商店、生協、コンビニ、宅配サービスなどで、代金を支払って購入しているだろう。自分で農作物や家畜を育てたり、魚を釣ったりしてすべてを賄っている人はいないはずである。あなたの買った食糧や製品は、誰か別の農家や工場で生産されて、それが流通の経路を経てあなたの近所のスーパーに届いたり、あなたの家に配達されるのだ。他方で、それらを購入するお金は、あなた

---

[2] 本書では十分に取り上げていないが、社会学には、個別具体的な対人関係を「社会関係資本（ソーシャル・キャピタル）」として概念化し、対人関係を通じて、人はどのような資源を獲得し、社会の中でよりよく生きることができるのか、考察する領域がある。野沢慎司編・監訳『リーディングス　ネットワーク論―家族・コミュニティ・社会関係資本』勁草書房, 2006. ナン・リン（筒井淳也ほか訳）『ソーシャル・キャピタル―社会構造と行為の理論』ミネルヴァ書房, 2008.

かあなたの家族が働いて稼いだものだろう。それゆえあなたかあなたの家族も、モノやサービスの生産をつうじて社会につながっている。つまり私たちはみな、貨幣による交換を媒介とした**社会的分業**の仕組みのなかで暮らしている。

また私たちのなかで、家の水道が出なくなったり、電気の配線が故障したり、電話が使えなくなったり、パソコンが故障したときに、そのすべてを自分自身で修理できる人がどれだけいるだろうか？　おそらくほとんどの人が、専門の業者や技術者に修理を依頼するのではないだろうか。トイレが壊れたら、夜中でも24時間営業の水回り修理サービスを呼ばなければいけない。つまり私たちの生活は、専門的な技術をもった業者や技術者のネットワーク、すなわちアンソニー・ギデンズのいう**専門家システム**によって支えられている[3]。

では、南海の無人島で独り自給自足をしているロビンソン・クルーソーのような人なら、社会の変化から無縁でいられるのだろうか。残念ながら、現代のロビンソン氏はある日、海面の水位が上昇していることに気付くかもしれない。現実にも南太平洋のツバルのように、地球温暖化による海面上昇で水没が危惧されている島国が存在する。海面上昇の主原因とされるCO_2は、もちろんその大半がロビンソン氏やツバルの住民ではなく、そこから遠く離れた都市や工業地帯から排出されたものだ。温暖化だけではない。楽園のイメージで語られることが多い小さな島国の多くは、核実験、紛争・内戦、軍事基地化、海洋汚染など、実はさまざまな**危険（リスク）**にさらされている。**グローバル化**[4]が進んだ現代において、私たちはもはやどこに住んでいようと、こうしたリスクから逃れることはできない。まさに、世界はひとつになりつつある[5]。このような状況において、私たちは他者と共存するような社会をつくることができなければ、文字通り生存できないのだ。

3……構造の束縛

だが、私たちはただ生物学的に生命を維持したいがためだけに、社会と関わるのではない。ただ生命を維持するだけなら、人は奴隷として生きてもよい。だが人は、それ以上のより良い人生を求めてきた。B-Yの意味での「人は、独りでは生きられない」について考えることは、私たちの人生の意味が社会との

---

[3] アンソニー・ギデンズ（松尾精文・小幡正敏訳）『近代とはいかなる時代か？―モダニティの帰結』而立書房, 1993.
[4] グローバリゼーション。資本主義市場経済の拡大とともに国境を含むあらゆる境界がゆらぎ、世界中で政治・経済・社会・文化の相互浸透・相互依存が進行する過程。伊豫谷登士翁『グローバリゼーションとは何か』平凡社新書, 2002.
[5] ウルリッヒ・ベック（東廉・伊藤美登里訳）『危険社会―新しい近代への道』法政大学出版局, 1998.

関係のなかでどのように変わっていくのかを考えることである。

社会は「繰り返し」で成り立っている。約束、規則、習慣、伝統、法律などは、人と人との相互行為が反復して行われた結果、生まれてくるものだ[6]。私たちはこういうものを「世の中の仕組み」などと呼ぶ。もう少し学問的にいえば、**社会構造**と呼ばれる。「文化」と呼ばれるものも、繰り返されることによって定着するという意味では社会構造のひとつである。「日本文化」と呼ばれるものも、遠い過去やそう遠くない過去から人々によって繰り返されることで定着してきた。そして、その繰り返しのなかで文化は絶えずつくりかえられてきた。あらゆる文化は人がつくりあげたものだし、常に変わっていくものである。

そして、私たちの意思や価値観も、実は、文化とか社会構造といった「世の中の仕組み」によって決められている部分が大きい。たとえば、あなたは今日着ている洋服を100%「主体的に」選んだといえるだろうか。もちろん、多くの人は自分の意思で今日着ていく服を選んだと思っているだろう。しかし、もし人が100%主体的に服を選んでいるとしたら、紋付袴姿でコンビニのバイトをする人や、就職活動の面接に海水パンツ姿で出席する人、柔道着を着て合コンに参加する人が、もっとたくさんいてもいいはずだ。だが、そのような場面でそのような格好をするのは「非常識」であることを私たちは知っている。私たちは成長するにつれて、その社会で「常識」とされる価値観や態度、習慣などを知らず知らずのうちに身につけていくからだ。タルコット・パーソンズはこれを**社会化**と呼ぶ[7]。私たちは社会化によって、ある場面でどのようにふるまうべきかを身につける。そしてあくまで「常識」を逸脱しない範囲で、「個性的に」おしゃれを楽しむ。

私たちは家庭や学校などを通じて社会化されるが、そのようにして身につけた価値観や態度は、ピエール・ブルデューがいうところの**ハビトゥス**として私たちのなかで持続し、私たちが家庭をもったとき、子どもへと受け継がれていく[8]。ハビトゥスは、私たちに、自分と同じような家庭出身の人と結婚し、自分の育った家庭と同じような家庭をつくることを暗黙のうちに促したり、自分の子どもが自分と同じような学歴や職業を選択するように促したりする。こうして、社会は**再生産**される。私たちは、たとえ自分の意思で人生における選択や決定をしたとしても、その選択に社会化やハビトゥスが影響している限り、完全に主

---

[6] ピーター・L. バーガー、トーマス・ルックマン（山口節郎訳）『現実の社会的構成―知識社会学論考』新曜社、2003。
[7] タルコット・パーソンズ（佐藤勉訳）『社会体系論』青木書店、1974。
[8] ピエール・ブルデュー（石井洋二郎訳）『ディスタンクシオン―社会的判断力批判Ⅰ・Ⅱ』藤原書店、1990。

体的に物事を決定することはできない。

4………変革への想像力
　それでは、私たちの人生は、社会構造によってあらかじめすべて決定されているのだろうか。私たちに主体性を発揮する余地はないのだろうか。もちろん、そんなことはない。私たちは、自分を取り囲む世の中の仕組みに対して、ただ受動的に束縛されているだけとは限らない。私たちはさまざまな目標や価値観を実現するために、周囲の人々や世の中の仕組みに能動的に働きかけることができる。私たちは自分の生き方を、ある程度までは自分で決めることができるのだ。そして、自分を取り巻く人間関係や社会構造が自分の考える良き人生を阻害しているならば、人はそれらを**変革**しようと試みる。いつの時代も、そうやって人は奴隷としての人生から解放されることを夢見てきた。
　では、そのように主体的に生きようとするためには、どうすればいいのか。まずなによりも、私たちを取り巻く「世の中の仕組み」について知らなければならない。現代社会は複雑な分業とシステムから成り立っており、自分と社会のつながりが一見すると見えにくい。それゆえ私たちは「遠くの場所で起こっている出来事なんか、自分には関係ない」という無関心や「自分にはどうせ世の中は変えられない」という無力感を抱きがちになる。しかし、世界のさまざまな出来事が思いもよらぬかたちで自分と関係しているのが、グローバル化と呼ばれる時代の特徴である。世界中が緊密に結びつき、遠い場所に住む人々は互いに影響を与え合っている。私たちの生活や価値観は、どんなに無関係に思えても、必ず他者と関係せざるを得ない。このような時代に生きる私たちは、自分と社会がどのように関係し、お互いに影響を与え合っているのかを知らなければ、自分の望むように生きることは難しいし、目指すべき望ましい社会を構想することもできない。B-Yの意味での「人は独りでは生きられない」が意味すること、それは、自分と社会との関係を真剣に考え、必要であればそれを変えようと試みない限り、わたしたちは良き生を生きることができないということなのだ。
　したがって私たちは「世の中の仕組み」を知る力をもたなければならない。それは知識を得ることだけではなく、あなたとあなたを取り巻く社会とが、どのように関係しているのかを理解するセンスを育むこと、ミルズが**社会学的想像力**と呼んだものを獲得することである[9]。これが、社会学を学ぶ意義なのだ。

5………批判的思考・再帰的実践・対話

　社会学を教えていると「社会学って、何の役にたつのですか」と必ず質問される。この疑問については第12章で詳しく論じられているが、確かに研究者や専門家にならない限り、社会学の知識を直接役立てることができる職業は多くはないだろう。はっきりいって、社会学を学んでも「儲からない」。

　だが見方を変えれば、社会学ほど私たちが生きていくうえで役に立つ学問はない。社会学は、私たちが生きていく社会のあり方と変化を見通す目を養ってくれるからだ。具体的には、社会学を学ぶことには次の4つの利点があると思われる。

①価値観の多様性を認識し、常識を相対化する

　社会学を学ぶことで、世の中には自分の考え方以外にもさまざまなものの見方があることがわかる。自分が当たり前だと思っていたものとは違う見方に触れ、世間の常識を疑い、自分なりの考え方を身につけることを社会学的思考は助けてくれる。社会学は「儲からない」というより、「お金を儲けることが大切だ」といった「世間の常識」の自明性を相対化するのである。急激に変化する現代社会において「常識」に囚われるほど危険なことはない。絶えず自分自身の固定観念を疑い、再構成していく社会学的思考は、あなたがこの社会を生きるうえで欠くことのできない力になるだろう。

②批判的思考を鍛える

　既存の「常識」を疑い、それとは異なる価値観や生き方をめざす姿勢を、「批判的（critical）」と呼んでみよう。社会学的想像力をもつということは、世の中の常識や規制観念に対して「批判的」なまなざしを向けることである。現代の日本社会では、批判は敬遠されがちである。批判ばかりしている人は、協調性がないとか、建設的でないとか言われる。しかし、個人や社会が健全であるためには「批判的思考」が不可欠である。そうでなければ、人々や社会は大勢に流されてしまい、自分で判断する力を失ってしまうだろう。急激な変化の時代だからこそ、現状の問題点を見極め、より良い社会とは何か、より良い生き方とは何なのかを考えていくことが重要になる。社会学は、そのための批判的思考を身につける助けになる。

9　チャールズ・ライト・ミルズ（鈴木広訳）『社会学的想像力』紀伊國屋書店，1995.

③再帰的な実践を身につける

　絶え間なく急激に変わっていく社会のなかで、かつては私たちを守ってくれると考えられていた家族や共同体、企業や国家のあり方そのものが急激に変化していく。その結果、私たちは人生のさまざまなリスクを、自分自身で解決していくことを要請されるようになっている（社会の「個人化」）[10]。そのために私たちは、自分の行為の結果を絶えずふりかえり、そこから教訓を得て、次にどんな行為を行うべきかを考えなければならない。過去の行為から将来の行為を修正するこうした自己の在り方を**再帰的自己**と呼ぶ[11]。現代社会を生き抜くためには、再帰的な実践が極めて重要である。常識を相対化し、批判的な思考を身につけることは、再帰的な実践を行うための前提である。

④他者との対話と熟議をつうじて、より良い他者・社会との関わり方を構想する

　こうした再帰的な実践には、自己と他者とのあるべき関係のあり方を問い直すことが必ず含まれる。人は「独りでは生きていけない」。したがって、自らの良い人生を追求することは、他者とのより良い関わり方を模索することに等しいのだ。そして、他者とのより良い関わり方を模索することは、「独り」では決してできない。それは他者との対話と熟議をつうじてなされる必要がある[12]。こうして社会学は、他者との対話と熟議によって、より良い社会のあり方を考えることを人々に要請する。この意味でも、まさに「人は、独りでは生きられない」。より良い社会をたったひとりでつくることは、誰にもできないのだから。

　「社会」とは、あらかじめ存在し私たちがそこに生れ落ちる場であり、私たちが関わることによって変わっていく構造である。また社会は、私たちがより善き生を目指して行う実践でもある。そして社会と自己の関わりについて思考し、対話し、実践していくのが社会学である。したがって、社会学の問いに、唯一の正しい答えはない。あなたにとってのあるべき社会や、あるべき他者との関わり方は、あなた自身が考えなければならないからだ。そのためのヒントを本書から得てもらえれば、とてもうれしい。

---

[10] ジグムント・バウマン（澤井敦他訳）『個人化社会』青弓社、2008.
[11] アンソニー・ギデンズ（秋吉美都他訳）『モダニティと自己アイデンティティ―後期近代における自己と社会』ハーベスト社、2005.
[12] 齋藤純一『政治と複数性―民主的な公共性にむけて』岩波書店、2008.

6………本書の構成と使い方

本書は、以下のような構成になっている。

「第1部　社会を読み解く―社会学的思考」では、現代社会、特に現代日本社会のさまざまな領域を題材に、既存の「常識」を疑い、社会を批判的に読み解く社会学的視点の面白さを読者に伝えようとしている。第1章では、社会の中で最も基本的な単位とされる個人に注目し、彼女・彼らのアイデンティティや自己形成の問題について考える。第2章では、私たちにとって身近な集団である家族に、第3章では、性別をめぐる秩序について、考察する。第4章では、教育達成に、第5章では、社会階層に注目することで、現代社会における格差・不平等問題について考える。第6章では、現代社会において人々の意識・行動に大きな影響を及ぼす情報、なかでもメディアの力について検討する。第7章では、私たちの生を脅かす地球環境問題について、社会学的な見方を提示する。第8章では、私たちが普段何気なく実践している文化について、日本に住むブラジル人移民を例に考える。

これらの章を読んでみて、あなたの抱いていた固定観念が揺らぎ、本当のところはどうなのか確かめてみたくなったら、自分で実際に調査してみよう。その際、「第2部　社会を調べる―社会学的調査」に書かれていることが参考になるはずだ。第9章ではアンケートなどの数量的データを、また第10章ではライフストーリーインタビューといった質的データを収集するために、どのように社会調査を行えばよいのか概観する。また第11章では、社会がどのように変化してきたかを歴史に着目して明らかにする手法を紹介する。

さまざまな社会現象について自分で調べてみるだけでもたいしたものだが、社会学は知的好奇心を満足させるためだけにするものではない。社会について知ることは、大きな力になる。その力を活かして、何ができるのか。「第3部　社会を動かす／社会とつながる―社会学と実践」にはそのためのヒントがつまっている。第12章では、研究者のみならず、社会で働く人々がどのように社会学を活用しているか考察している。第13章では、社会学が市民運動の事例に学び、そうした市民運動の問題提起とどのようにつながっていけるのか、考えている。第14章では、地域づくりに社会学が果たす役割を紹介している。

こうして社会について知り、社会のなかで実践する。その結果、何かが変わる。それはあなたの周囲の小さな変化に過ぎないかもしれないが、その変化は必ず、世界を巻き込む大きな変容の波に連なっているものだ。「第4部　社会が変わる

―社会学と高度近代」を読んで、私たちを取り巻く社会変動について思いをはせてほしい。第15章では、近代社会の論理とその変容について、再帰性という概念を軸に考察する。第16章では、空間の変化について、主にグローバル化が私たちの生活空間をどのように変えてきたか検討する。第17章では、国家がどのように変化してきたかを社会福祉の視点から考える。第18章では、国民という概念の変容を、現代日本社会を事例に考察する。第19章では、社会学的思考のあり方そのものが時代とともにどう変わっていくのか、第1章とも関わりのある自己論を例に考える。これらの章は主に日本社会のなかで社会学について考えているが、今日では留学など、海外で社会学を学ぶ機会も増えている。補論では、日本以外の場所で社会学を学ぶことの意義について述べている。

　こうして本書を読み進めるうちに、大きな社会の変化と自分自身がつながっていることが実感できたならば、あなたの思考はふたたび自分の身近なところに戻り、かつて「わかったつもり」になっていた現象をもう一度疑い、深く考えていくようになるに違いない。そうなれば、あなたの視点は社会学的な思考の深みへと、さらに誘われていくことになるだろう。社会学を学び、実践すること自体がすでに再帰的な営みなのだ。本書は、読者をこうした思索と実践のサイクルへと誘うことを目指して書かれている（図）。

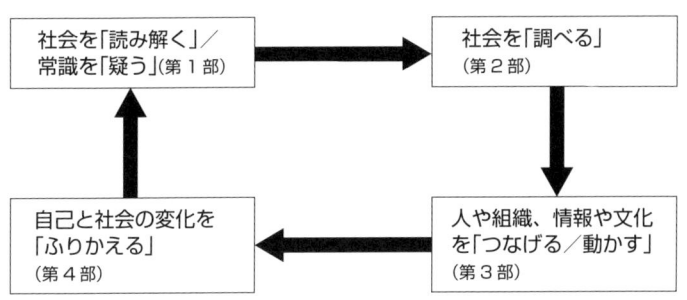

　本書は大学学部学生向けの入門書として書かれた。それゆえ社会現象や理論、学説史についての詳細な知識や情報を提供するのではなく、社会学的な「視点」の面白さ、奥深さを実感してもらうことを目指している。本書を読んで面白い「視点」に出合ったら、脚注で紹介されている文献や、各章末の「さらに学びたい人のための文献紹介」も参考に、より専門的・個別的な読書にぜひチャレンジしてほしい。

各章の**コラム**では、その章に関連する今日的なトピックや、やや高度な論点が紹介されているほか、保育士、市民団体職員、アーティストといった人々が活き活きとした文章を寄せている。これらの人々は研究者ではないが、みながそれぞれの領分における「社会学者」である。私たちはみな、研究者であろうがなかろうが、自分が日々生きている社会を「社会学しながら」生きているのだ。だからこそ、社会学は誰にとっても面白い。「社会学する」面白さを、各章末の**考えを深めよう**の中の課題に取り組むことで実感してもらえたらと思う。

第 1 部

社会を読み解く

社会学的思考

第1章 「自己」を読み解く
―― 相互行為・後期近代社会・アイデンティティ

荻野達史
Tatsushi OGINO

1. 問わされる「自分」、分からない「自分」

　「自己分析」という言葉を聞いたことのある方も多いかもしれない。この場合は、精神分析学のではなく、就職活動のとくに始めの段階で求められる作業である。就活には、まず数多(あまた)ある職業から志望する仕事を選択しなければ始まらないが、選択する基準もまた多くある。しかし、その中軸になるのは、「自分」の関心・適性・価値観である。ようするに、「自分がよく分かっていないと実りある就活はできないぞ」というわけだ。こうした考えが就活指南の場では広く受け入れられてきた。

　しかし、このかなり昔からありそうな考え方や就活指南の歴史は意外と浅い。代表的な就職指南雑誌を遡って検討した研究によると、1960年代の終わりには類似的な用語が出現するものの、それが必須の課題として提示され、さらにその作業手続きが定型化されるようになったのは、1990年代の後半である[1]。そして、一気に定着し、たとえば労働政策研究・研修機構による2005年の調査では、就活を行った学生のうち約75％が自己分析を行ったという。

　また、その「分析」手続きであるが、はじめのステップとして、「〈自分史〉作り」を行うことが、多くの指南本で勧められている。就活という未来に向き合うためには、ときに親や知人・友人などに聞き取りも行いつつ、幼少期からの年表を作成してみることが、自分という人間を理解する上で必要でもあり早道でもあると。

　ともあれ、こうした話から、本章のテーマにとって重要な事柄を二つ抽出できそうだ。第一に、「自分を問う」という行いは、必ずしも個々人の性格や事情によるとばかりはいえず、むしろ「自分を理解せよ」という時代的・社会的要請によって強く促されるということ。第二に、自分の関心や適性を理解すると

---

[1] 矢野智和「大学生の就職活動における『自己分析』の系譜――『就職ジャーナル』を素材として」『早稲田教育評論』23巻1号, 2009, 79-98頁。

いっても、これがなかなか困難であること。後者については、多くの人にとって身に覚えのあることでもあろうし、だからこそ、自己分析の手続きが様々に論じられ、定型化されもするのだろう。以下では、まず後者の「自己理解」の困難さに関連する原理的な問題から取り上げ、次に自己理解が求められる歴史的・社会的背景について議論を進めていこう。

2.　「自己」と相互行為

2-1.「自己」は自分の内側にはないということ

　自分の性格や「したいこと」は意外と捉えがたいものだ。この理由として、「自己」の社会性——あるいは関係依存性——があると考えられる。そして、このことが、社会学が「自己」を問題にするときの出発点でもある。この社会性として、**相互行為**に着目してみよう。

　たとえば、性格についての自己イメージが、周囲とのコミュニケーションに左右されるということは、日常的な経験からも推測しやすい。作り話をしよう。A君は、時間にルーズな友人が多く、当初は、自分の時間感覚はごく普通と思ってきたのだが、待ち合わせをするたびに遅刻され、文句をいうと、決まって「Aは気が短いね」といわれてしまい、やがて、自分でも気が短いのかもしれないと思うようになる、といった話である。するとつまり、「自己」とは個々人の頭のなかにあるというよりは、むしろ他者との「関係」のなかにあるといえよう。この「関係」主義は、社会学的自己論の重要な特徴である。

2-2.「自己」の社会的構成

　この相互行為こそが「自己」の起源であり、その意味で、自己とは徹底して社会の産物であることを仔細に論じたのは、社会心理学者でもあり哲学者でもあったG. H. ミードである。自己とは、自分が認識している自分を重要な構成要素とするが、その認識はどうやって可能になるのか。「自分自身にとっての対象となれるようなぐあいに、どうしたら個人は自分自身の外に出ていけるのか？」（Mead 1934 = 2005）と彼は問いを立てた。

　この問いに対するミード自身の回答は、同じ社会集団に属する他のメンバーの視点（ものの見方や期待）を取り入れることで、それによっていわば「外」に立つことによって、自分自身を見ることが可能になる、というものだ。こうした他者の期待とは、社会的な種々の**役割**を指すものであり、幼児期からの役

割の取り入れ——**役割取得**——が「自己」の生成を可能にする。問題は、このもともとは他者のものである期待を取り入れるということが可能になる条件であるが、ミードが重視するのは、自他の間で共通の反応（意味）を生み出しうる**シンボル**——身振りや**言語**——と、それに基づく周囲とのコミュニケーションの繰り返される経験である。

　後者について補足しておこう。当初は、個別具体的な他者の視点を取り入れるだけであったが、やがて複数の役割を組織化し、目の前の他者を越えて機能するルール（規範）——**一般化された他者**の期待といえる——が取り入れられていく。たとえば、ある子どもが自分に対する母親や父親のふるまいや小言をまねして取り入れている段階から、母親と父親の関係（たとえばその役割分業の様式）も読み取りつつ、そして他の家族の観察も踏まえて、より一般的に「男らしさ／女らしさ」を内面化していく過程が考えられよう。ちなみに、ミードの議論は、自己の生成も含め、言語を主としたシンボルを通して相互行為が構成されるメカニズムを分析する、**シンボリック相互行為論**と呼ばれる一連の研究を生み出してきた。

2-3.「演技」によるアイデンティティの管理

　このシンボリック相互行為論者のなかで、現在まで、ひときわ大きな影響を与えてきた社会学者に E. ゴフマンがいる。その議論は、自己の相互行為場面への依存性を極限まで突き詰めたという点でも興味深いが、まずは彼の演劇論的な相互行為の捉え方——**ドラマトゥルギー**——に注目しよう。

　先ほどA君の作り話をしたが、むしろ、こんな展開も可能だったかもしれない。A君は、遅れてきた友人に対して、文句をいったりせず、笑いながら「寝過ごした？」と聞きつつ、「まあオレもさっき来たところだから」と付け加え、友人もまた「ホントごめんね、ちょっと家出るとき忘れ物しちゃって……」と言い訳をする、そんな展開である。こうなれば、言ったことはお互い嘘でも、友人は「いい加減なヤツ」とされることもないし、A君も「すぐに怒る短気なヤツ」とならずに済む。

　この第二の作り話をゴフマンの用語を使って解説すれば、お互いが**演技**をすることで互いの**面目**を保った、ということになる[2]。第一のときのように、面目を

---

[2] ゴフマンの演技や相互行為の儀礼については、アーヴィン・ゴフマン（石黒毅訳）『行為と演技』誠心書房，1974，そしてゴフマン（浅野敏夫訳）『儀礼としての相互行為』法政大学出版会，2002 を参照。

つぶし合えば、その場で二人の相互行為は中断されてしまうかもしれない。相互行為を続けるには、相手の「顔を立てる」ことが求められる。参加者たちの面目を守る行為（相手への**敬意**を表現する行為）が、ある定型性を備えつつ共有されるとき、それは**相互行為の儀礼**となる。たとえば、その場の参加者の誰かにとっては「苦痛、当惑、屈辱になるような問題を会話に持ち込まないように、行為者たちが言葉に注意する」ことを、ゴフマンは儀礼の一つとして上げている[3]。

また、もう少し細かくみると、A君の「オレもさっき来た」という発言は、相手の面目に配慮したものでもあるが、同時に、「やさしくて鷹揚なオレ」を呈示し、自らの印象を操作していることにもなるだろう。こうした**印象操作**などを通して、人は対社会的な自らのイメージとしての**アイデンティティを管理**する。しかし、この指摘は、そうした企てが失敗し、そこに人がいられなくなるような当惑や屈辱が生み出される可能性をも示している。

そして重要なことは、相互行為場面は多くは協働的であるが、反面、決して平等な世界ではないことである。ある人にとっては、当惑や屈辱のリスクと向き合いながら、自らの望む自己イメージ——その人の尊厳にも繋がる——を守るために、より多くの負担を背負わざるをえないということがある。**スティグマ**の問題だ。当人のある属性が、その場で明るみに出てしまうと、その人がいきなり「健全で正常な人から汚れた卑小な人に貶められる」という場合、その属性はスティグマ（負の烙印）といえる[4]。ゴフマンは、「信頼を失う事情のある者の苦境」を相互行為論の文脈で描き出し、しばしば気付かれにくい人々の苦痛とそれをもたらす社会的メカニズムを捉える貴重な視点を残したといえるだろう。

3. | 「自己」と近代社会

3-1. 相互行為とその条件

ここまでは、とくに相互行為の水準に注目してきた。以下では、より広範な歴史的・社会的条件と「自己」との関わりについて、**後期近代社会**における**個人化**の議論にもとづいて考えてみたい。

---

[3] この儀礼とアイデンティティとの関係性について、一つのケーススタディになっているものとして、荻野達史「相互行為儀礼と自己アイデンティティ——『ひきこもり』経験者支援施設でのフィールドワークから」『社会学評論』58巻1号, 2007, 2-20頁がある。
[4] アーヴィン・ゴフマン『スティグマの社会学—烙印を押されたアイデンティティ』せりか書房, 1970.

ただし、相互行為と歴史的・社会的条件とが別物ということではない。相互行為は一定の条件のもとで展開される。やはりゴフマンの議論を引き合いに出してみよう。印象を操作する演技者にとって、一つの困った事態とは、異なる場で異なる自己を呈示してきたところ、ある場で「観客」（オーディエンス）であった人物が、別の場にも現れてしまった場合である。たとえば、職場と家庭では「別の顔」をしているという場合、ある休日、家族と出かけた行楽地で職場の人間に出くわし、気恥ずかしい思いをする、というのはありそうな話だ。それぞれの場で確立した自己の印象を守ろうとすれば、**オーディエンスの分離**を行うしかない[5]。職場の人間が出入りしそうなところへは家族と一緒に近づかない、といった方略である。

さて、ここで考えてみると、オーディエンスの分離が必要になる条件とは、すぐれて「近代的」なものであることが推測される。たとえば、家族が一体となって仕事を行い、同時に居住地域のメンバーと協働作業をすることが多く、余暇ももっぱら隣人たちと過ごすという場合であれば（前近代的生活のステレオタイプ）、「分離」が必要になる可能性は低い[6]。というより、そもそも「舞台」が一つでは別の顔をつくりようもない。少なくとも家庭生活から経済活動が分離し、余暇も居住地とは別の場で過ごす、そうした**都市的な生活**を営む人が多くなった近代社会でこそ、オーディエンスの分離はしばしば問題になりそうだ。

3-2.「個人化」論と「自己アイデンティティ」

そして、こうした近代的な都市生活は、「個人化」論とも関係が深い。生活の諸局面がワンセットになっていないということは、それが個人的な「選択」の対象であることを含意している。たとえば、歴史的に見て、家族と経済活動が一体となっていないことは、職業が世襲ではなく、個人の選択の対象になっていることと関連するし、職場と居住地が離れているというとき、どこで暮らすかの選択可能性が開かれていることを意味する。**個人化論**が問題にするのは、生活諸局面で個々人の**選択可能性**が増大した社会である。

ところで、ここで、個人化論で使用されることの多い「アイデンティティ」——より正確には集団のそれとは区別される**自己アイデンティティ**——という概念の出発点について触れておこう。この概念は、精神分析家、E. H. エリクソン

---

[5] ゴフマン（石黒毅訳）『行為と演技』誠心書房，1974．
[6] 近代以前の家族生活については、第2章も参照してほしい。

によって1950年頃より提唱された。彼の議論では、人生を乳児期から始まる8つのステージに分けて、その5段階目に思春期・青年期があり、そこでの発達課題としてアイデンティティの確立が論じられている。

とくに重要なことは、青年が自分を過去・現在・未来に渡って「一貫した」自分であると思えること、そして自分の生き方がその社会において**承認**されていると思えること、この二点である。そして、中心的に想定された問題とは、職業選択に関わる事柄といってもよい。自分なりの必然性から一定の職業を選択し、コミットしてゆくことで、同時に社会的に受け入れられた存在であると思えるか、という問題である[7]。ただし、現在、心理学においても、アイデンティティ概念は、青年期に限らず、老年期まで適用されている。

3-3. 「再帰性」の増大と悩ましい選択

それでは、生活や人生の諸局面で、選択の機会を増大させてきた社会的な変容とは、どのようなものであろうか。先ほど、前近代的生活について、基本的な特性を描いた。もちろん現在でも、そうした生活は存在するし、「選択」可能でもある。しかし重要なことは、農業など一次産業を基盤とした社会では、上記のような生活のパターンが、村落共同体というまとまりにおいて営まれる必要性があり、それは選択の対象ではなかったということだ。そして、こうした共同体は、**伝統**という規範によって、人々が生まれてから死ぬまでの生活を細部に到るまで規定してきた。

しかし、工業化による産業化が始まり、農村から都市へ人口が流入するようになったときから、変化が生じてくる。**近代化**である。ただし、イギリスの社会学者、**A. ギデンズ**の議論に従えば、近代社会をそれたらしめるもの——**モダニティ**——は、必ずしも大規模な商品生産に還元されるものではなく、むしろより本質的なのは、そうした営為を可能にする思考とシステムの様式にある[8]。それらは、時空間を横断して人・モノを関連づけ組織化しうる条件であり、たとえば、機械仕掛けの時計に象徴される普遍的な「時間」や、洗練された「貨幣」のシステムなどである。そして、本章の文脈でとくに重要になるのは、**ポスト伝統的秩序**だ。

---

[7] エリク・H. エリクソン（岩瀬庸理訳）『アイデンティティ—青年と危機』金沢文庫，1982．また、この概念も適用しながら、日本の大学生にみられる問題を分析した、精神科医の笠原嘉『アパシー・シンドローム』岩波現代文庫，2002 も参照した。
[8] アンソニー・ギデンズ（秋吉美都他訳）『モダニティと自己アイデンティティ—後期近代における自己と社会』ハーベスト社，2005．

それはすなわち、慣行として正統化され実践されてきた生活のパターンが懐疑の対象になり、別様の様式に取り替えられていく、その思考・行動の様式である。ギデンズは、これをモダニティの**再帰性**と呼ぶ。つまり、近代社会では、新たな情報や知識をもって、それ以前の取り決めや制度の妥当性を絶えず問い直し、修正していくのである。

さて、この再帰性と自己アイデンティティの問題とはどう関連してくるのであろうか。端的には、伝統のもつ拘束力が弱体化してくることで、多くの人々が生き方についての個人的な「選択」に直面していくということである。しかし、その問題が決定的な重みをもつようになるのは、実は近代社会が始まってすぐにではない。この点を明示しているのはドイツの社会学者、**U. ベック**である[9]。伝統社会から産業社会に移行したとき、個々人がバラバラのまま放置されたわけではなく、近代的諸制度・諸集団が構築され、人々はそこへ取り込まれたのである。日本的経験でいえば、男性は「企業」に、女性は「家族」に、そして子ども・青年は「学校」に統合されたといえそうだ。

こうした近代的な制度・集団は、相互に結びつくことによっても、人々の生き方──日々の生活の仕方から人生の経路（ライフコース）まで──を規定してきた。そのため、個人にとっての選択性は、実はまだそれほど大きくなかった。学校に通い、就職し、生家を出て結婚し、子どもを作り……、というパターンが幾世代か繰り返されもした。しかし、それらの制度・集団もまた、モダニティの再帰性から逃れられるわけではない。実際には、様々な歴史・社会的条件が関わるが、たとえば、家族制度を問い直し、新たな形の親密な関係を模索する運動など──こうしたライフスタイルをめぐる政治を**ライフ・ポリティクス**と呼ぶ──もあり、おおむね 1960 年代後半以降、近代的制度・集団の相対化・弱体化が目立つようになる。これが、近代社会による自らの捉え直しと再構築が優勢となる、**再帰的近代**と論じられる段階である。

この段階に到って、そこで生きる多くの人々にとって、「自己アイデンティティ」が、いよいよ大きな課題となってくる。実際には、こうした変化が短期間で一挙に進むわけではない。諸制度は弱体化しつつも、それでも一定の正統性や拘束力を維持している。それだけに人々の判断はより悩ましいものとなることもあるだろう。「もはや○○も当てにはならないような気もするが、しかし

---

[9] Beck, Ulrich=Elizabeth Beck-Gernsheim, *Individualization*, Sage, 2002. また、ベックの個人化論の意味と意義を明確に整理している文献として、伊藤美登里「U. ベックの個人化論─再帰的近代における個人と社会」『社会学評論』59 巻 2 号, 2008 も参照した。

やはり○○しておいた方が安心のようにも思う……」と。しかし、確実に「より深く迷うだけの状態」が生じてきていることも確かだ。何かにコミットすることは容易ではない。専門家に頼ろうにも、それぞれが違うことをいう。

しかも、なんでも選べるなどということもありえない。自分のもつ諸資源——お金や現時点で獲得している社会的評価など——に照らして、あることを選べるのか、選べたとしてもほんとにうまくいくのか考えざるをえない。しかし、それがまさに個人的選択の領域として開かれていれば、選択の結果がネガティブなものであっても、自分の責任として引き受けるよう求められがちだ。これもまた個人化の重要な一側面である。

3-4. 就活における「自己分析」を考える

冒頭で取り上げた就活の「自己分析」は、まさにそのような時代的・社会的状況を反映しているのではないだろうか。ただし、単に学生にとって選択肢が多くなったという話ではない。自己分析が定着した1990年代半ば以降とは、バブル景気崩壊後の話である。「選択肢が多い」というだけであれば、むしろそれ以前の学生の方が選択に困り、自己分析が脚光を浴びてもよかったはずだ。しかし、そうではなかった。なぜだろうか。この点は、「自己」が問われてくる条件についての理解を深めてくれる。

「自己分析」についての香川の議論をまず参照しておこう[10]。二つの点がとくに重要と思われる。まず、求人倍率が激減することで、学生たちが、まさに生き残りをかけて、就活——とりわけ厳しい面接に対する準備——に取り組むべく圧力が増大した。次に、企業が求める能力として、「自ら目標を設定して解決していく主体的な力」が多く標榜されるようになったことで、学生たちは「やりたいことが明確にあり、かつそれに適している自分」をより説得的に提示する必要性に迫られた。これらの条件は、より直接的に、学生たちをして「自己分析」に駆り立てた条件であろう。

ただし、もう少し間接的な条件にも、本章の視点から言及しておきたい。それは1990年代に入って、基本的には1960年代以降維持されてきた制度や組織のあり方が揺らぎ、社会の作動が、いわばより「個人頼み・個人任せ」になったことに関係する。企業の求める能力の変容は、これまでの各組織の既定路線

---

[10] 香山めい「『自己分析』を分析する—就職情報誌に見るその変容過程」苅谷剛彦・本田由紀編著『大卒就職の社会学—データからみる変化』東京大学出版会, 2010, 171-197頁.

ではやってゆけないことは明らかだが、組織として別様の路線を確定することもできない状況に起因しよう。学生の側からみれば、90年代初頭までは学歴・学校歴に合わせて、どこかに入り込める企業があり、それなりの規模の組織であれば終身雇用によって生活も保障されていくと思えた。そこに一定の窮屈さを感じつつも、学校（学歴）という制度や企業という集団のもつ"保護被膜"の機能を信頼しえた。しかし、その条件が大きく揺らいでくれば、職業社会への移行も、その先の生活も、「自分」として、どうにか切り抜け、納得できるものにしていきたい、そう思わざるをえない圧力が発生する[11]。

　学生たちが直接的に問われ向き合う場としては、就活の面接があり、そのために「自己分析」が肝要という就活指南の影響も多々あろうが、そこに学生たちが一定の説得力や必要性を感じてきたのは、より基底的な社会変容──制度と組織の動揺──が背景にあるためと考えられる。

　この点を踏まえた上で、学生たちの自己分析への取り組みについて、さらに考察を加えていこう。それは個人化する社会において、「自己」をめぐって生じる問題を明示的に示すものであるからだ。『就職ジャーナル』が行った2009年9月の調査（就活経験者410人が対象）を参照すると、就活中、自己分析を複数回行った学生は約60％である。注目すべきは、そのうちの約60％が、自己分析をやり直したのは、面接がうまくいかなかったとき、そして就活全般が行き詰まったときと答えていることである[12]。実際、同ジャーナルのHPでは多くの就活経験者の体験談を閲覧できるが、そのなかで自己分析に言及しているものを一通り読んでみると次のことに気が付く。すなわち、「自信をもって、その業種・その企業を選んだことを、面接の場で説明できるようになるために、自己分析は必要だった」ともっぱら力説されていることだ。

　ここで興味深いことは、「自信をもって」という部分だろう。説得的であることの条件は、なによりもまず、自分が自分の説明に必然性を感じられることにあるようだ。一例を挙げよう。「学校歴」的にはかなり有利な男性院生Cさんは、当初、最終面接まで残った企業2社で落ちてしまう。その理由について、Cさんはいう[13]。「正直な話をすれば、志望動機なんて、いくらでも後づけで論理的に話すことはできました。でも、私はもともとの気持ちが顔や態度に出るタイプ。

---

[11] こうした社会的変容を背景に青年期移行の問題を論じたものとして、たとえば、山田昌弘『希望格差社会』ちくま文庫、2004 がある。また、溝上慎一『現代大学生論』NHK ブックス、2004 も参考になった。
[12] http://job.rikunabi.com/2011/media/sj/student/souken/souken_vol31.html?vos=dr1rrmgm0080565
[13] http://job.rikunabi.com/2011/media/sj/student/naiteisya/naiteisya_vol28.html

心のなかで"自分が語る表面上の志望動機"と"本当の気持ち"とのギャップを感じていたんでしょう」と。その結果、彼は、そもそもさして内容的に魅力を感じていない業種や企業を選んだ自分がどのように作られてきたのかを幼少期から振り返り、自分なりに説明する。その上で、幼少期からの「競争第一」主義の自己には収まらない、もっぱら自分が好きでやってきたことについて改めて把握し直し、志望業種を転換していくことになる。

3-5.「自己物語」論

「自己」論からみても、こうした学生たちの経験談はきわめて示唆的なものである。まず、将来に関わる選択について、自分なりの確信を支えるのは、「自分史」的な把握であり、それはまさに「自己」についての**物語（narrative）**なのである。まずは自分を説得しうる一貫性をもった「物語」を構成できることが必要とされている。次に、その「物語」は、面接官を説得できるものでなくてはならない。確かに、自信のある物語を語っても落とされてしまうことはあり、そのときは相性が悪かったと思えばよいのかもしれない。しかし、自己分析を複数回行った学生たちの回答傾向や体験談をみると、むしろ、うまく説得できなかった以上は、自分の「物語」はまだ十分な真実性を獲得できていない、まだ自分の"真の物語"に到達できていなかったのだ、と解釈される傾向が強い。

さて、「自己」とは、自分の経験を選択しつつ、時間的・因果的に配列した、「物語」として把握されるということ、そして、その**自己物語**の真実性は他者に対する説得可能性によって測られるということ、この二点は、近年の自己論と共鳴する[14]。

「自己」なるものが一つ、実体として存在するということはない。ゴフマンが論じるように、それぞれの相互行為の場面で構成される自己を越えて、真なる自己が存在するということはないだろう[15]。ミードもまた、なんらかの集団とそれを組織化するルールとしての「一般化された他者」に対応して「自己」が形成される以上、関わりをもつ集団が複数あれば、自己も分割されうると認めている[16]。

しかし、自らについての認識がもっぱら分散的・多元的であるとき、人は重

---

[14] 自己の「物語」論については、次の二点が参考になる。片桐雅隆『自己と「語り」の社会学』世界思想社，2000．浅野智彦『自己への物語論的接近』勁草書房，2001．
[15] このゴフマンの議論については、浅野（前掲書）で解説されている。
[16] G. H. ミード前掲書，152頁。

要な選択に際して、困ることになるのではないだろうか。あるいは、そうした重要なときに限らずとも、自己の統一性についての感覚をもてなければ、日々の生活（小さな選択の繰り返し）でさえ、安定的に組み立てていくことは困難ではなかろうか[17]。

「個人化」論のベックは、後期近代社会の生活が、ますます多元化・多極化するなかで、人々は一貫性をもった自己アイデンティティを保持することが困難になり、より自覚的に自らの**生活史**（biography）を構築することを迫られているという（Beck 2002, 伊藤2008）。たとえば、なにごとも専門分化することで、そのつど異なるメンバーとやりとりする生活や、メディアを通して様々な情報に接触する生活は、多元化・多極化しているといえる。そしてまた、定型的なライフコースがなくなるにつれ、自己アイデンティティは生涯を通して再確認・再調整を繰り返さざるを得ない。その点を捉えて、ギデンズは、自己は「再帰的プロジェクト」であり、アイデンティティとは「特定の物語を進行させる能力のなかにある」と論じる[18]。

先述のCさんの語りでは、幼少期から形成してきた自己を、その時期の環境的事情からみれば避けがたい側面があったと解釈することで、矛盾や断絶を緩和しつつ、現在と未来に向けた自己の物語に統合した側面がある。その意味ですぐれた「物語進行能力」を示しているケースともいえる。「物語」論とは、「自己」についての普遍的な理論でもありえようが、すぐれて歴史的な議論でもあるといえよう。そして、同時に、現在的な社会に生きることの困難や重圧を示すものでもある。

4. 「社会学」的な自己論の想像力へ

社会学の教科書で「自己」がテーマとされていることに、当初、多少の違和感をもたれた読者もいるかもしれない。「自己」、「自我」、「アイデンティティ」といった事柄は、むしろ心理学の研究テーマであろうと。実際、これらの概念に関する研究については、両分野を峻別することは難しい。ミードやエリクソンなどは、共通の古典的研究といえるし、相互に参照されることもままある。

したがって、本章で論じてきたのは、相対的にみればより社会学的といいうる関心や視点の持ち方であると理解してもらいたい。たとえば、カナダの社会

---

[17] この「自己」の統合性については、多元的であることこそ現代社会に適合的であり常態的であると考えるか、逆にむしろ統合化への自省的な営為が求められると考えるか、議論の分かれるところである。
[18] A. ギデンズ前掲書, 59頁。

学者であるコーテとレビンは、アイデンティティに関する社会学と心理学の議論を統合する試みを共著で行っているが、これまでの議論を整理するために次のよう構図を示している。すなわち、アイデンティティに関する議論には、パーソナリティ―相互行為―社会構造の三つの水準があり、その水準間には相互的に影響しあう関係がある。相対的にみれば、心理学はパーソナリティの組成についてのより詳細な研究を多く蓄積してきたし、社会学は、相互行為、そして社会構造がアイデンティティに対してもつ意味や影響についてより多く論じてきた[19]。

　本章もまた、社会学が「自己」に関心をもつ理由として、まずそれが他者との相互行為に起源をもち、そして日々の関係性に強く規定されるものであることを論じた。次に、その相互行為のあり方も規定しつつ、「自己」がより再帰的に問われるようになる、より広範な歴史的・社会的条件について説明した[20]。

　以上のように、「自己」とは、ただ性格上の傾向やその家族関係論的な形成過程に関わるものだけではなく、高度に社会的な現象である。ときに自分について思い悩んだり混乱したりすることもあろうが、そうした困惑をひとり自分のものとは捉えずに、周囲の人々とも共有しているかもしれない歴史的・社会的背景について想像力を働かせることが可能だ。そして、同時に、自分の日々の振る舞いもまた社会的条件を形成し、他者の「自己」に関わる苦悩と関係しているかもしれない、そうした想像力も必要とされるところだろう。

●考えを深めよう●
　本章を読んでから、次の質問について考えてください。
①日常的なふるまいのなかで、実はお互いの「面目」を守るための儀礼になっているようなことはないか、様々な相互行為の場面について考えてみよう。
②これまで「自分」の存在、関心、目標などについて問い直してみたり、悩んだりしたときとは、どのようなときであったのかを振り返ってみよう。そして、そのとき属していた、あるいは加入しようとしていた制度や集団の状態、さらにその社会的意味づけ（たとえば、メディアでどのように論じられていたか）について考察してみよう。

---

[19] Cote, James. E=Charles G. Levine, *Identity Formation, Agency, and Culture: A Social Psychological Synthesis*, London, LEA, 2002, 1-46 頁。
[20] 本章で触れられなかった問題として、近代において、人をして自らをコントロールする「主体」として形成する政治的な力や、自分との関係の仕方――それ自体が「自己」といえる――を指示し様式化するテクノロジーについての議論がある。文献紹介3を見て欲しい。

③「自分」について理解しようとするとき、どのような方法があるのか、調べてみよう。そして、ある方法が広く用いられているとしたら、それはなぜか考えてみよう。

> さらに学びたい人のための文献紹介

1. 「自己」論をより広く知る
①井上俊・伊藤公雄編『社会学ベーシック1 自己・他者・関係』世界思想社, 2008.
②アンソニー・エリオット（片桐雅隆・森真一訳）『自己論を学ぶ人のために』世界思想社, 2008.
＊①は本文では触れられなかった関連する名著を多く紹介している。著書の概説だけでなく、著者の思想形成に関わる経歴、そして著書がその後の研究に与えた影響も説明されている。②は「自己」論の学際的性格を踏まえつつ、セクシュアリティやジェンダーに関わる最新の議論も取り入れた、より"専門的"な入門書である。

2. エリクソンの議論から学ぶ
①西平直『魂のアイデンティティ』金子書房, 1998.
②E. H. エリクソン『幼児期と社会1・2』みすず書房, 1977.
＊エリクソンの議論は、歴史への配慮の深さにおいても、社会学者に多くの示唆を与えうる。①はエリクソン研究を専門としてきた哲学者が、ある青年との関わりを通して繊細な考察を進めるものだが、同時に広範な読書案内にもなっている。②はエリクソンの初めての著作であり、その後の研究のすべてのアイデアが詰まっている。

3. 自己を「主体」化する力を考える
①ミシェル・フーコーほか（田村俶・雲和子訳）『自己のテクノロジー』岩波現代文庫, 2004.
②森真一『自己コントロールの檻―感情マネジメント社会の現実』講談社選書メチエ, 2000.
＊注20で触れた、自らを統制する「主体」を生み出した力や「自己との関わり方の様式」（に規定された自己）という視点は、もともとフーコーによるものだ。①は、そのフーコーのアイデアや研究史に触れるコンパクトな手がかりになるだろう。②は、なにごとも各人の内面的コントロールに委ねていこうとする「心理主義化」する社会の問題点を分析した興味深い議論である。

4. 若者のアイデンティティについて検討する
①北田暁大・大多和直樹『リーディングス　日本の教育と社会10　子どもとニューメディア』日本図書センター，2009.
②浅野智彦編著『リーディングス　日本の教育と社会18　若者とアイデンティティ』日本図書センター，2009.
＊①は、注17にある自己の「多元性」をめぐる議論――対人関係研究――の流れがよく分かる論文集。②も、日本の若者のアイデンティティについて、重要な論文が集められている。

5. 後期近代社会を生きる
①乾彰夫『〈学校から仕事へ〉の変容と若者たち―個人化・アイデンティティ・コミュニティ』青木書店，2010.
②アルベルト・メルッチ（新原道信他訳）『プレイング・セルフ―惑星社会における人間と意味』ハーベスト社，2008.
＊①は、個人化の趨勢を文脈としつつ、就労問題について焦点をあて、継続的なインタビューから若者たちのアイデンティティをめぐる困難と支援のポイントを描き出した好著である。②は、イタリアの社会学者にしてセラピストでもあったメルッチの作品。複雑化し情報が渦巻く社会のなかで、我々が社会に適応しつつ、いかに「静謐な空間」を自らのうちに確保できるのかを問うている。

COLUMN

「分かりやすくされた私」と悩ましい「アイデンティティ」
荻野達史

　若い頃の試行錯誤の結果、励むべき仕事を見つけ、自分にあったライフスタイルを確立している、そんな「成熟した大人」は、とても理想的かもしれない。しかし、こうしたアイデンティティの理想型、あるいはそうした状態を理想としたアイデンティティという概念については、強い批判も存在する。詳しくは、上野千鶴子編著『脱アイデンティティ』（勁草書房，2005）に、興味深い論考が多く含まれており、一読をお薦めする。以下、アイデンティティをめぐる悩ましさについて概説してみよう。

　おそらく、アイデンティティの悩ましさの一因は、そこに社会的な「承認」というプロセスが深く関与してくる点に求められる。「なにものか」として、他者から肯定的な評価を得ていると自ら思えることは、安定した自己イメージを形成し、生きていく上での拠り所となりそうだ。ただ、そのとき、私は「なにものか」に、まさに同一化していなければならない。それも、他者からみて了解可能である「なにか」であり、他者が満足しそうな「なにか」でなければならない。

　そして、そもそも、そうした分かりやすい存在に自分を仕立てるのは、往々にして、「あなたは、何者か？」という問いかけがなされるからだ。あるいは、勝手に、一定のラベルを貼り付けられてしまっているがゆえに、あえて「これである」とラベルの書き換えを要求しなければならないからだ。たとえば人種や民族、あるいはジェンダーやセクシュアリティに関わる差別に抗するときだ。しかし、この抵抗も悩ましい。相手がカテゴリーとして、ある人々をまとめて差別するがゆえに、差別される側は「われわれ」として自らを別様に表示しなければならなくなる。だが、「われわれ」は決して均質な存在ではありえない。

　このように、自らを「なにものか」にコミットさせて、社会的な承認を得ようとするとき、強い立場にいる側からの問いかけとそのまなざしに従属し、無理のある「分かりやすさ」を演じてしまうことにもなる。「マイノリティ」や差別に関わる文脈では、「アイデンティティ」のもつ政治性に敏感であらざるをえない。

　ただし、である。アイデンティティの問題を、上述の政治性の文脈に、すべて回収できるのか、この点もまた悩ましいところである。生活領域が多元化・断片化する社会では、多元的・複合的アイデンティティがむしろ通常的であり、分かりやすく統合されたアイデンティティを理想とすることは、賞味期限の切れた規範論だという意見もある。反面、仕事も雇用も短期化され流動性が著しく高まる近年の資本主義社会において、承認もなく、中長期的な見通しを備えた物語も紡げない人々が大量に生み出されることに警告を発する論者もいる（リチャード・セネット『不安な経済／漂流する個人』大月書店，2008）。たとえば、自分の老後をデザインし、準備していくには、統合的なアイデンティティとそれを可能にする社会的条件も必要になるのではないだろうか。

　「アイデンティティ」を論じるときに必要なのは、それがどのような文脈で語られ、どのような機能をもつのか、その点に注意深くなることであろう。

第2章 「家族」を読み解く
―― 親たちへの批判的なまなざしを問い直す

西村純子
Junko NISHIMURA

1. 「モンスターペアレント」問題

 「モンスターペアレント」という言葉を耳にしたことがある方も多いだろう。「モンスターペアレント」とは学校や教師に強く苦情を寄せる親、激しくクレームを申し立てる親のことを言う。しかもその苦情・クレームの内容は「自己中心的・利己的」で「一方的」なものであると言われる。例えば、2008年9月19日の朝日新聞（佐賀版）では、「モンスターペアレント　苦情3倍増84件」という見出しの記事で、以下のような親から学校・教師に対するクレームが紹介されている。

 「宿題忘れや忘れ物があってもしからないで欲しい。不登校になったらどう責任をとってくれるのか」

 「学期末の個人面談の順番が希望通りにならないのは担任の不手際だ。管理職として責任をとれ」

 「校内合唱コンクールで、賞がとれなかったとピアノ奏者の親から『プライドが傷ついた』と激しく抗議された」

 こうした親たちの行動は、しばしば「非常識」で「困った」ものであるとされる。実際、こうした親からの激しいクレームによって現場の教師が精神的に疲弊し、退職に追い込まれるケース、また最も深刻な場合には教師が自殺に至ってしまった事件も報道された。

 そうした報道ともあいまって、「モンスターペアレント」には、怖くて近寄りがたいというイメージがつきまとう。「わが子のことしか考えない」「理不尽な要求を学校に突きつけてくる」、「非常識」で「困った」親たち。そのクレームはときとして現場の教師たちを追い詰めてしまうほどの激しさをともない、教育の現場を混乱させている――こうしたニュアンスをともなって「モンスターペアレント」は問題視されている。

 ではなぜ親たちは、こうした「非常識」で「困った」行動をとってしまうの

だろうか。あるいは、親たちが「困った」行動をとらざるを得ないのには、どのような事情／背景があるのだろうか。それを考える方向性にはいくつかありうるが、本章では「子育てにかかわる親へのプレッシャー」という観点から考えてみたい。

「モンスターペアレント」に圧倒的に多いのは、「わが子を最優先させる」「わが子しか見えない」タイプであるという[1]。子どもがいじめられたので担任を交代させてほしい、雨が降っていたのに傘も貸してもらえずに帰された、先生に叱られて子どもが傷ついているので謝ってほしい……、このような、子どもをかわいく思うがゆえの「行き過ぎた」クレームが、「モンスターペアレント」から申し立てられるものの多くを占めているという。

こうしたクレームの背後にあるのは、「子どもは親である自分が守らなければならない」という親たちに課せられた強いプレッシャーである、と解釈できないだろうか。言い換えると、親たちは子どもが家の外（学校）では守られていると感じることができていないのではないか。だからこそ、自分の子どもを守るために、子どもが「外」での時間のほとんどをすごす学校に対して、強い要求をし、苦情を寄せるのだ。

2. 「モンスターペアレント」を生みだす社会

親たちから教師や学校へ寄せられる激しいクレームの背後に、「子どもは親である自分が守らなければならない」という、親たちに課せられている強いプレッシャーがあると考えるなら、「モンスターペアレント」問題は少し異なる様相を帯びてくる。この問題の背後にあるのは、親たちのモラルの低下や利己的な価値観というよりは、むしろ親たちを「子どもを守れるのは自分しかいないのだから」と切羽詰った思いにさせるような、この社会のありようである。

現代日本社会は、子育てのすべての責任が親に集中している社会だといえる。子どもの学業成績、言葉づかい、食事のマナー、性格、公共的な場所での立ち居ふるまい……、これらが「できる」か「できないか」、「良い」か「悪い」かには、親からの働きかけが大きくかかわっていると信じられている。また、子どもの忘れ物さえも、親の配慮の行き届かなさのあらわれだと解釈され、また親自身もそのように感じてしまうような規範を内面化している。

---

[1] 多賀幹子『親たちの暴走―日米英のモンスターペアレント』朝日新聞社, 2008. 諸富祥彦『モンスターペアレント?!―親バカとバカ親は紙一重』アスペクト, 2008.

しかも現代日本社会では、子どもをどう育てるべきかについて、相反する言説があふれている。親たちはそれらの中からその都度「責任をもって」、子ども（と親自身）にもっとも適切だと思うものを選択しなければならない。例えば、レジの脇で子どもが「おもちゃ買って！」とグズったとする。そのとき買い与えるべきかについて、「要求に応えてもらった（買ってもらった）ことで子どもは自分を受け容れてもらったという安心感・自己肯定感を得ることができる」と説かれることがある一方で、「(買い与えないで) 我慢する心を育てることが自律につながる」と言われることもある。こうした、どちらもそれなりに説得力をもつような言説のなかから、親たちは自分たちにふさわしい（と思われる）ものを選ばなければならない。そして選んだことの責任は、当然親たちが引き受けるべきだとされている。子どもがわがままな態度を示せば、おもちゃをたやすく買い与えすぎたからだと非難され（自分を責め）、子どもが精神的に不安定な様子を見せれば、我慢させすぎたと後悔する。親たちが採用した子育て方針には常に、その選択責任がつきまとうのだ。

　このような親たちの子育てに対する強い（強すぎる）「責任感」が、「モンスターペアレント」の背景にはあるのではないか。子どもをケアできるのは自分しかおらず、しかも子育て方針については、その選択について重い責任を負っているがゆえに慎重にならざるをえない。学校が子どもの育ちに大きくかかわる場所であるとするなら、子どもが学校でどう扱われているかは、親たちにとっての最大の関心事となる。「モンスターペアレント」は、こうした親たちの子育て態度の延長線上にあると考えることができる。

　このような親と子、そしてそれを取り巻く社会のあり方は、実は現代社会に特有のものである。わたしたちが生きる「今」の社会がどのような社会であるのか、少し距離をおいてみることができるように（「今」の社会を相対化するために）、次節で近代化される以前の農村のムラ社会における子育てについて、続く4節では、そうしたムラ社会の子育てが、どのようないきさつで変化をとげたのかについてみてみよう。

3.　村落社会の子育てシステム

　民俗学や歴史学の知見によると、かつての村落社会における子育ては、ムラという共同体のなかで多くの人が関わりながらすすめる協同作業的要素が強かった。その背景には、農業生産力がまだそれほど高くなく、自然災害の影響も

受けやすい状況下において、農作業にしても家屋の建設にしても、ムラの人々との協同作業が不可欠であったという事情がある。ムラの人々との協同作業において、一定の役割を引き受けられるようになることこそが「一人前になる」ことを意味していたのだ。

子どもの育ちを見守る責任は、もちろん親にもあったが、親以外にもさまざまなかたちの**仮親（擬制親）**をとって、多くの大人が子どもを見守る責任を分け持っていた[2]。例えば、子どもが生まれたときに取り上げた産婆（トリアゲババ）が仮親になっていることがあった。トリアゲババは出産の手助けをするだけでなく、その後の産屋の行事（例：雪隠詣り。トリアゲババが産後三日目の産児を抱いて近所三軒の便所まわりをする。異界へつながる便所に結界を施すことで、子どもの霊魂が安定すると考えられていた）を取り仕切り、また子どもの成長の節目をともに祝った。生後数日間は他人の乳をもらって産児に飲ませる例（母親の母乳は生後数日経たないと出が良くならないためと思われる）は各地にあったが、その人を「乳親」または「乳付親」といい、一生の交際をした。名づけの縁者は「名づけ親」となった。また13歳ごろのヘコ祝には、ヘコ親を定め、男児には褌（ふんどし）を、女児にはヘコ（腰巻）がヘコ親から贈られ、子どもが成長した後も、ヘコ親に対して礼をつくす風習があった。このように、たくさんの擬制親をつくって、血縁・地縁による**子育てネットワーク**が形成されていた。

また大人が見守る中で、子どもたちの**異年齢集団**も子どもの育ちに大きく関わっていたようだ。その代表的なものが**子ども組**である[3]。子ども組はムラの祭祀的行事が行なわれるときにだけ、臨時的・慣習的に組織されるものであったが、大人が取り仕切る秋祭りに、稚児行列や子ども神輿（みこし）として関与したり、あるいは小正月のどんど焼きや鳥追い、また七夕祭りなど、子ども組がほぼすべてを取り仕切って行なう行事もあった。その年に15歳になる子どもが親玉または大将と呼ばれ、以下順々に名と役目があった。指揮と分配の一切は親玉の権能で、それに逆らうものには制裁があった。こうした子どもたちの大真面目な「自治」に大人たちは、よほどのことがない限り干渉しなかったという。子ども組の活動はハレの日だけの、遊びの延長ではあったが、それは同時に子どもたちが社会的なルール——例えば年長者に従うこと——を学ぶ場でもあった。つまり子

---

[2] 柳田國男編『山村生活の研究』国書刊行会，1938．柳田國男・橋浦泰雄『産育習俗語彙』国書刊行会，1975．
[3] 上笙一郎『日本子育て物語―育児の社会史』筑摩書房，1991．柳田國男編『山村生活の研究』国書刊行会，1938．柳田國男『こども風土記』（『柳田國男全集第12巻』筑摩書房，1998所収）．

ども組は、ムラの大人たちに見守られつつ、直接的には異年齢集団における子ども同士の関係性のなかで、遊びを通して〈ムラ〉のルールを学習する場であった。

さらに「一人前」になることが家業を受け継ぎ、また村仕事やユイなどの共同作業につとめ、ムラの維持に貢献できるようになることを意味する社会では、**父親の教育責任**も大きかった。民俗学者の宮本常一は、明治・大正のころ山口県周防大島に育った自らの体験を、以下のように記している[4]。

「日常の仕事振りについて、父は実に口やかましかった。たとえば、鍬を使っている時、腰を曲げすぎるとか、鍬についた土を手でとっているとか（鍬の土は木の片か何かで落とすもので、手で落とすものではない）すると、父はどんな遠くから見ていても注意した。……こうして私は仕事の骨（こつ）を呑み込まされてきた」

つまり、息子に仕事の「型」を教え込むこと、そのようにして息子に仕事の技能を引き継いでいくことこそが父親としての務めであり、同時に共同体の一員としての責務であったのだ。

このようにかつての村落社会における子育ては、現代の（とりわけ）母親にその責任が集中するような子育てとは、少し異なる様相を見せていた。子育ての責任は、母親だけでなく父親や、血縁・地縁によって結ばれた、さまざまな大人に分け持たれていたし、子ども同士の異年齢集団も、共同体の大人たちが見守る中で、社会的なルールを学ぶ場としての役割を発揮していた。むろん、こうしたしくみの背景には、家業を継承し、共同体の存続に貢献できるようになることが、「一人前」になれる唯一の道筋であるという、強力な〈ムラ〉のルールがあったことには留意が必要である。血縁・地縁によるさまざまな大人たちの「見守り」も、異年齢集団のなかでの「学び」も、〈ムラ〉のルールからはみ出すことを許さない「監視」としての側面もあった。けれどもその「息苦しさ」は、（母）親に子育ての全責任が集中し、親以外に子どもに責任をもってかかわる大人がいない中で、ときに親と子の関係が抜き差しならないものになってしまうような、現代の「息苦しさ」とは、異なる種類のものであっただろう。

4. 近代化のプロセスと家族

では、子育ての責任が親、とりわけ母親のみに集中するようになったのには、

---

[4] 宮本常一『宮本常一著作集 42 父母の記／自伝抄』未來社，2002.

どのようないきさつがあったのだろうか。そこには社会の近代化が深くかかわっている。

近代化は、社会の産業構造を大きく転換させた。日本社会は、かつては農業中心の社会であったのが、近代化のプロセスを経て**サラリーマン中心の社会**になった。そうした変化のなかで家族、そして子育てのあり方も大きく変貌した。

サラリーマン中心の社会では、大多数の人々は家業の継承を必要としない。そのため、かつては父親の責務そのものであった、子ども（息子）への仕事の技能継承のための教育責任は大きく後退する。父親の労働は、家と離れた会社で行われるようになり、父親から子どもへの直接的な仕事の技能継承は行われない。子どもが父親と同じようなサラリーマンになるにしても、親から直接的に技能を伝達されるのではなく、学校教育を通して必要な知識や技能、さらに資格を獲得し、試験を通過したうえで仕事に就くというプロセスを経るようになる[5]。

学校教育ののち就職試験を経て仕事に就く、というのが「一人前」になるためのメインルートになるということは、しばしば「一人前」になるために共同体から出ていくことをともなった。〈ムラ〉のルールを身につけることは、かつては「一人前」になることそのものであったが、出ていくものにとっての、その重要性は低下する。それにともなって〈ムラ〉のルールを身につけさせるための大人たちの見守り（と監視）、異年齢集団の活動は、だんだんとその意味を失ってくる。人々の生活基盤を維持するうえでの〈ムラ〉の子を育てることの必要性の低下は、〈ムラ〉の子を育てるための大人たちの目（関心）とネットワークも後退させた。

さらに個々の家族のなかでは、父親がサラリーマンとなることによって、夫は外で働き、妻は家庭を守るという**性別分業**が成立する。性別分業のもとでは、家事・育児は女性の領域とされ、母親が子育ての実質的な担当者となった。

このように、近代化は子どもの育ちに対する地域社会の関心・関わりを低下させ、また家族のなかにおいては父親の教育責任を後退させた。子育ては実質的には家族の中だけで、主として母親によって担われるようになった。

5.　近代家族

近代化のプロセスのなかで成立した、こうした家族を、家族社会学では**近代**

---

[5] これらの点については、教育社会学や階層研究の中でも論じられてきた。第4章と第5章もあわせて参照してほしい。

家族と呼んでいる。落合恵美子の整理によると、近代家族は以下の8つの特徴をもつ。①家内領域と公共領域の分離、②家族構成員相互の強い情緒的関係、③子ども中心主義、④男は公共領域、女は家内領域という性別分業、⑤家族の集団性の強化、⑥社交の衰退とプライバシーの成立、⑦非親族の排除、(⑧核家族)。[6] (日本のように、拡大家族をつくりながら、質的には近代家族的な性格をもつような家族を論じる場合には、「核家族」はカッコに入れて論じたほうがよいといわれている。)

　雇用労働者化によって職場と家族生活の場が分離し（①）、家族生活の場では家族のメンバーが互いに強い愛情で結ばれ（②）、子どもが大切に育てられる（③）。家族生活の場で家事や育児の担当者としての役目を担うのは女性であり、男性は職業労働に専念する（④）。家族のメンバーは親族のみであり（⑦）、それぞれのメンバーは共同体の同輩集団とのつきあいよりも、家族との時間を大切にし、家族はプライバシーの保たれた集団として外部社会とは明確な境界線が引かれる（⑤⑥）。

　こうした家族のあり方は、現代社会に生きる我々にとっては、家族としての「当たり前」の姿として映るかもしれない。しかし家族の社会史的研究[7]の知見によると、以上のような家族のあり方は、近代化のなかで成立したのであり、時代を超えて普遍的なものではない。「近代家族」というタームには、近代特有の家族という意味合いが込められている。

　日本において近代家族が登場したのは、大正期に登場した**新中間層**と呼ばれる人々においてであるといわれている。新中間層とは、大正期の都市部に出現したサラリーマン層を意味する。第一次大戦後の好況期に産業化が進展するなかで、企業は大規模化し、公共セクターも拡大した。それにともなって事務的な仕事を担うホワイトカラーが登場した。彼らは大都市の郊外に住み、そこから職場まで通勤するという新しいライフスタイルを生み出した。さらに、高度な学歴をもつ彼らは、安定した雇用と賃金を得ることができたため、夫ひとりの稼ぎで家族を養うことが可能になった。こうした新中間層の家族において初めて、夫が外に働きに出て、妻が家庭にとどまるというライフスタイルが可能

---

[6] 落合恵美子『21世紀家族へ（第3版）』有斐閣，2004．
[7] とりわけ家族や子どもに対する感情（「心性」）を明らかにしようとした、アリエスやショーターらの研究が大きなインパクトをもった。（フィリップ・アリエス（杉山光信・杉山恵美子訳）『〈子供〉の誕生―アンシャン・レジーム期の子供と家族生活』みすず書房，1980．，エドワード・ショーター（田中俊宏・岩橋誠一・見崎恵子・作道潤訳）『近代家族の形成』昭和堂，1987．）

になったのである[8]。

しかし大正期の近代家族は、都市部のある一定の層に限定して出現したにすぎなかった。この時代の人口の大部分は農村部に居住し、農林漁業に従事していた。**近代家族が大衆化**するのは、日本では戦後の**高度経済成長期**である。高度経済成長期に、日本の産業構造は大きく転換した。1950年には就業者のうち、第一次産業従事者が50％程度を占めていたが、1975年には、その比率は10％台にまで低下した。一方で第三次産業従事者は1950年には20％程度であったのが、1975年には50％以上を占めるようになった[9]。つまり戦後の高度経済成長を経て、日本社会は農業中心の社会からサラリーマン中心の社会に転換した。それにともなって近代家族が大衆化した。

6. 子ども・家族・地域社会の今後

こうしてみてくると、子育てのほとんどを母親が担い、子育ての全責任が親に集中するような状況は、日本社会で近代家族が大衆化してからの、ここ数十年の出来事であることがわかる。子育ての責任が親（のみ）にあり、その実質的な担当者が母親であることは、家族であれば「当たり前」でもなければ、「唯一普遍の」家族の姿でもない。それは歴史的なさまざまな条件のもとで形成された、いくつもバージョンがありうるなかでの、ひとつの家族の姿である。

そして今、日本社会に生きる人々の多くは、そうした家族のあり方に少し息苦しさを感じ始めている。それは親にしてみれば、子育てのすべての責任を負わねばならないというプレッシャーであり、子どもにしてみれば、親しか頼りにできない反面、親の言いなりにもなりたくないという「逃げ場のなさ」であったりする。

そうした息苦しさを少しでも緩和するために必要なことは何だろうか。それはまず、「親にもできないことがある」という前提に立つことではないかと思う。現代の日本社会では、親が子どもに対して何かを「できない」こと──しつけができない、遊んであげる時間がない、子どもの気持ちをわかってあげられない……──は、親の落ち度であると、しばしば考えられている。近代以降の社会に特有の、親が子育てのすべての責任をもつことを期待するようなプレッシャーが、そうさせているのだ。けれども、親も一人の人間だ。失敗もするし、

---

[8] 大正期の新中間層において母親に教育責任が集中していくプロセスについては、沢山美果子「教育家族の成立」（編集委員会編『〈教育〉—誕生と終焉』藤原書店，1990，108-131頁）を参照。
[9] 総務省統計局『国勢調査結果』(http://www.stat.go.jp/data/guide/download/kokusei/index.htm)

忘れ物もするし、仕事や、何かその人にとっての大切な活動のために、頭がいっぱいになることもある。親にもできないことがあるという前提で、いろいろな大人が子どもたちをゆるやかに見守るようなしくみ、親がある程度放っておいても、子どもがたくましく賢く育っていけるようなしくみを考えていく必要がある。
　「親にもできないことがある」という前提に立つとき、今後の子どもの育ちを保証するために模索していくべき方向性がうっすらと見えてくる。それは、親以外の多様な人が子どもの育ちに関わること、少し別の言い方をすると、地域社会での多様な大人の子どもに対する関わりと見守りのネットワークと、子ども同士の異年齢集団の形成だ。親だけでなく、多様な大人が子どもの育ちに関する責任を分け持つこと、大人の見守りに支えられた子ども集団の「自治」のなかで、子ども同士が学びあう場を保証することが、親たちを重すぎる子育てのプレッシャーから解放し、親と子の「抜き差しならない」関係をときほぐすことができるのではないだろうか。
　それはむろん、かつての擬制親や子ども組を復活させることではない。かつてのムラ社会とは、産業構造も異なれば、人口構造もライフスタイルも大きく異なる現代社会で、かつてムラ社会で機能していたしくみが、同じように有効であるとは考えられない。そうではなく、今わたしたちが地域社会でもっている資源を生かしたしくみを考える必要がある。たとえば、今の社会で地域の子ども同士、大人同士が集う結節点になっているところ——保育園（コラム参照）や学童保育、児童館など——から、子どもを見守る大人の関係の網の目を形成していくことができるかもしれないし、異年齢の子ども集団のなかで学びあう関係性を作っていくことができるかもしれない。今ある地域の資源を、いかにつなぎ、新しい関係性をつくりだしていくかというところに、わたしたちの知恵が問われている。

7.　「モンスターペアレント」再考

　学校や教師に激しくクレームを申し立てる「モンスターペアレント」といわれる人たちも、子どもたちが安全に、健やかに育ってほしいと願う「ふつうの」親なのではないかと思う。けれども子どものすべてを見届けておかねば、親としての責任を果たしていることにならない、子どもの落ち度は親の落ち度であると考えられるような、親に対する強いプレッシャーがあることが、ときとし

て「行き過ぎた」行動となってしまうのではないだろうか。

　雨の中、子どもが傘をささずに帰っていたとしても、地域の誰かが「この傘さして、お帰り」と貸してくれるような関係があれば、親たちはそもそも「傘も貸してもらえず、学校から帰された」と学校にクレームを申し立てる必要もない。親たちを「モンスターペアレント」にしているのは、親たちの悪意でもなければ、モラルの低下でもなく、わたしたちの社会のありようである。一見理解できないと思われる隣人の行動の背後にある「社会」に、わたしたちは常に想像力を働かせる必要があるだろう。

●考えを深めよう●

1. 親による子どもの虐待が社会問題化されて久しい。子どもの虐待の事例を、新聞記事等で可能な限り集めてください。そのうえで、なぜその親が子どもを虐待するにいたったかについて話し合いましょう。また、どのような条件／環境が変われば、その親が虐待せずにすんだかについても考えてみましょう。

2. 家族、学校の先生以外の地域の大人が子どもの育ちにかかわるには、どのようなかたち／可能性がありうるでしょうか。できるだけ具体的に考えてみましょう。

さらに学びたい人のための文献紹介

1．近代家族

①エドワード・ショーター（田中俊宏・岩橋誠一・見崎恵子・作道潤訳）『近代家族の形成』昭和堂，1987．
②アン・オークレー（岡島芽花訳）『主婦の誕生』三省堂，1986．
③落合恵美子『21世紀家族へ（第3版）』有斐閣，2004．
④山田昌弘『近代家族のゆくえ—家族と愛情のパラドックス』新曜社，1994．
＊①と②はヨーロッパ（②はイギリス）における家族史的文献である。社会のどのような変化のもとで近代家族が出現したのかを学ぶことができる。③は、近代家族論をふまえて戦後日本の家族の変化を読み解くものであり、④は、近代家族を構成する主要な要因である「愛情」に焦点を当て、近代家族の危うさを析出している。

2. 子育て

⑤広田照幸編『リーディングス日本の教育と社会第3巻　子育て・しつけ』日本図書センター，2006.

＊子育て・しつけに関する論文集である。誰が、どのように子育てやしつけを担うのかという論点のみならず、しつけという営為そのものに内在する問題点、子育てやしつけの歴史、背景としての家族の変化など、幅広い論考を含んでいる。

3. データ分析から知る現代家族

⑥渡辺秀樹・稲葉昭英・嶋﨑尚子編『現代家族の構造と変容——全国家族調査〔NFRJ98〕による計量分析』東京大学出版会，2004.

⑦藤見純子・西野理子編『現代日本人の家族——NFRJからみたその姿』有斐閣，2009.

⑧牧野カツコ・渡辺秀樹・舩橋惠子・中野洋恵編著『国際比較にみる世界の家族と子育て』ミネルヴァ書房，2010.

＊わたしたちの社会での家族生活の実態は、どんなものなのだろうか。それを知る手がかりになるのが、家族に関するデータとその分析である。⑥と⑦は家族社会学会がおこなっている全国家族調査（NFRJ）のデータから、現代日本の家族の結婚、出産、育児、介護、親子・きょうだい関係など多様な側面について分析したものである。⑧では、日本、韓国、タイ、アメリカ、フランス、スウェーデンの6カ国で行われた調査結果がまとめられており、他の社会と比較しての日本の家族生活の特徴を読み取ることができる。

COLUMN

保育園ってどんなところ？
北相模美恵子

　毎年桜が満開になると保育園に新入生と父母が入園してきます。緊張気味の親と元気いっぱいの子。子どもというものは大人が見ると無駄に思えることを沢山して育っていきます。砂遊び、おにごっこ、ままごとetc.汚れるし疲れるし、意味など無いと思われがちな活動の中で、体の発達、協調性や創造性など多くのことを学んでいます。喧嘩の時は大チャンス！！　相手の気持ちを理解すること、自分の気持ちをどう伝えたら良いのか、和解の仕方などが学べます。でも公園デビューのお母さんたちは、その喧嘩がストレスだそうです。揉めそうになると慌てて仲裁して代わりに謝っているのを見かけると「せっかくのチャンスなのに。勿体ないな～」と感じます。お母さんたちものびのび育てたいと思いつつ、乱暴な子ども・躾のできない母と思われるのではと不安なのでしょう。他人の視線を必要以上に気にしてしまうのは、望んだようには必ずしもならない子育てが、自分への評価だと感じてしまうからなのかもしれません。努力しただけ報われるとは必ずしもならない子育ての中で、お母さんと子どもに「大丈夫。あなたはあなたのままで良いのよ」と言ってあげることも保育園の大事な役割になってきているのを感じます。

　さて、私の勤めている保育園では、一歳児から年長児（五歳児）までが毎日同じ空間で生活する異年齢保育を行っています。始めたのは、「きょうだいがいても、家庭の中に一人っ子が複数いる」という感覚の育ちをしている子が増えてきたと感じた、13年ほど前でした。異年齢保育に切り替えることで、今の地域社会で無くなってしまった子ども集団を再現し、多様な人間関係が学べる環境をつくることをめざしました。当時、三歳児から五歳児の異年齢保育を行っている園はあったのですが、敢えて歩き始めるかどうかという一歳児も含めた異年齢の生活を作りました。

　小さいときから4年間、毎年繰り返し身近に見てきた「年長児になる」ということが、子どもたちにとっての最も強い憧れです。いろいろなことができて、自分たちのために食事の配膳当番などさまざまな仕事もしてくれる。小さい子なりにイメージできるなかで一番「すごい」存在で、保育士や親より上にランクされていることも多く、保育士の話は聞けなくても年長児にたしなめられるとスンナリと受け入れられることも、しばしば見られます。

　4月当初は「やっと歩けるかどうか、言葉で気持ちを伝えるのはまだ無理」という一歳児を相手に、人形のように扱おうとしたり、全く別の生き物を見るかのように近寄らないなどの様子が見られることがあります。しかし毎日の生活を一緒に過ごし、年長児として日々生活するなかで、話せない相手の気持ちを想像し、思いを寄せて「『ママがよかったの？』」と聞いて、そっと頭をなぜてあげる、代弁して保育士に伝えてくれる」存在になってきます。

　子どもたちに「小さい子、弱いものには優しく」といくら言っても実感させることは難しいのですが、一緒にすごすことで自然に体得していけることに、子どもたち自身が持っている、環境から学ぶ力を感じています。

第3章 「性」を読み解く
―― ジェンダーとセクシュアリティ

大貫挙学
Takamichi ONUKI

1. 社会現象としての「性」

　「性」という言葉には多様な意味が含まれている。社会学において、「性」を論じるときにキーワードとなるのは、**ジェンダー**と**セクシュアリティ**であろう。さしあたり大まかに述べておけば、「ジェンダー」は「性別」についての問題を、「セクシュアリティ」は「性欲」に関する現象を考察するための概念である。

　「性別」も「性欲」も、私たちの日常に深く埋め込まれている。私たちの多くは「女」もしくは「男」として生活し、他者を「男」もしくは「女」として認識する。また、「性欲」は人間の本能とみなされ、異性をその対象とするのが当然だとされている。「性」は、あたかも「自然」に決まっているかのようだ。しかし「性」を社会学的に読み解くには、その「自然」こそを疑わなければならない。「性別」や「性欲」のあり方は、社会の仕組みに規定されているのではないだろうか。つまり、「性」を社会現象と捉える視点が必要となる。

　以下では、「ジェンダー」や「セクシュアリティ」という概念を通して、私たちが生きている社会について考えていきたい。

2. 「女」「男」であることの政治性

2-1. セックスとジェンダー

　1960年代から70年代にかけて、**第二波フェミニズム**が、いわゆる「先進」諸国で盛り上がりをみせていた。フェミニズムとは、女性差別的な社会の変革を求める運動を指すが、その歴史には大きなふたつの波があったといわれる。18世紀末頃の第一波フェミニズムが、女性参政権の獲得など、主として公的領域における男女平等を指向していたのに対し、第二波フェミニズムは、「**個人的なことは政治的である**」というスローガンを掲げ、私的領域における女性への抑圧にも着目した。女性たちの日常経験や家族生活といった「個人的」な事柄の背

後に、マクロな社会構造の問題があると認識されるようになったのである。

とくに20世紀後半は、近代家族モデルが普及し、性別分業が規範化した時期であった[1]。そして同時に、それらに対する疑念も生じはじめる。アメリカで第二波フェミニズムを担ったB.フリーダンは次のように述べている。「女性たちは妙な動揺を感じ不満を覚え、あこがれを抱いた。郊外住宅の主婦たちは、だれの助けも求めずにひそかにこの悩みと闘ってきた。寝床を片づけ、食料品を買いに出かけ、子どもの世話をし、夜、夫の傍に横になる時も、『これでおしまい？』と自分に問うのをこわがっていた」[2]。ここでは、「妻」「母」という女性に課せられた役割の閉塞感が示されている。社会が要請する「女らしさ」からの解放が、第二波フェミニズムの課題であったといってよいだろう。

こうした問題意識を理論的に裏づけたのが、「ジェンダー」という概念である。ジェンダーは「社会・文化的性別」と定義されることが多いが（後述のように、これは適切ではない）、それは、この頃相次いで発表された性科学の研究成果[3]にもとづいている。精神科医のR.J.ストーラーは、「個人に見出される男らしさや女らしさの程度」を「ジェンダー」、生物学的な意味での性別を「セックス」と呼び、両者は「まったく別個のものであるかもしれない」と指摘した。そして、「男らしさと女らしさの形成」においては成育環境が大きく影響しているともいう[4]。いわゆる「男らしさ」「女らしさ」（ジェンダー）は、男女の肉体的な差異（セックス）に由来するものではなく、社会環境などの後天的要因によるものなのだ。だとすれば、女性の気質とされる「貞節さ」も、社会が押しつけたものであって、人間の本性にもとづくものではないことになる[5]。

かくして、フェミニズムは男女の不平等を告発するため、このジェンダー概念を採用する。従来、「男女は体の作りが違うのだから、異なる役割を果たすべきだ」という考え方があった。そこでは、生物学的な性差を「根拠」として、性役割規範（「女／男は〜すべき」という社会通念）が正当化されている。性別分業の背後にも、「女性は生得的に家事・育児に向いている」という発想がある。

---

[1] 近代家族については、第2章を参照。
[2] ベティ・フリーダン（三浦冨美子訳）『改訂版 新しい女性の創造』大和書房、2004.（引用にあたり、訳文の表記を変更した箇所がある。以下、他の文献においても同様。）
[3] ジョン・マネー／パトリシア・タッカー（朝山新一ほか訳）『性の署名—問い直される男と女の意味』人文書院、1979. ロバート・J・ストーラー（桑畑勇吉訳）『性と性別—男らしさと女らしさの発達について』岩崎学術出版社、1973.
　マネーの研究に関しては、ある患者についての追跡調査から、その信頼性に疑問が投げかけられている。たとえば、ジョン・コラピント（村井智之訳）『ブレンダと呼ばれた少年—性が歪められた時、何が起きたのか』扶桑社、2005を参照。しかし、これをもってジェンダー概念の意義を否定するのは妥当ではない。この問題をめぐっては、千田有紀「ブレンダの悲劇が教えるもの」『大航海』57号、2006, 134-141頁が興味深い。
[4] ストーラー前掲書。
[5] ケイト・ミレット（藤枝澪子ほか訳）『性の政治学』ドメス出版、1985.

だが、「社会・文化的性別」としてのジェンダー概念によって、これに対する反論が可能になる。「女性は生得的に家事・育児に向いているわけではない。家事・育児をするように社会化されているのだ」と。男女の特性といわれるものが、実は社会によって作られたものだと主張することで、性役割規範の相対化が図られたのである。

2-2. 性別二元論の問題化

　しかし、さらに問わなければならない。「社会・文化的性別」としてのジェンダー概念においては、「生物学的性別」は、社会のあり方と関係なく自然に存在することになる。そのうえで、それぞれの性別にどのような意味が与えられるかは文化的なものというわけだ。つまり、人間には男女の二種類がいるという前提は決して揺るがない。このような想定を**性別二元論**というが、それは、はたして自明なことだろうか。

　そもそも医学のレベルでも、すべての人間を男女の一方に明確に分類できるとは限らない。たとえば、卵巣、精巣の両方をもっている人、あるいは、性染色体はXX（「女性」の特徴）で精巣を有している人などがいる。こうした（医学が想定する）「通常」の「女」や「男」とは異なる人たちを「**インターセックス**」[6]と呼ぶ。ここで重要なのは、男女の区分に「例外」が存在するということではない。インターセックスの人たちを「例外」として位置づける、その基準の方を問題にしたいのだ。

　この点、J. バトラーの議論は示唆的である。彼女によれば、セックスもまた「ジェンダーと同様に、社会的に構築されたものである」[7]。性染色体や生殖器が社会環境によって変化するということではない。（たとえ生物学的なレベルであれ）人間を男女に分類するという営みは、性別についての社会的な解釈の結果なのだ。たしかに、人間を男女に分けたとき、両者の間には何らかの差異（性差）が見出せるかもしれない。しかし、ひとりの人間は、多様な特徴をもっており、それらは、ある点においては他の人と共通し、ある点においては異なっている。そうした無数にありうる性質のうち特定の事柄を参照し、性別という軸で分類すること自体が、分類基準の選択という価値判断に依拠している。ようするに、性別についての社会的観念であるジェンダーによって、生物学的性別が意味あ

---

[6] インターセックスの「当事者」による論考として、橋本秀雄『男でも女でもない性・完全版──インターセックス（半陰陽）を生きる』青弓社、2004を参照。
[7] ジュディス・バトラー（竹村和子訳）『ジェンダー・トラブル──フェミニズムとアイデンティティの攪乱』青土社、1999。

るものとして産出されるのだ。したがって、「セックスは、つねにすでにジェンダー」である[8]。

バトラーの理論は、「**名づけ**」の暴力への問題関心にもとづいている。ここでいう「名づけ」とは、一定の枠組みで人びとをカテゴリー化(「女」「日本人」「教師」などと分類)することである。「女」というカテゴリーを前提にするとき、「女」のなかの多様性は無視される。あるいは、インターセックスなど、カテゴリーから外れた人たちは「逸脱」的な存在とみなされる。「私」が「私」であるところの固有性は、既存のカテゴリーで語り尽くせるものではない。だが名づけは、そうした「私」の固有性を残酷なまでに抹消する。国籍、職業など別のカテゴリーを追加していけば、より細かな分類はできるだろう。しかし、分類が細かくなったとしても(「日本人」の「女性」、「女性」の「教師」……)、カテゴリー化が本来的に存在の固有性を否定するものであることは変わらない。

私たちが「女」「男」であることは、決して所与でも自然でもない。それは、社会規範を参照することでのみ成し遂げられる[9]。私たちが「女」「男」として存在する／させられていること、それはきわめて「政治的なこと」なのだ。

3. 「異性愛」は「自然」なことなのか？
3-1. 「セクシュアリティ」の発明

「男」「女」という区分は恣意的なものである。にもかかわらず、それは、私たちの生活を強固に支配している。このことをバトラーは、セクシュアリティの水準での**異性愛主義**と関連づけて論じる。セクシュアリティとは、性的指向のあり方を意味するが、現在の社会では、「男」は「女」を、「女」は「男」を性愛の対象とすること、すなわち「異性愛」こそが「自然」とされる。バトラーによれば、この異性愛主義と性別二元論は結びついている[10]。異性愛主義は「男」「女」の区分を前提とするが、同時に異性愛主義によって「男」「女」の区分が有意味となる。

このようなセクシュアリティの編成を歴史的に相対化したのが、M. フーコーである[11]。かれの著書『性の歴史Ⅰ　知への意志』[12]は、セクシュアリティ研究に大きな転換をもたらした。以後、人文・社会科学において、セクシュアリティ

---

[8] バトラー前掲書.
[9] バトラーによれば、ジェンダーは「パフォーマティヴ」なものである。私たちは、「女」「男」として行為する限りにおいて、「女」「男」であり続ける。バトラーはまた、既存のジェンダー秩序が攪乱される可能性についても論じている。たとえば異性装は、他方の性別を模倣することであるが、それによって、性別というもの自体が模倣にすぎないことも明らかになる。
[10] Butler, Judith, *Bodies That Matter: On the Discursive Limits of "Sex"*, New York and London: Routledge, 1993.

は、生物学的本能としてではなく、近代になって構築された観念として理解されるようになった。

　もちろん有史以来、人類はさまざまな方法で、他者との間で生殖器の結合や、それに類似する行為をおこなってきた。それらは、異性間でおこなわれることも、同性間でおこなわれることもあっただろう。だが、同性間でそのような行為がなされたとしても、行為者を「**同性愛者**」としてカテゴリー化することは、近代以前にはありえなかったのである。

　フーコーの影響を受けた多くの歴史研究も、この点を明らかにしている。古代ギリシアにおいて、市民権を有する者は「社会的地位の表明」のために、「性的行動」を「下級の者」とおこなっていた。そこでは、相手の性別よりも、「能動的」か「受動的」かの方が重要だったという[13]。あるいは日本でも、武士の「男色」は、内面的な欲望とは関係がなく、あくまで「契り」の確認という「行為」であった。これを近代的な「男性同性愛（者）」と等値することはできない[14]。

　つまり、近代になって、セクシュアリティを人間の内面にある本質と捉え、どのようなセクシュアリティをもっているかで人間を分類するような理解の枠組みが成立したのである。精神医学における「同性愛」の病理化はその典型といえる。アメリカ精神医学会による『精神疾患の診断・統計マニュアル』（いわゆる「DSM」）は、精神科医療の診断基準として世界各国で用いられているものだが、1952年に発表されたその第1版において、「同性愛」は「性的倒錯」とされていた（その後紆余曲折があり、1987年の修正第3版以降、「同性愛」についての記述は削除された）[15]。人間を正常／異常に分類するための近代固有の観念が、セクシュアリティなのだ。

　フーコーは、こうした知のあり方を〈生‐権力〉という言葉で説明する。前近代の権力が支配者に逆らった者に死を与える、いわば「剝き出しの暴力」だとすれば、〈生‐権力〉は人びとの内面に介入し、その生命を社会にとっての有用性という観点からコントロールする。セクシュアリティは、近代的な権力による巧妙な管理の装置である。

---

[11] 　バトラーもフーコーの思想を（批判的に検証しながら）受け継いでいる。
[12] 　ミシェル・フーコー（渡辺守章訳）『性の歴史Ⅰ　知への意志』新潮社, 1986.
[13] 　デイヴィッド・M・ハルプリン（石塚浩司訳）『同性愛の百年間—ギリシア的愛について』法政大学出版局, 1995.
[14] 　古川誠「同性愛の比較社会学—レズビアン／ゲイ・スタディーズの展開と男色概念」井上俊ほか編『セクシュアリティの社会学』岩波書店, 1996, 113-130頁.
[15] 　ハーブ・カチンス／スチュワート・A・カーク（高木俊介・塚本千秋監訳）『精神疾患はつくられる—DSM診断の罠』日本評論社, 2002.

3-2.「ホモソーシャリティ」の構造

近代社会は、理念としての「平等」を建前とする一方で、人びとの間に「差異」を作り出し、それを利用することで成り立っている[16]。近代家族論が明らかにしたのも、性別分業が近代化の結果だということであった。近代における**公私の区分**は、ジェンダー的に規定されている。すなわち近代社会は、公的領域での賃金労働を男性に、私的領域での家事・育児を女性に割り当てたのである[17]。

異性愛主義についても、こうした図式をふまえた考察ができるだろう。そもそも私的領域たる近代家族は、異性愛の結びつきを前提としている。日本を含めた多くの国において、同性間での結婚は法的に不可能となっており[18]、**非異性愛者**が「家族」を作る権利は認められていない。他方で公的領域は、成人男性のための空間とされる。E. K. セジウィックの議論を敷衍すれば、これは公的領域が異性愛男性の空間であることを示している。

セジウィックは、近代における男性間の連帯を「**ホモソーシャリティ**」と特徴づけた。「ホモソーシャリティ」は、女性を性的対象とみなすことで成立する男性同士の同質な関係性を指し、「ホモセクシュアル」とは区別される。女性を性的対象とする男同士の絆に参加するためには、「同性愛」的であってはならない。あるいは、「同性愛」的欲望を排除することで、男たちの連帯が可能になっている[19]。それゆえ非異性愛者は、公的領域の成員としての「資格」を有しない。

ようするに社会空間の構成が、異性愛主義にもとづいている。そのため、非異性愛者は、さまざまな不利益を受けることになる。「同性愛」的なるものに対する嫌悪を「**ホモフォビア**」というが、それは「理性的に検証できる発言の集合」ではない[20]。

しばしばエイズは、**ゲイ**の病気とみなされる。そこには「乱交」「受身の肛門性交」という、必ずしも事実とは一致しないイメージが介在している[21]。「同性愛」的なるものは、具体的根拠なく、漠然と忌み嫌われるのである。日本では1983年頃から、複数のエイズ患者の存在が問題となっていた。血友病治療のた

---

[16] この点については、第5章、第18章等も参照。
[17] 上野千鶴子『家父長制と資本制―マルクス主義フェミニズムの地平』岩波現代文庫, 2009.
[18] アメリカの一部の州やオランダなどでは、同性間の結婚が法的にも可能となっている。また日本でも、「同性愛者」の人権保障という観点から、同性婚を法制化すべきだとする意見がある。たしかに、異性カップルのみに婚姻が認められている現行の制度は、明らかに不平等である。しかし他方で、婚姻制度の拡大は、婚姻制度自体の自明性を強化することになる。この問題をめぐっては、志田哲之「同性婚批判」関修・志田哲之編『挑発するセクシュアリティ―法・社会・思想へのアプローチ』新曜社, 2009, 133-167頁を参照。
[19] イヴ・K・セジウィック（上原早苗・亀澤美由紀訳）『男同士の絆―イギリス文学とホモソーシャルな欲望』名古屋大学出版会, 2001.
[20] デイヴィッド・M・ハルプリン（村山敏勝訳）『聖フーコー―ゲイの聖人伝に向けて』太田出版, 1997.
[21] レオ・ベルサーニ（酒井隆史訳）「直腸は墓場か？」『批評空間』Ⅱ期8号, 1996, 115-143頁。

めに投与された輸入非加熱血液製剤にHIVウイルスが混入していたことが、罹患の原因だったとされる。諸外国では非加熱製剤の危険性が指摘された後も、厚生省（当時）はその使用を放置し続けていたのである。その後1985年3月になって厚生省は、アメリカ在住の日本人「ゲイ」男性について、エイズ発症が確認されたと公式に発表する[22]。社会的注目を集める「第1号患者」として、血友病患者ではなくゲイが選ばれたのだ。薬害に関する政府の責任を隠蔽するため、ホモフォビアが利用されたといえよう。

もっとも、一言で「非異性愛者」といっても、ゲイと**レズビアン**の間には、ジェンダー的な非対称性がみられる。ヨーロッパでは19世紀半ば以降、ゲイがコミュニティを形成し、その存在を徐々に主張しはじめたが[23]、レズビアンは長らく不可視であった。女性は、経済的資源や社会的ネットワークに恵まれていなかったからである[24]。また、ゲイやレズビアンなど非異性愛者について語られる場合でも、**バイセクシュアル**は、ときにその存在を無視され、ときに同性愛と重ね合わせて理解されてきた。バイセクシュアルは、同性愛でも異性愛でもない"どっちつかずの存在"と軽視されている[25]。ここには性愛の対象についての性別二元論がある。

4. 後期近代における「性」の再帰的変容

このように、性別二元論と異性愛主義は、近代社会によって構築されたものであるとともに、近代の社会構造を基礎づけている。だが、20世紀末に近代化は一応の「区切り」をみた。現在私たちは、「**後期近代**」と呼ばれる新たな局面にいる。A. ギデンズは、後期近代の特徴として「**再帰性の増大**」を挙げる[26]。後期近代では、自己であれ、人間関係であれ、あるいは社会そのものであれ、その前提が反省的に捉え返され続ける。では今日、「性」のあり方は、どのように問い直されているのだろうか。

ギデンズは、再帰性の増大が「**純粋な関係性**」を出現させるという。つまり、他者との性愛関係は、お互いがそれを望んでいるという事実のみに支えられ、それを継続しようとする選択の繰り返しの結果として維持されることになる。

---

[22] 広河隆一『薬害エイズの真相』徳間文庫，1996．毎日新聞社会部編『隠されたエイズ―その時，製薬会社，厚生省，医師は何をしたのか！！』ダイヤモンド社，1992．
[23] ジョン・デミリオ（風間孝訳）「資本主義とゲイ・アイデンティティ」『現代思想』25巻6号，1997，145-158頁．
[24] 竹村和子『愛について―アイデンティティと欲望の政治学』岩波書店，2002．
[25] 竹村和子「忘却／取り込みの戦略―バイセクシュアリティ序説」『現代思想』25巻6号，1997，248-256頁．
[26] アンソニー・ギデンズ（松尾精文・小幡正敏訳）『近代とはいかなる時代か？―モダニティの帰結』而立書房，1993．なお，後期近代における再帰性の増大については，本書第1章，第15章も参照．

純粋な関係性は、「ジェンダーにもとづく既存の権力形態の打破を暗に意味している」[27]。しかし、こうした見通しは、いささか楽観的といわなければならない。ギデンズ自身が強調するように、社会の再帰的な変化は、複雑で不確定なものだ。それは、相反する動きを含んだダイナミックなプロセスである。

　日本でも女性の就業率は上昇しているが、労働市場における男女の賃金格差は大きい。また、女性の非正規雇用者率の増加が（男性と比べて）顕著であるなど、女性はますます「周辺労働力」として搾取されている[28]。そもそも、男女間の役割配分が変化したとしても、男女の結びつきが前提とされるのであれば、私たちは性別二元論から逃れられてはいない。そして、それが異性愛主義と不可分な関係にあることは、すでに確認してきた通りである。

　もちろん、非異性愛者の社会的承認を求める声は大きくなっている。いわゆる「府中青年の家」訴訟では、日本の裁判史上はじめて、「同性愛者」の人権が判決のなかに明記された[29]。「**セクシュアル・マイノリティ**」の立場からの社会運動も成果を上げつつある。とはいえ一方で、「同性愛者」（とみなされた人たち）への「ホモ狩り」と称する暴力も頻発している。なかには、命を落とした被害者もいる[30]。あるいは物理的な攻撃は受けないとしても、テレビ番組等では、ゲイやレズビアン、バイセクシュアルがからかいの対象となっている。社会全体としては、かれ／彼女らの訴えに充分に応えてはいないのだ。

　ところでギデンズは、**生殖技術**の進歩が「純粋な関係性」を後押しすると述べている。「生殖という必要性から解放されたセクシュアリティ」が可能になるからだ[31]。実際、不妊治療は、多くの夫婦に新たなチャンスをもたらした。

　だが、これを選択の拡大とのみ捉えるべきではない。不妊治療が普及した裏側には、「女性は子どもを産むべきだ」という性役割規範が存在する。不妊治療を受けたある女性は、「子どもさんを早く産みなさいよ」「子どもができないの

---

[27] アンソニー・ギデンズ（松尾精文・松川昭子訳）『親密性の変容―近代社会におけるセクシュアリティ、愛情、エロティシズム』而立書房, 1995.
[28] この点については、第5章も参照。
[29] 1990年2月、「同性愛者」の団体「動くゲイとレズビアンの会」（通称「アカー」）のメンバーらが、東京都の研修施設「府中青年の家」に宿泊中、他の利用者から差別的な言葉を浴びせられた。アカーは、「青年の家」所長に対応を求めたが、事態は解決しなかった。その後、アカーが「青年の家」の利用を再度申し込んだところ、「青少年の健全育成」に悪影響だとして拒絶された。そのためアカーは、東京都を被告として、損害賠償請求訴訟を提起した。1・2審とも原告が勝訴し、控訴審で判決が確定する。1997年9月の東京高裁判決は、「〔行政には〕同性愛者の権利、利益を十分に擁護することが要請されている」と判示している（『判例タイムズ』986号）。
[30] 河口和也「不可視化する『同性愛嫌悪』―同性愛者（と思われる人）に対する暴力の問題をめぐって」金井淑子・細谷実編『身体のエシックス／ポリティクス―倫理学とフェミニズムの交叉』ナカニシヤ出版, 2002, 119-139頁. 風間孝「（男性）同性愛者を抹消する暴力―ゲイ・バッシングと同性愛寛容論」好井裕明・山田富秋編『実践のフィールドワーク』せりか書房, 2002, 97-120頁.
[31] ギデンズ前掲書。

は親不孝よ」という知人の言葉に傷ついたという[32]。治療に携わる医師のなかにも、「〔子どもを〕つくる努力はするべきじゃないかなと思いますね」と話す者もいる[33]。生殖技術の発展は、出産への社会的圧力を高めてもいるのだ。また日本では、「法律上の夫婦」のみが、第三者からの「精子・卵子・胚の提供等による生殖補助医療を受けることができる」とされている[34]。婚姻制度の外部にいる者は、先端医療の「恩恵」を受けるのが困難である。結婚している女性が、「産む身体」であることを強制されるのとは対照的である。

同様に、「トランスジェンダー (TG)」の人がおかれている状況も、「性」をめぐる医療と社会の微妙な関係性を物語っている。TGとは、(広義には) 自らの医学的性別に違和感を有する状態を示す用語であるが[35]、ようやく日本でも、こうした人びとへの**性別適合手術**が (限定的ではあるが) 合法的になされるようになった。そして、2004年7月に施行された「性同一性障害者の性別の取扱いの特例に関する法律」(以下、「特例法」) では、性別適合手術を受けた人が、一定の場合に戸籍上の性別を変更することが認められている。これらは一面において、TGへの社会的配慮を表している。

しかしそれは、かれ／彼女らを「病気」とみなすことで実現したのである。医学は、**性同一性障害 (者)**」というカテゴリーを作り出したが[36]、「障害」という表現のネガティヴな響きから、この名称を拒否する「当事者」も多い。また特例法では、性別変更の要件として、婚姻関係になく (第3条2号)、子どもがいないこと (同3号)[37]が求められる。これらの条件は、同性間の婚姻を認めないという異性愛主義や、子どもには「男」の父親と「女」の母親が必要だというジェンダー規範に裏打ちされている[38]。新たな技術や制度が、つねに人びとに自由をもたらすわけではない。むしろ既存の規範を強化することさえある。

さらに、後期近代という時代状況を考える際には、**グローバリゼーション**の影響も無視できない[39]。グローバリゼーションもまた、社会の再帰的変化の一側面

---

[32] 江原由美子ほか『女性の視点からみた先端生殖技術』東京女性財団, 2000.
[33] 柘植あづみ『文化としての生殖技術―不妊治療にたずさわる医師の語り』松籟社, 1999.
[34] 厚生科学審議会生殖補助医療部会『精子・卵子・胚の提供等による生殖補助医療制度の整備に関する報告書』2003.
[35] 狭義には、性別適合手術を必要とする「トランスセクシュアル (TS)」に対して、そうした医療的介入を必要としない人を「TG」と呼ぶ場合もある。「当事者」による論考としては、次を参照。田中玲『トランスジェンダー・フェミニズム』インパクト出版会, 2006. 虎井まさ衛『女から男になったワタシ』青弓社, 1996.
[36] 石田仁編『性同一性障害―ジェンダー・医療・特例法』御茶の水書房, 2008 は、いわゆる「性同一性障害」について、多面的な研究の視点を提示している。
[37] 2008年6月の改正で、この要件は「現に未成年の子がいないこと」と改められた (同年12月施行)。
[38] 長野慎一「『セックス』という／による管理―『性同一性障害者性別取扱特例法』をめぐって」渡辺秀樹編『現代日本の社会意識―家族・子ども・ジェンダー』慶應義塾大学出版会, 2005, 249-277頁.
[39] グローバリゼーションについては、「はじめに」および第4部各章を参照。

である。たとえばシンガポールでは、近年、女性の「社会進出」が目覚ましい。それを可能にしているのは、フィリピンやインドネシアからの「女性移民家事労働者」である。「キャリアウーマン」として活躍するシンガポール人女性が、家事労働力を必要とするのだ。グローバリゼーションは、女性の就業機会を広げると同時に、安価な労働力として「途上国」の女性を利用している[40]。

また、D. アルトマンは、「国際的なゲイ・レズビアン運動」の意義を最大限評価しつつ、その「新植民地主義」的な側面に注意を促す。「ゲイ」「レズビアン」というアイデンティティは、西洋近代社会で構築されたものだが、それらが普遍化されるとき、「西洋のセクシュアリティの分類を非西洋文化圏に輸出することに特有な問題」が生じる[41]。ジェンダーやセクシュアリティは、グローバルな経済的・文化的格差と複雑に絡み合いながら再編されているのだ。

後期近代において、人びとの意識や社会制度は再帰的に変容している。ある断面を取り出せば、多様な「性」のあり方が可能になり、私たちの選択肢は拡大したかのようにみえる。それはそれとして、享受すればよい。しかしもしかしたら、性別二元論や異性愛主義は、したたかに徹底されているのかもしれない。そうした疑惑への想像力を失ってはならない。

●考えを深めよう●

①「ジェンダー」概念の意義は、"人間を男女に分類したり、男女を不平等・非対称的に扱ったりする社会の仕組み"を問い直すことにあります。また、社会学の「セクシュアリティ」研究は、"特定のセクシュアリティのみが「自然」とみなされ、セクシュアル・マイノリティが不利益を受けている現実"を考察の対象とします。

「ジェンダー」や「セクシュアリティ」にかかわる社会現象の具体例（日常的な体験、ニュース、社会制度、国際問題など）を挙げてください。

②近年、一部の鉄道会社は、痴漢防止のために女性専用車両を設けています。それに対しては、「性差別だから、廃止すべきだ」という意見があります。この主張の当否について考えてください。

③多様な「性」のあり方を尊重するという観点からは、「『同性愛』でも他人に

---

[40] 牟田和恵「グローバリゼーションと家族の変容」足立眞理子ほか編『フェミニスト・ポリティクスの新展開―労働・ケア・グローバリゼーション』明石書店, 2007, 129-153頁. 梅澤直樹「『再生産労働』の越境化をめぐって」伊豫谷登士翁編『経済のグローバリゼーションとジェンダー』明石書店, 2001. 73-97頁.

[41] デニス・アルトマン（河口和也ほか訳）『グローバル・セックス』岩波書店, 2005.

迷惑をかけなければ構わない」という言い方には大きな問題があります。それはなぜでしょうか。

> さらに学びたい人のための文献紹介

①ジュディス・バトラー（竹村和子訳）『ジェンダー・トラブル——フェミニズムとアイデンティティの攪乱』青土社，1999．
＊注7、8の文献。しばしば難解といわれるバトラーの代表作。きわめて重要な議論がなされているので、是非第1章だけでも読んでほしい。
②ドゥルシラ・コーネル（石岡良治ほか訳）『自由のハートで』情況出版，2001．
＊ジェンダーの捉え方をバトラーと共有しつつ、それを法哲学の領域に応用した著作。セックス・ワークや女性の生殖などのテーマを扱っている。
③アンソニー・ギデンズ（松尾精文・松川昭子訳）『親密性の変容——近代社会におけるセクシュアリティ、愛情、エロティシズム』而立書房，1995．
＊注27、31の文献。後期近代におけるジェンダー／セクシュアリティの様相が、ギデンズ独自の概念で説明されている。フーコーと比較して読むのも面白い。
④加藤秀一『知らないと恥ずかしい　ジェンダー入門』朝日新聞社，2006．
＊ジェンダー／セクシュアリティについての入門書。やわらかいタイトルだが、内容はかなり高度。バトラーやフーコーを読む前に、目を通しておくとよい。
⑤風間孝・河口和也『同性愛と異性愛』岩波新書，2010．
＊セクシュアリティ研究の知見にもとづいて、日本社会のホモフォビアを考察している。本章では簡単にしか言及できなかった「府中青年の家」訴訟などについても、丁寧に論じられている。
⑥マイケル・サンデル（鬼澤忍訳）『これからの「正義」の話をしよう——いまを生き延びるための哲学』早川書房，2010．
＊NHKの番組をきっかけに、日本でも話題となった本。代理母出産、同性婚などが、政治哲学の課題として取り上げられている。コーネルとは理論的立場が対照的である。
⑦上野千鶴子編『構築主義とは何か』勁草書房，2001．
＊本章の議論は、（広い意味で）「構築主義」といわれる立場から書かれている。千田有紀による序章で構築主義の大まかな見取り図を確認できる。
⑧上野千鶴子ほか『バックラッシュ！——なぜジェンダーフリーは叩かれたのか？』双風舎，2006．
＊近年、ジェンダー研究やフェミニズムを攻撃するような政治的勢力が活発になっている。そうした動きを批判するとともに、その現象自体を考察している。

COLUMN

アグネスとブランドン――マイノリティの存在から浮かび上がる性別の社会性

松木洋人

　社会学のなかに、エスノメソドロジーという学派がある。その学派の創始者であるハロルド・ガーフィンケルの主著、『エスノメソドロジー研究』（1967年刊行）の一つの章は、アグネスという「女性」についての考察にあてられている。

　アグネスは、今なら性同一性障害と診断されるだろう人物で、生まれたときから周囲には男性と見なされていたが、17歳のときに女性として生きることを決意する。そして、19歳のときに、性転換手術を受けるためにUCLAの精神科に現れた。その手術が適切であるかを判断するためのインタビューの場で、ガーフィンケルとアグネスは出会う。その際のアグネスの外見は、誰もが女性だと思うようなものだったというが、彼女は男性の外性器の持ち主でもあったのである。

　ガーフィンケルは、女性として通用し続けるためにアグネスが行っていたことに注目した。彼はこの実践をパッシング（通過作業）と呼ぶ。たとえば、身体検査の際に外性器を医者に触られないようにする、ルームメイトに裸を見せないようにするなど、自分の秘密が露見しないようにすることが最優先されていた。同時に、アグネスは、恋人やその母親など、自分を女性として扱う人たちとの関わりのなかで、家事や服装、男性への接しかたなど、「ふつうの女性」のふるまいを密かに学習していった。

　このようなガーフィンケルの記述は、さまざまな現象を人々の実践による達成として捉えるエスノメソドロジー研究の一貫としてなされている。つまり、ここでは、「女性である」ということが、実践によって達成され続けるものとして捉え直されている。

　ほとんどの人間はアグネスのような性自認と外性器の不一致を抱えているわけではない。しかし、懸命に「ふつうの女性」であり続けようとするアグネスの姿は、われわれにどこか似てはいないだろうか？　そもそも、われわれは他人の性別を判断するときに、外性器を確認したりはしない。そうではなくて、服を着た外見や言動から、「あの人は女だ」とか「あの人は男らしい」といった判断をしているのだから。

　ところで、アグネスは、自分の秘密を恋人に打ち明けた後も彼との交際を続けることができていた。しかし、彼女の秘密の露見への恐怖は杞憂などではない。『ボーイズ・ドント・クライ』（キンバリー・ピアース監督、1999年公開）という実話をもとにしたアメリカ映画を例にとろう。女性として生まれたが、男性として生きることを選んだブランドンという「少年」が主人公である。彼は自分の身体が「女性のもの」であることを隠しながら、故郷から離れた町で暮らし始める。しかし、ふとしたきっかけから、「実は女性であること」が露見する。その結果、彼は「化け物」扱いをされ、友だち付き合いをしていた男たちにレイプされたうえで、殺害されてしまう。

　男性としてふるまっていた人物に、女性の外性器がある。そのことが最悪の暴力を招き寄せる。われわれはそれほどまでに性別が過剰な意味を持つ社会に生きている。そして、そんな社会のなかで、「ふつうの女性（男性）であること」を自他に求め続ける。最後にもう一度、問おう。ブランドンや彼の生命と尊厳を奪った連中の姿は、われわれにどこか似てはいないだろうか？

第4章 「教育達成」を読み解く
―― 階層構造・選抜システム・行為選択

荒牧草平
Sohei ARAMAKI

1. 格差社会化と二極化の進行？

　近年の日本社会は**格差社会**であると言われる。いわゆる「勝ち組」と「負け組」への二極分化が進行している、という見方が示されることも多い。さらに、長らく信じられてきた「**一億総中流**」は神話であり、むしろ**貧困**家庭の割合が高く（OECD諸国ではアメリカに次いで2位）、そうした家庭への援助が乏しい社会であるとも指摘されている[1]。

　一方、教育の世界に目を転じてみると、子どもの教育への過熱が観察される。すなわち、長引く不況にもかかわらず、中学受験の勢いはかえって増大する傾向にある。幼児向けの知能開発や英会話等の教材・教室はますます盛んである。子どもの教育に成功する方法を謳った雑誌も相次いで発刊されている。

　これらの「実態」は、教育の世界が不況知らずであることさえ感じさせるが、不況だからこそ子どもの教育に賭ける親が増えているとも見える。もちろん、冒頭の指摘から推察されるとおり、すべての家庭がこうした風潮に同調した行動をとっているわけではない。むしろ、上述のように語られ得るのは、一部の教育熱心な家庭に限られると言えるだろう。言い換えるなら、一方には、子どもの教育にそれほど関心を持たなかったり、手をかけてやる余裕のない家庭も存在するはずである。つまり、「格差社会」と呼ばれるような現状の背景には、子どもへの教育に対する各家庭の取り組みの違いが大きく影響していると考えられる。実際、親が高学歴であったり社会的地位の高い職業についていたりするほど、あるいは経済的に豊かな家庭ほど、子どもの大学進学率が高く、有名大学に合格する者も多いことが知られている[2]。では、こうした違いは、なぜ生まれてきたのだろうか。

---

[1] 阿部彩『子どもの貧困―日本の不公平を考える』岩波書店, 2008.
[2] 社会階層と不平等については、第5章もあわせて参照してほしい。

> 問　家庭背景による教育達成の格差は、なぜ生じたのだろうか。

　上記の問いに答える前に、いくつか確認しておかなければならない事がある。そもそも**家庭背景**によって**教育達成**の格差があるとしても、それはどの程度のものなのか。また、近年のような不況時に「格差社会化」や「二極化」が進行するなら、好況時には格差は縮小するのだろうか。景気変動以外の**社会変動**とは、どのように関連してきたのであろうか。第2節で、まずは、この点を確認しよう。

　次に知っておく必要があるのは、**教育選抜**の仕組み、すなわち誰がどういう教育を受けるかということが、どのように決定されていくのかについてである。人々の将来の生活に最終的な学歴や出身校の評判が大きく影響するとしても、それらは一足飛びに達成されるわけではない。したがって、人々の教育達成の「過程」に沿った選抜の有り様について知っておく必要がある。第3節では教育選抜の仕組みを取り上げよう。

　これらを押さえた上で、いよいよ教育達成の格差がどのように生み出されたのか、そのメカニズムについて議論する準備が整ったことになる。第4節では家庭背景が教育達成に影響するメカニズムに関する代表的な説明とともに、近年注目を集めている新しい試みを紹介したい。

2.　事実の確認

　どんな社会事象を考察するにも事実の確認が重要である。問題の要因や影響を考える前に、前提となる事実の認識が誤っていたら、的外れな議論になってしまうからだ。では、教育達成における階層差の実態を知るには、どのようなデータが必要だろうか。

　実は、「どの段階」の「いかなる格差」に注目するかによって、何を調べるべきかは異なってくる。まず前者の問いに関して、ここでは大学や短大への進学（以下、大学進学と略記）に限定しよう。現代の日本社会では、ほとんどの者が高校までは進学しているからである。後者の問いについては、最も基本的と言える進学率の階層差に注目しよう[3]。なお、古い世代では男女の進学率が大きく異なるので、結果は男女別に示そう。

---

[3] 図1では、階層の指標として、父親の職業を「上層ノンマニュアル」「下層ノンマニュアル」「マニュアル」に3区分したものを用い、この間一貫して最も進学率の高い「上層ノンマニュアル」と最も低い「マニュアル」の進学率（％）の差を「階層差」として示してある。

図1は、1955～2005年に実施されたSSM調査[4]のデータを用いて、大学進学率の階層差を、男女別に出生コーホート（同時期に生まれた集団のこと）毎に示したものである。なお、横軸の目盛りは、各コーホートが大学受験を迎えた時期で表わしてある。また、図にはそれぞれの時期の大学進学率と産業構成（右目盛り）も併記しておいたので、社会全体における大学進学の拡大や産業構造の高度化に対応して、進学率の階層差がどのように変動してきたかも把握することができる[5]。

　ここから次のようなことが読み取れる。まず、全体の進学率は、戦後の高度経済成長期（1960～70年代）における産業構造の高度化と平行して大きく拡大している。これに対して、階層差が拡大し始めるのは男女ともそれよりも随分前の時期であり、大学進学率のグラフが少し上向き始めた頃である。また、その差が50％近くに達して以降は、多少の変動はあるものの、大きな差を保ったまま推移している[6]。これは社会全体に現れる教育水準（進学率）の上昇という現象が、上位層による先行と中下位層による追随という階層によるタイムラ

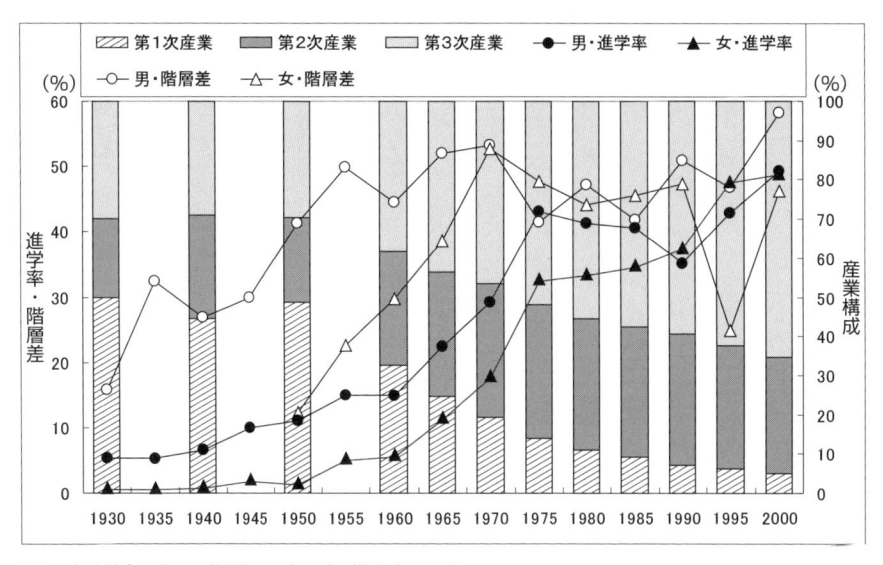

図1　教育社会変動と大学進学率の階層差の推移（男女別）

[4] 「社会階層と社会移動調査」の略。詳しくは第5章を参照のこと。
[5] 産業構造については『国勢調査』、進学率は『学校基本調査』による。
[6] 最後の2つのコーホートでは階層差が大きく変動しているように見えるが、これは実態を反映しているというよりも該当のケース数が少ないことに起因する誤差を含んでいると考えられる。

グを含んでいることを示している。また、いったん拡大した大学進学率の格差は、縮小することなく維持されてきたのである。

ただし、上記の結論はあくまで進学率の階層差によってとらえられる**絶対的な格差**に注目した場合に得られる結果に過ぎない。実は、社会構造や教育水準の変動による見かけ上の動きを取り除いた**相対的な格差**を調べてみると、教育達成の階層差は拡大も縮小もしておらず、長期に渡って安定していたことがわかっている[7]。ただし、最新の 2005 年 SSM 調査データを用いた分析には、主として経済的な不平等において、大局的平等化が進行したと報告しているものもある[8]。このように異なる結論が得られるのは、用いているデータや分析手法が異なるからだが、どのような方法を用いるべきかについては、専門家の間でも見解が分かれているのが実情である。とはいえ、図 1 に示した進学率の階層差や社会構造との対応関係自体は、紛れもない事実と言える。

3. 社会の仕組みを知る──教育選抜のシステム

3-1. メリトクラシーのウソと正当化

現代の日本社会で、子どもにどんな教育を受けさせるかに多くの人々が関心を持つのは、その結果が将来の生活に大きく影響するからである。しかしながら、そのこと自体は必ずしも当たり前と言えるわけではない。例えば、江戸時代の日本では、将来どういう職業（身分）になるかは、生まれ落ちた時点でほぼ決定されていた[9]。現代でも、身分制の残る社会では、あらゆる職業がすべての人に開かれているわけではない。このように、「その人が誰であるか（身分・階級・家柄など）」によって、**地位を配分する社会的な原理**を「**属性主義**」という。

これに対して、**近代化**の進行した社会は「その人に何ができるか」に応じて職業が決定される社会であると言われる。こうした仕組みは先の「属性主義」に対して「**業績主義**」と呼ばれる。様々な職業に必要とされる知識・技術の高度化が進行し、能力も無いのに「属性」で職業を割り当てていたのでは非効率・不合理に過ぎ社会が立ちゆかなくなるから、というのが 1 つの常識的な説明である。このような社会全体の**機能**という観点から秩序の維持・存続を理解する立場を**機能主義**という。

---

[7] 荒牧草平「教育機会の格差は縮小したか──教育環境の変化と出身階層間格差」近藤博之編『日本の階層システム 3──戦後日本の教育社会』東京大学出版会，2000.
[8] 近藤博之・古田和久「「教育達成の社会経済的格差：趨勢とメカニズムの分析」『社会学評論』59，2009.
[9] もちろん、完全に身分が固定されていたわけではない。むしろかなり流動的であったとする研究もある。

属性主義から業績主義に転換した社会は、「**メリトクラシー**」社会と呼ばれることもある。貴族制（アリストクラシー）や民主制（デモクラシー）でなく、人々の「メリット」が支配する社会という意味で社会学者のヤングが造った言葉と言われている[10]。その定義は使用者によって若干異なるが、**世襲制**や**年功制**でなく、**能力主義**や**業績主義**の支配する社会といった意味で使われることが多い。

　しかしながら、業績主義社会というのは**幻想**に過ぎないと指摘する者も少なくない。学校教育の普及した近代以降の社会では、業績（能力やメリットでもよい）の評価や、それに基づく選抜は学校で行われる。その評価や選抜に家庭背景が全く関連していなければ、「生まれ（属性）」でなく「能力（業績）」で将来の決まる仕組みを、社会が採用していると言える。ところが実際には、現代でも**出身階層**と教育達成には強い関連が認められる。これは、学校でいかなる知識・技能を教授するかについても、能力・成績の測定基準や評価・選抜方法についても、支配階級が有利となるように決められているからである。結局のところ学校は、階級による差異を**正当化**しているに過ぎない。このような考え方は**葛藤理論**と呼ばれている。

　こうした理解を後押ししたのが、1960年代にアメリカの社会学者コールマン等が行った調査報告（**コールマン・レポート**）である。学校の教育環境を整備することによって不平等をなくしていくことができるという期待を背景に実施された調査であったが、コールマンによる報告は、教育の成果に対する学校の教育環境（施設設備や教師の良し悪し）の効果が弱い一方、人種や家庭背景が強く影響することを示したのであった。

　以上の議論を整理する上で図2のようなモデルが役立つ。属性主義の社会は、

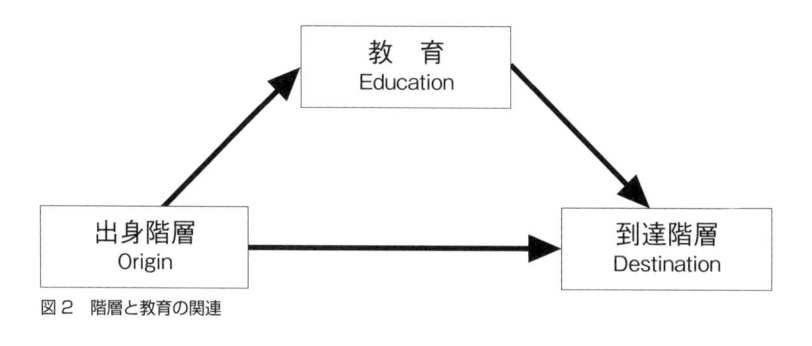

図2　階層と教育の関連

[10] マイクル・ヤング（窪田鎮夫・山本卯一郎訳）『メリトクラシー』至誠堂，1982.

出身階層 O（Origin）が到達階層 D（Destination）を直接的に決定する社会である。これに対し、業績主義が支配する完全なメリトクラシー社会とは、左記の OD 関連がなくなり、教育 E（Education）が到達階層を決定するように転換した社会である。これに対し、葛藤理論は、確かに直接的には教育が到達階層を決定する（強い ED 関連）が、その教育の達成に出身階層が強く関与している（強い OE 関連）ことを指摘した[11]。強い OE 関連があるにも拘わらず、業績主義信仰に基づいて教育達成（学歴）による**人材配分**を認めることは、葛藤理論家達が指摘するように、結果的に出身階層の影響を**正当化**してしまう面がある。

　一方、強い ED 関連が認められること自体には何ら問題がないように思える。能力に応じて地位を割り当てるのは合理的だと考えられるからである。しかしながら、ここには**選抜システム**による**自己正当化**の作用もあると考えることができる。そもそも能力とは何かと問われれば明確な定義をすること自体が難しく、仮にそれが可能であったとしても精確に測定することは非常に困難であることが予想される。また、たとえある時点における能力を測定できたとしても、それが将来に渡って固定的であると考える必要はない。ところが、いったん、選抜システムが出来上がってしまうと、その仕組みに従って日々の現実（**社会秩序**）が形成されていくため、これに疑問を差し挟むことが難しくなる。結果的に能力の測定基準や測定方法、報酬の**配分原理**、差異化の程度など、システムに組み込まれた諸々の手続きも正当化されていくことになる。

　これと関連することだが、能力の有無は社会的に決定される（**能力の社会的構成**）面があることも理解しておく必要がある[12]。例えば、入試や就職、職場での昇進を考えてみよう。私たちは一般に結果として合格した者や採用され昇進した者には能力があり、そうでない者達には能力がなかったとみなす。しかしながら実際には試験のヤマがあたったかどうか、景気変動と関連した採用者数の多寡（労働市場における需給変動）、配属部署や地域、一緒に仕事をしたチームのメンバーなど様々な運や偶然が作用する。ところが、いったん、評価が下され選抜が行われると、仮にそれらの正当性が疑わしいとしても、結果としての採否や合否だけが能力の証として社会的に通用することとなるのである。

---

[11] 近藤博之「『学歴メリトクラシー』の構造」菊地城司編『現代日本の階層構造③教育と社会移動』東京大学出版会, 1990 は、従来の説明が想定してきた構造を、これら3変数の関連を用いて表現し、教育機会の発展段階に即して「階層支配」「結合支配」「過渡的拮抗」「学歴支配」「完全な機会均等」の5タイプに整理している。
[12] 竹内洋『日本のメリトクラシー——構造と心性』東京大学出版会, 1995.

3-2. トラッキングと選抜プロセスへの着目

わが国の教育達成を考察する際には、さらに具体的な選抜プロセスにおける以下の事実についても理解しておく必要がある。一般的によく知られるように、現代の日本社会では、最終的な学歴の決定に対しても、どの高校へ進学するかが非常に重要である。なぜなら、「**複線型学校システム**[13]のように法制的に生徒の進路を限定するということはないにしても、実質的にはどのコース（学校）に入るかによってその後の進路選択の機会と範囲が限定される」[14]からである。このように、進学先の高校がまるで陸上競技のトラックのように生徒の卒業後の進路を大きく決定づけることを**トラッキング**という。

この概念が注目されたのは、単に進路選択の機会と範囲を制約する（**選抜・配分機能**）ばかりでなく、それぞれのトラックにふさわしいパーソナリティや価値観を内面化させる**社会化機能**も担っていると考えられたからである。すなわち、進学校では学校や教師に同調的な向学校的下位文化が、職業科や進学者の少ない普通科では反学校的および脱学校的下位文化が支配的であるというように、トラックによって**生徒下位文化**[15]が分化しているというわけである[16]。

わが国では 1980 年頃にこの概念を用いた研究がさかんに行われたが、それは高校進学の準義務化にともなう**不本意就学**や**学校不適応**が社会的に大きな関心となっており、それらを読み解く鍵としてトラッキングによる社会化という理解が説得力を持ったからであった。

ただし、より最近の調査では、進路選択に関するトラッキングが維持されている一方、学校適応や**学習意欲**に対する高校トラックの社会化機能が弱まっていることが明らかにされている[17]。その一因は、学校における生徒指導や進路指導、および学習指導組織に関するトラック間の差異が縮小してきたことにあると考えられる[18]。また、少子化や**大学入試の多様化**により、大学受験競争に対する圧力が弱まるとともに、教育政策においても**個性尊重**理念を背景とした多様化・個性化が進められてきたことも、トラック上の位置づけと学校適応との関連を弱める方向に働いた可能性がある。ただし、そもそも、かつての高校生においても、そうした対応関係は研究者が解釈したほど強くはなかった可能性もある。

---

[13] 複数の学校系統が平行して存在する学校体系。
[14] 藤田英典「進路選択のメカニズム」山村健・天野郁夫編『青年期の進路選択—高学歴時代の自立の条件』有斐閣、1980.
[15] 各トラックの生徒が共有する規範や価値観等のこと。
[16] 岩木秀夫・耳塚寛明『現代のエスプリ 195 高校生　学校格差の中で』至文堂、1983.
[17] 尾嶋史章編『現代高校生の計量社会学—進路・生活・世代』ミネルヴァ書房、2001.
[18] 樋田大二郎・耳塚寛明・岩木秀夫・苅谷剛彦編『高校生文化と進路形成の変容』学事出版、2000.

当時の研究を振り返ると、両者の関連を過剰に読み取っている傾向も窺える[19]。

なお、トラッキングの機能に関する新しい視点としては、教育組織による女性内分化に着目したジェンダー・トラック論、学校内の学科・コース・類型の影響に着目したカリキュラム・トラック論、さらに学校の枠を超え、地域間の移動・周流に対する社会的・制度的な仕組みに着目したローカル・トラック論等がある[20]。

4. 人々の行為選択と教育達成の階層化

現代の日本社会では、最終的な学歴の達成において、どの高校に入学するかが非常に重要である。一方、選抜方法としては、何よりペーパーテストによる学力評価が重視されており、測定される学力自体も断片的な知識の記憶に依存する部分が大きいことが指摘できる。葛藤理論を参考にすれば、選抜の仕組み自体に階層的背景が侵入している可能性も否定できないが、階級文化が相対的に明確な社会で口頭試問などの対面的な審査が重視される状況と比較すれば、わが国の場合には、そうした影響が強く働くとは考えにくい。

にもかかわらず教育達成に階層差が認められるということは、制度的な選抜以前の学力形成に家庭背景が強く関与しているのだ、と考えるのも道理である。これについては、主として経済的側面と文化的側面から考えることができる。図式的に表せば、「文化資本→向学習的文化的環境→学力形成」、あるいは「経済資本→学校外教育投資→学力形成」といった経路で各家庭の資源や資本が学力に転換され、それがトラッキング・メカニズムを通じて最終的な格差として現れるというわけである。

4-1. 経済的説明

家庭の経済状況と教育達成の結びつきについては、学費や学校外教育費などといった直接費用と、**放棄所得（機会費用）**などの間接費用の負担能力を考えることができる。ここで放棄所得とは、仮に進学せずに働いていたら得られたと期待される所得のことを指す。例えば高卒後に進学すると、就学に伴う学費等を支払うだけでなく、働いていたら得られたはずの所得を放棄しなければなら

---

[19] 詳しくは尾嶋編（前掲書）第3章を参照。
[20] 中西祐子『ジェンダー・トラック―青年期女性の進路形成と教育組織の社会学』東洋館出版社，1998、荒牧草平「現代都市高校におけるカリキュラム・トラッキング」『教育社会学研究』73，2003、吉川徹『学歴社会のローカル・トラック―地方からの大学進学』世界思想社，2001．

ず、いわば二重の費用を負担していることになる。いずれにしても、経済的に豊かなほど費用の負担能力は高いと言えるから、これが教育達成における階層差を生み出す一因であるのは間違いないだろう。

ただし、わが国の現状において注目されているのは、直接・間接に関わらず、費用の負担能力だけではない。世間的な関心を集めているのも、学術的な研究が積み重ねられているのも、塾や家庭教師等といった学校外教育の利用を通じた学力形成の側面である。すなわち、経済的に裕福な家庭ほど、子どもを塾に通わせて学力を向上させ、進学実績の高い学校を通じて、結果的に高い教育を達成するといった関係である。特に、進学準備教育に力を入れる私立の小中学校に合格するには、多額の費用を投じて長期に渡る専門の受験準備を行う必要があるという事実が、こうした説明の信憑性を高めている。

塾通いや習い事等といった学校外教育の利用と家庭背景との関連に着目して、教育達成の階層差を検討した研究は多数あるが、いずれの場合も家庭の階層的背景と学校外教育の利用に関連が認められている[21]。塾通いによって学力が向上するか否かに関しては議論の余地があるが、わが国における選抜試験は訓練による得点向上が見込める内容だと判断できるから、通塾にも一定の効果があると考えてよいだろう。

以上より、学費や機会費用の負担、学校外教育利用を通じた学力形成が、教育達成の階層差を生み出す一因であるのは否定できないと思われる。しかし、高額の受験準備を通じて私立学校に通わせる家庭は一部であり、所得が高くともそうしたルートを利用しない者も多い。経済的資源の多寡は、様々な選択肢の実質的な利用可能性に影響するが、いかなる選択肢を望むかには、それとは別の要因が働いていると考えるべきだろう。

4-2. 文化的再生産論

家庭背景と教育達成の関連について社会学者が注目してきたのは、上記のような経済的な側面よりもむしろ文化的な側面であった。その中心をなすのが文化的再生産論と呼ばれる考え方である。論者により様々な違いはあるものの、家庭の文化的背景（**階級文化**）が子どもの学校での成功を左右するメカニズムを暴露し、それが結果的に階級の再生産をもたらすと考える点は共通している。

---

[21] 盛山和夫・野口裕二「高校進学における学校外教育投資の効果」『教育社会学研究』39, 1984, 神林博史「学校外教育投資がもたらすもの―学校外教育投資と教育達成、学習意識との関連について」片瀬一男編『高等学校における学習意識の実証的研究』1998～2000年度科学研究費補助金研究成果報告書, 2001 など。

これには、階級による**言語コード**（言葉の使用を規制する原理）の違いに着目したバーンスティンの研究や、労働者階級の少年たちに特有の**対抗的下位文化**を見出したウィリスの研究などがあるが、最も注目を集めたのはブルデューの**文化資本論**だと言えるだろう[22]。

ブルデューの文化資本論とは、上層階級ほど**学校文化**に親和的な**正統的文化資本**を持っており、それらを元手に高成績や高学歴の獲得を通じて、高い階級的地位を獲得するという理解である。なお、文化資本には、書物や美術品などのように物理的な実体のある物（客体化された様態）ばかりでなく、立ち居振る舞いや言葉遣いなど獲得されたもの（身体化された様態）、および学歴や資格など（制度化された様態）が含まれる。

いずれの説明も、子どもたちの階級文化的な背景による社会化に格差が生まれる主原因を求めているが、その一方で、教育システムによる差異化も考慮した葛藤理論の論理に従った説明である点も見逃してはならないだろう。ただし、必ずしも教師達が意図的な階級的偏見に従って子ども達の示す学習態度や学力を不公正に評価していると考えているわけではない。現前化された子どもたちの学力や意欲が階級文化に起因するにも拘わらず、教師自身が階級的な偏りを持っているが故に、それらをあくまで子どもたち自身の能力や特質として認識し、結果的に階級に基づく差異を正当化してしまう側面に着目しているのである。

4-3. 合理的選択理論と相対的リスク回避仮説

これらに対して、資源の多寡による決定論でもなく、階級に固有の規範や価値観による社会化論でもなく、人々の合理的な選択（＝意思決定）に着目するのが、**合理的選択理論**による説明である。

合理的選択理論系の説明にも様々な物があるが、今日の中心的な流れを生み出す元となったのは、レイモン・ブードンのIEOモデルであろう[23]。これは教育における不平等が「文化的遺産のメカニズム（1次効果）」と「社会的位置に応じた決定のメカニズム（2次効果）」という2つのメカニズムによって生じるとする枠組に基づくものである。ちなみに、1次効果とは階層ごとに学業成績の

---

[22] B. バーンステイン（萩原元昭編訳）『言語社会化論』明治図書, 1981, P. ウィリス（熊沢誠・山田潤訳）『ハマータウンの野郎ども』ちくま学芸文庫, 1996, P. ブルデュー・J-C. パスロン（宮島喬訳）『再生産—教育・社会・文化』藤原書店, 1991.
[23] レイモン・ブードン（杉本一郎・山本剛郎・草壁八郎訳）『機会の不平等—産業社会における教育と社会移動』新曜社, 1983.

分布が異なることを指し、2次効果とは成績等が同じでも階層によって進学率が異なることに対応する。確かに、学力分布の階層差が存在しても、実際に進学するか否かや、どのタイプ・ランクの学校を受験するかには選択の余地があるから、ブードンのいう2次効果に着目する意義はありそうだ。

この流れを受け継ぐ説明の中で近年最も注目を集めているのが、ブリーンとゴールドソープの考え出した相対的リスク回避仮説である[24]。この仮説の中心となるアイデアは、「人々（当事者とその親）は子ども（当事者）が親より下の階級（職業）になる確率を最小化するような教育選択（educational choice）を行う」というものである。例えば、高校から大学への進学／非進学という選択において、上層階級の場合には親と同等以上の職業を得るのに高等教育学歴を要する場合が多いため、下降移動のリスクを回避するには進学が必須となるが、労働者階級の場合には高校進学によって下降移動のリスクはほぼ回避できているため、条件が整わなければ大学進学を希望しない、といった解釈がなされる。この考え方が現実を上手く説明するか否かについては、国内外で数多くの実証研究が積み重ねられているところである[25]。なお、ブリーンとゴールドソープの理論は、あくまで親の職業（階級）に準拠した意思決定を問題にしているのに対し、吉川は、学歴を基準とした相対的な下降移動回避の意識が働いているのだとする、学歴下降回避説を主張している[26]。

これらの議論を図3に即して整理しておこう。まず、文化論的説明や経済的説明の一部は、選抜システムにおける「トラッキング効果」を前提として、各家庭の資源や資本による学力形成の効果、すなわち「社会化効果（1次効果）」の重要性に着目するものである。これに対してブードンのモデルを出発点とす

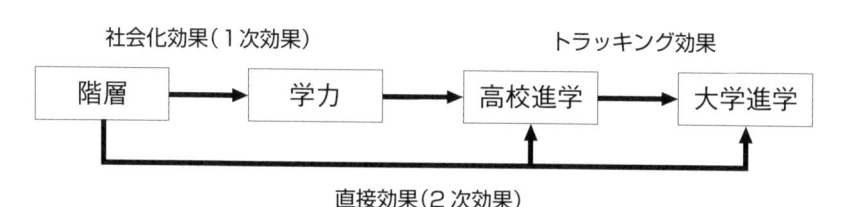

図3 教育達成過程に作用する諸効果

[24] Breen, R. and J. H. Goldthorpe, "Explaining educational differentials-Towards a formal rational action theory," "Rationality and Society 9 (3), 1997.
[25] この仮説を実証的なデータによって検証しようとする試みについては、荒牧草平「教育の階級差生成メカニズムに関する研究の検討―相対的リスク回避仮説に注目して」『群馬大学教育学部紀要（人文・社会科学編）』59, 2010 がレビューを行っている。
[26] 吉川徹『学歴と格差・不平等―成熟する日本型学歴社会』東京大学出版会, 2006.

る説明は、そうした効果を否定こそしないものの、進路選択のたびに親の階層的背景が直接的に作用すること、すなわち「直接効果（2次効果）」こそが重要であると主張している。

　では、教育達成の階層差に関する冒頭の問いに対しては、一体どのように回答すればよいだろうか。実は、教育達成過程の階層差を実証する研究の膨大な積み重ねに比べると、格差の生成メカニズムに関する研究の蓄積は不足しており、その理解は未だ十分に深まっていないのが現状である。つまり、これらの説明はいずれも決定的とは言えず、誰もが納得するような「正解」は用意されていないのだ。言い換えるなら、本章で示したような考察のプロセスに則って、特定の理論的立場に固執することなく、様々な説明の可能性について開かれた態度で誠実に検討を重ねていくこと─それによって冒頭の問いに答えること─は、われわれの取り組むべき課題として残されているのである。

●考えを深めよう●
　本章を読んでから、次の質問について考えてください。
①「実態」として第1節に示した様々な社会の動向について、その根拠を探してみよう。私立中学の受験者数や幼児教室等の利用状況、あるいは出版物の動向は、どうやって知ることができるだろう。また、上記の「実態」として指摘した事柄以外に、教育達成に関わる実態として、どのようなことを調べると有益だろうか。いい案が思いついたら、それらについても調べてみよう。様々なデータを並べてみたら、何か新しい発見があるかもしれない。
②選抜システムの効果については、竹内（1995）（下記紹介文献④）に詳しい。これを読んで、以下の言葉の意味を確認してみよう。「増幅効果論」「スクリーニング理論」「メリトクラシーのジレンマ」
③教育達成の階層差を説明する理論は、ヨーロッパ社会を前提に考えられたものが多い。本章で紹介した諸理論を日本社会に適用する可能性について話し合ってみよう。また、もっと異なる説明の可能性がないか、自由な発想で考えてみよう。

さらに学びたい人のための文献紹介

1. 階層構造や教育社会の捉え方

①佐藤嘉倫・尾嶋史章編『現代の階層社会1――格差と多様性』東京大学出版会，石田浩・近藤博之・中尾啓子編『現代の階層社会2――階層と移動の構造』東京大学出版会，斎藤友里子・三隅一人編『現代の階層社会3――流動化のなかの社会意識』東京大学出版会，2011.
②原純輔・盛山和夫『社会階層――豊かさの中の不平等』東京大学出版会，1999.
③苅谷剛彦『大衆教育社会のゆくえ――学歴主義と平等神話の戦後史』中央公論社，1995.
＊①は2005年SSM調査データを用いた論文集であり，この分野の基本文献と言える。このうち1巻と2巻には，教育に関連するセクションが含まれる。②は教育に限られない階層研究の基本的な視座を与えてくれる。③は戦後日本における教育社会の捉え方（の特異性）を学歴主義や階層問題と関わらせながら解説したもの。

2. 選抜システム

④竹内洋『日本のメリトクラシー――構造と心性』東京大学出版会，1995.
⑤尾嶋史章編『現代高校生の計量社会学――進路・生活・世代』ミネルヴァ書房，2001.
⑥片瀬一男『夢の行方――高校生の教育・職業アスピレーションの変容』東北大学出版会，2005.
＊わが国の選抜システムに関する研究としては，④が基本文献となる。⑤は高校生の進路分化や生活意識に対する階層と学校の効果について時点比較も含めて検討した分析。なお，本章では取り上げられなかったが，教育達成の研究において，アスピレーション（進路などの希望）は重要な要素となる。⑥はわが国では大変に貴重な親子3者調査のデータを用いて，高校生のアスピレーション形成について分析した著作。

3. 階層化のメカニズム

⑦ゲーリー・S・ベッカー（佐野陽子訳）『人的資本――教育を中心とした理論的・経験的分析』東洋経済新報社，1976.
⑧ピエール・ブルデュー（石井洋二郎訳）『ディスタンクシオン――社会的判断力批判Ⅰ・Ⅱ』藤原書店，1990.
⑨レイモン・ブードン（杉本一郎・山本剛郎・草壁八郎訳）『機会の不平等――産

業社会における教育と社会移動』新曜社，1983.
⑩盛山和夫「合理的選択理論」」井上俊ほか編『岩波講座　現代社会学　別巻：現代社会学の理論と方法』岩波書店，1997.

＊教育の経済学に関心を持った者には⑦を薦める。本章での議論とは異なりマクロな観点からの分析だが、人的資本論の基本的文献と言える。ブルデューの理論についてより深く学びたくなった者には⑧が必読文献となる。相対的リスク回避仮説について日本語の著書は存在しないが、まずはベースとなった⑨を押さえておくべきだろう。また、注25に示したレビューも参考になる。なお、合理的選択理論の概要については⑩が分かりやすい。

COLUMN

教育熱心と学校不信
荒牧草平

　社会階層と教育達成を関連づける1つの補助線として、「教育熱心」に着目してみることは有益であるかもしれない。階層の高い家庭ほど「教育熱心」であり、小さいうちから子どもを塾や習い事に通わせ、私立中学を受験させて、結果的に高い学歴を得ているといったイメージを持たれることも多いからである。ここで「教育熱心」の中身を、子どもの教育に対して高い関心を抱いて習い事をさせたり教育環境を整えたりする傾向と、受験塾に通わせ毎日長時間勉強させて中学受験をさせる傾向の2つに分離すると何が見えてくるだろうか。実は、上記の印象とは異なり、階層的背景が強く関与するのは前者の傾向であり、後者の傾向（受験教育熱心）を特徴付けるのは別の要素であるという研究結果が得られている。では、その要素とは何だろう？

　表は「受験学力」「基礎学力」「学ぶ意欲」の3項目について、学校教育へ期待する程度別に受験教育熱心の強さを調べた結果である。どの項目についても、学校へ期待しない層に強い受験教育熱心の傾向が表れている。実は、学校教育に対する様々な意識についても同様に調べてみたところ、学習面での教師の指導や熱心さに強い不満や不信感を持っている者ほど、そして現行の平等主義的な教育よりも、飛び級や習熟度別学習など学力を高めるとされる方策の導入に賛成する者ほど、受験教育熱心の傾向を強く持っていることがわかっている。つまり、過剰とも言えるほど受験教育に熱心となる背景には、学校教育や教師に対する強い不信と不満が存在しているのである。

学校教育への期待別にみた受験教育熱心の強さ

	とても期待する	まあ期待する	あまり期待しない	まったく期待しない
受験学力	.08	− .09	.02	.38
基礎学力	− .04	.05	.38	.24
学ぶ意欲	− .07	.10	.41	.56

注）荒牧草平「教育熱心の過剰と学校不信」『学校教育に対する保護者の意識調査2008 報告書』
　　Benesse教育研究開発センター（表6−3）より作成。値が大きいほど「受験教育熱心」が強いことを表す。

　学校や教師が信頼できないから塾や家庭教師などに頼るという考え方は、その是非は別として、一種の合理性を持つものとして理解できる。また、飛び級や習熟度別学習の推進といった学校改革には肯定的なので、学校教育を根本的に否定しているというよりも、平等主義が強い現在の公立学校に対する不満を表明していると理解することも可能である。しかし、不確定な将来の学歴達成を重視するあまり、子どもが小さいうちからの数年間にわたる毎日の長時間学習によって、現在の子どもの生活を蔑ろにしている面があるとすれば、むしろ非合理的であると考えられなくもない。

　学校の現状への不信と不満を強く訴え、将来の成功に拘る一見合理的な行為の裏には、学校教育ばかりでなく、現在と将来の生活に対する漠然とした不満や不安感が隠されているとは考えられないだろうか。だとすると、表だって現れる行為こそ異なるものの、いわゆるモンスターペアレントやクレーマーの生まれる背景とも通底しているのではないかと想像されるのである（モンスターペアレントについては、第2章も参照してほしい）。

第 5 章　「階層」を読み解く
—— グローバリゼーション・労働市場の流動化・不平等

竹ノ下弘久
Hirohisa TAKENOSHITA

| 1. |　　格差問題への関心の高まり

　この本を手にとって読まれる人たちにとって、階層、格差問題とは何であろうか。大学生にとっては、目前に迫っている就職活動と、仕事という未知の領域への移動は、とても切実な問題ではないだろうか。みなさんの多くは、これまでとても長い期間、学校教育の中に身をおいてきたことだろう。そして、自分が「やってみたい」と思っている仕事は何なのか考え、実際に職探しをし、在学中に就職先を決めることを大きな目標としていることだろう（就職活動における「自己分析」については、第1章も参照してほしい）。こうした仕組みは、**新規学卒一括労働市場**と呼ばれ、戦後の日本社会で普及し定着していったものである。しかし、みなさんにとってより切実であることは、この制度が近年大きく揺らいでいることである。1990年代以降の景気低迷と雇用の流動化が進展するなかで、学校を卒業しても、正社員の仕事に就くことができず、パート、アルバイトや派遣の仕事、臨時雇いの仕事など、一時的な仕事に従事する若者が大幅に増えている。いやもちろん、この**フリーター**と呼ばれる状態が、一時的なものであり、仕事の経験を積むことで、いずれは安定した仕事へと移動することができれば、大きな問題ではないのかもしれない。しかし、多くの研究者が明らかにするように、非正規雇用の仕事にいったん従事してしまうと、あり地獄のように、なかなかそこから抜け出すことができない。こうしたことは、ある意味、**格差の固定化**と表現してもいいだろう。

　階層・格差・不平等問題についての関心は、大学生に限らず、多くの人々の間で近年、高まっている[1]。格差問題への人々の関心の増大の背後には、後述するように、日本社会で生じている階層構造を支えてきた諸制度の構造的な変化が大きく関係している。とりわけ、90年代以降に生じた**雇用の流動化**と**非正規雇**

---

[1] 1990年代以降の格差・階層問題について、社会的な関心を集めたものとして、以下の2冊をあげることができる。橘木俊詔『日本の経済格差』岩波書店，1998．佐藤俊樹『不平等社会日本』中央公論新社，2000．

用の増大は、社会的にも大きな注目を集めてきた。**ワーキング・プア**という言葉も登場し、どんなに頑張って働いても、貧困状態から抜け出すことができない人たちや、そうした人たちを生み出す社会的背景も、注目されている。他方で、1960年代から90年代初頭までの日本社会では、多くの人々は、格差・不平等に対する関心を失っていた。なぜこの時期、人々は、階層に対する関心を失っていたのだろう。それは、1960年代を中心に起こった急激な産業構造の変化によるところが大きい。たとえば、1960年代に学校教育をおえ、働き始めた若者たちの場合、その父親の多くは、農業に従事していた。しかし、その時期の急激な産業構造の変化のなかで、多くの若者たちは、農村部から都市部へと移動し、農業以外の職業、その多くが、ブルーカラーの非熟練労働に従事していった。こうした変化の中で、若者たちは、少なくとも親とは違う職業に従事し、都市という空間の中で生活を形成していく。また、大衆消費社会が形成されるなか、人々は日常生活を快適なものとする多くの「魅力」的な製品（自動車、冷蔵庫、洗濯機、テレビなど）にとりかこまれ、社会がますます豊かになっていくことを実感することができた。

　しかしながら、こうした人々の階層・格差に対する実感は、必ずしも現実の格差・不平等とは一致していなかった。父親の職業と子どもの職業の結びつきを詳細に分析すると、確かに、人々の多くは父親とは異なる職業に従事していたものの、相対的な機会の不平等は、戦後一貫して変化していないことが、多くの研究によって確認されている[2]。また、**ワーキング・プア**と呼ばれる人たちやかれらをとりまく現象は、確実に高度成長期の日本社会にも存在していたのである[3]。主観的な格差・階層に対する人々の意識と、客観的な機会の不平等の現実との間には、大きなかい離があり、結果として多くの人々が共有する主観的な意識の方が、社会の様々な局面に影響を及ぼしてきた。急激な産業化に伴う社会の変化と多くの人々にとっての豊かさの実感は、日本社会に「総中流社会」という神話を根づかせた。実際、1970年代に行われた世論調査では、みずからの生活程度を「中」であると位置づける者が、全体の9割にも及ぶという結果が示されている[4]。こうした状況は、ナショナリズムにおける単一民族神話（本書18章）ともあいまって、日本社会は、階層的、民族的に同質的な社会であるとする見方を、この時期、非常に強いものとした。

---

[2] 原純輔・盛山和夫『社会階層―豊かさの中の不平等』東京大学出版会，1999．
[3] 西澤晃彦『貧者の領域―誰が排除されているのか』河出書房新社，2010．
[4] 直井道子「階層意識と階級意識」富永健一編『日本の階層構造』東京大学出版会，1979．

階層的に同質的な日本社会というイメージには、様々な問題点が潜んでいる。このような考え方にもとづけば、同質的な階層、暮らし向きからこぼれおちてしまう人たちは、きわめて例外的なものとしてとらえられる。それらは、社会の構造変化によって生じたものというより、個人の怠惰、努力のなさによって生まれたものとされる。ある意味、90年代初頭までの日本では、貧困や低階層の人々に対する問題意識が希薄であり、様々な社会問題の背後に潜む経済的な格差・不平等を読み解く「視線」が、非常に弱かったといわなければならない。

2. 階層研究の基本的な考え方と階層移動を媒介する制度

　階層研究には、様々な研究領域が存在するものの、その主要な関心は、その人が社会で生活していく上で重要な社会的資源が、どのように不平等に配分されているかを明らかにすることにある。階層研究で重視する資源としては、所得、資産、職業、学歴などがあげられる。社会学ではその中でも、職業に注目して階層を定義づけ、その移動のありように注目してきた。

　階層間の不平等を把握するためには、それを可能にする階層分類が必要となる。階層分類は、階層間の不平等を把握するための、レンズのような役割を果たす。古典的にはマルクスの階級理論にまでさかのぼることができる[5]。それは生産手段の所有の有無が、階級を区分する絶対的な基準であり、最終的には生産手段を有する資本家階級と生産手段をもたない労働者階級へと二極分解していくと考えた。マルクス主義の階級理論は、当時の多くの知識人や運動家の注目を集めたが、労働者を過度に均質的なものと想定しており、現代社会の不平等構造を明らかにするには不十分である。日本における階層研究をリードしてきた社会階層と社会移動全国調査(SSM調査とも呼ばれる)プロジェクト[6]では、仕事の内容にもとづいて構成されたSSM8分類や、仕事の内容、従業上の地位（雇用者または自営業）、企業規模（大企業か中小企業か）を組み合わせて構成した

---

[5] 社会学では、格差や不平等について考察するとき、階層と階級という2つの言葉が用いられてきた。欧米では階級という言葉は、日常生活に深く根ざした言葉であり、階級と階層は互換的な意味で用いられている。日本の社会学では、階級は、明らかにマルクス主義的な知的伝統にもとづく概念として用いられ、歴史的変革の担い手（主体）として位置づけられる。他方で階層は、社会的資源の不平等配分を軸に、生活機会（ライフ・チャンス）の格差を説明する、より分析的で中立的な概念として用いられてきた。原・盛山前掲書、および、橋本健二『現代日本の階級構造』東信堂, 1999. Wright, E. O. *Approaches to Class Analysis*. Cambridge University Press, 2005.
[6] 社会階層と社会移動全国調査（SSM調査）プロジェクトは、社会階層を主なテーマとする全国調査であり、1955年から10年おきに実施されている。2005年には、第6回目が行われ、今回は日本だけでなく、韓国、台湾でも同様の調査デザインにもとづく調査が行われた。SSM調査を用いることで、日本社会における戦後の階層構造の変化を追跡することができ、SSM調査を通じて、多くのすぐれた階層研究が生み出された。

総合階層分類が、提案されてきた[7]。エリクソンとゴールドソープによれば、労働市場のなかで個人がいかなる位置を占めているかが、個人の階層所属を決定するうえで重要な要素である。その際、マルクス主義的な雇用関係に加え、その個人が有する仕事の技能や専門知識、およびかれらが従事する職務が経営者や他の管理者によってどの程度監視可能であるかが、労働市場の中での階層的位置を大きく左右する。かれらは、労働過程の監視が困難で専門性の高い、専門職や管理職層を現代社会の階層構成の中でも上層に、仕事の技能水準が低く監視の容易な非熟練労働者を下層に、事務労働者、自営業層、熟練労働者を両者の中間に位置づけたのである[8]。

こうした序列関係の中で階層構造を把握するとき、現代社会に生きる私たちの階層的地位は、どのような社会的メカニズムを通じて形作られるのであろうか。階層移動研究では、出身階層としての本人の家族的背景が、その人自身の階層的地位（職業的地位）にどのような影響を及ぼすかを明らかにしてきた。ブラウとダンカンは、**地位達成モデル**として、階層移動研究の基本枠組みを、図1のように提唱する[9]。この図1から、階層移動研究の基本的な着眼点を3つに整理することができる。第1に、家族的背景と本人の教育達成との関係を明らかにする研究である。これは、長年、教育社会学が取り組んできた課題でもあり、第4章もあわせて参照されたい。第2に、学校から職場への移行に関わる研究である。第3に、労働市場におけるキャリアについての研究である。このように階層研究の主眼は、**家族、学校、労働市場**という、現代社会において重要な3

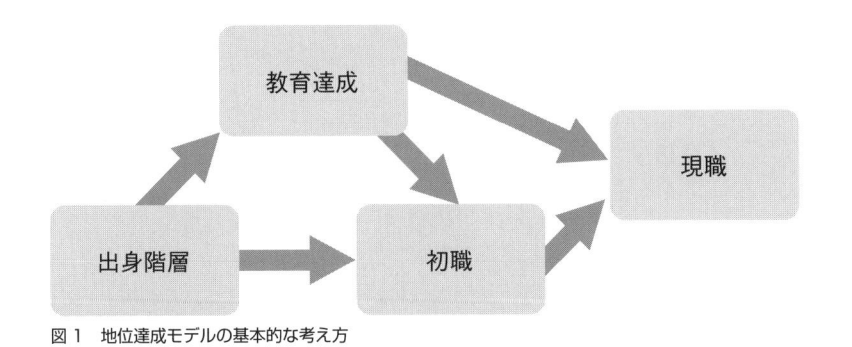

図1　地位達成モデルの基本的な考え方

[7] 階層分類については、他に、階層の序列関係を把握するための、連続的な尺度（スケール）も提案されてきた。日本では、職業威信スコアを用いた序列づけが有名である。原・盛山前掲書。
[8] Goldthorpe, J. G. *On Sociology Volume Two*. Stanford University Press, 2007.
[9] Blau, P. and O. D. Duncan. *American Occupational Structure*. Free Press, 1967.

つの諸制度間の結びつきを、本人の**ライフコース**（人生航路）という時間軸に沿った形で明らかにすることにある。

とはいえ、個人のライフコースのなかでの、家族、学校、労働市場という3つの社会空間の移動は、真空状態の中でなされるわけではない。それらは、様々な他の諸制度や社会構造の媒介を経て成立しているものである。近年の階層研究では、様々な社会制度が、階層移動をどのように媒介しているかを明らかにする研究が盛んに行われている[10]。本章ではそのなかでも、日本社会を事例に、学校から職場への移行を円滑に進めてきた諸制度や労働市場の諸制度に注目して、議論を進めていく。

3. 日本における階層移動と諸制度との関係

日本の労働市場を大きく特徴づけてきた慣行、制度として、**長期雇用慣行、年功賃金制度**がある。長期雇用の成立と普及をめぐっては、大企業に限っても戦後の1950年代から60年代初頭にかけて広まったものである。そして、特定企業での勤続年数の長期化は、初職の企業から従業先を変更せずに勤続し続ける形で広まった[11]。こうした長期勤続を動機づけるものとして、年功賃金制度がある。勤続年数に伴い所得が増加することで、労働者にとっては同じ会社で働き続けようというインセンティブが生じる。また、労働者の家族生活を考慮すると、20代で働き始め、30代で結婚し子どもが生まれ、40代半ばから50代で子どもが高等教育に進学することを考えると、年功賃金は、労働者の家族形成に伴う生活費の増大を考慮した賃金制度でもある。労働者にとって、こうした制度は、非常に受け入れる余地の大きいものであった。他方で、経営者にとって、これらの制度にはどのようなメリットがあったのだろうか。これらの長期雇用慣行が、高度成長期に大企業を中心に普及した背景には、経済発展に伴う労働力の不足が大きく関係している。労働者を会社に引き留めておくための制度として、長期安定雇用と年功賃金制度が、この時期多くの企業に普及していった。加えて、**人的資本論**の観点からは、企業が、技術革新に対応し、より効率的な生産活動を行うには、労働者に対する能力開発は非常に重要な役割を果たす。しかし、労働者に一定の訓練機会を提供しても、労働者が訓練によって身につけた技能を発揮する前に会社を辞めてしまっては、その投資コストを回収することができ

---

[10] たとえば職業がもたらす報酬格差を国際比較により明らかにする有田の研究があげられる。有田伸「比較を通じてみる東アジアの社会階層構造」『社会学評論』59（4）号, 2009, 663-681頁．

[11] 稲田雅也「日本的経営と長期雇用」原純輔編『日本の階層システム1』東京大学出版会, 2000.

ない。経営者は、年功賃金や長期安定雇用によって、労働者に対し現在の会社にとどまるインセンティブを提供し、労働者の能力開発を行うことができる[12]。

　長期雇用と年功賃金を柱とする日本的雇用慣行は、従業員の採用方法についても、新規学卒一括採用という制度と結びついて展開する。それは、最終学校を卒業する年に就職活動を行い、在学中に卒業後の就職先を見つけ、卒業と同時に就業を開始する、というものである。教育社会学は、これらを「学校から職場への間断のない移行」として表現してきた。学校教育が制度化され、学校と労働市場が大きく分離した現代社会において、就業経験のない若者が、学校から職場へとスムーズに移行できるかは、きわめて難しい課題である。日本の教育機関は、多かれ少なかれそのスムーズな移行を実現するために、学生の就職活動に大きく関与してきた。たとえば、日本の高校では、学校に対して企業から来た求人をもとに、生徒の適性や希望を考慮して、職業紹介を行ってきたのである[13]。

　以上、日本の階層移動を大きく枠づけてきた労働市場の諸制度をみてみると、これらは労働者に安定や生活を保障する非常にポジティブなものとして捉えることができる。しかし、こうした諸制度には、さまざまな問題点も潜んでいる。ひとつは、長期雇用、年功賃金を柱とする日本的雇用慣行は、主として男性労働者を念頭に置いていたことである。これらの制度は、労働者が、同じ会社で継続的に働き続けることを前提とする。既存の性別役割分業の構図のなかで、女性は、結婚・出産・育児期に仕事を辞め、家庭で家事・育児に専念することが求められてきた。結果として、女性たちの多くは、結婚・出産・育児のために会社を辞める傾向が強く、会社は、こうした理由から女性をあらかじめ能力開発や昇進機会から排除し、女性に対して高い技能を必要としない職務を配分してきた。これらの現象は、**統計的差別**とも呼ばれる。**男女雇用機会均等法**が1986年に制定される以前は、女性の結婚退職を内規とする会社も存在したほどであった[14]。

　いまひとつは、日本的雇用慣行を享受できる度合いに、大企業と中小企業との間に大きな格差が存在していたことがある。勤続年数に伴う賃金の上がり方、企業から給付される福利厚生など、両者の間には多くの格差が存在する。また中小企業は、景気変動の影響を受けやすいことから、廃業率が高く、失業する

---

[12] 小池和男『仕事の経済学』東洋経済新報社，2005．
[13] 苅谷剛彦『学校・職業・選抜の社会学』東京大学出版会，1991．
[14] 目黒依子ほか「企業主義と家族」目黒ほか編『講座社会学2 家族』東京大学出版会，1999．

リスクが高い。こうした状況は、**労働市場の二重構造**ないしは、**労働市場の分断構造**と呼ばれてきた。労働市場の分断の背景には、賃金や福利厚生の企業規模間の格差にとどまらず、両者の間に移動障壁が存在することからも明らかである。大企業の場合、会社内部での労働市場（**内部労働市場**）が発達し、他の会社を経験した労働者を採用することはまれであった。そのため、初めての仕事で中小企業の会社に就職すると、その後、転職を通じて大企業に移動することは難しくなる。

4. 脱工業化、グローバル化、労働市場の流動性の増大

　以上のような問題を抱えつつも、日本の雇用慣行は、戦後の階層移動の枠組みを支える重要な制度として機能してきた。とはいえ、こうした諸制度は、戦後の高度成長期に多くの企業で普及し、一般化したものである。日本の産業構造は、その後もさらなる変化をとげており、それに応じて階層移動やそれを支える諸制度のあり方も、さらなる変化の波にさらされている。以下で注目したい点は、**脱工業化、グローバル化**とそれに伴う**労働市場の流動性の増大**についてである。

　日本の高度経済成長は、**輸出志向型産業化**と第二次産業の飛躍的拡大を通じて達成された。日本の製造業では、労働者の就業経験の蓄積に伴う熟練が、高品質の製品の生産に重要な役割を果たした。労働者は、同じ会社で就業経験を積むことで、より高い地位や高い収入を手にすることができた[15]。しかし、1970年代以降、先進国の多くは、脱工業化という社会変動に直面している。脱工業化の局面では、製造業をはじめとする第二次産業ではなく、サービス業を軸とした第三次産業が経済の中心へと移行していく。サービス業には、多様な職種が含まれるが、その職種は大別すると、グローバルに展開する企業の管理中枢を担い、非常に高度な技能を必要とする専門管理職層と、そうしたかれらに様々なサービスを提供する非熟練の労働者へと二極化しているといわれる。加えて、技術革新に伴う生産活動の自動化は、専門管理と非熟練の中間に位置していた熟練労働を縮小させる。サービスセクターの非熟練労働は、低賃金で職務経験を通じた能力開発の機会に乏しく、非熟練労働から一足飛びに高度専門職に上昇することはできない。脱工業化に伴う階層構造の二極化は、アメリカでもっとも顕著にあらわれ、1970年代以降のアメリカの所得格差増大の源泉であると

---

[15] 小池和男前掲書。

指摘されている[16]。

　もうひとつの重要な変化が、グローバル化である。経済活動のグローバル化の進展は、国家間、企業間の市場競争の激化をもたらした。**多国籍企業**は、安価な労働力を求めて、生産拠点を発展途上国を中心とした海外に移転する。それは生産コストの低下を可能にする反面、先進国の非熟練労働者は、海外の労働者との競争のため、賃金の低下や雇用の減少に直面している。また、先進各国の政府は、経済活動の規制緩和・自由化を加速させている。そうしたなか、多くの企業は、国境を越えて展開するグローバルな市場経済の中で、生き残りをかけて、コストの削減競争にさらされている。そのため、企業には製品に対する需要が減退したとき余分な労働力を抱える余裕がない。企業にとっては、市場の不確実な状況に対応するため、労働者を自由に解雇できることが望ましい。このように、グローバルな市場競争は、労働市場における流動性の増大をもたらしている[17]。

　とはいえ、こうした脱工業化やグローバル化が、個々の国の労働市場や階層移動にどのように影響するかは一様なものではなく、その国の階層移動を支えてきた諸制度の影響を受けながら、異なる変化を引き起こす。日本の労働市場の文脈では、労働市場の流動性の増大は、**非正規雇用**の増加という形で現れた。日本で近年拡大したサービスセクターの非熟練労働の担い手は、主としてパート労働者から構成される。パート労働者に対して、日本的雇用慣行は適用されないため、能力開発や昇進の機会もなく、非熟練の職務であるため低賃金で雇用される。パート労働者は、70年代以降増加傾向にあるが、その担い手は当初、既婚女性や学生たちであった。とりわけ、主婦のパート労働の増加は、**男性稼ぎ主モデル**が支配的な日本社会では、ほとんど問題視されなかった。90年代以降の非正規雇用の増加が社会的注目を集めた背景には、正社員の仕事につけず非正規雇用に従事する若年男性が増加したことが大きく関係している。近年の非正規雇用の増加は、男性稼ぎ主モデルを大きく揺るがすものとして捉えられている[18]。

　さらに、経営者が製品の需要に応じて労働者を自由に調節するという観点では、近年の派遣労働者の増加は、大きな注目を集めている。1985年に**労働者派遣法**が制定されたとき、対象となる職種が厳しく制限された。しかしその後、

---

[16] サスキア・サッセン（森田桐郎ほか訳）『労働と資本の国際移動』岩波書店，1988．
[17] Blossfeld, H. P. et al. *Globalization, Uncertainty and Men's Careers*. Edward Elgar, 2006.
[18] 小杉礼子編『自由の代償／フリーター』日本労働研究機構，2002．

対象職種が順次拡大し、2003年には製造業も含めて労働者の派遣事業が可能となった。企業は、労働者派遣事業を活用することで、労働者と直接の雇用契約を結ぶ必要がない。労働者を正社員として雇用する際、日本的雇用慣行とそれにもとづく労働法制のために、経営上の必要性から正社員を解雇することは容易ではない。企業は労働者派遣事業に依拠することで、容易に調節可能な労働者を手に入れたのである[19]。

パート労働者や派遣労働者のような非正規雇用は、社会保障制度の**セーフティネット**からこぼれおちることも、大きな問題である。医療、年金、雇用をはじめとする公的社会保険制度は、労働者が正社員として雇用されていることを前提に設計されている。使用者側も、年金や医療保険の費用の半分を負担することが求められているが、非正規労働者を多く用いることで、労働者の社会保障のコストを軽減することができる。さらに、賃金面でも正社員より安く雇用することができ、解雇も容易に行える。企業にとっては、とても「魅力的」な労働者である[20]。日本は1990年代に長期間の不況を経験しており、より柔軟で賃金コストの低い労働者を必要としていた。その結果、正社員の雇用を削減し、非正規労働者が増加していった。ただし、企業側にとって、現在雇用している正社員を解雇することは、これまでの労働市場の慣行と法制によって容易ではない。そのため企業は、新規に採用する新卒者を大幅に削減することでこれに対応してきた。その結果、最終学校を卒業したけれども、正規雇用の仕事につけず非正規の仕事に従事する若者がこの時期急速に増大したのである[21]。

冒頭でも論じたように、非正規雇用に一度移動しても、そこから抜け出すことが非常に難しいことは、多くの研究によって明らかにされている[22]。正社員としての就業経験のない若者が、正社員になれる入り口は、最終学校を卒業する直前の就職活動の時期に制限されている。多くの会社では、既卒者が新卒の採用枠に応募してきても、書類選考の段階で採用対象から除外するといわれている[23]。この場合、新卒一括労働市場という仕組みは、学卒時に正社員になれなかった若者を排除する装置として機能している。加えて非正規雇用には、非熟練の職務が集中し、能力開発の機会から疎外されているため、企業側には非正規労

---

[19] 濱口桂一郎『新しい労働社会―雇用システムの再構築へ』岩波書店、2009.
[20] こうした労働者派遣事業で雇用されているのは日本人だけでなく「外国人」も多く雇用されている。「外国人」の労働をめぐる諸問題については本章のコラムを読んでほしい。
[21] 本田由紀『若者と仕事―「学校経由の就職」を超えて』東京大学出版会、2005.
[22] 小杉礼子『フリーターという生き方』勁草書房、2003.
[23] 城繁幸『若者はなぜ3年で辞めるのか?』光文社、2006.

働者を正社員として採用するインセンティブに乏しい。大企業と中小企業との間に見られる分断労働市場は、今度は、正規・非正規という雇い主との雇用契約のあり方という別の次元でも形成されているのである[24]。

5. 貧困、階層、福祉国家

近年、**貧困**に関わる問題が社会的にも注目を集めている。90年代以降、非正規雇用の増加や格差の拡大が、多くの議論を呼んだものの、貧困問題とのかかわりで論じられるものはそれほど多くはなかった。現代資本主義社会では、その人の人的資本やスキルに応じて賃金に違いが生じ、一定の格差が生じてしまうことは、ある程度避けられない。しかし人々が、社会の一員として生活するために、最低限必要な生活水準が存在する。貧困とはそれを下回る状態を指すものである。

住居を失った**ホームレス**の人たちは、現代社会における貧困の極限の状態を表している。ホームレスの人たちが、住居を失い路上に放り出された背景として、階層移動の観点からも次のような指摘がある。第1に、中卒者や高校中退者が、国勢調査の結果と比較しても非常に多い。低い教育達成の背景には、出身家庭の経済力の問題が大きく関係している。第2に、中卒や高校中退ののちに、労働市場に参入するため、職業訓練機会の豊富で、安定的な雇用に従事することができなかった。そのため、労働条件の悪い不安定な職場を転々とすることになる。このように低い教育達成と不安定な就業形態は、ホームレスの形成過程にも大きくかかわっている[25]。

そして貧困をめぐる問題では、**母子世帯**の貧困は非常に深刻な問題である。これには、日本の労働市場におけるジェンダーの問題を無視することはできない。日本的雇用慣行では、男性を企業の基幹労働力と位置づけ、正社員の地位を保障してきた。正社員男性には、年功賃金と長期雇用を保障する代わりに、経済の需給動向に応じて、労働時間を調節すること、つまり忙しいときには長時間労働に従事することが求められた。そして、日本全国に展開する大企業の場合、地域移動を伴う頻繁な配置転換も求められた[26]。かりに、離婚する以前も子どもをもつ女性が正社員として働いていたとしても、離婚後も同様に正社員として長時間労働に従事することは、非常に困難であろう。なんとか正社員として長

---
[24] 有田伸前掲論文.
[25] 岩田正美『現代の貧困―ワーキングプア／ホームレス／生活保護』筑摩書房, 2007.
[26] 目黒ほか前掲書.

時間働けたとしても、**ワーク・ライフ・バランス**を大きく欠いた状態である。さらに、未就学児の子どもをもつ日本の女性は、正社員としての仕事をやめ無職になることが多い。そうした状況で離婚に直面しても、再就職の際に正社員になることは、正規雇用の入り口が学卒時に限られている現状では非常に難しい。厚生労働省の調査によると、2006年の母子世帯の平均年間収入はわずか212万円にすぎず、児童のいる世帯の収入（718万円）のおよそ3割にすぎない。日本のひとり親世帯（大半が母子世帯）の就労率は、8割から9割と極めて高いにもかかわらず、ひとり親世帯の子どもの貧困率は6割近くとOECD諸国の中でもトルコに次いで2番目に高い。貧困問題の是正をめぐっては、福祉国家による税制と社会保障制度を通じた所得の再配分がきわめて重要な役割を果たす。他の多くの国々では、所得の再配分によって子どもの貧困率は低下しているにもかかわらず、日本では税制や社会保障制度によって、子どもの貧困率が悪化していることが指摘されている[27]。

　近年の階層研究では、個々の福祉国家が実践する社会保障政策が、階層移動、貧困、格差にいかなる影響を及ぼすか、階層移動や格差の国際比較、時系列比較を通じて研究がすすめられている[28]。日本の社会保障政策は、少なくとも格差や不平等の縮小や改善という視点が、これまで弱かったように思われる。その背景には、高度成長期に形成された「**総中流社会**」という神話が、大きく関係しているのではないだろうか。階層的に「同質」な人々から構成される日本社会では、本人の努力や能力を通じて、よりよい暮らしやよい仕事を手に入れ、よい学歴を達成することができるのであり、中流の暮らしが実現できないのは、本人の努力ややる気が足りないからだとされる。しかし、本章を一読いただければ分かるように、格差や貧困をめぐる問題は、決して、個人の努力や能力に還元できる問題ではない。そして、社会保障政策の異なる国同士を比較することで明らかなように、政策によって格差、不平等を悪化させることもできれば、改善させることもできる。

　福祉国家は、戦後の高度経済成長を通じて発展してきた。日本では、戦後の高度成長期に標準的とされる家族と労働のあり方（性別役割分業、核家族、男性労働者に保障する安定的な雇用）が確立し、それを基礎にして、社会保障制度を構築してきた[29]。しかし、脱工業化とグローバル化は、日本社会において支

---

[27] 阿部彩『子どもの貧困』岩波書店, 2009.
[28] Blossfeldら前掲書.
[29] 福祉国家の変容については、第17章もあわせて参照してほしい。

配的であった標準的な家族と労働の範囲を縮小させ、多様な家族や労働のあり方を顕在化させた。日本の社会保障制度は、そうした変化に十分な対応ができていない。標準的なライフコースを選択しなかった／できなかった人たちは、社会の中で周辺化され、階層的には底辺の地位に押しやられ、そこから這い上がることができないでいる。

　貧困や格差の固定化に介入するためにも、福祉国家の役割は、グローバル化の進展する現代社会においてもなお、非常に大きい。現代社会において、私たちは様々な他者とつながりながら生活を送っている。民主主義社会においては、福祉国家の方向性を左右するのは、社会を構成する私たち市民の意思である。特定の人々に、貧困や格差の固定化を押しつけたままでいいのだろうか。それらを「**自己責任**」という概念で、個人の責任にすべて転嫁し、どんなに劣悪な状況に置かれても、「お前ひとりの力で切り抜けろ！」と言い放つことが、私たちにできるだろうか[30]。私たちが、貧困や格差の固定化という問題にどう向き合うかが、今まさに問われている。

●考えを深めよう●
　本章を読んだ上で、次の質問について考えてください。

①あなたは現在アルバイトをしていますか。現在行っているアルバイトの仕事内容はどのようなものですか。その仕事の具体的な内容について考えてみてください。あなたが、学生である場合は、卒業後もその仕事を続けたいと思いますか。続けたい、続けたくないにかかわらず、その理由についても考えてください。

②あなたの現在のおかれている状況に、あなたの親や家族はどのように関わってきましたか。あなたの親や家族が、現在のあなたの状況と大きな関わりがあるとすれば、そのような社会をあなたはどう評価しますか。

---

[30] 多様な他者との連帯の重要性については、18章もあわせて参照のこと。「自己責任」論が、リスク社会論といかなる関係にあるかについては、17章を参照してほしい。

さらに学びたい人のための文献紹介

1. 社会階層論全般
①原純輔・盛山和夫『社会階層―豊かさの中の不平等』東京大学出版会，1999.
②佐藤嘉倫編『社会階層論』放送大学教育振興会，2008.
③原純輔編『日本の階層システム①　近代化と社会階層』東京大学出版会，2000.
④有田伸『韓国の教育と社会階層―「学歴社会」への実証的アプローチ』東京大学出版会，2006.
＊①、②とも、社会階層論の基本的な視点や現代日本社会における階層構造、階層移動のプロセスを全体的に理解するのに非常に適している。③は、1995年に行われた社会階層と社会移動全国調査をもとに刊行された書籍のうちの1冊であり、本章の内容とも関連の深い、階層移動の変化に注目した論考が多い。2010年の秋には、東京大学出版会から2005年のSSM調査の成果が書籍として刊行予定であり、最新の成果についてはそちらも参照してほしい。④は、韓国の社会階層について論じたものだが、日本の階層構造とそれを支える諸制度を相対化する意味でも、非常に有益な研究書である。

2. 非正規雇用
⑤玄田有史『仕事の中の曖昧な不安―揺れる若年の現在』中央公論新社，2000.
⑥小杉礼子『フリーターという生き方』勁草書房，2003.
⑦太郎丸博『若年非正規雇用の社会学』大阪大学出版会，2009.
＊⑤と⑥は、近年の若年層の雇用問題や非正規雇用の問題を考える上で、基本的な考え方を提示してくれる。⑦は、社会階層論の立場から、若年非正規雇用の問題について検討したものであり、若年非正規雇用を軸にして、階層研究の理論的視点を学ぶことができる。

3. 貧困、社会的排除、福祉国家
⑧岩田正美『現代の貧困―ワーキングプア／ホームレス／生活保護』筑摩書房，2007.
⑨阿部彩『子どもの貧困―日本の不公平を考える』岩波書店，2008.
＊⑧は、現代社会における貧困の問題を、貧困と排除、ホームレス、福祉国家の視点から論じる。⑨はさらに、子どもの貧困に焦点を絞って、さまざまな統計データを駆使し、子ども期の貧困が、のちの人生に及ぼす影響や、子ども期の貧困が福祉国家の政策とどのような関連があるかを国際比較により明らかにする。

COLUMN 外国人の受け入れと統合
ウラノ・エジソン

　日本は、1950年代から70年代にかけて高度経済成長を成し遂げながらも、ドイツ、フランスなどの西欧諸国とは異なり、積極的に外国人労働者を受け入れることはなかった。その理由として、地方から大都市への大規模な国内人口移動、生産の合理化・オートメーション化、非正規雇用の拡大および長時間労働などが外国人労働力導入を代替したことがあげられる[1]。しかしながら、1980年代半ば頃から外国人人口は増加し、現在、200万人以上が日本で生活している。2009年の法務省統計によると、国籍別では「中国」が最も多く（680,518人）、続いて「韓国・朝鮮」（578,495人）、「ブラジル」（267,456人）と、上位三位が全体の約7割を占めている。他の先進諸国と比べると、総人口に占める比率は1.7％と低い。しかし、群馬県大泉町のように人口の15％が外国籍市民により構成されている地域も存在し、外国人市民による社会への影響は単なる人口比では語れない側面がある。また、例えば、過去の国勢調査（2005年）からわかることは、製造業など、特定の産業部門、工業部門への集中である。しかも派遣および請負労働者として働いているものが多いため、米国が震源地となった2008年末の経済危機では、その影響を受けた日本でも多くの移住労働者が失業し、その一部は帰国をも余儀なくされた。2008年から2009年にかけて、在日ブラジル人人口は約5万人減少した。食品販売店、エスニック・メディア、雇用の中核となっていた派遣・請負業者の一部は倒産、"自然消滅"し、コミュニティ全体が縮小ぎみになっている。帰国者の一部が、日本政府の帰国支援を利用して帰国するなど、逆流の動きがあった一方、残留した人々の定住志向は強まりつつあり、ラテンアメリカ人の日本への「デカセギ現象」が20周年を迎えた現在、新たなマイノリティ層の形成が確実なものとなってきている。2010年7月現在では、徐々に回復しつつある景気動向に伴い、雇用機会も微妙に増加しつつあるが、企業のV字型回復とは裏腹に、移住者の賃金、収入の水準は低下しており、中長期的にもラテンアメリカ人の社会進出の可能性は弱まりつつある。

　1990年～2000年代には、在日ラテンアメリカ人や、特に他のアジア諸国からの研修生・技能実習生の採用・雇用の増加が見られた一方で、近年、国際自由貿易協定・経済連携協定（FTA・EPA）により、インドネシアなどから介護士の受け入れが、日本社会が高齢化していくなかで、見られるようになってきている。しかし、いずれの事例においても依然として労働力不足にたいする反応としての「受け入れ」政策が主となっており、インテグレーションへの道筋を示した総合的な政策の不在が実情である。

　今後の外国人導入政策において、どこまで「定住型移民」の導入が促進されるかがひとつの注目点となっている。すでに定住志向を強めている在日ラテンアメリカ人の事例から窺えるように、その場合、社会統合を促進しうる労働市場での位置づけ、「生活者」を想定した受け入れ態勢を整備することが最重要課題であろう。

---

[1] 梶田孝道『外国人労働者と日本』NHKブックス、1994, 19-22頁.

第6章 「情報」を読み解く
―― 「メディアと政治」研究入門

烏谷昌幸
Masayuki KARASUDANI

1. メディアと政治

　小泉劇場という言葉を聞いたことがあるだろうか？ 2001年から2006年まで日本の首相を務めた小泉純一郎という政治家の政治スタイルを表現した言葉である。

　彼が「自民党をぶっ壊す」という鮮烈なスローガンを引っさげて日本国総理大臣の座を手にした2001年、小泉内閣の支持率は80％を超える異例の数字を記録した。街頭演説を行えば黒山の人だかりができ、熱狂的な支持者からは激しい「純ちゃん！」コールが連呼され、周囲はたちどころに異様な熱気に包まれた。

　小泉政権は、メディア利用の巧みさという点で非常に特徴的であった。戦後日本の首相のなかで、彼ほどメディアに露出し、メディアに対して話題を提供し続けた人はいなかったし、彼ほど見事にメディアを利用した人もいなかった。彼が仕掛けた「善vs悪」の政治的対立の物語（抵抗勢力と闘う改革指導者の物語）は、大相撲よりもプロ野球よりも「国会中継が見たい！」と視聴者に思わせた。政治を見世物にし人々の注目を集めて高い支持率を得たことで、**劇場型政治**であるとか小泉劇場という表現が用いられたのである。

　小泉劇場は、小泉純一郎という強烈なパーソナリティの持ち主の存在を抜きにして語ることのできない特殊な事例ではあるが、メディアの発達した現代社会において必然的に生まれてくる「メディアと政治」の深い相互浸透を示した大変興味深い事例でもある。本章の目的は小泉政権期のテレビと政治の関わりに注目しつつ、現代日本におけるメディアと政治を理解するための基礎知識を取り上げていくことにある。それは今日われわれが毎日当たり前のように消費しているニュースという情報を読み解くためにも不可欠な作業なのである。

　メディアと政治の深い関わりを理解するために、近年ではメディア政治、情報政治などの言葉も利用されるようになっているが、早くからあるのは**マス・**

コミュニケーション、政治コミュニケーションというキーワードである。ここでは前者の用語に絞って説明を加えていきたい。マス・コミュニケーションとは、新聞、テレビ、ラジオなどの媒体を通して不特定多数の人々に情報が伝達されることを指す言葉である。第二次世界大戦期にアメリカで広く使用されるようになった言葉で、もともとは戦時動員を目的とした政治的説得研究において用いられていた。そのため日本語に翻訳された当初「大衆通報」「大衆伝達」などの訳語が当てられていた[1]。二度の世界大戦は大規模な**総力戦**として戦われ、大多数の国民を戦争遂行に協力させなければならなかったので、不特定多数の**大衆**[2]に向けて効果的な説得コミュニケーションを展開することの重要性が世界各地で痛感されていた。こうした時代の要請に応えるようにしてマス・コミュニケーション研究は生まれたのである。

第二次大戦後の世界で、マス・コミュニケーション研究は「政治的説得」という当初の限定された文脈を越えて現代におけるメディアと社会の深い関わりの意味を問う学問として発展を遂げてきた。現在この領域を学ぼうとする者は次の点に留意しておく必要がある。

第一に、この領域が始まりから現在に至るまで一貫して学際的な領域であるということ。社会学、政治学、社会心理学、心理学、言語学、歴史学、法学、哲学などなど既存の学問領域の知識が新しい現象を解明するために持ち寄られたのがマス・コミュニケーション研究であり、はじめから出来上がった知識のパッケージが存在していたわけではない。既存の学問領域に新たな知的挑戦を促したのは近代的な通信技術の発展にともなって次々と登場してきた多様なメディアの存在であり、それらメディアを生活にとって不可欠なものとして取り込んできた現代社会の現実であった。変化の激しいメディアと政治の現実を理解するためには、領域を超えた知識を結集させて問題に取り組む必要があることを常に心がけておく必要がある。

第二に、初学者を当惑させるほど**パラダイム**の多様化が生じている点も大きな特徴である。ここでいうパラダイムとは、ある時期の科学者のあいだで広く受け入れられている問題の問い方や解き方の総体のことを指す言葉である[3]。いま

---

[1] 佐藤卓己『現代メディア史』岩波書店, 1998, 第1章を参照。
[2] マス・コミュニケーション (mass communication) の研究は、大衆社会 (mass society) の研究と深い結びつきを持つ。大衆社会論についてはW・コーンハウザー (辻村明訳)『大衆社会の政治』東京創元社, 1961が必読文献。また村上泰亮『ゆらぎのなかの大衆社会』中央公論1985, 5月号, 52 - 65頁はコーンハウザーの議論を理解する上で有益な論文。村上自身の『新中間大衆の時代』中央公論社, 1984も必読文献。
[3] パラダイム概念の提唱者は、トマス・クーン (中山茂訳)『科学革命の構造』みすず書房, 1962。ここでは松田健『テキスト現代社会学 [第2版]』(第17章), ミネルヴァ書房, 2008の説明を参考にした。

メディアと政治の問題を考えるためにマス・コミュニケーション論を学ぼうとする人は、マス・コミュニケーション論の基本的な考え方を批判しながら、〈メディアとは何か〉、〈情報とは何か〉[4] を新たに問い直すことで生まれてきたメディア論/メディア研究や情報化社会論などの成果にも目を配る必要がある。

　本章で詳しく立ち入ることはできないが、入門書を読む場合にも、種類の違うものを比較しながら読み進め、なぜ中心的キーワードが人によって「コミュニケーション」であったり「メディア」であったりするのかを考えてみることが不可欠な作業となっている。なお本章では**メディア**という言葉をテレビ、新聞、インターネットなどの単なる情報伝達の媒体を指すものとして扱うことにする。

2.　アジェンダの設定

　現代におけるメディアと政治の深い関わりを理解していくにあたって、まず注目しておきたいのはメディアの**影響力**の問題である。例えばテレビが登場したことで現代の政治は大きく変質したという実感があれば、このメディアの政治的影響力は大きいと推測できるだろう。もしテレビが無くても現代政治のあり方はさして変わらないというのであれば、そもそも〈テレビと政治〉の関わりを問う意義が無いとみなされるだろう。すなわち、メディアと政治という問いは多くの場合、〈メディアの影響力は大きい〉ことを暗黙の前提として含み込んでいるのである。

　しかしメディアの影響力というのは分かりやすく目に見えるものではないので、把握するのが難しい。目に見えない〈メディアの影響力〉なるものをどのようにして把握することができるだろうか？　これはメディアを問う研究にとって常に中心的な主題であり、昔も今も様々なアイデアがたえず試みられている刺激的な主題である。影響力をめぐる問いがマックス・ヴェーバー以来の社会学、政治学における**権力**の問題と大きく重なるものであること、権力概念の革新がメディア分析の革新へと連動してきた経緯を理解しておくことも、この領域の面白さを堪能するには有益である[5]。

　さて、マス・コミュニケーション研究でこの種の問題に最も精力的に取り組んできたのは、実証的な調査方法を用いた社会心理学の効果研究である。効果

---

[4]　情報・知識の概念を軸に現代社会を捉え直し、社会科学の広範な領域に多大な影響を与えたものとしてダニエル・ベル（内田忠夫他訳）『脱工業社会の到来』ダイヤモンド社, 1975がある。ベルの議論を簡潔に見渡せる著書としては（山崎正和ほか訳）『知識社会の衝撃』TBSブリタニカ, 1995が有益である。
[5]　例えば大石裕『政治コミュニケーション―理論と分析』勁草書房, 1998を参照。

研究が生み出してきた成果は膨大な量にのぼるが、ここでは小泉劇場の05年総選挙の事例を取り上げて代表的な議論を一つだけ紹介しておきたい。この選挙は、有権者の関心が「郵政民営化」という争点に集中し、いわゆる**アジェンダ（議題）設定**の効果が指摘された事例であった。

アジェンダ設定の議論は、アメリカのマス・コミュニケーション研究者であるマコームズとショーが1972年に発表した論文「マス・メディアのアジェンダ設定機能」[6]から始まった研究であり、「沈黙の螺旋理論」[7]「培養理論」「依存理論」[8]などと並んでマス・メディアの強力効果を論じるこの領域の代表的な学説である。マコームズらの先駆的論文から現在に至るまで数十年の間、研究の焦点は何度か移り変わってきたが、そもそもの考え方の基本にあるのは次のような点である。すなわち、マス・メディアの報道はひとりひとりのものの考え方をそっくり劇的に変えるほどの大きな力ではないが、「いま何について考えるべきか」をめぐる人々の認識には強い影響を発揮するというものである。

例えば「郵政民営化」という政治的争点についてどう考えるべきかは、同じニュースをみても人によって受け止め方が異なるであろう。しかし、ある一定期間、集中的にあらゆるメディアで郵政民営化問題が取り上げられ続けることになるならば、多くの人が、少なくとも「いま郵政民営化について考えることは重要」と認識するはずである。このマス・メディアの影響力の過程は、「メディア・アジェンダ」から「公衆アジェンダ」への関心の転移と表現される。この場合のアジェンダ（agenda）は、マス・メディア、公衆（一般の人々）それぞれのレベルで、重要性や顕出性の程度が高まった争点や問題のことを指す言葉として用いられている[9]。

05年の総選挙においては、郵政民営化問題が公衆アジェンダにおいて顕出性を高めていたことが様々なデータによって示されている。例えば図1は、従来有権者の間でさほど関心を集めていなかった郵政民営化問題が05年の総選挙において公衆アジェンダに設定されていたことを明白に示している。民主党投票者は18％から28％の伸びでしかないが自民党投票者に至っては、17％から83％への上昇である。全体としては17％から58％への増加で、03年選挙時からの

---

[6] 谷藤悦史・大石裕編訳『リーディングス　政治コミュニケーション』一藝社、2002の第6章を参照。なおこの研究の発展プロセスについての詳細なまとめは、竹下俊郎『メディアの議題設定機能—マスコミ効果研究における理論と実証』学文社、1998. を参照のこと。
[7] エリザベス・ノエル=ノイマン（池田謙一・安野智子訳）『沈黙の螺旋理論—世論形成の過程の社会心理学』ブレーン出版、1997.
[8] デフレー＆ボール=ロキーチ（柳井道夫・谷藤悦史訳）『マス・コミュニケーションの理論　第5版』敬文堂、1994.
[9] 大石裕『コミュニケーション研究（第2版）』慶應義塾大学出版会、2006、第4章を参照。

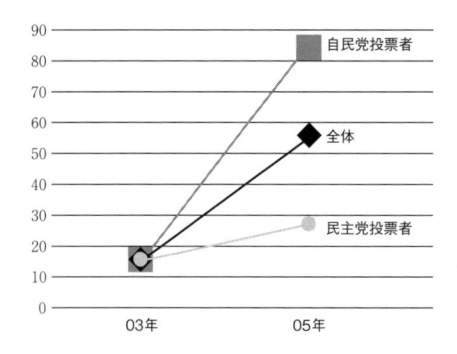

出典：谷口将紀・菅原琢・蒲島郁夫「東大・朝日共同調査分析 2005年総選挙 自民にスウィングした柔らかい構造改革派」『論座』2005年11月号、100頁より。
図1 郵政民営化に対する関心（比例区投票政党別）

著しい変化が確認できる。

　このように公衆アジェンダに設定された争点が、メディア・アジェンダから転移されたものであることを証明することがアジェンダ設定研究の基本的課題である。ただし、メディア・アジェンダから公衆アジェンダへの関心の転移が証明されたとしても、これがそのまま選挙における投票行動の方向性を決定付けるわけではない点には注意が必要である[10]。マス・メディアの報道が諸個人の行動にまで直接的で強大な効果、影響を及ぼすという考え方は「弾丸効果論」と呼ばれ、今日では一般に研究者たちの間では否定されている。しかし佐藤卓巳が指摘するように、小泉劇場のような劇的な事例に遭遇すると、多くの人はこの種の「弾丸効果」的な発想に陥ってしまう傾向が強いのも事実である[11]。この点はよくよく注意する必要があるだろう。

3. 政治とテレビ

　次に、影響力があると社会的に認知されたメディアを政治的行為者がいかに利用/支配するかという問題を取り上げたい。これは、メディアと政治をめぐる議論の中で最も歴史が古く、かつ今日においても依然幅広い領域で関心を集めるものである。言論の検閲制度が撤廃されていく西欧近代のメディア史から[12]、

---

[10] 池田謙一『政治のリアリティと社会心理―平成小泉政治のダイナミックス』木鐸社, 2007では、郵政選挙における刺客報道が投票行動に直接的な効果をもたらしているとはいえないことが調査によって明らかにされている。
[11] 佐藤卓巳『輿論と世論―日本的民意の系譜学』新潮選書, 2008, 第12章を参照のこと。
[12] 例えばアンソニー・スミス（仙名紀訳）『ザ・ニュースペーパー』新潮選書, 1988.

米国大統領選挙におけるテレビを用いたネガティブ・キャンペーン（敵対候補を非難する中傷広告）の展開[13]、近年の中国のネット規制[14]に至るまで古今東西の数多くのエピソードを抱える広大な問題領域といえる。

ここで取り上げている小泉劇場は、政治がテレビを巧みに利用し、著しい成功を収めた例である。まず第一に、小泉首相は他の人間が真似ることが不可能なほど、ひたすらテレビカメラの前に立ち続け、テレビ画面に露出し、テレビが好む言語表現を使い続け、テレビが好むイベントを仕掛けることに成功したといえる。例えば、小泉政権は首相官邸で平日に毎日、テレビカメラを入れた小規模な記者会見を行うという新たな慣行をつくりだした。このことによって小泉首相のテレビ露出は飛躍的に増大した[15]。

第二に、「自民党をぶっ壊す」「感動した！」「構造改革なくして景気回復なし！」など、簡潔で断定的な言語表現がテレビに極めて適合的であった点も忘れることはできない。日本のメディアでは「ワン・フレーズ政治」と形容されることが一般的であったが、欧米では**サウンドバイト**政治という表現が一般によく用いられている。サウンドバイトはテレビニュースで繰り返し取り上げられる政治家の発言内容を意味する言葉である。米国のバラク・オバマ大統領が08年大統領選で用いた"YES, WE CAN"を覚えている人もいるだろう。いずれの例においても、印象的なこれらの言葉がひたすらテレビで〈繰り返し〉放映されたことが、彼らを一躍「時の人」に押し上げたのである。

サウンドバイトは最初から今日のように短かったのではなく、70年代から80年代にかけて著しく短縮化してきた。表1に示すダニエル・ハリンのよく知られた（米国大統領選挙報道のサウンドバイト平均時間の推移を追った）調査では、1968年大統領選挙において43.1秒だったサウンドバイトの平均時間が、1988年には8.9秒まで短縮化されているのが分かる。同様の現象が日本でも進んできたことは、短いカットをスピーディーに繋ぐ編集方法が現在の日本のテレビニュースに定着していることから明らかである。

いまや政治家がテレビカメラの前でどれだけ頑張って長々と発言をしても、それらは短いカットに分解され、「使えるフレーズ」の部分だけが短く抜き取られて再構成されることになる。どこが「使えるフレーズ」かを決定するのはあ

---

[13] 例えばダイアモンド＆ベイツ（佐藤雅彦訳）『メディア仕掛けの選挙—アメリカ大統領たちのCM戦略』技術と人間、1988.
[14] 例えば祁景瀅『中国のインターネットにおける対日言論分析—理論と実証の模索』日本僑報社、2004.
[15] 星浩・逢坂巌『テレビ政治』朝日新聞社、2006、第3章を参照。

1968年	43.1秒
1972年	25.2秒
1976年	18.2秒
1980年	12.2秒
1984年	9.9秒
1988年	8.9秒

出典：Hallin,D.(1992) "Sound Bite News: Television Coverage of Elections,1968-1988" in *Journal of Communication* 42(2), Spring, p6 より。
表1　米国大統領選挙報道のサウンドバイト平均時間の推移

くまでもテレビの製作者の側であるから、テレビを通して影響力を行使したいと望む政治家は、テレビが使いたくなるワン・フレーズを生み出さなければならない。小泉首相は、テレビの食いつくワン・フレーズを数多く供給したという点でもテレビを上手く利用した政治家であったといえる。

　しかし、小泉劇場において圧巻だったのは、何と言っても、2節で触れた05年郵政選挙であった。小泉首相は自らの方針に反し、郵政民営化法案を否定した自民党議員には党の公認候補としての資格を与えず、その選挙区には新たに対立候補（刺客と呼ばれた）を擁立するという方針を打ち出した。〈造反議員vs刺客候補〉という構図をつくりだし、郵政民営化を真面目な政策論から時代劇まがいの対立劇に仕立てあげたのである。逢坂巌の調査が示すように、この総選挙関連報道は05年のワイドショーの年間放送時間ランキングの第1位であった。表2にみるとおり、2位に倍以上の差をつけていることが分かる。テレビの喰いつき方がどれほど凄かったかが分かるというものだ。

　このようにテレビの積極的利用を重要な柱とした小泉政権の政治手法をめぐって、これまで「日本型ポピュリズム」（大嶽秀夫）、「言葉政治」（高瀬淳一）、「ニヒリズムの宰相」（御厨貴）、「パトスの首相」（内山融）、「テレビ政治」（逢坂巌）、「テレビ国家」（石田英敬）、などなど様々な議論が登場してきた。このうち、**ポピュリズム**という概念を用いることの是非をめぐって興味深い見解の相違が見られるので取り上げておこう。

　ポピュリズムという言葉は、世界各地で多様な用いられ方をしてきたが、日本では「大衆迎合的な政治スタイル」という意味合いで用いられることが一般的である。政治学者の大嶽秀夫は、こうした通俗的用法とは一線を画しつつ、日本と比較的共通点が多く見られる米国のポピュリズム運動の既存研究から得

順位	内容	放送時間	放送割合
1	衆院選関連	166:30:09	6.89%
2	北朝鮮関連	80:51:24	3.34%
3	芸能（スポーツ界）	72:43:32	3.01%
4	福知山線脱線事故	55:13:36	2.28%
5	ライブドア	54:06:48	2.24%
6	耐震強度偽装	44:49:40	1.85%
7	皇室	40:50:16	1.69%
8	サッカー	28:52:34	1.19%
9	芸能（離婚）	19:41:28	0.81%
10	中国反日デモ	16:39:10	0.69%

出典：星浩・逢坂巌『テレビ政治』朝日新聞社、2006年、191頁より。
表2　2005年　ワイドショー放送時間ランキング

た知見をもとに次のような定義を提示し、小泉政治をポピュリズムという概念によって捉えた。

「ポピュリズムとは、〈普通の人々〉と〈エリート〉、〈善玉〉と〈悪玉〉、〈味方〉と〈敵〉の二元論を前提として、リーダーが〈普通の人々〉の一員であることを強調すると同時に、普通の人々の側に立って彼らをリードし〈敵〉に向かって戦いを挑む〈ヒーロー〉の役割を演じてみせる劇場型政治スタイルのこと」[16]。

大嶽はこの定義をもとに、小泉首相がテレビを自らの政治的資源として有効活用しながら高い支持率を獲得し、既存の政策決定過程などを大きく変えていったプロセスを明らかにしたのである[17]。これに対して情報政治学という新たな領域を構想する高瀬淳一は、小泉政治は既存の古い概念では収まりきらない対象であると指摘し、ここにポピュリズムという伝統的な概念を用いることに反対する[18]。ポピュリズムという日本語にはネガティブな響きがつきまとう。なかには大衆の人気を背景に、力を増した政治指導者が反対勢力の言論の自由を奪い取っていく**全体主義**を連想する人すらいる。確かに、「自民党をぶっ壊す」など人々の感情を激しく揺さぶる言語を使用し、支持率80％を超える空前の人気を獲得した政治指導者の登場に危険を感じるのはやむを得ない。しかしこうした受け止め方は、現代のニュース・メディアが著しくシニカルである点を見落としていると高瀬は指摘する。現在のテレビニュースは、ある時点で異様な政治的興奮状態を生み出すことに関わっても、すぐに冷や水を浴びせかけるのが普

---

[16] 大嶽秀夫『日本型ポピュリズム―政治への期待と幻滅』中公新書，2003，第3章参照のこと。
[17] 大嶽秀夫『小泉純一郎　ポピュリズムの研究―その戦略と手法』東洋経済新報社，2006．
[18] 高瀬淳一『武器としての〈言葉政治〉―不利益配分時代の政治手法』講談社，2005．

通である。健全な懐疑主義（＝軽々しく物事を信じない批判的精神）とは異なる**シニシズム**（冷笑主義＝他人を嘲り、あら捜しばかりしようとする傾向のこと）がニュース・メディアの報道を通して社会全体に蔓延していることこそが今日の大きな問題である[19]。テレビニュースの熱狂と冷や水の繰り返しによって、有権者が政治指導者を消費し、使い捨てにし、政権運営が頓挫することのほうをよほど問題にしなければならないというのだ。

　現代日本の政治とテレビのかかわりを考えるうえで、ポピュリズムという既存の概念が依然として有効なのか、それとも全く新しい概念を用いる必要があるのか。この見解の相違は非常に興味深いものである。

4.　グローバル・ニュースメディアとテロリズム

　最後に、**グローバル・メディア**の発達についても言及しておきたい。メディアと政治の問題を考える上で、今日もはやこの主題を避けて通ることができないからである。

　ここでいうグローバル・メディアは「地球上のいかなる場所をも瞬時に結びつけることを可能にする」[20]メディアのことである。衛星を介して地球の裏側で起きている出来事をリアルタイムに伝えられるようになったテレビメディア、とりわけCNNインターナショナルやBBCワールドなど、いまや世界中の大多数の国、地域で視聴することが可能になった24時間テレビニュース専用チャンネルはその代表的な例であろう。さらにはクリックひとつで地球上のあらゆる地点を結びつけることを可能にするインターネットは、いま現在のわれわれにとって、もっとも身近で親しみやすいグローバル・メディアといえる。国境を越える情報の流通は遠い昔からあったが、これらのメディアの登場は、情報伝達のスピードを劇的に短縮し、われわれに「ひとつの世界」に生きていることの実感を強烈にもたらすようになったという点が画期的である。

　ここでは小泉政権下の最も印象的な事例であるイラク人質誘拐事件に関わったアルジャジーラを取り上げておきたい。アルジャジーラは、1996年、中東の小国カタールに開設された衛星テレビ局で、2001年の米同時多発テロ以後、「テロとの戦い」の主戦場となった中東地域の一連の報道でスクープを連発し、世

---

[19] カペラ＆ジェイミソン（平林紀子・山田一成訳）『政治報道とシニシズム—戦略型フレーミングの影響過程』ミネルヴァ書房, 2005.
[20] 小野善邦編著『グローバル・コミュニケーション論—メディア社会の共生・連帯をめざして』世界思想社, 2007, 序章を参照。

界中の注目を集める存在となった。同局の飛躍は、**情報発信力の南北格差**という観点から見て、非常に画期的なものであった[21]。ニュースの国際流通をめぐってはもともと欧米に本拠を置くメディアが圧倒的な力を持ってきた。それはAP、AFP、ロイターなどの通信社のニュースであれ、CNNやBBCなどテレビのニュースであれ同じことであった。アルジャジーラが世界中の注目を集め、大きな情報発信力を獲得したことで、米英の支配するニュースの国際流通に風穴が開き、視点の多様性がもたらされたことのメリットは、中東を舞台にした〈テロとの戦い〉をめぐる同局の報道成果を見ると明らかである[22]。

このアルジャジーラの情報発信力に目をつけて、イラク現地の武装グループが国際社会を相手に脅迫を仕掛けたのがイラク人質誘拐事件である。2004年に頻発したこの事件（4月から12月の間に日本人を含む30ヵ国、240人が人質とされた）では、武装グループが拉致された人質の映像をアルジャジーラを通して世界中に発信し、アメリカと連携を組む各国政府にイラクへの派遣部隊の撤退など外交的譲歩を要求したのである。これらの要求にそのまま従う国はなかったが、各国のテレビでセンセーショナルな人質監禁映像が流されたことで、人質解放のための運動が各地で起き、「テロとの戦い」が絶望的なまでに泥沼化したことが世界に印象付けられた。その結果、「テロとの戦い」を先導した米ブッシュ政権への反感、不信、不満が世界中で高まることとなり、武装グループは大きな成果を手にすることになったのである[23]。

米英の政府高官は激昂し、アルジャジーラを「テロリストのメディア」として糾弾した。テロリストが放映を要求する映像をそのまま流すことは〈利敵行為〉であり、**マス・メディアの社会的責任**[24]に著しく反すると指摘する人も少なからずいた。時に報道しないという判断も必要であると。

これに対してアルジャジーラの側は戦争当事者の双方の言い分を常に平等に伝えているだけと反論した。重要な関係者に関わる事実は全て等しく伝えることが報道の使命であり、自分たちはいずれの陣営にも肩入れしない、中立であると主張したのである。

さてこの双方の言い分をどう受け止めればよいだろうか。アルジャジーラが武装グループにとって極めて効果的な国際世論への情報伝達ルートを提供した

---

[21] 伊藤守編著『テレビニュースの社会学——マルチモダリティ分析の実践』世界思想社，2006，終章（藤田真文・小林直毅）を参照。
[22] 石田英敬・中山智香子・西谷修・港尋『アルジャジーラとメディアの壁』岩波書店，2006を参照のこと。
[23] 井上泰浩「テロリズムとグローバル・メディア」『論座』2004, 11月号, 146-153頁.
[24] テロリズム報道に関わるメディアの社会的責任については、鶴木眞『情報政治学』三嶺書房, 2002を参照のこと。

ことは事実として否定し切れない。映像の公開を自粛するべきだったという指摘の重みはよく考える必要がある。ただしこれら人質映像は同時にインターネットでも公開された。同局だけが自粛することにそれほどの意味があっただろうか？　またそれ以前に、9・11同時多発テロに対して怒り心頭に達したアメリカのFOXニュースなどでは、アルジャジーラとは比較にならないほど攻撃的で暴力的な議論が行われていた点も忘れてはならない。ヒュー・マイルズによると、同局のキャスターは米英のアフガン攻撃に際し、アフガンの空港、発電所、水道施設などあらゆるインフラを攻撃で破壊すべきと主張した[25]。犯罪者集団であるイスラム原理主義組織・タリバンの政権に反旗を翻さないアフガン国民は「飢えて死ねばよい」とまで言ってのけたのである。マス・メディアの社会的責任という論理を持ち出すなら、当然こちら側も問題にされなければならない。

　以上、これまでメディアと政治に関わる基礎知識を概観してきた。この領域について学ぶにあたっては、先に触れた〈ポピュリズム概念適用の是非〉や、この〈アルジャジーラの報道の是非〉のような論争的な主題について情報を集め、それぞれの立場の利点、欠点を比較考察してみることが理解を深めるために有益であろう。

●考えを深めよう●
　本書を読んだ上で次の①、②いずれかの課題に取り組んでください。
①同一の主題に関して、テレビ、新聞、インターネットからそれぞれ情報を集めて比較してください。その上で、それぞれのメディアの長所と短所についてグループ・ディスカッションを行い、その成果を整理してください（主題は自由に選択）。
②本章で触れた論争的主題について、脚注で指定した関連文献を読み比べて、グループ・ディスカッションを行ってください。ポピュリズム論については大嶽（2003、2006）、高瀬（2005）を、テロリズムとメディアについては石田ほか（2006）、鶴木（2002）などを参照してください。

---

[25] ヒュー・マイルズ（河野純治訳）『アルジャジーラ―報道の戦争』光文社，2005を参照。

> さらに学びたい人のための文献紹介

1. マス・コミュニケーション論と類似の関連領域
①伊藤守編著『よくわかるメディア・スタディーズ』ミネルヴァ書房，2009．
②吉見俊哉『メディア文化論』有斐閣，2004．
③ロジャー・シルバーストーン（吉見俊哉・伊藤守・土橋臣吾訳）『なぜメディア研究か──経験・テクスト・他者』せりか書房，2003．
④デニス・マックウェール（大石裕監訳）『マス・コミュニケーション研究』慶應義塾大学出版会，2010．
＊①～③は「メディア」を中軸の概念に据えたメディア研究の入門書。①②にはマス・コミュニケーション論に対する批判的検討が分かりやすく行われている。④はメディア論をはじめ、多様な批判的問いかけを吸収しつつ、マス・コミュニケーション研究の大家が研究の最前線を取りまとめた決定版のテキスト。やや難しい内容も含まれるが、この分野を本格的に学ぶ人にとっては必携。

2. メディアと政治全般
①M・マコームズほか（大石裕訳）『ニュース・メディアと世論』関西大学出版会，1994．
②蒲島郁夫・竹下俊郎・芹川洋一『メディアと政治』有斐閣，2007．
③大石裕・岩田温・藤田真文『現代ニュース論』有斐閣，2000．
④エリス・クラウス（村松岐夫監訳・後藤潤平訳）『NHK vs 日本政治』東洋経済新報社，2006．
＊①～③はメディアと政治に関わる基礎知識を得るのに適した入門書。④は第一級の学術研究書であるものの簡明な文体で書かれているので比較的読みやすい。この分野の専門的研究の面白さを理解したい人に読んで欲しいお薦めの一冊。

COLUMN その出来事をニュースにしたのは誰か？
山口 仁

　ニュース研究には「ニュース鏡説」という説がある。ニュースは世の中で起きた事件・出来事を鏡のように正確に映す、という内容だ。だが、ニュースが人間（記者・レポーター）の活動によって「伝えられる」ものである限り、事件・出来事を「そのまま映す」ことはありえない。

　「記者の活動」に実感がわかない人も、遠足や修学旅行の作文を書いたことくらいはあるだろう。あれも「伝える」行為の一つである。限られた分量で、旅行の思い出を書こうとすれば、「重要なこと」「印象に残ったこと」に絞って書かなければならない。そして先生に怒られないように、何より自分が納得いくように所定の作文用紙の枚数でまとめる必要がある。

　記者も同じように、事件・出来事の中から重要だと思う事実を取り上げ、自分が納得いくように、上司の許可をとれるように、そして社会の常識、価値観、規範に反しないようにまとめて、ニュースとして伝える。その過程では、事実の選択とそのまとめ方の選択が行われているのだ。

　首相に関するニュースを例に考えてみよう。「日本の第93代首相は、鳩山由紀夫である」、ここまでは一応疑いようのない事実である。しかしニュースの中で、彼の一日の行動のうちでどれを取り上げるか、これは選択的である。また、それを彼の様々な問題（「政治とカネ」「普天間問題」「子ども手当て」）とどう結び付けてまとめるか、これもまた選択的である。

　さらにこうも考えられる。鳩山氏のニュースはなぜ重要なのか？　日本政治を考えるとき、鳩山氏は本当に重要な人物なのか。他にもっと重要な人物はいないのか。一度、このように考えてみると、首相の行動をニュースにすることも、実は選択の結果であることが分かる。ただ、あまりにも当たり前すぎてそこに疑いの目が行かないだけである。

　ニュースの分析において、「そのニュースが本当かどうか」という視点で考えることは確かに重要である。特に捏造（でっち上げ）などは存分に批判されるべきである。だが、ニュースが伝えられる過程でどんな選択が行われているか、このような視点で考えることも同様に重要である。さらにその選択がなぜ当たり前になっているか、その理由を突き詰めていくと、そこに普段、私たちが当たり前だとして見過ごしている社会の常識や論理というものを見つけることもできるかもしれない。

　「この出来事がニュースになるのは当たり前だ」、まずこれを疑ってみよう。少なくとも、ニュースを分析するときくらいは。

第7章 「環境問題」を読み解く
―― 環境問題の空間的・時間的変容

平岡義和
Yoshikazu HIRAOKA

1. 公害から環境問題へ？

　環境社会学では、その問題領域に焦点を当てて、「**環境問題の社会学**」と「**環境共存の社会学**」という区分を行うことが多い[1]。前者は、環境問題の発生・被害・解決の過程を解明しようとするもので、後者は、環境と共存する人間の生活・社会のあり方を明らかにしようとするものである。もちろん、両者が重なり合う領域もあるが、本章では、環境問題の社会学の視点から、**公害**、**地球温暖化**などを取り上げ、環境問題の社会的変容について議論を展開することにしたい。

　さて、今でこそ「環境問題」という言葉は一般的だが、水俣病、新潟水俣病、イタイイタイ病、四日市ぜんそくといった四大公害が問題となった1970年前後はあまり使われていなかった。図1は、高度経済成長の始発期である1955年から現在までの朝日新聞の「環境問題」「公害」記事件数の推移を示したものである。1970年の「環境問題」記事はわずか16件、「環境問題」という言葉がはじめて登場したのは、その前年1969年6月28日付朝刊であり、国連の「環境問題」報告書の序文を紹介した記事であった。

　一方、1970年は、公害対策基本法の改正が行われたいわゆる「公害国会」が開かれた年でもあり、「公害」記事は実に2209件を数えている。しかし、それ以降「公害」記事は減少の傾向をたどり、1990年には、「環境問題」記事数が上回るようになった。このことは、日本国内の対策が進み、地域の自然環境を有害化し、人々の生活、健康に影響を与える「公害」問題が減少した一方で、森林伐採といった自然生態系の破壊、地球温暖化をはじめとする地球規模の現象を含む「環境問題」が深刻になったことを意味しているのだろうか。

　もちろん、水俣病として認定されてこなかった人々の救済問題はいまだ決着をみていない。しかし、発症までに十数年以上かかるアスベスト問題、またごく微量の化学物質によって発症するとされている化学物質過敏症などを除いて、

---

[1] 舩橋晴俊・宮内泰介編『新訂環境社会学』放送大学教育振興会, 2003.

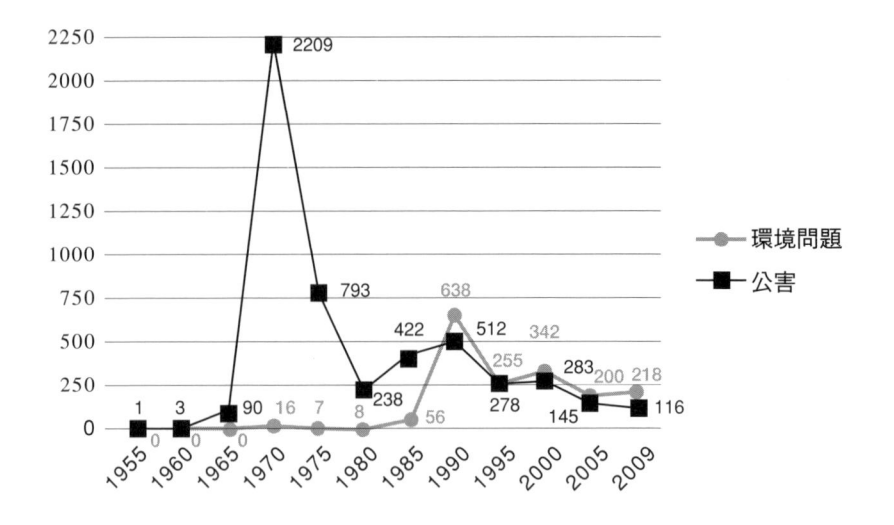

出典： 朝日新聞社データベース聞蔵Ⅱにより、検索、作成
図1 「公害」「環境問題」記事件数の推移

新たな公害問題が日本国内で起きているという話は聞かない。では、公害問題はなくなったのかといえば、そうではない。**経済のグローバル化**とともに、世界的に拡散したと考えるのが妥当である。筆者が研究してきたフィリピン・レイテ島の事例を通して考えていくことにしよう。

2. 公害の空間的（国際的）構図の変容
2-1. 経済のグローバル化と公害の拡散

　第2次世界大戦中、日本軍とアメリカ軍の間で激戦が行われたフィリピンのレイテ島西部に、レイテ工業団地がある。そこに立地するパサール銅精錬所は、1983年の操業開始以来、周辺に大気汚染と海の汚染を引き起こした[2]。そのため、農漁民に主要農産物であるココナッツの収量減少、漁獲量の減少といった被害をもたらした。その一方で、操業当初は生産された銅地金の約7割が日本に輸出されていた。

---

[2] パサールの事例については、以下の文献を参照。
平岡義和「環境問題のコンテクストとしての世界システム―アジアのフィールドにおける知見の一般化のために」『環境社会学研究』2号，1996, 5-20 頁．

この企業には、日本の商社3社が優先株[3]の形で資本金の3割程度を出資しており、足尾鉱毒事件の加害企業古河鉱業（現古河機械金属）が技術協力をしていたこともあって、「公害輸出」の事例として取り上げられたこともある[4]。
　だが、そもそも「公害輸出」とは、「環境汚染源あるいは直接的な環境破壊行為そのものの対外移転」[5]であり、日本企業の関与は間接的である以上、この事例は直接的な「公害輸出」にはあたらない。関与した日本企業を悪者にした善悪二元図式的な見方は、こうした問題の原因を見誤らせることになる。
　この問題の背景にあるのは、経済のグローバル化である。経済のグローバル化とともに、よりコストの安いところへと生産が世界的に転移する傾向がある。日本では、公害規制が強化されるとともに、銅の精錬コストが上昇するだけでなく、規制に対応しにくい旧式の精錬所が閉鎖され、新規に精錬所を建設するための資本コストも膨大になった。そこで、供給が不足する部分は、生産コストが低い海外、特に途上国から精銅を輸入することでまかなわれるようになった。そこに目をつけた商社が、パサールに出資し、日本に銅を輸入することになった。つまり、日本における公害規制の強化によって、日本で消費する銅の生産が間接的な形で日本からフィリピンに移転したのである。
　こうして生じた事態を社会学的にはどのように見ることができるだろうか。環境社会学でよく用いられる**受益圏－受苦圏概念**[6]を用いて考えてみることにしよう。高度経済成長期に起きた水俣病の場合、その被害の範域、すなわち受苦圏はチッソ水俣工場の立地する水俣市を中心とした不知火海一円、特に被害は零細な漁民層に集中した。それに対し、生産された可塑剤を用いてつくられたプラスチック類によって便益を受けたのは、日本国民にほぼ限定される。つまり、受益圏は日本国内であった。一方、パサールの場合、受苦圏はやはり精錬所の周辺地域に限られ、主として貧しい農漁民層が被害にさらされている。しかし、生産された銅地金はほとんど輸出に回され、受益圏は日本を中心としたアジア地域に広がっている。水俣病では、受益圏が日本国内で、受苦圏は日本の一地方であり、受益圏と受苦圏は国内的に重なっていた。しかし、パサールでは、受苦圏はフィリピン・レイテ島の一地域に限られ、受益圏は日本を中心としたアジア地域に広がるという点で、**受益圏－受苦圏の国際的、空間的分離**が進んで

---

[3] 配当を優先的に受けられる代わりに、議決権を有しない株式。
[4] 日弁連公害対策・環境保全委員会編『日本の公害輸出と環境破壊—東南アジアにおける企業進出とODA』日本評論社，1991.
[5] 寺西俊一『地球環境問題の政治経済学』東洋経済新報社，1992.
[6] 浜本篤史「被害構造論と受益圏・受苦圏」鳥越皓之・帯谷博明編『よくわかる環境社会学』ミネルヴァ書房，2009.

いる。そして、受苦を被っているのは、日本国内の下層の人々から、世界的にみて下層の人々へと変化してきている。

この構図は、創業当時から現在にかけてさらに変容を遂げている。パサールの銅の輸出先は、日本が中心だったのが、中国、韓国といった経済成長著しい一部の途上国、すなわち新興工業国へとシフトしている。つまり、受益圏と受苦圏が、先進国－途上国間から途上国－途上国間にも拡大しているのである。

2-2. 消費財の生産にともなう環境問題の拡散

同様の事態は、消費財をめぐっても生じている。その典型例がエビである[7]。エビの養殖池は、マングローブ林を伐採して作られることが多いだけでなく、養殖にあたって使われる飼料、抗生物質などで汚染された水が周囲の水田、川、海などに流出し、水質を悪化させることによって、被害をもたらしたりする。

このように環境問題を引き起こすエビの養殖が、アジアだけでなく、中南米、中東にも拡大している。同時に、日本、アメリカといった先進国だけでなく、中国、マレーシアなどの途上国も、エビの一大輸入国になってきている。つまり、エビの養殖のグローバル化とともに、それを消費する受益圏が、先進国から途上国へと拡大しているわけである。ここにも、精銅という生産財の生産にともなう問題の変容と同様の事態が進行している。

経済の全般的なグローバル化にともなって、生産財だけでなく、消費財の生産・消費もグローバル化しており、それにともなって生じている環境問題の構図も国際的、空間的に変化してきているのである。

次に、現代の環境問題の中心をなす地球温暖化に目を転じて、考えてみよう。

3.　地球温暖化の時間的・空間的構図

3-1. 温暖化の科学的不確実性

地球温暖化とは、二酸化炭素を中心とした温室効果ガスの増加にともない、気温が上昇し、それとともに、異常気象の頻発、森林消失、食料生産の低下、海面上昇などの影響が生じると言われている問題である。しかし、**温暖化に対する懐疑論**も存在する[8]。しかも、2009年後半、温暖化に関する国際研究組織「気候

---

[7] 村井吉敬『エビと日本人Ⅱ―暮らしのなかのグローバル化』岩波書店，2007．
[8] 懐疑論については、以下の文献を参照。
伊藤公紀『地球温暖化―埋まってきたジグソーパズル』日本評論社，2003．
伊藤公紀・渡辺正『地球温暖化論のウソとワナ―史上最悪の科学スキャンダル』KKベストセラーズ，2008．
また、エネルギー・資源学会のHP (http://www.jser.gr.jp/) には、肯定派と懐疑派のメール討論が掲載されている。

変動に関する政府間パネル（IPCC）」の報告書を執筆した中心人物たちが交わしたメールなどが流出し、その中にデータの偽造を示唆するような内容が含まれていたことから、世界的に大きな問題となった。いわゆる **Climategate 事件**である[9]。

　この事件は、あらためて温暖化の科学的不確実性を浮き彫りにした。そもそも温暖化は、コンピュータによる地球の平均気温のシミュレーション、将来予測に過ぎない。それは、以下のような手続きに従って行われている[10]。

　① 19 世紀末からの気温観測データを集計する
　②種々の要素を組み入れ、①の実測データの再現可能性が高い気候モデルを作成する
　③②のモデルを用いて、過去、将来の気温を推定する

　しかし、この手続きには、次のように様々な不確実性が存在する。

　①気温観測の不確実性
　②気候モデル自体の不確実性
　③再現の不確実性
　④将来予測の不確実性

　こうした自然科学的研究プロセスは複雑で、素人には理解不能である。ただ、たとえば、伊藤[11]が指摘するように、温暖化に関係するとされる要因は、太陽活動の変動、海洋の吸収、エアロゾルの影響など、温室効果ガス以外にも多数あり、どの要因をどの程度重視するかによって、結果は大きく変わってしまう。となれば、温暖化は、科学的に構築された事実なのであって、異論が存在するのは当然である。

3-2. 被害・対処責任の不確実性と不平等性

　しかし、懐疑論が存在するからといって、現段階では温暖化に対応しなくてよいかといえば、これまた不確実である。温暖化による被害も、今後の技術開発を含めた対策の効果も、将来的なものであり、あくまで予測にすぎないからである[12]。

---

[9] コラム参照。
[10] 温暖化の研究手続きについては、伊藤前掲書。
[11] 伊藤前掲書。
[12] 温暖化の被害も、科学的に構築されるだけでなく、社会的に構築される側面がある。たとえば、南太平洋の小国ツバルが、海面上昇によって水没しつつあるという報道の背後には、ツバル政府の経済的な思惑があったとされている。
田中求「環境問題をめぐるローカルとグローバル」関礼子他『環境の社会学』有斐閣、2009.

だが、温暖化が実際に進行するとなれば、その被害は二重の意味で不平等である。第一は、空間的（国際的）な不平等である。干ばつ、海面上昇といった問題への対応能力は、その国の豊かさと関係する。したがって、先進国に比べて貧しい途上国の方が、対応能力が低く、温暖化の被害は、より大きく現れると考えられる。

　第二は、時間的な不平等である。予測によれば、気温の上昇とその影響は、50年後100年後に大きく発現してくるとされている。つまり、被害を集中的に受けるのは、将来世代というわけである。過去の世代、現在の世代は、化石燃料を利用して経済的な豊かさを享受したが、そのつけは将来世代に回るという構図である。これは、**受益圏‐受苦圏の世代的、時間的な分離**ということができよう。

　加害者と被害者が世代的に分離しているがゆえに、加害者である現在の世代は、自らに重大な被害が及ぶわけでないので、問題の対処にあたって、様々な利害にしばられて、消極的になる傾向をもつ。しかも、以下に述べるように、対処責任は価値判断という側面を有するために、対応を巡って、利害対立が起きやすくなる。温暖化に関する国際会議において、2012年までの国際的な対応策を定めた京都議定書（1997年）以後の対応について、先進国と途上国が対立しているのも、その一例である。

　温暖化の主原因だとされている二酸化炭素の地域別の排出量の推移を示した図2を見てみよう。過去の二酸化炭素の排出量は、先進国、特に西側先進国が圧倒的に多いことがわかる。しかし、1980年代以降は、先進国の排出量は横ばいで、途上国の排出量が急速に伸びてきており、将来的には先進国を上回ると考えられる。これまでの排出量の累積[13]は、確かに先進国が非常に多いが、将来的な排出量を考えると途上国も無視できないわけである。

　また、現在の国全体の排出量で見ると（図3参照）、アメリカを筆頭にした先進国とともに、近年経済成長著しい中国、インドといった国々もそれに匹敵する量を排出していることがわかる。だが、一人あたりで見ると（図4参照）、膨大な人口をかかえる両国は、アメリカにはるかに及ばないこともわかる。

　となると、どの数字を根拠にするかで、温暖化に対応する責任の所在に関する議論は大きく分かれることになる。過去の排出量に基づき、先進国が重い対応責任を追うことについては、先進国、途上国とも異論はなく、気候変動枠組

---

[13] 排出量の推移を示す線より下の面積で求められる。

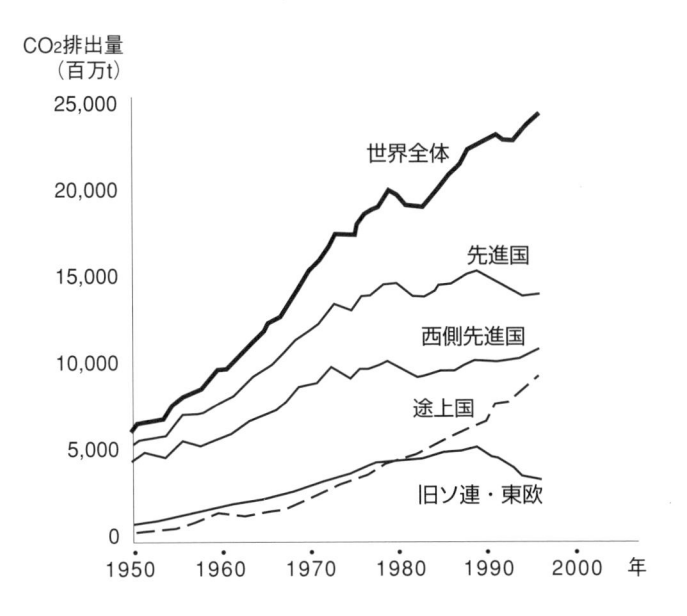

出典: 気候ネットワーク編『よくわかる地球温暖化問題 改訂版』中央法規、2002年
(オークリッジ国立研究所データより作成)
図2 世界の二酸化炭素排出量の推移

み条約に記載されている。だが、将来的な排出量の増加を理由に、先進国は途上国とりわけ新興工業国の責任分担を求める一方で、途上国は、一人あたりの排出量が少ないことを根拠に、経済成長のために一定程度まで排出する権利があると主張し、排出規制が義務化することを拒否する。

途上国側が規制に難色を示すのは、そのことによって、自国の経済成長が停滞することを恐れているからである。その際念頭にあるのは、先進国が進めてきた**化石燃料依存型の経済成長モデル**である。このモデルを前提にすれば、経済成長のためには、石油、石炭を中心とした化石燃料の消費を増やさざるを得ず、排出規制によって温暖化を防止することと、経済成長とは両立しない、つまりトレードオフの関係にあると考えられる。だが、こうした化石燃料依存型のモデルだけが、経済成長を達成するための唯一のモデルなのかどうか、社会科学的にも不確実である。

このように、温暖化の被害については、途上国の将来世代に被害が大きく現れる可能性があり、その点では不平等性をもつ。しかし、被害の予測自体、科

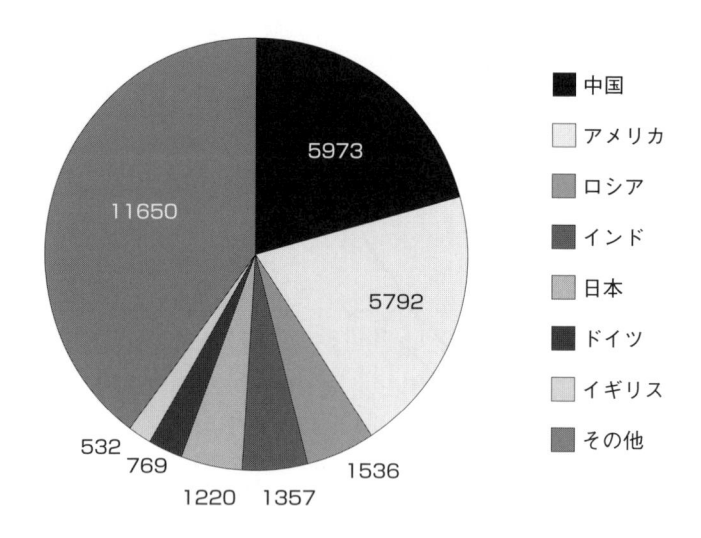

出典： 全国地球温暖化防止活動推進センターHP（http://www.jccca.org）より作成
（原典は、EDMC／エネルギー・経済統計要覧2010年版）
図3　二酸化炭素国別排出量（2007年）（単位：百万トン）

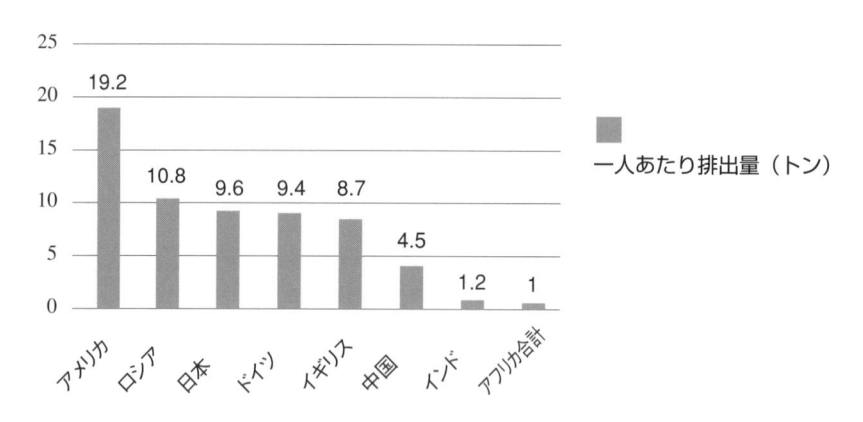

出典： 全国地球温暖化防止活動推進センターHP（http://www.jccca.org）より作成
（原典は、EDMC／エネルギー・経済統計要覧2010年版）
図4　世界の一人あたり二酸化炭素排出量（2007年）

学的な不確実性のもとにある。同時に、その解決責任に関しても、問題の立て方によって、すなわち問題のフレーミングによって、責任の所在、軽重が変わっ

てしまうという価値判断に関する不確実性を有している。さらに、経済成長と温暖化防止の間にトレードオフ関係があるかどうかも、社会科学的に決着がついているわけではない。このように、複合的な不確実性によって、温暖化の対処に関しては、国際的な合意が困難にならざるを得ないのである。

4. 地球温暖化と経済成長——環境社会学の理論から
4-1. 新たな成長モデルとしての「グリーン・ニューディール」[14]

とはいえ、もし温室効果ガスによる人為的な温暖化が実際に進行しているとすると、その変化は不可逆的であり、早急に対策を取らなければ、将来的な被害は甚大なものになると予想されている。そこで、現在では、不可逆的な影響が生じる可能性が否定できない場合には対策を先行させるという「**予防原則 (precautionary principle)**」に則して、温暖化が進行するという前提のもと、責任の所在に関する議論はともかくとして、全世界的に対応が進められている。

その中で注目を集めているのが、「グリーン・ニューディール」である。これは、イギリスの New Economics Foundation によって提案された政策の名称だが、アメリカのオバマ大統領の経済政策として注目された。オバマは、2009年2月に「グリーン景気刺激策（Green Stimulas Plan）」を発表し、環境エネルギー分野に11兆円を投資することによって、2050年までに温室効果ガスを80％削減するとともに、350万人のグリーンジョブを創出すると宣言したのであった。

この政策は、3つのリスクを回避することをめざしている。第1は、温暖化のリスクであり、第2は景気、雇用に関わる経済停滞のリスクである。さらに3番目として、石油枯渇というエネルギーに関するリスクの回避もめざされている。世界の石油生産は、既にピークを過ぎたという説もあり[15]、石油の枯渇を視野に入れたエネルギー転換が必要と考えられているのである。

この点で、この政策は明らかにこれまでの石油依存型経済成長モデルからの脱却を試みるものである。EU諸国、アメリカがこうした方向に舵を切ろうとしている。もちろん、この政策は新たな成長モデルの提示であり、成功するかどうかは不確実である。失敗する可能性もあるが、逆に成功すれば、産業革命に匹敵するエネルギー的、経済的な大転換である。そして、先行する国は、大きな利益を得られるだけでなく、新たな経済体制において世界的な主導権を握

---

[14] グリーン・ニューディールの紹介については、以下の文献を参照した。
寺島実郎・飯田哲也『グリーン・ニューディール——環境投資は世界経済を救えるか』NHK出版，2009.
[15] 槌屋治紀「石油の終焉から持続可能なエネルギーの時代へ」『世界』791号，2009, 148-158頁．

る可能性をもっているのである。

4-2. 温暖化と環境社会学の理論

こうした温暖化をめぐる動きは、環境社会学の観点からすると、2つの議論と関係する。一つは「**リスク社会論**[16]」であり、もう一つは「**エコロジー的近代化論**[17]」と「**生産の踏み車論**[18]」との対立である。

リスク社会論は、ドイツの社会学者 U. ベックが提起した理論で、現代社会は、財、豊かさの配分が中心となる産業社会から、不可視的で、コントロールが困難なリスクの配分が社会の基軸となるリスク社会へと転換しつつあるというものである。そして、ベックは、リスクの認知は専門家の科学的知見に依存しているという点で、構築されるものであると同時に、専門家の間でもリスクの評価は分かれているため、不確実性をはらんでいるがゆえに、その扱いをめぐって政治が活性化すると述べている。

こうしたベックの議論は、温暖化問題にも妥当する。温暖化は、気候学者を中心に科学的に構築された問題であるとともに、世界各国を巻き込んだ政治的な駆け引きが展開されているからである。しかし、温暖化が発現するとなれば、その被害の大きさは明らかに財、富の多寡によって左右される。つまり、温暖化は、リスク配分の問題でありながら、必然的に富の配分をめぐる問題を引き起こすのであり、社会の基軸が富からリスクに移行するというベックの議論には疑問が残るといえよう。

次に、エコロジー的近代化論は、A. モル、G. スパーガレンらによって提唱されたもので、技術革新を中心に、経済成長と環境問題の解決を同時にはかる社会への転換を、産業化に対比させて、エコロジー的近代化と呼んでいる。これは、まさに上述したグリーン・ニューディールを説明する理論といえよう。

しかし、これに対して批判を展開するのが、シュナイバーグらの生産の踏み車論である。彼らは、環境問題の解決と経済成長の両立が可能なのは、先進国であって、途上国などでは、経済成長とともに環境破壊が進行してしまうと主張する。また、温暖化についても、富の偏在により、途上国では温暖化に対処することが困難だとして、**温暖化の被害・対処可能性の不平等**を問題にする[19]。

---

[16] ウルリヒ・ベック(東廉・伊藤美登里訳)『危険社会―新しい近代への道』法政大学出版局, 1998.
[17] Spaargaren, Gert, et. al., eds., *Environment and Global Modernity*, London, Sage, 2000.
[18] Gould, Kenneth A., et. al., *The Treadmill of Production*, Boulder, Paradigm Publishers, 2008.
[19] Roberts, J. Timmons, "Climate Change: Why the Old Approaches Aren't Working", Kenneth A. Gould and Tammy L. Lewis eds., *Twenty Lessons in Environmental Sociology*, New York: Oxford Univ. Press, 2009, pp. 191-208.

確かに、最初に述べた公害をはじめとする環境問題のグローバルな拡散や、温暖化の被害の空間的不平等性などを考えると、生産の踏み車論による批判は一定の妥当性をもつ。しかし、一方で、中国でも、2006年の再生可能エネルギー法で再生可能エネルギーの固定価格買取制度が導入され、いわゆるグリーン産業が活性化し、太陽電池の生産量では世界一に躍り出るなどといった現実を見ると[20]、エコロジー的近代化論の議論にも根拠があると言うこともできる。

　この二つの理論は経済成長と環境問題の解決が密接に関係しているという認識では共通性をもつが、両立の可否については対極的である。どちらの理論がより妥当性が高いのか、今後の世界の動向によって検証されていくことになろう。

　以上、公害の世界的拡散、地球温暖化の問題を取り上げ、環境問題の受益圏−受苦圏が時間的、空間的に拡大、分離してきているといった現代の環境問題の構図を明らかにした。そうした環境問題の被害は、途上国、その中でも貧しい人々に集中する傾向がある。その意味で、環境問題は、格差、不平等の問題でもあるといえよう。

　その一方で、環境問題を解決するための取り組みが世界的にはじまっている。それが、地球規模の環境問題、経済的な格差、不平等問題を解消する方向に向かうのか、はたまた深刻化、拡大する方向に向かうのか、その行方は不確実である。だが、それは、これまでの化石燃料依存型の経済成長モデルを転換するという社会的な大実験である。同時に、そうした社会の変容をどのように説明するのか、社会学の理論的な有効性も問われているのである。

●考えを深めよう●

　本章を読んでから、新聞に掲載された1月分の環境問題の記事を集めてみよう。
①その中で、どのような問題が取り上げられているのか、その傾向を検討してみよう。
②取り上げられた問題において、受益圏−受苦圏の関係、利害関係の対立など、どのような構図が読み取れるか、議論してみよう。

---

[20] 「大型政策が新興企業を後押し　東アジアも"グリーンブーム"」『週刊東洋経済』2009年3月21日号、72-74頁.

さらに学びたい人のための文献紹介

1．日本の環境社会学
①舩橋晴俊・古川彰編『環境社会学入門』文化書房博文社，1999．
②関礼子他『環境の社会学』有斐閣，2009．
③鳥越皓之『環境社会学の理論と実践』有斐閣，1997．
④『シリーズ環境社会学』全6巻，新曜社，2000〜2003．
⑤『講座環境社会学』全5巻，有斐閣，2001．
＊舩橋晴俊ら（注1）は，「環境問題の社会学」「環境共存の社会学」の両者に目配りして書かれているが，③は本章では取り扱わなかった「環境共存の社会学」の立場で書かれた研究書。「環境問題の社会学」「環境共存の社会学」、それぞれの立場で研究を進めるための手引きとしては①がお勧め。②は両者の立場を乗り越え，新たな視点を切り開こうという立場から書かれた教科書。これまでの日本の環境社会学の研究を網羅的に概観できるという点で，④⑤が参考になる。

2．欧米の環境社会学
⑥満田久義『環境社会学への招待—グローバルな展開』朝日新聞社，2005．
⑦アラン・シュネイバーグ／ケニス・アラン・グールド（満田久義他訳）『環境と社会—果てしなき対立の構図』ミネルヴァ書房，1999．
＊欧米の環境社会学の理論については，注16〜18に挙げたが、その動向を網羅的に紹介しているのが⑥。⑦は「生産の踏み車論」の立場から書かれた環境社会学の教科書。

3．地球温暖化の懐疑論
⑧薬師院仁志『地球温暖化論への挑戦』八千代出版，2002．
＊最近温暖化に対する懐疑論が数多く出版されるようになっているが，データを提示しつつ，冷静な議論を展開しているのが注8にあげた文献。⑧では社会学者が温暖化肯定論に異議を唱えている。

4．グリーン・ニューディール
⑨トーマス・フリードマン（伏見威蕃訳）『グリーン革命—温暖化、フラット化、人口過密化する世界　上・下　増補改訂版』日本経済新聞出版社，2010．
＊グリーン・ニューディールについては寺島ら（注14）が手頃だが，⑨では詳細な紹介がなされている。

ＣＯＬＵＭＮ　　Climategate事件と温暖化の科学的・社会的構築
平岡義和

　Climategate事件とは、2009年後半、温暖化に関する国際研究組織「気候変動に関する政府間パネル（IPCC）」の報告書を執筆した中心人物たちが交わしたメールなどが、イギリスのイーストアングリア大学の気候研究所のサーバーから流出した事件で、アメリカのニクソン大統領によるwatergate事件にならって、このように呼ばれるようになった。

　人為的な温暖化に懐疑的な人が記した事件の経緯については、下に掲げた文献を参照してほしいが、この事件は、温暖化が科学的に構築された事実であるという性格をより一層露わにした。関係者が交わしたメールのやりとりの中で浮かび上がってくるのは、懐疑派に対してデータの公開を拒否する姿勢である。自然科学において、研究結果の再現性はクリティカル・ポイントである。懐疑派は、過去の気温変化を推定した肯定派の論文に疑いをもち、同じデータで同様の結果が再現できるか確認するために、データの公開を求めたが、関係者は、様々な理由を挙げて、それを拒否してきた事実が、公開されたメールによって明らかにされた。

　そこから読み取れるのは、懐疑派のように、人為的温暖化を疑うか、肯定派のように、誤差の範囲と見るかの違いはあるが、過去の気温変化の推定の不確実性、不安定性である。専門外の人間には、どちらの議論が自然科学的に妥当なのか判断できないが、温暖化は科学的に構築された事実で、不確実性をともなうという現実を踏まえる必要がある。

　同時に、この事件について興味深いことがある。それは、日本の大新聞社、テレビなど、大手マスコミが、ほとんど取り上げなかったという事実である。これまでも、これらのマスコミは、温暖化肯定論の立場に立って報道してきており、懐疑派の議論が紹介されることは少なかった。そのこともあって、日本では、温暖化が科学的に構築された事実であり、不確実性をもつという現実を理解している人は少ないように思われる。それ自体、温暖化が社会的に構築された事実であることを示しているのである。

【文献】
スティーブン・モシャー／トマス・フラー（渡辺正訳）『地球温暖化スキャンダル―2009年秋クライメートゲート事件の激震』日本評論社, 2010.
渡辺正「Climategate事件―地球温暖化説の捏造疑惑」『化学』65巻3号、2010, 34-39頁.
渡辺正「続・Climategate事件―崩れゆくIPCCの温暖化神話」『化学』65巻5号、2010, 34-39頁.

第8章 「文化」を読み解く
―― ブラジル系移民の文化活動を事例に

アンジェロ・イシ
Angelo ISHI

1. 「文化研究」の幅広さと奥深さ

　学生であれ研究者であれ、あなたの研究テーマは何ですかと聞かれて「文化です」とだけ答える人は、まず、いないだろう。なぜなら、社会学に限らず、多くの学問が何らかの形で「文化」を扱うからである。試しにあなたが通う大学の「授業案内」を一覧してほしい。頭文字に「文化」が付く「文化人類学」や「文化産業論」から、「文化」の二文字を含む「現代文化論」や「異文化コミュニケーション」まで、科目名に「文化」が付く例が無数に見つかるだろう。さらに、「文化」という言葉が科目名になくても、その中身が「文化論」につながる科目を含めれば、それこそ4年間の大学生活で履修し切れないほどのリストが作成できるだろう。

　では、文化を研究する人々は先ほどの質問に何と答えるのだろうか。いわゆる「地域文化研究」を手がける者ならば、「どこの文化か」を重視するので、「地中海文化を研究しています」、あるいは「東アジア文化が専門です」という調子で答えるだろう。他方、ある人間集団の文化に注目し、「誰の文化か」を重視する研究者であれば、「若者文化論」、「学校文化の社会学」という具合に、集団を特定して語るだろう。

　ただ、ここで厄介なのは、人によって何を「文化」と見なしているのか、広義の文化か狭義の文化なのか、文化をどう定義しているのかが異なることだ。例えば「東西南北」の軸を用いれば、それぞれの立場の違いが見えやすくなる。「東西」の横の軸でのみ文化を捉える者は、「日本はお辞儀の文化、アメリカは握手の文化」という種の「異文化」論に走りやすい。しかし、ここに「南北」という縦の軸を導入すれば、政治や経済の情勢など、様々な「格差」に敏感になれる。北半球に多い裕福な国やかつての「支配国」、そして南半球に多い発展途上国と「旧植民地」。例えば「文化産業」の一つである「映画産業」を研究する場合、「南」の国々の人々がひたすら「北」の国々から流入した作品を消費す

るという構造を無視するわけにはいかないだろう。また、その格差を解明した時点で満足せず、「南」の国の人が「北」の国からの影響を受けつつもいかなる独自の映画を作ろうとしているのか、あるいは「南」出身の人が「北」の国に移住して、そこでいかなる映像作品を生み出し、「北」の国の文化シーンに影響を及ぼしているのかなど、研究テーマの設定は無限に広がり得る。

「文化を論ずる困難」について、『文化の社会学』の編者、佐藤健二と吉見俊哉は「「文化」を概念として定義し、その意味を確定する作業はたいへん難しい」ことを踏まえた上で、次のように問いかけている。「「すべては文化である」という繰り返しのブラックホールに引きずりこまれることなく、また「文化は政治・経済の残りものである」という周縁化の圧力にうずくまることなく、文化と名づけるべきもののもつ規定力にあらためて光を当て、それを考えていくことはいかにして可能になるのだろうか。」[1]

この問いに真摯に答えようとする学問として日本でも人気のある**カルチュラル・スタディーズ**は文字どおり「文化を研究する学問」だが、その研究者の一人、本橋哲也はその定義について次のように解説している。「「文化の研究」と言ったときに前提とされるのが、文化をある本質的な、あらかじめ与えられた実体としてほかの「非文化的なもの」と区別して想定する態度である。対して「カルチュラル・スタディーズ＝文化研究」の根本にあるのは、文化を特定の歴史や社会状況における構築物としてとらえる問題意識である」[2]。

本章で扱うのは広く言えば「**移民の文化**」であり、より正確に言えば「日本に住むブラジル人による**文化活動**」である。文化を研究する過程で移民に目覚めたというよりは、「移民」を理解する手段として「文化」の重要性に着目したというスタンスである。その意味では、本章のアプローチは「文化研究」の王道というよりは、むしろ、移民研究者の間で盛んな**エスニシティ**論と「文化研究」の中間的な位置にあると考えていただければよかろう。

日本には今、約25万人のブラジル国籍者が住んでいる。彼らは主に90年代以降、出身国の経済危機を主な理由に、日本の製造業で工員として働くために来日した人々である。文化的なバックグラウンドで言えば、その大多数は、かつて日本からブラジルに渡った**日系移民**の子孫である。つまり、彼らは「西洋」の国でもあり、「南半球＝発展途上国」でもあるブラジルから、「東洋」の文化

---

[1] 佐藤健二・吉見俊哉編『文化の社会学』有斐閣アルマ，2007．
[2] 本橋哲也『カルチュラル・スタディーズへの招待』大修館書店，2002．

圏で「北半球＝先進国」でもある日本にやって来た。母国語はポルトガル語であり、「サンバの国」で生まれ育ったが、彼らの親や祖父母は戦前あるいは終戦直後の「日本文化」を継承してきた（あるいは、逆に、放棄した）人々なのだ。

こういう日系ブラジル人の「文化」というパズルをどう読み解けばいいか。日本的な要素とブラジル的な要素を足して二で割れば済むという単純な話ではないことは、容易にお察しいただけるだろう。

最初に確認しておきたい点が一つある。日本では「日系南米人」や「南米日系人」という表現がしばしば使われるが、いくら「同じラテンアメリカ文化圏」だとしても、ペルー出身の日系人とブラジル出身の日系人を一緒に扱うのはかなり無理がある。したがって、ここで扱うのはあくまでもブラジル出身の日系人の事例であり、それを無神経に他の南米出身者と共通しているというふうに拡大解釈してはならないことだけは、釘を刺しておこう。

2. 「移民の文化」というパズルをどう解読するか

それでは、ファッション、音楽、メディア、芸能など、在日ブラジル人をめぐる様々なトピックを事例に、「移民の文化」というパズルの解読に挑戦してみよう。ここでいう在日ブラジル人とは日本に住むブラジル人の総称であるが、その大多数が日系人であることは前述したとおりである。

2-1. ファッション編：なぜ、在日ブラジル人は高価なジーパンを買いたがるのか？

Zoomp、M. Officer、Forum、Khelf。この４つの言葉が何を意味するのかが分かる人は、よほどのブラジル通だろう。実は、これらは80年代から90年代にかけて、ブラジルで最も流行った「中級ファッション・ブランド」である。なぜ「高級」ではなく「中級」なのかについては後で説明することにしよう。まず、ここで知っていただきたいのは、90年代を通して、日本に住むブラジル人の多くがこれらのブランドの服、とりわけジーパンを夢中で買いあさっていたことである。しかも、一時期は「１着２万円」という、目玉が飛び出るほどの価格設定であった。

ここで考えてもらいたいのは、いったいなぜ、こんな大金を払ってまで、彼らはわざわざブラジルのブランドを身に纏っていたのかということである。なぜ、彼らはより安い日本やアメリカ製のジーパンでは満足できなかったのか、というふうに問いを立て直すこともできる。どうせ高額ならば、なぜアルマー

ニを買わないのか？　日本の有名ブランドではなぜダメなのか？　なぜ、よりによって Zoomp でなければならないのか？

　この疑問を解く一つの有効な方法は、その理由をブラジル人から聞くことだろう。いわゆる**聞き取り調査**（**インタビュー調査**）である。筆者も複数のブラジル人にインタビューを行なったが、そこで返ってきた答えを一言でまとめるならば、「日本のパンツは窮屈で着心地が悪い」、「私たちブラジル人はお尻の部分が日本人より大きいが、日本で売られるジーパンは、パターンが合わなくてうまくフィットしない」という答えであった。「ブラジル人は足が長いので、ブラジル製のジーパンじゃないとうまくいかない」という人もいた。日本で販売されるブラジル人向けのポルトガル語新聞（後に触れる、いわゆる「**エスニック・メディア**」）でも、同様の発言を読んだことがある。

　これは、一見、とても説得力のある説明だ。たしかに、多くのブラジル人は、男女を問わず、日本人に比べて大柄ではある。しかし、本当に体形の違いだけでこのジーパン・フィーバーを片づけてしまっていいのだろうか？

　ブラジル人の**集住都市**で**フィールドワーク**を重ねる中でまず気づいたのは、多くの痩せ形で小柄なブラジル人が、それでもブラジル製のブランドにこだわって購入していることだ。もし、体形との合性が最も決定的な要因であるならば、「並み」の体格をしている人はブラジル製のジーパンにこだわる必要はないはずだ。

　多くのインタビューで頻出した別の発言にも注目した。それは、「日本に**デカセギ**[3]に来たおかげで、ブラジルでは買えなかったものが買えるようになった」という趣旨の発言である。すなわち、かつて憧れていたのに購買力不足で手が届かなかった商品が、日本円＝「デカセギ・マネー」で手に入るようになったということだ。

　ブラジル時代に欲しくてたまらなかったモノとは何を指すのだろうか。多くの人が口にするのは「新車」だ。しかし、もっと日常的な買い物に着目すれば、ブランド服ということになる。

　服装が単に身体を包むという一時的な機能に限らず、それを着る人々の思想、経済力、**社会的ステータス**などを示したり主張したりする手段であることは、もはや社会学者の間のみならず、一般人の間でも知られている常識である。そし

---

[3] ブラジルでは、日系人の日本への出稼ぎが dekassegui もしくは decasségui として広く認知され、ポルトガル語辞書にも掲載されている。したがって本書では、デカセギをカタカナ表記している。

て記号としてのファッションについて分析するフィンケルシュタインの『ファッションの文化社会学』という好著は日本語でも読める[4]。また、この本の訳者である成美弘至が「ガングロ」や「ヤマンバ」を事例に展開したファッション論も示唆的である[5]。

　フィールドワークを重ねるうちに、さらに気づいたことが二点ある。一点は、ブラジル人が各地で開催したディスコ・パーティで、大多数の男女が「ジーパン」で「キメて」登場していたことである。そして、二つ目は、ブラジル人を主なターゲットとした新聞や雑誌等に掲載される広告欄において、ジーパンが「お洒落の道具」として推奨されていたことである。

　大半の日本人は、ジーパンをどちらかといえば「ラフ」な服として捉えていると思われる。「**ハレとケ**」があるとすれば、日常的な「ケ」の服である。しかし、ブラジルの**中流階級**の間では、特定のブランドのジーパンこそが、究極の「おしゃれ」な「晴れ着」なのである。特定のブランドとは、有名人等を起用してメディアで「高級感のあるジーパン」として盛んに宣伝される「格好良い」ブランドである。それが他でもない、Zoomp や M. Officer なのだ。

　ここで役立つのが「**階級**」という概念である。ブラジルの**階級社会**において、日系人の大多数が中流に属していることは、複数の**人口統計**によって証明済みである[6]。多くの日系人は、ブラジルにいた頃からこれらのジーパンを買いたかった。なぜなら、上流階級が見せびらかす海外の高級ブランドには手が届かないけれど、低所得者の証しとも言える無印のジーパンとの**差異化**をはかりたいブラジルの中流階級の消費者層が、いわば「ワンランク上の」お洒落なジーパンを熱狂的に支持していたからである。しかし、80年代のブラジルの経済危機で、多くの日系人の世帯はこういう「中級ブランド」を揃える余裕さえなかった。デカセギによって、それが一気に可能になったのだ。

　これらのブランド品が売られる場所もまた、中流階級特有のサブカルチャーと関係が深い。在日ブラジル移民は、日本のどのエスニック集団よりも、「ショッピングセンター」を創設する傾向が顕著だが、それはブラジルで彼らが多くの時間を過ごしていたのが中流階級の溜まり場、すなわちショッピングセンターだったからに他ならない。

　興味深いのは、赤ちゃんの服まで、ブラジルで人気のブランドを着せたがる

---

[4] ジョアン・フィンケルシュタイン，成美弘至訳『ファッションの文化社会学』せりか書房，2007.
[5] 成美弘至「ファッション―流行の生産と消費」佐藤健二・吉見俊哉編『文化の社会学』有斐閣アルマ，2007.
[6] 例えば、サンパウロ人文科学研究所『ブラジルに於ける日系人口調査報告書』サンパウロ人文科学研究所，1988.

母親がいることだ。愛知県在住のブラジル人が主催した、女性**アントレプレナー**だけの見本市では、Happy Baby という「セレクト・ショップ」を出展している人もいた。同胞にも通じる「オシャレ」な商品を求める人がそれだけ多いということだ。

　以上のジーパンに関する謎解きから、いかなる教訓が得られるのだろうか。それは、移民の証言に耳を傾ける必要があるのは不可欠な手続きではあるが、その証言を安易に鵜呑みにしてはならない、ということだろう。結論を急がず、複数の要因を勘案して分析を進める忍耐力も必要なのだ。

2-2. 芸能編：なぜ、在日ブラジル人の間で「のど自慢」が流行るのか？

　多くのブラジル人が来日した 90 年代の初頭、最も頻繁に開催されていた**イベント**の一つは「のど自慢」、すなわちカラオケ大会である。これに目を付けた某週刊誌は、群馬県大泉町で開かれる予定のブラジル人による全国カラオケ大会を取材することにした。記者は会場に足を踏み入れたとたん、「これはいったい、何ですか？」と、度肝を抜かれた様子だった。80 年代に日本の芸能界で君臨した**アイドル**を見習った日系ブラジル人の歌手たちが、完璧にドレスアップして出番を待っていた。そこには松田聖子や中森明菜を意識した女性もいれば、五木ひろしや森進一も顔負けの熱唱で「契り」や「お袋さん」を歌いこなす男性がいた。それぞれの応援団も半端ではなかった。工場での労働を終えて、乗り合いのワゴン車で、夜通しで代わる代わる運転をしながら、一睡もせずに愛知県からはるばるやってきた団体もあった。賞品も半端ではなかった。優勝者には新車が 1 台、準優勝者にはブラジル行きのペアの往復航空券が贈呈された。

　「これは何ですか？」という記者の質問の真意は、「なぜ、たかがカラオケ大会ごときでこれほどまでにのめり込むのか？」ということだった。

　通訳とコーディネーターを兼ねていた筆者は、次のように答えた。「ブラジルまで取材に行ってください。そうすれば、謎は簡単に解けます。」これは皮肉でも意地悪でもなく、本音での助言であった。これから研究に取り組もうとしている人にも同じアドバイスをしたい。**トランスナショナル**な移民を理解するならば、いくら時間とお金が惜しくても、その出身地まで足を延ばして、彼らのバックグラウンドを**参与観察**する、すなわち自分の目で確かめることは避けて通れない。なぜならば、フランスの偉大な社会学者、P. ブルデューが教えてくれたとおり、文化は「生産」されるというよりは、むしろ「**再生産**」されるもので

あるからだ。彼が提唱した「文化資本」という概念はあまりにも有名である[7]。そして、人のトランスナショナルな移動について鋭い考察を重ねてきた樋口直人も、日本に移住したムスリム移民の生活文化を解明するにあたって、「階級文化論や文化的再生産論が有用である」と説いている[8]。

在日ブラジル人の文化を理解する上では、ブラジルで彼らがどのような「文化」を共有していたのかを探求しなければならない。これは当たり前のようで、実に重要な視点なのである。では、のど自慢文化あるいはカラオケ文化に限定すれば、ブラジルでのフィールドワークから何が見えて来るのか。

90年代初頭に来日した日系ブラジル人の多くは、80年代を通してブラジルのGazetaというテレビ局で毎週日曜日に放送された「Imagens do Japão」(日本のイメージ)という番組を見て育った世代に属している。当時はまだケーブルテレビや衛星チャンネルは普及しておらず、地上波の無料のチャンネルで放送されていた。そしてその番組の看板企画の一つが年間を通して競われるカラオケの勝ち抜き戦、「Utá no Champion」(「歌のチャンピオン」)であった。出演者は憧れのアイドルの服装や振る舞いを徹底的に研究し、さながら物まね合戦のごとく、その歌唱や振り付けの再現に努めた。「歌のチャンピオン」の優勝者は何をもらっていたのか。なんと、新車1台だったのだ！　日本への往復航空券も視聴者が羨む賞品の一つだった。

群馬県の大泉町で開かれたあのカラオケ大会は、その主催者、出演者、応援者、スポンサー等、全てのアクターがブラジルで蓄積した「カラオケ文化資本」を総動員して、模倣＝再現したのである。雑誌記者であれ、大学の研究者であれ、目の前の「奇妙な光景」の「原点」を知るのと知らないのとでは、分析の質がまるで違って来ることに気づいてもらえただろう。

多くの論者は、ブラジルから日本に多くの人が移動することによって、ブラジルにおける日系移民の文化が衰退し、移民のイベントが空洞化したと嘆いていた。しかし、トランスナショナルな視点でこの現象を見直せば、日本の各地に離散した移民が、今度は群馬県や愛知県で、サンパウロ州やパラナ州と同様のイベントを創出しているのである。ダジャレが許されるならば、カラオケ大会は単に「空洞化」せず、空を飛んで「空動化」したのだ。

---

[7] 経済資本に対して創られた用語で、学歴や習慣など、世代ごとに継承される文化的能力・文化的財の総称。詳しくはブルデュー＆パスロン著、宮島喬訳『再生産』藤原書店、1991.
[8] 樋口直人他『国境を越える―滞日ムスリム移民の社会学』青弓社、2007、第4章.

2-3. 音楽編：在日ブラジル人は本当にサンバ（だけ）が好きなのか？

あなたは「ブラジル文化」あるいは「ブラジル音楽」と聞いて、何を連想するだろうか。日本人とブラジル人によるヒップホップ・グループ、天才's MCsのリーダーである在日ブラジル人アーティストのMC Beto（以下、ベト）が書いたコラム（120頁を参照）にもあるとおり、カーニバルに象徴されるサンバや、根強いファンが多いボサノバを思い浮かべる人が多いだろう。

しかし、ベトが指摘するとおり、在日ブラジル人の音楽（そして文化活動全般）は極めて多種多様であり、到底、サンバとボサノバの二言に集約することなどできるはずもない。ベトの問題提起を社会学用語に置き換えるならば、彼は「**ステレオタイピング**」（ある集団に対して固定化された**イメージ**を持ったりレッテルを貼ったりすること）に異を唱えているのである。

ステレオタイピングに関する研究は、**社会心理学**を専門とする研究者の間で非常に盛んであり、例えば『テレビと外国イメージ――**メディア・ステレオタイピング研究**』という興味深い著書が刊行されている[9]。同書では、テレビCM、サッカー・ワールドカップ報道、そしてビートたけしと外国人による「トークバトル」で一世を風靡したテレビ番組『ここがヘンだよ日本人』の事例研究を通して、テレビが「**外国**」あるいは「**外国人**」イメージの形成にいかなる役割を果たしているのかが解き明かされる。

たしかに多くのブラジル人は、日系人を含め、サンバやカーニバルが好きである。しかし、「ブラジル人なら誰もがサンバが好き」、あるいは「ブラジル人が好きなのはサンバだけ」という思い込みは、最も避けるべきステレオタイピング的な発想だろう。

ベトが仲間と始めた音楽は**ヒップホップ**であった。彼がモデルとして意識しているのは米国の歌手とは限らず、例えばリオデジャネイロのスラム街などで活躍するブラジルのヒップホップ歌手だ。日本では多くのブラジル人がセミプロあるいはアマチュア（そしてごく一部はプロの）歌手として活躍しているが、彼らのレパートリーは、到底、サンバやボサノバに限られていない。ブラジル版のカントリーミュージックで最もCDのミリオンセラーが輩出されやすい「セルタネージャ」というジャンルを歌う人もいる。また、ブラジルのロックバンドをカバーあるいは模倣する例もある。

いわゆる「ブラジル音楽」を堪能したい人が愛知県や群馬県でブラジル人が

---

[9] 萩原滋・国広陽子編『テレビと外国イメージ―メディア・ステレオタイピング研究』勁草書房、2004.

週末に開くディスコを訪れたら、恐らく失望するだろう。そこでDJが選曲する音楽の大半は英語であり、米国や欧州で**流行**しているダンス・ミュージックである。サンバらしき音楽は気分転換にたまにかかる程度である。

確かに、一部のブラジル人は、来日前よりもサンバに熱を入れている。これについては、多くの研究者が、様々な仮説を立てている。例えばツダは、ブラジル人という**エスニック・マイノリティ**が、**ホスト社会**の日本で冷たく扱われていることへの**抵抗**、すなわち「**エスニック・レジスタンス**」(ethnic resistance) の手段として、サンバを位置づけている[10]。サンバを抵抗の手段と見なすのはあまりにも深読みの度を過ぎているとしても、たしかに「日本に来てから、ブラジルにいた時よりブラジル文化に目覚めた」という趣旨の発言をする在日ブラジル人は少なくない。**故郷**を離れているからこそ、ブラジル的なものをより強く求める。B. アンダーソンが生み出した「**遠隔地ナショナリスト**」という言葉は、この現象を捉える上で実に有益である[11]。また、**ノスタルジー（郷愁）**という概念も魅力的である。細川周平は、「移民の心向きが行動のすべてを離郷経験と結びつけがちである。単に〈ここ〉にいるのではなく、つねに〈あそこ〉から遠いここにいると故郷・故国を迂回して、自分の**位置**を確かめがちだからである」点に注目し、「知識人は郷愁を売り物にする産業を皮肉ったり、**ナショナリズム**と頭ごなしに同一視したり」するが、「私は移民の情や涙をなんとか学問で説けないものかともがいている」と言い切っている[12]。言い換えれば、彼は**合理性**でのみ移民の文化を捉えるのは不十分であると警鐘を鳴らしているのだ[13]。

くどいようだが、たとえ郷愁にかられても、移民が求める「ブラジル的」なものはサンバだけではない。それは、日本各地のブラジル系の**エスニック・ビジネス**で販売されているCDコーナーを確認すれば、一目瞭然である。そして前節の「芸能編」で示したとおり、ブラジル音楽どころか、「ブラジルで過ごした青春時代を象徴する日本の演歌」にこそ、懐かしさを感じる移民もいることを肝に銘じるべきだろう。

2-4. メディア編：在日ブラジル人はなぜ、古いニュースを見たがるのか？

現代移民の文化を解読する上で欠かせないのが、彼らが利用する**メディア**に

---

[10] Tsuda, T., *Strangers in the ethnic homeland*, New York: Columbia University Press, 2003.
[11] B. アンダーソンやナショナリズムについては、本書の第18章の塩原論文を参照願いたい。
[12] 細川周平『遠きにありてつくるもの―日系ブラジル人の思い・ことば・芸能』みすず書房、2008.
[13] 郷愁については、F. デーヴィス（間場寿一・細辻恵子・荻野美穂訳）『ノスタルジアの社会学』世界思想社、1990 も参照。

関する考察である。彼らが利用するメディアを単純かつ強引に二分するならば、**移住先のマジョリティ社会**が利用する既存の**マス・メディア**と、ほとんどマジョリティ社会には認知されていない、母国語が主体の特別なメディアである。在日ブラジル人の場合、朝日新聞やフジテレビを見るのか、日本で同胞によって発行されているポルトガル語の雑誌やラジオを利用するのか、という選択肢である。

エスニック・マイノリティによる／のための新聞、雑誌、テレビ、ラジオ等のことを「エスニック・メディア」と称する研究者は徐々に増えてはいるが、一般市民の間でこの言葉が浸透したとは言い難い。しかし、これらのメディアが移民の個人レベルの**価値観**、あるいは集団レベルの「**世論**」形成に多大な影響を及ぼしていることは容易に想像できよう。

これまで蓄積されたエスニック・メディア研究やその方法論をここで概観する余裕はないので、白水繁彦らによる先行研究を参照願いたい[14]。むしろ、ここで提示したいのは、エスニック・メディア研究によって様々な発見が可能だということである。例えば、人々はできるだけ早く、最新の情報を知りたがるというのが**ジャーナリズム論**の定説である。「ニュース」という言葉はそもそも「新しい」の意味であり、「鮮度」が命なのである。ところが、在日ブラジル人のメディア利用法は、この**常識**を覆しているのだ。

ブラジル人の間で**普及**しているメディアの一つに、衛星放送のポルトガル語チャンネルがある。視聴者が最も求めているコンテンツは、毎日夜の8時台に放送されるノヴェーラ（連続ドラマ）と、最も視聴率が高いニュース番組、Jornal Nacionalだ。ブラジルでこの両番組を視聴することは、来日前の多くのブラジル人にとっては欠かせない「日課」だった。ところが時差のせいで、日本でこれらの番組を生放送すれば、人々が出勤しなければならない朝8時からのスタートになってしまう。そこでテレビ局は敢えて番組を半日間温存し、12時間遅らせて、ブラジルとまったく同じ時間帯に相当する夜8時から放送するという「苦肉の策」を取ったのだ。退屈な工場労働から帰宅したブラジル人にはテレビにスイッチを入れるだけで「至福の時間」が待っている。「まるでブラジルにいた頃と同じような時間が過ごせる」のだ。その短時間に限っては、その「**空間**」が「疑似ブラジル」と化しているのかもしれない。すなわち、メディア機器は移民の**記憶**を呼び覚まし、来日によっていったんは失われた「**場**」を

---

[14] 白水繁彦編著『エスニック・メディア』明石書店，2006.

取り戻す、**生活様式＝ライフスタイル**を**復元＝再構築**するための装置として大いに活用されているのだ。

　ここでのキーワードは、移民にとっての「**時間**」である。彼らは「ブラジル時間」と「日本時間」のどちらを生きているのか、という素朴な疑問である。この問いに答えるには、彼らがどの**カレンダー**を利用しているのかを調べるのが一つの有効な方法である。その可能性に気づかせてくれたのが、「**考暦学**」を提唱した中牧弘允である。彼は「暦」にこだわる理由を「カレンダーに**表象**・表現されている情報が文化といかにむすびついているかを知りたいから」であり、「その文化は民俗文化から国民文化まで、あるいは宗教文化から大衆文化まで、さまざまな生活様式を包含している」からだと説明している[15]。

　カレンダーに着目することによって見えて来たことの一つは、移民が出身国（ブラジル）の時間と移住先（日本）の「時間」や「日程」を違和感なく両立し、巧妙にマネジメントしているということだ。

　一例を挙げるならば、ブラジルでは恋人の日（Dia dos Namorados）は従来、6月12日に男女がプレゼント交換をするが、日本のブラジル物産店はいずれも2月のバレンタインデー、3月のホワイトデー、そして6月の「恋人の日」を欠かさず商機として重視している。そして顧客も快くその営業戦略を受容し、年に三度もプレゼントを購入・交換している。興味深いのは、そのチョコレートが日本製ではなく、ブラジル直輸入の、ブラジルで好まれるブランドであることだ。しかも、多くの店ではイースターにちなんだ卵形のチョコレート（Ovo de Páscoa）が、まったく違う祝い事であるバレンタインデーの贈り物として提案されている。これはふたつの**文化圏**にまたがる商品の巧妙な**再解釈**である。

3.　終わりなき追跡への誘い

　これまで、4つの切り口から、日本に住むブラジル系移民の文化活動に迫ってきた。「ファッション編」では、ジーパンのブランドへのこだわりを例に、移民の消費活動を解明し、階級という概念や、インタビューで得た証言を鵜呑みにしないことの大切さに注目を促した。のど自慢を取り上げた「芸能編」もしくは、「イベント文化編」では、日本に在住する移民を理解する上で、彼らの出身地でのフィールドワークが望ましいという点を強調した。そして、移民の集住地を定点観測するだけでなく、フットワークが軽い彼らが自国で有していた

---

[15] 中牧弘允「特集　カレンダー文化　序文」『アジア遊学』106号、勉誠出版、2008.

「文化資本」をいかに「再生産」しているかを追跡することの意義を確認した。移民の音楽を取り上げた「音楽編」では、移民集団に特定のラベルを貼るステレオタイピングの危うさや、移民を論じる上で無視できない郷愁について触れた。そして、エスニック・メディアを取り上げた最後の「メディア編」では、移民特有のメディア利用法や「時間」との関わりに注目し、「カレンダー」という何気ない入口からでも移民の文化の豊かさと複雑性に迫ることが可能だということを示した。

　どのテーマについても、何らかの未解決の疑問が残ったに違いない。その疑問を出発点にすれば、きっと意義深い研究につながるだろう。ついでに言うならば、いったん見出された結論がその時点では十分に納得できるものであったとしても、移民を取り巻く状況が絶えず変化し得るため、彼らの言動に変化を促す可能性があることを心得なければならない。他人による先行研究に対しても、自分の研究に対しても、追跡調査の必要性はいつでも生じ得るのだ。

　例えば貿易関係者によれば、ここ数年、在日ブラジル人がブラジル製のジーパンに投資する単価は着実に低下しているという。なぜだろうか。2008年のリーマンショック以後、多くの在日ブラジル人の収入は著しく低下した。その影響で、ブラジル人の消費力は低下し、無駄な買い物を控える傾向が強まったというのが関係者の通説である。しかし、果たして購買力低下のみのせいだろうか。それとも、移民が徐々に日本の消費文化に馴染んで、同じ2万円が財布に入っているならば、ブラジル製の輸入品ではなく、日本人と同じファッション・アイテムを優先するようになったからだろうか。ブラジル系のメディアでも、ジーパンの広告は影をひそめている。宣伝が少ないから売れなくなったのか、それともニーズが減ったから宣伝しても元が取れなくなったのか？　宣伝と購買意欲の因果関係は？

　おそらく他にも複数の要因が作用しているに違いない。さあ、そのうちのどれが最も決定的なのだろうか……？　地道な調査と慎重な分析で見極めていただきたい。

●**考えを深めよう**●

　本章を読んでから、次の質問について考えてください。（もし可能であれば、日本各地の外国人集住都市や集住地区を訪れてみてください）

①仮にあなたが仲間と共同研究を企画し、海外（例えばアメリカ）に留学して

いる日本人の大学生の「文化」について調べることになった場合、何を基準に、いかなる切り口で「日本人留学生の文化」を論じるのか、話し合ってください。
②インターネットの検索機能を活用して、在日外国人が利用するメディアを探し出し、それを閲覧した感想を話し合ってください。文字がまったく読めない場合でも、日本の一般のウェブサイトとの違いなど、可能な範囲での感想を語り合えばけっこうです。
③それぞれの行動範囲内（大学がある地域でも実家でも良し）で、在日外国人が最も多く在住する地域を見学し、そこで得た知見を語り合ってください。時間的余裕がなければ、居住している自治体の役所の「外国人登録係」に立ち寄ってみるだけでもけっこうです。

さらに学びたい人のための文献紹介

1. 文化研究、カルチュラル・スタディーズ
① During, Simon (ed.), *The Cultural Studies Reader*. London: Routledge, 1999.
②吉見俊哉『カルチュラル・ターン——文化の政治学へ』人文書院、2003。
＊とにもかくにも佐藤健二と吉見俊哉（注1）の著作を読んでほしい。その上で、①はカルチュラル・スタディーズ関連の最も代表的な論者による著作がすべて揃ったこの上なく便利な選書、②は注1の論集の編者による斬新かつ刺激的な文化論。

2. トランスナショナルな人の移動と「文化」
③宮島喬・加納弘勝編『変容する日本社会と文化』東京大学出版会、2002。
④ Willis, D., Murphy-Shiguematsu, S. (eds.). *Transcultural Japan: At the borderlands of race, gender, and identity*. London: Routledge, 2007.
＊③と④はトランスナショナルな人の移動に伴う日本社会での様々な変容の事例を複数の論者が紹介・分析。ニューカマー外国人に限らず、在日コリアンについてもカバー。

3. 日系（在日）ブラジル人と「文化」
⑤前山隆『エスニシティとブラジル日系人——文化人類学的研究』御茶の水書房、1996。
⑥中川文雄・田島久歳・山脇千賀子編『ラテンアメリカン・ディアスポラ』明石書店、2010。
⑦ Lesser, J. (ed.), *Searching for Home Abroad: Japanese-Brazilians and*

Transnationalism. Durham: Duke University Press, 2003.

＊⑤は日系移民のエスニシティに関する必読書、⑥は各国に離散したラテンアメリカン移民の文化活動に着目、⑦は日系ブラジル人とトランスナショナリズムを研究する日米の論者が結集。

4．在日ブラジル人、デカセギ現象

⑧渡辺雅子編著『出稼ぎ日系ブラジル人』上・下，明石書店，1995．
⑨梶田孝道・樋口直人・丹野清人『顔の見えない定住化――日系ブラジル人と国家・市場・移民ネットワーク』名古屋大学出版会，2005．
⑩小内透編著『在日ブラジル人の労働と生活』御茶の水書房，2010．

＊⑧は 90 年代前半のデカセギ・ブームの「初期」を論文篇・資料篇の上・下巻で網羅、⑨は 90 年代後半の変化を踏まえてデカセギ現象を理論的に整理、⑩は 2000 年代以降の最新の動向を踏まえた 3 冊組。

COLUMN

日本で広がる「ブラジル文化」
MC Beto

多くの日本人にブラジル文化として知られているのが、サンバ、サッカーとボサノヴァ。沢山の人々が海を渡って日本で活動を始めました。サンバだと、ダミオン・デ・ソウザ、フランシス・シルヴァ等。ボサノヴァはソニア・ローザ、ウイルマ・オリヴェイラ、小野リサ等。サッカーだと、セルジオ越後、アデマール・ペレイラ・マリーニョ、そしてラモス瑠偉。現在ではさらにブラジルの文化が大きく日本で広がって、新しいものが現れています。

カポエイラ、ブラジリアン柔術、ブロコ・アフロ、アシェ、バイリ・ファンキ、ファッションデザイン、サンバ・ヂ・ガフィエイラ、フォホ、日本版のトロピカリア、等。

マイナーなので知られていないが、どれも全国で代表するグループがいます。

音楽の面でも、今まで無かった現代ブラジル音楽ガイド「Musica Moderna」が出版されました。現代のブラジル音楽に加え、ボサとサンバも紹介してます。今までブラジルの音楽はボサノヴァとサンバだけだと思った日本人は多く、"新しい"ブラジル音楽を聴いた時にこんな音楽もあるんだと衝撃を受けた人は多かった。それをきっかけにブラジルのヒップホップに憧れ、"SANGUE BOM"というDJチームを作った日本人もいます。日本でブラジル文化を広める活動をしている日本人も多く：カポエイラ・テンポ、ブロコ・バハヴェント、タマンコブコ、フォホ・レガウ、モシダヂ・ヴァガブンダ、ボイ・アルアナ、オス・ノヴォス・ナニワノス、バランサ・マイス・ノンカイ、チガラ、などがいます。もちろん、日本に住むブラジル人も活動してますよ。都内で人気のあるサンバ、パゴジ、ボサノヴァとMPBの新世代アーティストは：ブラウン、ノヴォ・エスケマ、スエリ・グシ、サブリナ・ヘルマイスター、アルトゥル・ヴィダウとぺぺ。

他のジャンルでは、神奈川県を代表して僕のグループTENSAIS MC's、100年の中で初めて日本人とブラジル人を構成にした音楽グループ。ヒップホップでは長野県の日本人とブラジル人で構成されたH2O、群馬県のMCショコラチ。レゲエはLion of Zion、広島県ではMCドナウヂ、茨城県では2M & DOUTRULADO、最後に愛知県と三重県のグループエピセントロが居ます。

TENSAIS MC'sはMESTISOULと侍マランドロでブラジル音楽と三味線にポルトガル語と日本語のラップを乗せて、今まで無いものを生み出した。2Mはスペイン語、ポルトガル語と日本語で移民の辛さと誇りを歌ってます。

ファッション業界でもデザイナー・ファッションコンサルタントとして最も尊敬されているLINDA Kという日系ブラジル人が居ます。肖像画を中心として活動しているラファエル・ケンイチ・リマ・イトウは「ラファエル展」を開催し、モデルとしてでも活動中。

ブラジル文化は世界の文化といえるほど沢山のエッセンス、心、情熱、力、愛を込めてるものとして日本人には間違いなく欠かせない存在だと思います。

このコラムをきっかけに、ブラジルの文化を少しでも味わいませんか？ 生きる事の意味が変わって来るよ。

第 2 部

社会を調べる

社会学的調査

第9章 数字で社会学する
―― 量的調査と計量分析

田辺俊介
Shunsuke TANABE

1. はじめに――「数字で社会を見る」ということ

　個人個人が集まって「社会」は生まれる。だからもちろん、社会を構成する一人ひとりを丹念に見ていくことは社会学の研究として重要である。しかし、社会はやはり、個人を超えた集合的なモノである。個々人を超えた関係性から生じる事象や、集団であるからこそ生まれる現象こそが「社会」である。

　もっとも、複雑な社会の事象や現象を「数字」などという、血の通わぬ、冷徹な存在にかえることができるのだろうか。あるいは、そもそも数字でなんでも理解しようとする理系的な発想が苦手だから文系の社会学を学んでいるのに、と思う学生もいるだろう。他にも、個人個人のユニークさ、一つ一つの現象の固有性など大切なものが、数字にしてしまったら損なわれるではないか、と半ば怒りにも似た思いを抱く人もいるかもしれない。他にも様々な批判があるだろう。

　とはいえ、「社会」を総体的に見ようとする時、私たちはしばしば数字を頼りに社会の実態や変化をとらえようとしているのではないだろうか。GDPや失業率など経済関連の数字だけではなく、出生率のような人口に関する数字など、社会の状態を知るために使われる数字は数多い。さらにごくごく個人的な現象と思われる事柄も、社会の単位でまとめられることで「数字」になる。

　例えば「自殺」という事柄について考えてみよう。人が自ら死を選ぶというのは大変なことであり、非常に個人的な事情こそが自殺の原因である、と思うのが普通だろう。しかし社会学の創始者の一人であるデュルケームは、自殺を「社会」という水準でみるために、具体的には人口10万人（あるいは100万人）あたりの自殺者数を「**自殺率**」という数字にして検討した[1]。そして100年以上前にデュルケームは、その自殺率を地域ごとに比較することで、個人主義が強いプロテスタントの居住者の多い地域の方が、集団的なつながりの強いカトリック

---

[1] デュルケーム（宮島喬訳）『自殺論』中公文庫, 1985.

が多い地域よりも自殺率が高いことを発見したのである。あるいは逆に、集団的志向が強すぎる軍隊でも自殺率は高かった。以上のことから、ある社会の中の人々のつながりの強さ（**社会的凝集性**と呼ぶ）の強弱が自殺を増やしもすれば減らしもする、ということを理論化したのである。

　自殺に限らず、一見すると個人的な現象に思える多くのことが、「数字」を通して社会現象として考察されてきた。「一人ひとり」を見ただけではわからない、まとめて数字にしたときに見えてくる「社会」という現象。それこそデュルケームが指摘する「**社会的事実**」であり、その社会的事実を発見するための具体的な方法の一つとして「**量的調査**」と「**計量分析**」がある。社会から偏りの少ない大量のデータを適切に集めるための方法が量的調査であり、その量的調査によって得たデータを分析することで社会の中にある集合的なパターンを見いだすための方法が計量分析である。

　例えば本書第5章で取り上げられている**SSM調査**は、世界的に評価の高い日本における代表的な量的調査の一つであり、数値を用いて社会の中の「格差」を実証的に明らかにしようとしている。あるいは、外国人への差別や偏見はどうして生まれるのか、家族内でストレスを抱えるのはどんな人なのかなど、社会学的に関心の高いテーマの多くを、量的な調査を使って得たデータの分析を通じて「数字」としてあつかうことができるのである。

　個人個人が多様で、他に代え難い固有の存在であるのは事実である。その種々様々な人々の意見を、選択肢で埋め尽くした質問紙への回答に変えて数字として扱う計量的分析だけでは、具体的な社会現象の一つ一つの複雑さを丹念に描き出すことは確かに難しい。しかし逆に、むしろ「おおざっぱ」にしかとらえられないことによって、粗いとはいえ「全体像」が描ける面白さがある。個々の回答をまとめあげ、統計というフィルターを通して見ることで、一人一人を眺めていただけでは見えてこない、人々の間に存在する共通性や行動のパターンなどが見えてくる。その発見こそ、社会を「数字」でみる計量的な社会学研究の醍醐味の一つである。

2.　量的調査とは何か？──「数字」として社会を捉える方法

　社会に関する「数字」は、何の加工もなく、どこかに転がっているわけではない。社会を数字としてとらえるためには、なんらかの方法でデータを集める必要がある。その収集の方法一般を社会調査と呼び、その社会調査の中でも大

量の対象者に対して定型の調査票を使って行う調査を**量的調査**という。具体的には**質問紙**（**調査票**）に印刷された定式化した質問に〇をつけていくのが一般的な形で、いわゆる「アンケート調査」のことである。

　量的調査を行う際に気をつけるべき点は決して少なくないので、ここではその詳細を述べることはできない。しかし最低限考えなければならない「どのように聞くのか？」（調査票）、「誰に聞くのか？」（サンプリング）、「どう聞くのか？」（実査方法）の3点について、以下に説明しよう。ちなみにこの3点は、自分が調査を実施するときに考慮するだけではなく、他人が行った量的調査を評価する際にも重要な点である。

2-1. 知りたいことをうまく聞く：質問票作りの作法

　社会学で用いる概念は、基本的に抽象的なものが多い。例えば第5章に出てきた「格差」の問題について考えていこう。社会における格差は、階層という社会的地位と関連する問題である。しかし「あなたの社会的地位は高いですか？」、あるいは「あなたの階層的地位は高いですか？」なんて質問では、聞かれた側は困ってしまう。そのような抽象的な概念を、質問できる形に変えることを「**操作化**」という。

　例えば、世の中の不平等や格差が広がっているかを調べたいと考えてみよう。その際、「あなたの社会階層は下層ですか、上層ですか？」と聞かれても、上や下の基準が分からないので答えようがない。仮に答えが貰えたとしても、ある人は「収入の多さ」で答えるかもしれないし、他の人は「自分は高級な文化が好きだから上層」と答えているかもしれない。「背の高さ」を基準に答える人だっているかもしれない。そのように抽象的なままでは、回答不能だったり、回答が貰えてもその意味が人によって全く違ってしまうことも多い。

　そのため、まずは知りたい事柄や事象を、理論的に説明する**概念的定義**にした上で、実際に調査で聞ける形の**操作的定義**へと変換する必要がある。具体的に考えていこう。先に例に挙げた「社会階層」の概念的定義は「社会的資源の不平等な分配状況」である。もちろん、このような抽象的な概念的定義は、そのままでは調査票に使えない。「あなたは社会的資源をたくさん持っていますか？」と聞かれても答えにくい。そこで質問できる形、あるいは数値として扱える操作的定義（≒データ的定義）として社会的資源を「学歴・収入・職業」の3つとみなし、例えば収入ならば「あなたの過去一年の収入は税込みでいくらです

か？」と尋ねるのだ。

　ここまで説明してきた操作化の中でも、特に人々の意識などはどのように「測定」するのだろうか。収入であれば、年収や月額、あるいは時給など様々な聞き方はあるにしても、日本ならば単位は「円」で聞けばよいだろう。しかし生活への満足感や外国人への差別意識など人々の感情や態度、意識などには決まった「単位」があるわけではない。そこでそのような意識などを測定するためには、まず取り扱う概念を「測定可能」な質問文に変えた上で、数値化する「指標」が必要となる。その指標作りに際して考えなければいけないのが、**妥当性**と**信頼性**の問題である[2]。

　まず測定したい概念をちゃんと反映した指標になっているか、その当てはまり具合を妥当性と呼ぶ。妥当性には、確定した客観的な基準ときちんと関連するか（基準関連妥当性）や、指標がどのくらい理論的・概念的特性を測定することができているか（構成概念妥当性）など複数の側面があると見ることもできる。

　また測定する対象を正確に安定してはかれるものさし（指標）であるか、その正確さを信頼性と呼ぶ。信頼性については、同一個人に同一条件で同一測定を行った場合、同一の結果が出るかどうかという安定性と、同一個人が同じような（同一ではない）質問に対して同じような答えをするかどうかという一貫性の二つに分けて考えることができる。指標としては何度聞いても（安定性）、どのように聞いても（一貫性）、同じ答えが返ってくるという信頼性が必要になるのだ。

　以上の妥当性と信頼性がともに低い指標を作ってしまった場合、聞く度に回答が異なり、さらに得た回答も元々知りたかったことと別の内容か、あるいは全くの的外れとなる。目盛りが揺れ動く（＝信頼性が低い）ハカリで、背の高さを測るべき時に体重を量る（＝妥当性が低い）。ちゃんとした質問票を使わない量的調査は、まさにそんなことをしているのかも知れない。

2-2. 適切な対象者を選ぶ：サンプリングの方法

　量的調査とは、「大量の対象者に対して行う調査」である。ならば、とにかくできるだけ多くの対象者を揃えればいいのだろうか。例えばテレビ番組が番組

---

[2] 妥当性や信頼性について心理学のテキストに詳しい。例えば村上宣寛『心理尺度のつくり方』北大路書房，2006などを参照のこと。

内で行う「緊急電話世論調査」や、あるいは「教室にいる大学生300人に聞きました」などは果たして適切な社会調査と言えるだろうか。

対象者を選ぶ際にまず行うことは、知りたいと考えている対象の範囲を特定することである。例えば「18歳から22歳の人たちのコミュニケーションについて調べたい」と考えたとしよう。では、その18歳〜22歳の人たちは、世界中の人々なのか、それとも日本に住む人なのか、もっと狭い自分が住む地域の人たちのことを知りたいのか。あるいは、大学生だけを取り上げるのか、それとも社会人を含むのか。

調べたいと考える対象集団全体のことを**母集団**と呼ぶ。しかし「母集団」の全員を調査できることはまれであり、通常はその中の一部を取り出す必要がある。その母集団から取り出した一部のことを**標本**（サンプル）と呼ぶ。

ただし適当に標本を選んだ場合、母集団から大きくずれる危険性がある。その場合、いくら数が多くても無意味なケースがある。数が多くても失敗した歴史的事例として有名なのは、1936年のアメリカ大統領選挙予想である。当時の一流雑誌リテラリー・ダイジェストは、200万以上の回答を集めて共和党候補の勝利を予想した。しかし、その対象者は自分の雑誌の購入者と電話保有者名簿などから選んでしまっていたのだ。リテラリー・ダイジェストは主に富裕層が読む雑誌で、さらに当時電話はまだ「高級品」で限られた裕福な家庭にしかなかった。そのため、取り出した標本がお金持ちに偏っていた。その標本の偏りの結果、調査数は桁外れに大きいのに予測は大きく外れたのである。一方世界的な世論調査会社であるギャラップ社の前身のアメリカ世論研究所は、650分の1以下の3000人という対象者数のサンプルで民主党ルーズベルトの勝利を予想し、見事的中させた。

では、適切な標本はどのように選べばよいのだろうか。量的調査の対象としては、知りたい対象全体である母集団の正確なミニチュアになるような標本を得たいわけである。そのための方法として現在もっとも使われているのが、「**確率標本抽出法**」である。基本の発想は、母集団から標本を選ぶ際に全ての対象の選ばれる確率が等しいことである。

その確率抽出法の細かい方法としては、調査対象を母集団からランダム（無作為）に抽出する、ある種のくじ引き方式の「**（単純）無作為抽出法**」や、母集団の名簿に通し番号をつけ、はじめの一つだけは乱数表などでランダムに選び、それ以降の標本はそこから一定間隔で抽出していく「**系統抽出法**」などがある。

また多くの大規模な社会調査では、第一段階で市区町村人口規模別に各市区町村からの抽出標本数を確定し、その上で、まず市区町村を選び、その選ばれた市区町村の中から個人を選ぶという作業を行う「層化多段抽出法」がよく使われている。いずれの方法においても、抽出の最後のレベル（多くの場合個人のレベル）で「母集団に含まれるすべての対象が等しい確率で標本として選ばれる可能性がある」ことを保証する必要がある。

　確率抽出した標本は、あくまで「全体」ではなく、一部である。そのため、母集団とは何らかの「ズレ」が出てくるのが普通である。そのため、この方法でサンプルを選ぶことで、ズレが「なくなる」わけではない。確率抽出の利点は、推定統計学を用いることで、標本がどの程度母集団からずれているのか、それが確率的に推定可能になることなのである。

　この方法を使わず、街頭インタビューや教室で学生を相手に行った調査では、例えば「日本人全体」を正確に予測することはできない。調査の対象が偏っている限り、本当に知りたい全体のことを正確に知ることはできないのである[3]。

2-3. 実際に調査をする：量的調査の種類とそれぞれの利点と欠点

　それでは量的な調査は実際にどのように行うのだろうか。調査員が対象者の家などを訪問し、面と向かって調査票を読み上げて質問を行う方法を**面接調査**という。調査員がいることで詳しい情報を聞きやすく、また回答者の勘違いをその場で訂正できるなど、回答の精度が最も高い方法とされる。対象者以外の人の代理回答を防ぐことができ、また回収率も以前は非常に高かったため、回収したサンプルの精度も高いとされてきた。しかし昨今は、ライフスタイルの多様化やオートロックマンションの増加などから、調査員が対象者と会うことができないことも多く、回収率は低下傾向である。

　留置調査とは、調査員が対象者の家などを訪問して調査票を置いていき（郵送で送る場合もある）、後で回収に行く方法であり、**国勢調査**も主にこの方法を用いている。面接調査に比べると訪問回数が少なくて済むため、費用が面接法に比べて安く済む点が特徴である。また次に述べる郵送法に比べると、回収時に（ページ飛ばしなどの）回答を確認できる点が利点である。しかし被調査者自身が記入したかどうか確認できないことや、本人が記入したとしても周囲の

---

[3] ただし確率抽出法を用いるためには母集団を網羅した名簿が必要となるが、対象集団の名簿がないことも多い。その場合でも、できるだけ標本の母集団からのズレを少なくする方法として、条件ごとに対象者数を割り当てて調査対象を抽出する**割当法**などがある。

意見(家族に相談するなど)が影響する可能性を排除できないなどの弱点もある。他にも、郵送法も含めた**自記式調査**(回答者が自分で回答を記入する方式)共通の欠点として、調査項目が誤解されたり、記入が不正確になったり、記入漏れが生じやすい、などの問題点がある。

郵送調査とは、調査票を郵送し、自記式で回答してもらい、郵送で返送してもらう方法である。その利点は、面接調査に比べて費用が格安であること、広い地域に調査票を配布することができること、面接と違って調査員による偏りが生じないことなどである。一方弱点は、身代わり回答の可能性、つまり本人が回答したか不明である点や、正しく本人に渡るかどうかわからない点などである。また一般的に回収率は低い。他にも回収が難しいので催促状を何度も出さねばならないため回収に時間がかかる点や、調査項目が長すぎると記入が忌避されるので調査票の長さが制限されることなどが欠点である。

電話調査は、調査対象の世帯に電話をかけ、調査対象に当てはまる人が電話に出ていることを確認した上で、電話で質問する方法である。その最大の利点は、簡単で迅速に調査でき、かつ安上がりなことである。またランダムに発生させた番号に電話をするRDD(Random Digit Dialing)法が開発されたお陰で、サンプリングが楽な点も利点であろう。一方弱点としては、電話越しで質問できる程度の簡単で短い質問しかできないことや、周囲の家族などの影響を受けやすいことなどである。また現在のRDD法では基本的に固定電話を持っている人だけに対象が限られてしまい、携帯電話しか持たない若い人が増えている中、対象の偏りが懸念されている。

最近急速に数が増えているのは**インターネット調査**である。まず利点としては、短期間で調査を行うことができ、費用が安く、ある程度複雑な質問も質問ページの構成で対応可能であることが挙げられる。その一方弱点も多い。まずは身代わりやなりすまし回答の可能性がある。また最大の問題となるのが、対象者のサンプリングである。登録型の場合、ポイントなどで登録者を勧誘するため、ポイント集めなどが好きな人が登録者になりやすく、ポイント目当ての不正登録・偽証登録もありえる。一方非登録型(掲示板その他で誘導し、興味ある人に答えて貰う方法)では対象者の母集団情報は特定不可能となってしまう。もっともサンプルに関しては、特定の人々を対象とした調査には適合的であり、例えばネットゲームのユーザー、あるいは特定の性的志向の人々など、通常はなかなか集めることができない対象者のデータを集めやすい。

		面接調査	留置調査	郵送調査	電話調査	ネット調査
費用や回収等	調査費用	とても高い	比較的高い	比較的安価	安価	とても安価
	回収率	従来は高かった	面接よりは高め	基本低い	測定不能なことも多い	そもそも測定不能
回答の質等	誤回答	低い	低め	高い	低め	とても高い
	複雑な調査	大得意	可能	可能	不可能	工夫で可能
	他人の影響	防げる	防げない	防げない	防げない	防げない
	身代わり	可能性低い	可能性がある	防げない	防げない	なりすましもいる
調査範囲とサンプル	調査範囲	広いと費用増大	広いと費用増大	広く配布可能	比較的広い範囲可能	世界大で可能
	サンプリング	確率抽出が可能	確率抽出が可能	確率抽出が可能	RDDで代用	非常に困難
	サンプルの偏り	偏るが推定可能	偏るが推定可能	偏るが推定可能	推定は困難	推定不可能に近い

表1　量的調査の諸特徴の一覧

　そのような様々な量的調査の諸特徴をまとめたのが上の表1である。
　同じ量的調査といっても、どの方法を用いたかで、得られたデータの質は大きく変わってくる。そのことを見抜くことも、数字で社会を見るためには必須の知識の一つである。

3. 計量分析の色々——量的調査データを料理する道具

　計量分析とはなんだろうか。簡単にいってしまえば前記の量的調査で得たデータを、様々な統計手法を用いて読み解くための方法である。量的調査で得たデータは、基本的に数値に置きかえられ、統計のためのソフトなどで扱えるファイルの形に変換される。(実は自分で調査を行わなくても、**データアーカイブ**を通じて過去の調査データを利用して分析を行う二次分析という方法もある。詳しくはコラム参照のこと)
　計量分析は細かく言えば数限りない種類があるが、大きくは特定の「仮説」の正否をデータを使って検証する仮説検証型と、データの中に潜む情報を発見的に見つけていく探索型の2種類がある。

3-1. 仮説検証型の計量分析：「答え」を出すための分析

　仮説検証型の計量分析は、特定の「仮説」が正しいか否かを、データを通して検証するものであり、基本的には「Bという現象の原因がAである」などの仮

説を検討するために行う分析である。

　そもそも仮説とは、ある現象を合理的に説明するために仮に立てる説のことである。基本的には、2つあるいはそれ以上の変数の間の関係を予測する命題の形になっている。また検証可能とするために、できるだけ明確で、言い切りの形になっていなければいけない。例えば「テレビゲームのせいで子どもが暴力的になった可能性がある」などは適切な仮説となっていない。まず「テレビゲームのせい」ではテレビゲームをすることが悪いのか、それともテレビゲームというモノが存在していること自体が悪いのか、明確ではない。また「可能性がある」では言い切りになってないため、正しいか正しくないかを決められない。そのため、ムリにでも仮説の形に直すならば、「テレビゲームをする子どもは、テレビゲームを全くしない子どもよりも、暴力行為を起こしやすい」などになるだろう。

　さてそのような仮説は通常2つ以上の事柄同士の関連の形で作られる。その際、ある事柄（A）が別の事柄（B）の原因となっていれば、原因の側の変数Aを**独立変数**（**説明変数**）、結果の側の変数Bを**従属変数**（**被説明変数**）と呼ぶ。またその独立変数と従属変数の関係を「**因果関係**」と呼ぶ。しかし因果関係があることを確認するには、少なくとも「AがBより先に起こっている」（時間先行性）、「Aが変化するとBも変化する」（相関性）、「AとBの間の関連が疑似的なものでない」（非疑似相関性）という3つの条件が整わなければいけない。そのため、実際には量的調査データの計量分析で因果関係を確定することは難しいことが多い。しかし、少なくとも因果関係を確定する条件の一つである**相関関係**[4]を確認することができる。

　その相関関係を確認する際、使っているデータが母集団全体ではなく、標本のデータであれば、**統計的検定**の考え方が重要になってくる。統計的検定とは「標本において確認された関連が、母集団においても（ゼロではなく）存在しているのか」を確認する方法である。まず「母集団では確認したい関連がない（＝関連がゼロである）」とする**帰無仮説**という仮説を立てる。そしてその帰無仮説が正しい場合、今回の標本から計算した相関関係の強さを表す数値が出てくる確率を計算する。もしその可能性が低い場合は（通常5％か1％以下の場合）、その帰無仮説を棄却し、**対立仮説**を採択し、「関連がある」と判断するのである。

---

[4] 相関関係の強さを表す数値は用いる変数の性質によって異なってくる。もっとも多用されるのは量的変数同士の**相関係数**であるが、他にもクラメールの連関指数、相関比などいくつもある。それらの数値の計算法や使用法などの詳細は文献紹介④や⑤などを参照のこと。

ここで気をつけたいのは、統計的検定はあくまでも確率に基づく判断なので、「絶対正しい」わけではないのである。だから標本データを使った分析結果に基づいて「統計的に絶対正しい結果である」なんてことを言っている人がいたら、その人が示す統計結果はあまり信じない方がいいだろう。

さて代表的な仮説検証型の分析は、独立変数を用いて従属変数の変動を予測する各種の**回帰分析**であろう。しかし先に書いた統計的検定の詳しいやり方、あるいは回帰分析の様々な種類や使い方については本章の範囲を超えるので、興味がある人はぜひ本章の文献紹介などを参考にしながら、専門のテキストを読んで勉強してほしい。

3-2. 探索型の計量分析：発見・発想のための分析

もう一つは「**探索型**」と呼ばれる分析であり、データの中に存在するパターンを発見するための分析である。具体的には、複数の連続的な変数の間にある潜在的な共通性を発見するための**因子分析**、回答傾向が似ている度合いで対象をいくつかのグループに分ける**クラスター分析**、複数の変数同士の類似性（あるいは非類似性）を変換して空間上に描き出す**多次元尺度構成法**など数多く存在する[5]。

前節の仮説検証型の計量分析は、基本的に「理論から仮説」という演繹的推論を検証するために用いる。それに対して探索型の計量分析は、「経験（＝データ）から仮説を導く」という帰納的推論にも用いることができる点が特徴である。

例えば図1は、日本人が外国をどのように見ているのか、その「知識」のパターンを量的調査のデータを計量分析することで描き出したものである[6]。具体的には世界の20カ国に対する好き・嫌いを聞いた量的調査のデータを、多次元尺度構成法を用いて図にしたものである。第1次元（横軸）を見ていくと、左側にアメリカ・日本・フランス・オーストラリア・スウェーデンなどの欧米資本主義諸国が並び、右側にはイラクやロシア、キューバやケニアなどの非欧米資本主義諸国が並ぶ。そこから、まず日本人が世界の国々の好き嫌いを判断する際、その国が「（日本を含む）欧米資本主義諸国か否か」を基準としていると考えられる。次に第2次元（縦軸）の場合は、上の方に中国・韓国・イラク・ロシア

---

[5] 回帰分析と同じく、ここで紹介した様々な統計手法の詳しい内容や使い方については本章の範囲を超えるので、興味がある方は文献紹介で紹介する本や、他の専門テキストを参考にしてほしい。
[6] 詳細は田辺俊介「「日本人」の外国好感度とその構造の実証的検討―亜細亜主義・東西冷戦・グローバリゼーション」『社会学評論』59(2)2: 369-387, 2008 を参照のこと。

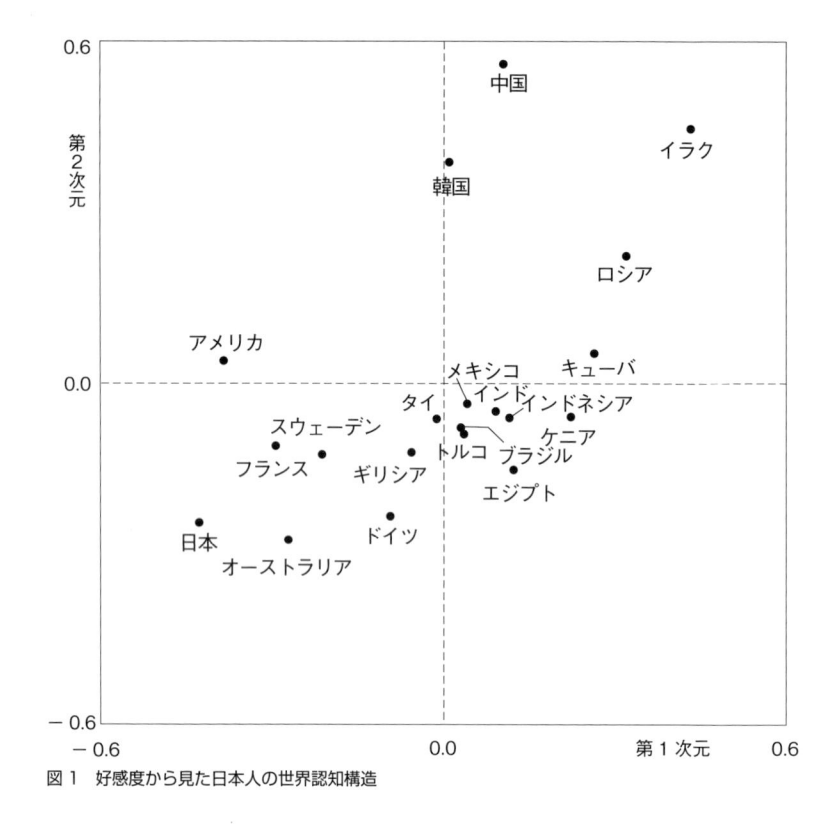

図1 好感度から見た日本人の世界認知構造

などの否定的な報道が多くなされる諸国が並び、一方下部にはプラスの側面の報道が多いオーストラリアやドイツが並んでいる。そのことから、「メディア報道が肯定的か否定的か」も好き嫌いの判断に大きな影響を与えていると読み取れる。

しかしこの解釈はあくまで一つの解釈であり、別のより適切な説明もありえる。探索型の計量分析の面白さ、そして同時に難しさは、分析結果から一つの「答え」を常に導き出せるわけではないことである。読者の中には、量的な社会調査とそれに基づく計量分析を「数字＝数学＝答えは一つ」というイメージで考えてしまう人もいるかも知れない。しかし特にこの探索型の計量分析は、得られたデータを最大限に利用して、社会の中に存在するパターンを見出そうとする試みなのである。ぜひ知って欲しいのは、このように一見して数字ではとらえにくいと考えられる様々なテーマについても、現在も発展が続く計量分析の

手法を用いれば分析可能なことである。「数字」は決して冷徹でも、無味乾燥でもない。熱い社会を描き出す一手法になっているのである。

| 4. | 数字は「雄弁」である。ゆえに「ウソ」や「間違い」には要注意！

　社会で話題になるような目立つ少数事例が、社会における多数派や「代表」であるとは限らない。むしろ、「犬が人を噛んでもニュースにならず、人が犬を噛めばニュースになる」と言われるように、メディアが取り上げるのはむしろ「普通」ではない存在である。そのため、メディアやネット掲示板などではいくら多く見えても、社会全体では極少数であったり、あるいは限られた一部の人々の行動であったりすることは少なくない。例えば、一部のネットの掲示版では韓国や中国に対する差別的な発言にあふれており、そこから「若者の右傾化」などがまことしやかに語られた。しかし社会調査のデータを分析してみるとそのような「極右」的な若者は少数派に過ぎないことが明らかになっている[7]。

　その一方、適切な方法で行った量的調査のデータには、話題になるような特殊な対象者だけではなく、むしろ目立たない「普通」の人々が多数含まれる。そのようなデータを計量分析で料理することで、「普通」の人々の行動のメカニズムを解明したり、意識間の関連構造を見出したりすることができるのである。言い換えれば、適切な方法による量的調査のデータを正しい方法で計量分析した結果導き出された「数字」は、多くの場合知りたい全体を代表している、と考えられるのである。

　ただし数字は扱い方次第で、人を騙す道具ともなる。19世紀のイギリスの首相であったディズレーリという人が、3つの「ウソ」のひとつとして「統計」を挙げたと言われているほどである。例えば、「少年犯罪の急増」という話を聞いたことがないだろうか。その根拠として提示されるグラフの多くは、もっとも減少していた一時期と近年を比べることで、いかに「増加」していたかを見せる恣意的なものだった[8]。また場合によっては、数字の使用者自身が「数字」に騙される危険も大きい。数字に弱い人ほど、統計ソフトウェアが出してきた

---

[7] 詳しくは田辺俊介「「日本人」であるとはいかなることか？― ISSP2003調査に見る日本のナショナル・アイデンティティの現在」南田勝也・辻泉編『文化社会学の視座』ミネルヴァ書房：287-308，2008や辻大介『インターネットにおける「右傾化」現象に関する実証的研究調査結果概要報告書』（= http://d-tsuji.com/paper/r04/report04.pdf），2008などを参照のこと。
[8] インターネットで調べれば少年犯罪に関する統計数値は色々と出ているので、ぜひ複数を読み比べることで、統計の「ウソ」と誠実な使い方の実例を見て欲しい。怖いことに、刑法学で非常に著名な教授がそのような統計のウソを使って実際の政策や法律改正に関わってしまっているのだ。また類題は「外国人犯罪の増加」である。キーワードは「入国管理法違反」と「来日外国人の増加」である。日本人は犯すことの不可能な入管法違反という「犯罪」や、そもそも日本に滞在する外国人の増加などの影響を無視した上で、外国人犯罪が「増えた」という数字が作られているのである。

数字を、まるで神のお言葉のごとく「正しい」と考えがちである。しかし現在の仮説検証型の推定統計はあくまで「確率」に基づくものであり、「絶対」なわけではない。さらに探索型の分析であれば、計算方法などの設定を少し変えるだけで全く違う結果が出てくることも少なくない。

　まとめれば、数字は大変に「便利」である。しかし、「使い方」を誤れば、他人のみならず自らまでも騙してしまう、「使用上の注意」をしっかり読み解く必要がある危険な道具でもあるのだ。

　例えば、先述したデュルケームの『自殺論』は当時最先端の統計手法を用いた分析を行っていた。しかし地域の特徴を、そのままその地域に多数住む人の特徴として解釈していると読める部分がある。ただし、よく考えてみると、集団レベルで言えることが、そのまま個人レベルでいえるとは限らない。例えば、失業者が多い地域で空き巣の発生率が高いという結果が出たとしよう。その際、ついつい失業者が空き巣犯罪を行っている、と考えがちである。しかし、失業者が多い地域は元々家賃が安いなどで防犯設備が整わない地域である分、空き巣が入りやすいだけかもしれない。この点はエコロジカル・ファラシー（生態学的誤謬）と呼ばれる誤りであり、集団レベルの特性を示す数値同士の関連から、その特性を持った個人の行動を説明してしまうことは正しくないことも多い。その点に関して、現在は集団レベルの特性と個人レベルの特性を複数のレベルの違う変数として同時に分析可能な階層線形モデル（マルチレベル分析）などと呼ばれる高度な統計手法を用いることで対処可能になっている。あるいはパネルデータという同一個人（同一対象）を追跡して得たデータを用いることで、観測できない個人（対象）ごとの持つ異質性を統制した様々な統計分析も可能となってきている。

　それら最新の統計的知識も、年月が経ってみれば「間違い」とされることがあるかも知れない。しかし「今」採りうる最適の方法で研究するのが「科学」の姿勢である。さらに、今の結果が将来否定されても構わない、というよりもむしろ否定可能なデータや分析に基づく研究こそが科学である、という立場（反証主義）もあるのだ。

　デュルケームが社会学の講座を開講してから100年以上の時が経ち、日本においても数多くの社会学部や社会学科が設置されている。そして、社会学が広まるにつれて、様々なテーマをとりあげた「○○の社会学」が提唱され、社会学が対象とするテーマは広がり続けている。しかしその分だけ、むしろ社会学

が始まった当初において取り組まれてきた大きな問題意識である「社会的な事象とは何か」という問いや「集合的な現象のメカニズムの解明」という目的が忘れられてしまっている。社会学が本来知りたかったのは、個別の事象について分析し、考察することを通して見えてくる「社会」それ自体であったはずなのだ。その「社会」それ自体を見ていくために「数字」を用いることは万能では決してないが、とても強力なツールであり、ぜひ毛嫌いせずに自らの力の一つとしてほしい。

●考えを深めよう●
①どのような社会調査が実際に行われているのか調べてみよう。
　SSJDA（コラム参照）のHPを使って様々な質問項目や社会調査の実例を調べてみよう。
②政府統計の総合窓口「e-Stat」（https://www.e-stat.go.jp/）やSSJDAが運営する「リモート集計システム」（https://nesstar.iss.u-tokyo.ac.jp/webview/）を使って、実際に量的調査のデータを集計してみたり、簡単な分析をしてみよう。

> さらに学びたい人のための文献紹介

1．量的調査の方法や著名な社会調査について学びたい
①盛山和夫『社会調査法入門』有斐閣，2004．
②原純輔・浅川達人『社会調査（改訂版）』放送大学教育振興会，2009．
③佐藤博樹・石田浩・池田謙一編『社会調査の公開データ—2次分析への招待』東京大学出版会，2000．
＊①と②は、量的調査に限らず社会調査一般を学ぶのに適したテキストである。どちらも社会調査の「王道」が学べる本であり、本章で量的調査や計量分析に興味を持った読者はぜひ図書館などで借りてまずは一読して欲しい。また③は国内外の著名な社会調査を紹介しつつ、それらを利用した実際の分析事例なども掲載された本である。量的調査に関心がある人は手にとって、様々な領域の問題が調査されていることを知って欲しい。

2．社会学で使える統計学を学びたい
④高橋信・トレンドプロ『マンガでわかる統計学』オーム社，2004．
⑤数理社会学会監修『社会の見方、測り方—計量社会学への招待』勁草書房，2006．

＊統計学の世界はどうしても難解で、数字の海に溺れてしまう印象があるだろう。それに対して④は、「萌え系」とも思える絵柄のマンガでありながら、しっかりと統計の考え方を教えてくれる良書。一方の⑤は本章で説明しきれなかった様々な統計手法について実際の分析例を挙げながらコンパクトに説明しており、難しい統計手法を学ぶ第一歩となる本である。

3. 数字を読み解く力をつけたい

⑥ダレル・ハフ著（高木秀玄訳）『統計でウソをつく法』講談社ブルーバックス，1968.
⑦谷岡一郎『「社会調査」のウソ』文春新書，2000.
⑧パオロ・マッツァリーノ『反社会学講座』ちくま文庫，2007.

＊統計が使い方次第でいかに「ウソ」をつくのか、そのことを特に統計のグラフ表現などについて説明したのが⑥。一方、様々な社会調査の実名を挙げながら、「リサーチ・リテラシー」（社会調査の結果を正しく読み解く能力）を身につける必要性を主張したのが⑦である。最後の⑧は主に統計数値を利用しながら様々な常識を相対化する視点を提供してくれる、実に「社会学的」な一冊。ただし内容をそのまま鵜呑みにすると、それこそ著者のネタになるので注意してほしい。

COLUMN 社会調査データの図書館としての「データアーカイブ」
田辺俊介

　データアーカイブ（以下「DA」と略記）とは、様々な社会調査データを収集・保存し、その貸出を行う機関であり、いわば「社会調査データの図書館」と呼べる存在である。欧米諸国では1960年代から設立されはじめ、現在では社会科学の研究・教育に必須の機関になっている。日本でも、東京大学社会科学研究所附属社会調査・データアーカイブ研究センターが運営する **SSJDA** (Social Science Japan Data Archive, http://ssjda.iss.u-tokyo.ac.jp/）が、1998年よりデータ提供を開始し、2020年時点で2300近くの量的調査データを公開している。

　DAの主要な活動として、まず挙げられるのが社会調査の**個票データ**（個々の調査票の回答内容で、**マイクロデータ**とも呼ぶ）の収集と保存である。DAができる以前は、貴重な社会調査のデータの多くが分析終了後に破棄されてしまい、少なくない労力やお金を費やしたデータが失われてしまっていた。しかし現在では、様々な調査データがDAに預けられるようになり、数多くの社会調査データが廃棄や消失の危険から救い出されている。

　またDAでは、収集した調査データに関する情報（調査票や調査方法、サンプリングや回収率など）をまとめてデータベースを作っている。そのデータベースはインターネットを通じて検索が可能となっており、DAが所蔵する様々な社会調査をどこからでも調べたり、参照したりすることが可能になっている。

　加えてDAは、データの貸出も行っている。「学術目的である」などの条件と一定の利用資格を満たしていれば、DAからデータを借りることができる。そのため現在では、大変な労力とお金がかかる量的調査を自ら行わなくても、研究関心に基づいた様々な計量分析を行うことができるようになっている。

　以上のようなDAの諸活動の社会学に対する意義を考えてみよう。まず計量分析の側面としては、既存調査データの再分析（**二次分析**と呼ぶ）が可能となることで、同じデータから新たな知見が得られる可能性が広がった。また使ったデータがDAから公開されていれば、発表された論文や研究の分析結果について「同一の手続きで分析をすれば同一の結果が出る」という（科学的な）追試が可能となり、科学において求められる結果の「**再現性**」の検討が可能になった。実際すでに欧米では、学術的に価値がある論文と認められるためには、使用データがDAから公開されていることが必須条件となってきているという。

　また量的調査の側面としては、二次分析が可能になることで、同様の調査を様々な調査者が行う必要がなくなり、無駄な調査にお金や時間をかけずに済み、ひいては調査対象者の負担を減らすことにもつながっている。さらに新しい調査を企画する際に、調査票作成の参考としたり、あるいは既存の調査と比較できるかを考えたりできることから、社会調査全体の質の向上に役立つというメリットもあるだろう。

　以上のような様々な意義を考えると、DAは「数字」で社会学する際には必ず利用すべき「図書館」のような機関であると言っても過言ではない。

第10章 ライフストーリーインタビューで社会学する
―― 人生の物語を聞き取る

南山浩二
Koji MINAMIYAMA

1. 人生の物語を聞き取る――ライフストーリーインタビューへ

＊＊：あの、いいですか。小さい頃のお話は、周りの人とかご両親から聞いていると思うんですけど、小さい頃のお話からもしよろしければお話頂きたいのですけれども。

Ap ：子どもの頃というのは、おそらく血友病であるというのは、おそらく物心ついたときから知っていたんだと思います。その血が止まりにくいんだからと。それは何を見て知ったかというと、おそらく親の対応を見てのことだったと思うんですけど。だからほとんど自分は、血友病である自分ということからしか知らない、記憶がないんですよね。…（略）…[1]

　これは、輸入血液製剤により HIV に感染した血友病患者へのインタビューの冒頭部分のトランスクリプト（＝インタビューを逐語起こししたもの）である。このように、語りを誘発する問い（＝ナラティヴ生成質問）から始め、語り手の人生経験やその時々の思いを聞き取ろうとするインタビューが、個人のライフストーリーや「病い」の体験に照準する研究などにおいて着目されている。〈一問一答式〉の構造化されたインタビューではない。聞き手は、あくまでも語りの時機や語り手のペース、語りの固有性を尊重しながら、語り手が自己物語を紡ぎ出す作業に加わっていくのである。本章では、こうした特徴を有するインタビュー、すなわち、**ライフストーリーインタビュー**に焦点をあてながら議論することとしたい。なぜなら、このインタビュー法は、後述するように、従前の社会学における知のあり方や方法論の再考を要請するもの[2]として注目されているからである。

　なお、**ライフストーリー**（life story）とは、個人が語る人生の物語であり、「個

---

[1] 輸入血液製剤による HIV 感染問題調査研究会編『医師と患者のライフストーリー　第3分冊資料編　患者・家族の語り』松籟社，2009.
[2] 桜井厚『インタビューの社会学―ライフストーリーの聞き方』せりか書房，2002.

人が生活史上で体験した出来事やその経験についての語り」[3]である。人生の物語といっても、個人の人生経験すべてをあまねく網羅するものではない。個人が、自身の人生やアイデンティティにとって有意味とみなす出来事に照準しながら語る人生物語なのである。ライフストーリー研究とは、こうした個人の語りから社会事象や社会問題を読み解く試みであり、語りを記述・採集し、カテゴリー化していく帰納的戦略にたつ手法なのである。一般に、ライフストーリーには、自伝など文字化されたものも含まれるが、ここでは、口述されたもの、とりわけ、語り手（調査対象者）と聞き手（調査者）との対話を通じて、生成・記述される語りに着目することとしたい。こうした**インタビュー**により採集される語りは、今日、社会学において多用されるライフストーリーである。

2. 質的研究法への関心の高まり

では、本題に入る前に、ライフストーリーインタビューをはじめとした**質的研究法への関心の高まり**について確認しておこう。

社会学の関心は、私たちをとりまく「社会」「社会現象」や「社会問題」に照準し、その仕組みや成り立ちを明らかにすることにある。その際、「良質な社会学研究」であるためには、思弁的で不充分な情報に基づいた見方に距離をおき、可能な限り明確に問題を提起しながら、まずは、結論を導き出すために充分な実態を指し示す証拠を収集することが重要である[4]。こうした証拠を収集しようとする方法が社会調査法に他ならないが、**質的研究法**（qualitative research method）は、概して、数値データと統計学的手法に基づき社会現象を解析する研究方法である**量的研究法**（quantitative research method）に比べてあまり定型化されない方法でデータを集め、主として言葉による記述と分析を行う方法である[5]。では、なぜこのような特徴を有する方法が、今日、関心を集めているのだろうか。

フリックによれば、心や社会を扱う研究者にとって、これまでにはないような新しい社会の文脈や視野が出現しており、社会の急速な変化を背景とし生活世界が多元化している今日において、私たちが経験する社会現象は、もはや「当

---

[3] 桜井厚・小林多寿子『ライフストーリー・インタビュー——質的研究入門』せりか書房、2005。
[4] アンソニー・ギデンズ（松尾精文ほか訳）『社会学』（改訂第3版）而立書房、1997。
[5] 量的研究法は、既存の理論や他の調査の知見に基づき仮説を導出し収集されたデータにより検証しようとする演繹的方法としての傾向をもつ場合が多く、質的研究法は、データの集積と検討を通じて一定の理論を生成しようとする帰納的方法としての特徴を有する傾向にある（大谷信介・木下英二・後藤範章・小松洋・永野武編著『社会調査へのアプローチ——理論と方法』（第2版）ミネルヴァ書房、2005、佐藤郁哉『フィールドワーク——書を持って街へ出よう』新曜社、1992、盛山和夫『社会調査法入門』有斐閣ブックス、2004）。

たり前のもの」とは言えなくなっている。こうした状況下では、既存の理論モデルから導出された仮説を実証データに基づき検証する演繹的方法には、「未知の現象」に充分接近できないという限界があり、よって、**帰納的な研究戦略**としての特徴を有する質的研究が「取り得る別の道」として注目を浴びているのである[6]。

　質的研究法について概観しておこう。本章で焦点をあてるインタビュー法の他には、主に観察やドキュメント分析などがある[7]。観察は、フィールドにおける観察を通じて、対象となる個人の行為や集団における相互作用、その社会的背景などを明らかにしていく方法である。社会学では、「完全な観察者」として観察を行うよりも、程度の違いはあるものの、自分が記述・把握したいと考えている社会現象が生起しているフィールドに入り、その現場において展開される社会関係に関わりをもちながら観察を行う方法を採用する研究がよく見られる[8]。このような観察を**参与観察**（participant observation）と呼ぶが、精神科病院に入院している患者の生活世界を記述したゴッフマンの『アサイラム』[9]は、この方法を用いた研究として有名である。そして**ドキュメント分析**であるが、使用される素材は、雑誌記事・新聞記事・本・各種社会機関・団体等による記録や、ホームページやブログ・手紙・写真・映画・テレビ番組やCM・音声など多岐にわたる。この方法を用いた研究として名高いトマスとズナニエツキの『ヨーロッパとアメリカにおけるポーランド農民』[10]では、手紙や生活史、新聞記事、各種団体や社会機関の記録、裁判記録、など様々な資料が用いられている。

3. ライフストーリーインタビューとは何か
3-1. ライフストーリーインタビュー

　インタビュー法は、一般に「質問の設定」の仕方を基準にして類型化される。調査にあたって「何を聞くべきか」が事前に明確化されており、研究者が一定の仮説を検証しようとする場合などでは、あらかじめ質問群を設定した**構造化インタビュー**を行うことになる。一方、どちらかと言えば「語られる」事柄から何かを発見していこうとする志向性が強い場合、あまり具体的な質問群を事前

---

[6] ウヴェ・フリック（小田博志・山本則子・春日常・宮地尚子訳）『質的研究入門─〈人間の科学〉のための方法論』春秋社、2002.
[7] 大谷信介・木下栄二・後藤範章・小松洋・永野武編著前掲書.
[8] ウヴェ・フリック（小田博志・山本則子・春日常・宮地尚子訳）前掲書.
[9] アーヴィング・ゴッフマン（石黒毅訳）『アサイラム─施設収容者の日常世界』誠信書房、1984.
[10] トマス＆ズナニエツキ（桜井厚訳）『生活史の社会学─ヨーロッパとアメリカにおけるポーランド農民』お茶の水書房、1983.

に用意しないインタビューとなる(=**非構造化インタビュー**)。

　ライフストーリーインタビューは、完全に構造化されたインタビューではなく、〈ゆるやかな問い〉を発しながら行う場合が多い。これには明確な理由がある。ライフストーリーは、語り手によって事前に言語化・体系化されているわけではなく、聞き手とのやりとりの中で、ゆっくりと紡ぎ出されていくという特徴がある[11]。語り手のペースに配慮しながら、**語りの時機**をじっくりと待つことも時として重要なのである。

　こうした配慮は、語り手の人生のストーリーを尊重していくということでもある。ストーリーの固有性を尊重することとは、端的にいえば、聞き手が、既存の理論・見方に基づき現象や行動を解釈してしまうような態度を保留すること、すなわち、**無知の姿勢**[12]という位置に立つことを意味する。この概念は、そもそも、セラピストに必要とされる態度として主張されたものではあるが、インタビュアーの「構え」をめぐり多くの示唆を与えてくれる。知識や理論といった既成の枠組みを携えて経験の語りに向かうのではない。「旺盛で純粋な好奇心がその振る舞いから伝わってくるような態度ないしスタンス」(=無知の姿勢)、つまり、「教えてもらう」位置に立つことで、自由に会話が展開する空間が用意されることになる[13]。ライフストーリーの主人公は語り手自身なのである。人生の体験を「よく知っている」のは、まさに語り手に他ならないのであって、その体験に学びたいという聞き手の姿勢が、「自由に会話が展開する空間」の創出を可能とするといえよう。

　むろん、語りの意味を理解するためには、ある程度の知識や情報は必要である。例えば、語り手が生活する地域社会や文化などについて、事前にある程度知っておけば、語られた内容をより理解していくことが可能となる。また、既に「語られたこと」が**背景知**[14]となり、語られた内容をより理解しながら、語り手に対して的確な「問い」を発していくことができるようになるのである。

---

[11]　語り手によって「完成された人生物語」がよどみなく語られることもある。このような場合は、なぜそのような「完成された物語」が語られるのか、そのような物語では汲み尽くすことができないであろう「生きられた経験」の語りを誘発する問いとは何か、気配りしながらインタビューすることがインタビュアーには求められることになる。
[12]　アンダーソン&グーリシャン(野口裕二・野村直樹訳)「クライエントこそ専門家である──セラピーにおける無知のアプローチ」『ナラティヴセラピー──社会構成主義の実践』(六刷) 金剛出版、2001、59-88 頁。
[13]　アンダーソン&グーリシャン(野口裕二・野村直樹訳) 前掲書。
[14]　ジェイムズ・ホルスタイン&ジェイバー・グブリアム(山田富秋ほか訳)『アクティヴ・インタビュー──相互行為としての社会調査』せりか書房、2004。

3-2. インタビュー形式により紡ぎ出されたライフストーリーとは何か

では、このようなインタビュー形式により紡ぎ出されたライフストーリーとは何であろうか。まず第一に、ライフストーリーは、あくまでも語られた人生の物語なのであり、人生経験すべてが網羅的に語られたものなのではない。換言すれば、聞き手―語り手の相互作用を通じて語り手によって語られた**自己物語**（＝現在の自己（あるいは将来の自己）を結末とした、自己にとって有意味な出来事が一定のプロットに基づき相互に関連づけられ組織化されたストーリー)[15] ともとらえることができる。

そして、ライフストーリーは語り手―聞き手の相互作用を通じて生成されるものである。聞き手は、単に問いかける人なのではなく、自己物語の共同制作者ともいえる。「聞きたい項目を整理しインタビュースキルを習得すれば、事実が聞き取れる」という立場の研究では、インタビュアーの存在は、いわば黒衣として顕在化しないが、ライフストーリー研究では、むしろ逆に焦点があてられることが多い。例えば、一定の語りを抑制したり強制するインタビュアーの「構え」の問題が議論されたり、他方、**アクティヴインタビュー**の議論[16]では、インタビュアーを豊かな語りを積極的に導き出す存在として位置づけようとする主張が展開されているのである。

4. 人間主体の方法としてのライフストーリー研究

前節において、ライフストーリーとは何か、インタビュープロセスと生成されたストーリーに着目しながらその特徴について概観した。では、さらにライフストーリー研究がもつ戦略的・学史的意義について確認しよう。このことは、本論の最初に述べたように、ライフストーリー研究が、「従前の社会学における知のあり方や方法論」に対しどのような位置にあるか跡づける作業でもある。

ライフストーリー研究では、高齢社会日本を生きる高齢者、若者の自立との関わりにおいて急速に社会問題化した「ニート」「ひきこもり」、「ステップファミリー」（＝「新しい拡大家族」）といった新たな家族関係の構築、異性愛主義をこえたセクシュアリティなど、比較的近年「出現した」新しい社会現象にも大きな関心をよせている[17]。「未知の現象」ゆえ先行研究や関連する情報は希少で

---

[15] ケネス・ガーゲン（永田素彦・深尾誠訳）『社会構成主義の理論と実践』（初版第1刷）ナカニシヤ出版, 2004.
[16] ジェイムズ・ホルスタイン＆ジェイバー・グブリアム（山田富秋ほか訳）前掲書.
[17] 小倉康嗣『高齢化社会と日本人の生き方―岐路に立つ現代中年のライフストーリー』慶應義塾大学出版会, 2006, 石川良子『ひきこもりの〈ゴール〉―「就労」でもなく「対人関係」でもなく』青弓社, 2007, など.

ある場合が少なくない。研究者はあらかじめ現象自体やその背景について充分知り得ていないのであり、このような場合、まずもって新たな事象を生きる人々の語り・経験に照準していくことが一つの有効な手段となるのである。つまり、この方法が、まさに「未知の現象」を記述し考察する「取り得る別の道」、帰納的な戦略のひとつであるからである。

そして、ライフストーリー研究法が、マイノリティ・被差別者といった社会の周辺に位置し社会的な抑圧下に生きる人々を対象としていることにもまた理由がある。社会科学において主流の位置をしめてきた**実証主義アプローチ**では、研究者が共有する理論や先行調査における知見などに依拠しつつ仮説を導出する。もしも、研究者の議論が研究者コミュニティ内部にとどまり外に閉じたプロセスに終始するならば、専門的知識の優位性は保持され、人びとの社会生活における経験知が相対的に排除されてしまう。その結果、従前の研究ではあまり焦点があてられていなかった社会の周縁に生きる人々の経験は、マイナーなものとして、従属的な位置に置かれてしまうことになるのである[18]。

こうした、批判は、量的調査の技法にも向けられる。そもそも、統計的サンプリングの基盤となる母集団の公式統計では、マイノリティや被差別者などを把握すること自体が困難なことが多く、調査対象として含むことが出来たとしても、量的に少数である場合、一括して「その他」としてカテゴライズされたり、外れ値として分析上除外されることで、不可視化されてしまう可能性があるからである[19]。

以上のような議論を集約すれば、ライフストーリー研究は、人間は主体的・個人的存在であるという認識に基づいた**人間主体の方法**[20]であると言い表すことができるだろう。ライフストーリー研究とは、従来の実証主義やこのアプローチに依拠した量的研究において、相対的に抜け落ちていた「具体的な個人」に照準し、「具体的な個人」の語りから社会事象や社会問題を読み解こうとする試みであるということができるだろう。

5. 固有な人生の物語──ライフストーリー研究の実際

ライフストーリー研究の実例として筆者が実際に関わっている薬害 HIV 感染被害問題調査をとりあげよう。「**薬害 HIV**」問題とは、HIV が混入した輸入非加

---
[18] 桜井厚前掲書.
[19] 桜井厚前掲書.
[20] ケン・プラマー（原田勝弘・川合隆男・下平平裕監訳）『生活記録の社会学──方法としての生活史研究案内』光生館, 1991.

熱高濃縮血液製剤を使用した多くの血友病患者がHIVに感染し、現在までに500名をこえる患者が死亡してしまった薬害事件のことであるが、マス・メディアでは「薬害エイズ事件」と表現される場合が多い。血友病は、血液凝固因子が不足しているため出血しやすく血液が凝固しにくい疾患であり、何らかの形で凝固因子を補充することが血友病の治療法となる。1970年代後半発売の米国から輸入の非加熱高濃縮血液製剤は、それまでに使用されていたクリオ製剤などに比べ、高単位に凝固因子を含み少量で効果があったため血友病患者の止血管理をさらに容易なものにしたといわれるが、数千から数万人の血漿をプールし原料としているためウィルス汚染の可能性が極めて高い製剤であったのである[21]。

　では、実際の調査の経過にもふれながら紹介しよう。私たちは、インタビューを行う前に、事前準備として、血友病に関わる医学的知識、血友病治療の歴史や薬害HIV事件の経過について理解を深めるため、関連する文献や映像・音声データの検討を行った。また、血友病患者の手記を入手し、血友病を患い、さらにHIV感染被害にあった経験とは如何なるものであったのか理解を深めることとした。こうした作業の過程は、実際のインタビュー場面において、語り手の語りを充分に理解しながら、さらに的を射た問いかけができるようにするための準備でもあったが（＝背景知の獲得）、その際、一定の「患者」「被害者」イメージにとらわれてしまわないよう留意した。

　読者は「HIV感染被害者」と聞いてどのようなイメージを抱くだろうか。自身が被害者ではなく、あるいは、直接被害者に会った経験がなかったとしても、薬害HIV事件を知る人ならば、一定のイメージを連想してしまうかもしれない。実際、授業で学生にたずねてみたところ、何人かの学生がよくマスコミに登場するある被害者の名前をあげ、「被害者とは何か」を具体的に説明していたのである。こうしたイメージは、あくまでもメディアなどによって構成された一つの像なのであって、個々の「被害者」の経験とは同じではないということに留意が必要である。

　例を示そう。私たちのインタビューに応じた血友病患者であり感染被害者であるJpさんは、大阪HIV訴訟、東京HIV訴訟での和解成立の後、地方各地で展開されたいわゆる和解後の裁判に原告として参加された方である。Jpさんは、

---

[21] 若生治友「血友病治療の歴史と患者をめぐる諸問題」輸入血液製剤によるHIV感染問題調査研究委員会『輸入血液製剤によるHIV感染問題調査研究―第一次報告書』2003, 112-123頁.

自身の血友病治療のあゆみ、家族との関係、患者会との関わり、陽性告知とHIV治療、裁判のことなどについて語っているが、その語りのなかで「薬害HIV」問題といえば、メディアによく登場するある特定の被害者が一般に連想されやすい状況にあると指摘している。そして、その一方で、そうしたある特定の被害者についてのイメージもメディアによって構成された「現実」なのであり、実際は「想像をこえたいろいろなもの」が「あったと思いますよ」と答えているのである[22]。

当事者の手記をみてもわかるように、まさにその人固有の人生物語がそこにはある[23]。血友病のHIV感染者が社会によって「感染被害者」としてカテゴライズされ、一定のイメージや期待を強いられたとしても、個々の患者それぞれの「現実」があり、生活・人生の固有の物語が存在するのである[24]。実際のインタビューでは、原疾患である血友病経験やその治療の記憶、「告知」のこと、家族のこと、恋人のこと、医師のこと、学校のこと、仕事のことなど、メディアなどによって生み出された「感染被害者」イメージにとどまらない個々の患者それぞれの生活・人生の固有の物語が語られているのである。そのトランスクリプトは大部なものとなっている。紙幅の関係上、ここでそのトランスクリプトの詳細を記載することはできないが是非とも一読して欲しい[25]。

6. 社会・文化の痕跡を読み解く

ライフストーリー研究では、「具体的な個人」に照準し、その人の人生物語の固有性を尊重すると既に述べた。そして、薬害HIV感染被害問題調査の実例から、ライフストーリーインタビューは「固有な人生物語との出会い」であると述べた。他方、個人が社会的存在である以上、その人生物語には様々な形で社会・文化の痕跡を読み解くことが可能なのである。では、ライフストーリー研究は、こうした、社会・文化の痕跡に対してどのように接近しようとしているのだろうか。

例えば、桜井は、「被差別部落」の（あるいは出身の）人々の語りの検討を行っている。人々の語りは、「被差別部落」出身であることを中核としたそれぞれの固有の〈生きられた経験〉を表象するものに他ならないとしつつも、一方で、個々の語りを横断する定式化された語りの存在を明らかにしている。

---

[22] 輸入血液製剤によるHIV感染問題調査研究会編　前掲書.
[23] 将守七十六『血にまつわる病から生まれたメトセトラ』文芸社, 2006.
[24] 花井十伍「薬害エイズ発生原因調査への視線」輸入血液製剤によるHIV感染問題調査編
前掲書, 2003, 128-133頁.
[25] 輸入血液製剤によるHIV感染問題調査研究会編, 2009, 前掲書.

そのひとつは支配的文化が保持している**マスターナラティヴ**であり、今ひとつは、マスターナラティヴに対して同調的あるいは対抗的なものとして位置づく**モデルストーリー**（桜井の議論では「解放運動のコミュニティ」が保持しているモデルストーリー）である。こうしたストーリーは、個々の経験をつなぐいわば横糸としてストーリーに共通性を付与しているのであり、語り手個々人からしてみれば、個人のアイデンティティ形成や行為の動機を提供するものとしても機能しているといえるのである[26]。

もちろん、マスターナラティヴやモデルストーリーは、必ずしも個々人の経験をあまねく表象するものではなく、場合によっては、固有な物語を隠蔽・抑圧する作用を持ちうる場合も少なくない。

その一例をとりあげよう。既にふれた、薬害HIV感染被害問題調査に初期から関わっている山田富秋は、1990年代半ば、メディアや出版された本などにより構築された「薬害エイズ事件」として社会に広く定着したマスターナラティヴ（＝支配的な物語）に対して、「事件の一被害者」でもあるH氏の語りを対置させながら、支配的な物語に回収されえないH氏の固有な物語（**ユニークな物語**）を示している。そして、H氏のように歴史的出来事を経験した当事者たちが、自らの固有な物語を語り、語り継ぐことによって、すでに流通するマスターナラティヴに亀裂を入れ、新たな**パブリックヒストリー**を創出していくことに繋がるとしている[27]。

ここでとりあげた諸研究は、支配文化やコミュニティが保有するストーリーとユニークな物語との関係を問うことで、個々の語りを社会的・文化的・政治的な文脈に位置づけようとした試みであるといえるだろう。

7.　ユニークで生々しい人生の物語との出会いとさまざま気づき

インタビューは、よく採用される社会調査の方法のひとつであり、一般にもなじみの深い方法だと言えるのかもしれない。今日、メディアだけではなく研究者やヒューマンサービスに従事する専門家など様々な人々が、インタビューを通じて多くの情報を得るようになっているのである。なぜなら、インタビューが人々のリアリティに接近しうる「世界の窓」[28]であると考えられているからで

---

[26] 桜井厚　前掲書.
[27] 山田富秋「「薬害HIV」問題のマスターナラティヴとユニークな物語」桜井厚・山田富秋・藤井泰編著『過去を忘れない―語り継ぐ経験の社会学』せりか書房，2008.
[28] ジェイムズ・ホルスタイン＆ジェイバー・グブリアム（山田富秋ほか訳）前掲書.

ある。
　しかし、ライフストーリーインタビューを手がかりにインタビューとは何かを改めて問いなおしてみると、単純に「世界の窓」と表現しえない考慮すべき課題や難しさが存在していることに気づくことができる。その問いは、研究や研究者の立ち位置のあり方、明らかにされるリアリティとは何かなど、いずれも本質的な問題群に結びついているのである。
　また、実際にライフストーリーインタビューという場面に身をおいてみると、社会が「具体的な人間」によって成り立っているというある意味素朴な事柄について再確認できるだけではなく、「具体的な人間」「固有な物語」を介して社会を捉え返していく醍醐味を味あうことができる。時には、人々の語りが、すでに社会的に構築されてしまっている「現実」を突き崩していく瞬間に立ち会うこともある。
　そして、ユニークで生々しい人生の物語との出会いが、しばしば、インタビュアーの内面に再帰的吟味の過程を引き起こし、インタビュアーの自己物語にとって有意味な出来事となる場合もある。この意味においても、もはや、インタビュアーは単なる黒衣ではなく、インタビューという相互作用を構成する一方の自己であることが理解される。
　このように、ライフストーリーインタビュー・ライフストーリー研究は、私たちに多くの気づきを与えてくれる方法・研究なのである。

●考えを深めよう●
① 「自分史」を作成してみよう
　自分史を作成してみよう。自分史といっても、文章として綴るのではありません。「(人生史上の)出来事」、「(その出来事が生じた)年月」、「その時々の思いや考え」などの項目を設けた所定の書式に対して、「公開されること」を前提に、各自、箇条書き程度に該当事項を記入してみます。記入する時間帯、記入する場所、記入に要する時間などは、各自の自由とします。そして、自分史を記入する際に感じたことについて、どんな些細なことでもメモしておくこととします(＝「自分史」作成時感想メモ」)。後日、このメモをグループメンバー間で共有し、個々人の感想を集約しながらディスカッションしてみましょう。
　これらの一連の作業は、調査者の質問(＝ある一定の書式)に対し、自身の人生を語る(＝書式に記入する)立場に、仮想的に自らを置くことを通じて、語

り手の気持ちを疑似体験するとともに、「人生を語る」という行為がもつ意味や調査上考慮すべき点などについて理解を深めることを目的としています。

② 2人ペアで5分間インタビューをしてみよう

　実際にインタビューを経験してみよう。テーマは「私にとっての大学生活」。実際のインタビューの中で、どのトピック（例えば、勉学、サークル、アルバイト、友人関係や恋愛、趣味など）に焦点化するか、どこまで具体化するかは、聞き手の裁量としますが、所用時間の目安は5分程度として下さい。インタビュー終了後、聞き手は、インタビュー結果を検討しまとめながら、語りの内容を的確に示すような見出しを考えてみましょう。そして、語り手に、語りの見出しについて、そのような見出しをつけた理由も含めて説明し感想を聞いてみましょう。この作業は、聞き手・語り手としてインタビューを実際に経験してみることでインタビューの面白さや難しさを実体験するとともに、語り手が語った意図や語りにこめた意味を聞き手が充分にふまえながら解釈できたかどうかをチェックしてみる練習でもあります。

③ トランスクリプトを作成してみよう

　②の5分間インタビューをICレコーダーに記録しておき、テープ起こしをしてみましょう（＝トランスクリプトの作成）。この作業は、語りという素材を分析可能な質的データに変換する過程です。沈黙や笑い、聞き手と語り手の語りが重なった同時発話など、どこまでトランスクリプトに反映させるかは自由としますが、後でトランスクリプトを見た際、インタビュー場面を生き生きと思い浮かべることができるようトランスクリプトを作成してみることをおすすめします。そして、プリントアウトしたトランスクリプトを見ながら、聞き手と語り手のやりとりを再チェックしてみましょう。聞き手の問いかけ方はどうか、その問いに対する語り手の応答はどうか、語り手の語りを受けて聞き手はどのように対話を展開させようとしたのかなどの点について振り返ってみましょう。

　さらに学びたい人のための文献紹介

1. ライフストーリー研究

①桜井厚・小林多寿子編著『ライフストーリー・インタビュー——質的研究入門』せりか書房，2005.

②桜井厚『インタビューの社会学—ライフストーリーの聞き方』せりか書房，2002．
＊①では、ライフストーリーインタビューの進め方、インタビューテクストの解釈および作品化の過程なども議論されている。②はやや上級編で、ライフストーリー研究の学史的意義や理論的背景なども含め理解を深めたい人にお薦め。

2．ライフストーリー研究の実際

③桜井厚・山田富秋・藤井泰編著『過去を忘れない—語り継ぐ経験の社会学』せりか書房，2008．
＊日系米国人の強制収容所経験、原爆の被爆体験、薬害HIVの経験、ハンセン病回復者の経験、アイヌの被差別経験、部落差別の経験、不登校・ユニークフェイスのセルフヘルプグループでの経験など、様々なライフストーリーが呈示されている。

3．「病い」体験のライフストーリー

④中村ユキ『わが家の母はビョーキです』サンマーク出版，2008．
⑤アーサー・クラインマン（江口重幸・五木田伸・上野豪志訳）『病いの語り—慢性の病いをめぐる臨床人類学』（第3刷）誠信書房，1998．
⑥ポーリン・ボス（南山浩二訳）『「さよなら」のない別れ　別れのない「さよなら」—あいまいな喪失』学文社，2005．
⑦蘭由岐子『「病いの経験」を聞き取る—ハンセン病者のライフヒストリー』皓星社，2004．
＊④は、トーシツ（統合失調症）の「お母ちゃん」と歩んだ31年の経験を綴ったコミックエッセイ。ユキさんの視点から再構成された「お母ちゃん」の自伝ともいえるが、ユキさんのライフストーリーでもある。⑤は「病い」のナラティヴ研究における必読書である。「患者」は、固有の人生や生活、「病い」の体験を有する存在であるとし、「病い」のナラティヴに着目している。⑥では、親密な関係にある人が認知症や慢性精神病を患うという経験を、「あいまいな喪失」として位置づけながら、患者・障がい者・家族・恋人などのナラティヴから議論している。⑦では、ハンセン病者の「病いの経験」を丹念な語りの分析を通じて検討している。フィールドに出かけハンセン病者の「病いの経験」を聞き取る「私」もまた重要な考察対象となっている。

ＣＯＬＵＭＮ　ライフストーリーインタビューと語られ方をめぐる政治
南山浩二

　ストーリーの生成プロセス、ストーリーのより広汎な社会への流出と人々による消費、ストーリーがもたらす社会的な影響などに着目する「ストーリーの社会学」[1]の視点から再考してみるならば、ライフストーリーインタビューが、「広い交渉的な社会的世界」と無縁なものではないことが理解できる。研究成果を口頭報告や論文として学会で発表すれば、記述された「事実」や「事実」の解釈の有り様をめぐって、研究者間で活発な議論が行われることは、研究活動上、通例のことである。しかし、社会的な争点として関心が高く、人々の利害関心やアイデンティティポリティクスに深く関わる事象を対象とした研究の場合、その議論は時として研究者コミュニティをこえて広く社会に波及していく場合があるのである。

　本文中で紹介した薬害 HIV 感染被害問題調査を例にあげよう。当初の研究成果をめぐって医師などから異議申し立てがおきている。研究チームは、調査目的を、マスコミによって構築・流布・強化された「加害者―被害者図式」（「加害者」である医師・「被害者」である患者）、「医師批判の図式」（＝医師は、当時、HIV 感染のリスクを充分に知りつつも血液製剤を投与し続けた）といったドミナントストーリーを相対化することにあるとしているが、この枠組みから完全に自由になっていないのではないかといった批判などであった[2]。

　また、この調査研究では、被害者・遺族・家族、血友病専門医といった「薬害 HIV」関係者はそれぞれ異なる「現実」を構築しているのであり、個々の関係者にとっての「薬害 HIV」経験の意味を問うことが重要であると考えていた。調査に協力した多くの医師たちも、当時の臨床医としての「薬害 HIV」経験を語っている。確かに、医師たちの語りは、個々の医師が聞き手とのやり取りの中で語った一つの「現実」であるといえるだろう。他方、それは、多くの関係者の物語の中のあくまでも一つの物語に過ぎないとも言えるのである。同じ場所や時間を生きていたとしても、病院の他の医師、コメディカルスタッフ、治療を受けていた患者やその家族といった人々からはまた異なる物語が語られるだろう。こうした異なる物語を生きた人々にとって、医師たちの物語がどのように読まれるかという論点も存在するのである[3]。

　以上の事例からも確認されることは、ライフストーリーインタビューが、ある事象の「真実」「語られ方」をめぐり展開される広汎な社会的な闘争・交渉の過程へと結びついているということである。インタビュアーは、自覚的であるか否かに関わらず、調査計画をたてある人を対象者（語り手）として決めたその時から、既に、語られ方の政治の渦の中に身を投じているともいえるのである。

---

[1] K. プラマー（桜井厚・好井裕明・小林多寿子訳）『セクシャル・ストーリーの時代―語りのポリティクス』新曜社，1998（＝1995）．
[2] 山田富秋「薬害 HIV 感染被害問題調査のリフレクシヴな理解」田中耕一・荻野昌弘編『社会調査と権力―〈社会的なもの〉の危機と社会学』世界思想社，2007，89～114 頁．
[3] 南山浩二「ある医師にとっての「薬害 HIV」―「弱み」を「語り」「聞き取る」」桜井厚・山田富秋・藤井泰編『過去を忘れない―語り継ぐ経験の社会学』せりか書房，2008，53～70 頁．

第11章 歴史で社会学する
―― 歴史社会学、あるいは近代世界を縁から折り返す方法

石原　俊
Shun ISIHARA

|1.|　1931年、小笠原諸島、ある女性の語りから

「お父っつぁん（夫）は異人の子は馬鹿だ、馬鹿だ、といいます。私らの親は木の実をとって食べて暮したような人なので、のんきで土地もみんな人にとられてしまいました。【…】私らのおやじさん［＝父親］はちょっと変った人で、子どもが9人もあるのに、ポッポと別の所へゆく人でしたので、土地も何もみんなとられてしまいました。お父っつぁん（夫）は、だから酔うと、異人は馬鹿だ、と私のことをいうのです。おかしくって、おかしいですよ。わたしはこのとおりのんきなものですから。ハハ……お父っつぁんは内地人ですからどうしても私より利口です。考えがあるのですね。お父っあんは正直一方の人で、まちがったことをしないという性なのです。私らはとてものんきで、小さいときには、外にあるものはとってもよい、人の家の中のものはとるものでない、などと教えられて育ったほどのんきでしたからね。どうしても内地の人は利口ですよ。」[1]

　この語りは、1931年に小笠原諸島を訪れた民俗学者の瀬川清子が、父島の浜辺で毎夕のように会って話しこんでいた「南方のカナカ系の人、ケテさん」と呼ぶ女性の**語り（ナラティヴ）**を、アジア太平洋戦争後に刊行した自著『村の女たち』で公表した**生活史（ライフヒストリー）**である。
　筆者は、近代日本国家に組み込まれ「南島」「南洋」などと呼ばれた島嶼社会の人びとが、世界市場、資本主義、主権国家・国民国家といった近代的なシステムの力に巻き込まれながら、どのように生きぬいてきたのかを、歴史社会学的な視点から研究してきた。とりわけ、ここ10年ほど深く関心をもっているのは、小笠原諸島や硫黄諸島に住んでいる（いた）人びとの経験についてである。
　父島や母島などからなる小笠原諸島（英語名 Bonin Islands）は、東京都心か

---
[1] 瀬川清子『村の女たち』未來社，1970．

ら約 1000km 南方に位置しており、日本が近代国家として立ち上がっていく 19 世紀後半に、沖縄諸島や北海道と同時並行で占領され、「内地」からの入植地とされていった群島である。小笠原諸島からさらに約 250km 南方に位置する硫黄諸島は、19 世紀末に日本が領有を宣言して以降、同じく「内地」からの入植地として発達した[2]。また小笠原諸島や硫黄諸島は、沖縄諸島と同様、アジア太平洋戦争末期に日本軍が地上戦やその兵站の場として――いわば〈捨て石〉として――利用を図り、その結果敗戦後も長らく米軍の占領下に置かれている。

筆者は 2007 年に上梓した『近代日本と小笠原諸島――移動民の島々と帝国』(平凡社) において、小笠原諸島が日本国家に併合される前から、この群島に移り住んでいた人びと (の子孫) に照準し、かれらが市場や国家の力に翻弄されながらも、〈群島と海〉を拠点とするその生活のあり方を実践的に組み換えつつ、19 世紀から現在にいたる近代世界のなかをどのように生きぬいてきたのかを、**文献資料 (ドキュメント・データ)** と**口述資料 (インタヴュー・データ)** に基づいて詳細に叙述した。近年はさらに、東アジア／日本における近代世界の矛盾を過酷な形で押しつけられながら、日本国内でさえ存在を忘れられてきた、硫黄諸島民とその子孫の人たちが、20 世紀をどのように生きぬいてきたのかについて書き進めている[3]。

上のケテさんの両親も、1870 年代に小笠原諸島が日本国家に併合される前から、この群島に移り住んでいた人たちであった。小笠原諸島はもともと無人島であったが、1830 年頃、当時の世界商品であった燃料用の鯨油を求めて近海に捕鯨船が往来するようになり、16 世紀頃から環大西洋に形成された**世界市場**の波が北西太平洋をも巻き込み始めると[4]、欧米大陸や太平洋・大西洋・インド洋の島々など世界各地から、経歴も生業も多様な人びとが寄留・入植し始める。

このような寄留者・入植者の大多数は、船舶の過酷な労働現場や寄港地の島々をわたりあるきながら生きぬいていた、〈群島と海〉の移動民であった。こうした移動民としての経歴をもつ小笠原諸島の入植者たちは、狩猟・漁撈・採集・農耕・牧畜などをいとなみつつ、これらの生産活動で得た物資によって寄港する船舶と交易も行いながら、群島を拠点として海に開かれた自律的な生活空間

---

[2] 硫黄諸島 (火山列島) は、硫黄島 (中硫黄島)、北硫黄島、南硫黄島からなる。このうちアジア太平洋戦争中に地上戦が行われた硫黄島が、東京都心から約 1250km 南方、サイパン島からみて約 1100km 北方に位置する。
[3] 石原 俊「そこに社会があった――硫黄島の地上戦と〈島民〉たち」『未来心理 Mobile Society Review』15 号, 2009, 26-35 頁. http://www.moba-ken.jp/wp-content/pdf/vol.15_ishiharashun.pdf
[4] 世界市場とは、クリストバル・コロン (コロンブス) のアメリカ到達を契機として 16 世紀頃から西欧を中心に形成され、世界史上はじめてグローバルな規模に達し、他の局所的な市場圏とは異なり唯一、現在に至るまで支配的な地位を占め続ける市場のことである (松井透『世界市場の形成』岩波書店, 2001)。

を培っていた。ケテさんの両親も、寄港した船舶から小笠原諸島に上陸した人たちであった。

　しかし、1870年代に明治政府が小笠原諸島の占領に成功すると、かれら「外国」出身者（の子孫）たちは、政府の出先機関の説諭と命令によって、日本という**国民国家**(nation-state)の一員に帰化させられていく。国民国家とは、国民(nation)という共同体の単位と、暴力の組織化や独占をはかる国家（state）という政治装置の単位とが一致していることが理想とされる、近代的な国家形態のことである[5]。かれらは日本国民（臣民）として近代的な戸籍に登録され、国境を超える移動は官憲による管理の対象となった。また、かれらの居住空間や農耕空間は近代的な土地所有制度にしたがって登記を命じられ、かれらの子どもたちは学校に通学し近代的な公教育を受けるようになった。

　他方でかれらは、日本国民として帰化した後も、官憲からはしばしば「帰化人」というカテゴリーで掌握されていた。かれらは、国民として**包摂**されながらも、「帰化人」という〈国民に完全には包摂できない危険な存在〉とみなされ管理・監視されたのである。国民という単位に基づいて暴力の組織化・独占をはかる国民国家という政治装置は、この暴力の独占にとってささかでも脅威だと感じる存在に対しては、治安の撹乱要因とみなして日常的に管理・監視の対象にしようとする性向をもっている。

　それでも、先に引用したケテさんの語りによれば、もともと〈群島と海〉を移動しながら生きてきた彼女の両親は、小笠原諸島のなかでも子どもたちを連れて「ポッポと別の所へゆく」ような生活を送り続けていたようだ。しかし、近代国家が定める私有財産制度などにはおかまいなく「のんき」に移動しながら生活していた両親は、「利口」な「内地人」に「土地も何もみんなとられてしま」ったようである。

　瀬川が出会った頃のケテさんは、「内地人」の夫（お父っつぁん）や子どもたちと暮らしていたが、夫が低収入だったので、彼女は夫の世話や子育てを含む日々の家事をこなしつつ、裕福な家での家政婦や夫が獲ってきた魚の行商など、外でのさまざまな労働にも従事しながら、生計を支えていたという。

　ケテさんたちが日本の官吏から日常的に呼ばれていた「帰化人」という呼称や、「内地人」の入植者ばかりか酔っ払った自分の夫からさえ投げかけられていた「異

---

[5] アーネスト・ゲルナー（加藤節監訳／亀嶋庸一・室井俊通・西崎文子訳）『民族とナショナリズム』岩波書店、2000。萱野稔人『国家とはなにか』以文社、2005。

人」という呼称は、けっしてたんなる中立的な分類カテゴリーではなかった。国民の一員であるにもかかわらず、わざわざ「外国」出身者（の子孫）であることを表すために用いられる「帰化人」という呼称は、たとえ当事者がそのように自覚していなくとも、国民国家にとっての治安の攪乱要因であるという名指しのニュアンスを払拭できない。「異人」という呼称は、小笠原諸島の社会のなかで「内地」系の「日本人」を自任する人たちが「帰化人」とみなした人たちに向かって投げかける日常的な差別語であり、この人びとを潜在的な「非国民」として扱う**排除**のニュアンスが強烈に含まれている。

　筆者は1930年代に小笠原諸島で幼少時代をすごした人たちを対象に聴き取りを継続してきたが、第一次世界大戦からアジア太平洋戦争にかけて日本軍の強力な要塞が置かれていた父島では、「帰化人」と呼ばれた人びとは陸軍父島要塞司令部付の憲兵隊による監視の対象となっており、1930年代に入り太平洋でも対外的な緊張が高まってくると、民間人のなかでも「帰化人」と呼ばれた人びとに対する差別や排除があからさまになっていったという。

　このように国民という共同体は、内部における同質性（包摂）と外部に対する排他性（排除）を追求する原理をもっている。国民は古代から連綿と続いていたかのように思われがちであるが、実は近代になって初めて現れ人びとの意識のなかで共有されるようになった「**想像の共同体**」である。だが18世紀末に西欧や南米大陸に現れたこの共同体意識は、たちまち世界各地で模倣され、公教育制度（国民皆教育制度）や徴兵制度（国民皆兵制度）、あるいは国語（国民語）によって報道を行う新聞・ラジオなどのマスメディアを介して、共同体メンバーの間に同志愛的な権利意識・義務意識をつねに喚起しながら、近代世界において特権的な位置を占めるようになった[6]。

　日本国民——あるいは日本民族・日本人——という共同体意識に関していえば、それが一部の知識人やエリート以外の民衆の間に定着したのは、近年の研究が明らかにしてきたように、せいぜい日清・日露戦争を経た世紀転換期以降のことにすぎない。しかしケテさんの語りにあるように、それからわずか30数年後の1930年前後の時点で——百歩譲って「明治維新」から数えても60数年しか経っていない時点で——、「純粋」で同質的な国民であることを要求する意識は、すでに人びとの間に強力に内面化されていたことがうかがわれる。そし

---

[6] ベネディクト・アンダーソン（白石隆・白石さや訳）『定本　想像の共同体―ナショナリズムの起源と流行』書籍工房早山、2007．

てこの同質性／排他性を追求する意識は、ケテさんのように「純粋」な国民共同体から一方的に脅威だとみなされる人たちにとって、排除される恐怖を日常的に感じさせるものだったのである。

2. 「周辺」化された側から近代世界をみる

　そもそも社会学とは、最も広義には、わたしたち自身が内属している近代世界を自己反省的＝**再帰的**に（reflexive）捉えるための学問である。ここでいう**近代**（Modern）とは、日本の中学校や高校の「歴史」の授業で使われるような、たとえば「明治維新からアジア太平洋戦争まで」といった、国民国家の境界を自明の前提とした事件史的な時期区分ではなく、強力なメカニズム——あるいは秩序・傾向性——を備えたいくつかのシステム（の複合体）の影響下に、人類史上初めて世界中が巻き込まれてしまった社会のことを指す、ひとつの概念である。そうした近代的なシステムの例として、わたしたちはただちに、資本主義、主権国家・国民国家、近代法、官僚制、福祉制度、学校制度などを思い浮かべることができる。社会学とは、近代世界におけるさまざまなシステムのメカニズムを明らかにしたり、システムに翻弄されつつ生きぬく人びとの生（活）のあり方を分析したりすることによって、近代世界を再帰的に捉える学問だといえる。

　したがって、あらゆる社会学は歴史的思考と無関係ではいられないし、極論すれば、社会学のおおもとには歴史社会学が存在するということもできよう。すくなくとも、19世紀半ばから20世紀初頭にかけて西欧を拠点に活躍し、社会学の基礎を作ったといわれる研究者たちは、西欧という近代的なシステムを牽引する側になった領域で生活しながら、その近代世界を再帰的な構えで批判的に考えぬこうとした人びとであった。たとえばカール・マルクスやマックス・ヴェーバーらは、資本主義的な商品世界と労働者支配の様態、国民国家や官僚制による支配様式といった近代的システムの存立構造と、そこに巻き込まれながら生きる人びとの意識構造を、歴史社会学的な観点から明らかにしたといえよう。誤解を恐れずにいえば、マルクス、ヴェーバーら以来の社会学的方法の伝統のなかで、歴史社会学的思考はコアとしての地位を占めているのである。

　このような意味での歴史社会学的思考は、近代世界において正当性や合理性をもっているとみなされている諸システムが、さまざまな歴史的偶然のなかで採用され、結果的に必然であるかのように幅をきかせるようになったことを明

らかにしてきた。また歴史社会学的思考は、これと表裏一体の作業として、そのようなシステムが正当化され合理化される過程で、いかなる人びとのいかなる経験や記憶が、どのように禁圧されたり忘却されたりしてきたのかを、掘り起こそうとしてきた[7]。

だが歴史社会学的思考がもつ意義は、近代的な諸システムが、そうしたシステム形成の牽引役とならなかった／なれなかった領域に生きる人びとにとって、どのような意味をもってきたのかを考えるときに、いっそうはっきりと浮かび上がってくるだろう。**世界システム**論の提唱者であるイマニュエル・ウォーラーステインは、近代的な諸システムの牽引役となった西欧──そして北米や日本など──をはじめとするいくつかの領域を「中心」、そうならなかった世界の大部分の領域を「周辺」と呼んだが[8]、そもそも近代的なシステムは、「中心」において形成された後、少しずつ平和裏に「周辺」領域に広がったわけではけっしてない。

たとえば、17世紀頃に西欧を「中心」として形成された**主権国家システム**は、国家における絶対的決定権としての主権を国際法の枠組みのもとで相互承認し合うことによって、主権者の名による各国家領域内の暴力の独占を図るとともに、国家間の暴力沙汰である戦争を縮減しようとした[9]。しかし、その相互承認の主体である主権者は長らく、ほかならぬヨーロッパ公法という名をもつ国際法によって「文明国」のメンバーとして認められた主体──後に米国や日本などが加わる──に限られており、「未開」あるいは「野蛮」とみなされ「周辺」化された主体には、そもそも主権者たることが認められなかった[10]。主権国家システムは当初から、ヨーロッパ公法の外部領域であるアメリカ大陸、アフリカ大陸、オーストラリア大陸、そして太平洋やインド洋の群島に対して、ある土地を「発見」し一定期間利用した（人が帰属している）主権国家に当該地の排他的な領有権があるとみなす「先占」（prior occupation）の法理を掲げて、その

---

[7] ただし歴史社会学の方法をこのように定位する見解は、すくなくとも日本では近年まで、社会学の主流ではなかった。佐藤健二が指摘するように、歴史社会学は日本では長らく、民衆の経験を「国民」や「民族」の「精神」史や「文化」史の枠組みのなかで明らかにするという、それこそ現在とは真逆のイメージをもたれてきた。近代的な「人間」像や「国民」像の自明性の相対化を試みるような歴史社会学の潮流は、20世紀後半の米国の社会学におけるヴェーバーやマルクスのリバイバル、欧米・日本などの歴史学における「社会史」や「新しい歴史学」の隆盛、社会思想における**構造論的因果性**（ルイ・アルチュセール）や「系譜学」（ミシェル・フーコー）の提起にインパクトを受けながら、1980年代以降に活性化したことに留意すべきである（佐藤健二『歴史社会学の作法──戦後社会科学批判』岩波書店，2001）。

[8] イマニュエル・ウォーラーステイン（藤瀬浩司・麻沼賢彦・金井雄一訳）『資本主義世界経済I──中核と周辺の不平等』名古屋大学出版会，1987.

[9] 主権は当初は絶対王政のもとで王侯に独占されていたが、フランス革命などを契機として18世紀末以降、主権者が国民であることを主張する国家群が登場する。これが先に述べた国民国家であり、国民国家は主権国家の性格を保持したまま、その発展形態として現れたと定位できる。

[10] 上野成利『思考のフロンティア　暴力』岩波書店，2006.

土地をヨーロッパ諸国や入植者たちが取得することを正当化した。だが当然ながら、このことは「周辺」化された人びとにとっては端的に、占領（occupation）による生活空間の破壊と収奪を意味していた。

また、18世紀末以降に西欧を「中心」として拡がった**資本主義システム**は、すでに形成されていた世界市場を利用しながら、ラテンアメリカ・アフリカ・アジアなどの多くの地域を、「中心」において生産過剰となった商品（過剰商品）を売ったり蓄積された資本（過剰資本）を投資したりする草刈り場として利用するとともに、「中心」に安価な天然資源・原材料・労働力を供給するモノカルチャー経済体制に貶め、「周辺」化してきたのである[11]。

すなわち、近代とは当初から**グローバリゼーション**として現れてきたのであり[12]、しかもそのグローバリゼーションは、世界市場、資本主義、主権国家・国民国家といった諸力の輻輳のなかで、「中心」領域の側が「周辺」化した領域の人びとをしばしば権力的・暴力的に統治したり収奪したりしながら、**植民地主義**的に展開してきたのである。

さらにいえば、近代的なシステムの牽引役となった西欧・北米・日本の国民国家群の国境内部にも当然、「周辺」化されてきた領域は存在するし、近代世界において「周辺」化された領域から多数の移民や出稼ぎ民が仕事と生存の場を求めて集まったのは、西欧・北米・日本などの植民地帝国本国――そして第二次世界大戦後の「先進国」――の中枢に位置する大都市の社会的・経済的底辺領域であった。ウォーラーステインの世界システム論の有効性はむしろ、いわゆる「中心－周辺」関係を、主権国家の国境などの地理的区域によって必ずしも明確に区分けできる関係としてではなく、近代世界においてグローバルに遍在している関係として捉える視座を提供したことにある。すなわちたとえば、日本に帰化させられた両親をもつ「南方のカナカ系の人、ケテさん」をめぐる状況と、西欧・日本・米国という植民地帝国の統治下に順次置かれ続けてきたミクロネシアの先住民をめぐる状況と、米国本土のロスアンジェルスに住むミクロネシア系移民をめぐる状況を、グローバリゼーションのなかでのひとつらなりの状況群として考える視座である――念のため、状況をつらなりとして考えるとは、状況を同一視するという意味ではない――。近代世界において、植

---

[11] モノカルチャー経済とは、単一もしくは数種類の食料・原材料生産に特化させられ、世界市場における価格変動の影響を受けやすい、従属的な経済体制のことである。
[12] グローバリゼーションについてはさまざまなことがいわれてきたが、ここでは正村俊之の明解な定義を援用して、16世紀頃の世界市場の成立を起点とするヒト・モノ・カネの世界的な流れの成立と、これに伴う地球的規模における政治的・経済的・文化的諸連関の深化と位置づけておこう（正村俊之『グローバリゼーション――現代はいかなる時代なのか』有斐閣、2009）。

民地主義は遍在しているのである。

　以上のような意味において、近代世界を再帰的に思考するという歴史社会学的な構えは、近代西欧を無意識に自明の「中心」としてきた秩序観や世界観を相対化する作業へと導かれる。そうした構えは、西欧を「中心」とするグローバルなシステム形成の波に〈うまく乗っかる〉ことによって、アジア太平洋各地に対して植民地主義的にふるまってきた、近代日本という存在を相対化し、再帰的に捉えていく作業にもつながってくる。

　クーデターで徳川幕府から政権を奪取した明治政府は、ヨーロッパ公法を「万国公法」と名づけてその論理を積極的に受容し、主権国家を立ち上げていく過程で、「廃藩置県」による藩＝地方政権の武装解除、帯刀禁止による士族身分の武装解除などを通して、天皇という主権者の名による暴力の独占を図っていくとともに、欧米諸国と同様、「万国公法」を受容していなかった近隣の人びとに対して主権の論理を権力的・暴力的に押しつけていった。

　まず明治政府は、米国が先住民の生活空間を強奪して「西部開拓」を果たしたのと同じく、アイヌの生活空間＝共同利用地を一方的に国有地に編入して「内地」からの開拓民に分け与えながら、「北海道開拓」という名の占領に乗り出していく。さらに、琉球王国領内の宮古島から台湾島に漂着した島民たちが現地住民に殺害された事件を契機に、宮古島の住民は日本国民であるから日本の主権によって保護されるべきだという論法を持ち出して、台湾島に軍を派兵する。こうして明治政府は、台湾よりも日本寄りに位置する琉球王国（琉球藩）に対する日本の主権を既成事実化したうえで、「琉球処分」という名の沖縄諸島占領を進めていった。さらに小笠原諸島に対しても、同諸島を最初に「発見」し実効的に利用したのは日本国民であったという「先占」の法理を掲げて政府の艦船を派遣し、「小笠原島回収」という名の占領を進めていったのである。

　その後の日本国家が西欧諸国などと同様、工業製品の市場や資源・原材料・労働力の調達地、そして過剰人口の移出先を求めて、東アジア・西太平洋における植民地帝国として膨張していったのは、周知の通りである。

　ケテさんたちのように近代日本において「周辺」化された人びとからみたとき、主権国家・国民国家としての日本国家と植民地帝国としての日本国家はどちらも、自分たちにあたかも波のように襲いかかってくる植民地主義的な政治装置を意味していたのである[13]。

3. 近代世界を縁から折り返す

　ふたたび、1931年のケテさんの語りを引用しよう。彼女は父島要塞司令部での日雇い労働に従事したさいに「異人」と名指されたときの経験を、次のように語っている。

> 「異人といったって、日本人になってるじゃありませんかね。司令部の日雇仕事があったときなんぞ、私は日に5円も働きました。そしたら、これからは異人には司令部の仕事はさせないそうだ、っていうんですよ。にくまれ口でしたがね。それから私は役場の人や支庁の人にいってやりました。もし戦争が起こって日本人が私を異人だから、と、殺そうとしたとき、私の子どもや夫は見殺しにするでしょうか。それと同じで異人がここへ攻めてきたとき、私ばかり助かって子どもや夫を殺させるでしょうか。」[14]

　ここでケテさんは、将来島が戦場になったときに、日本軍から自分が「非国民」と名指されて殺される状況や、侵攻してきた外国軍から「内地人」の夫や子どもが「日本人」と名指されて殺される状況を想像している。

　じっさい日本軍は1944年、小笠原諸島や硫黄諸島を「内地」防衛の時間稼ぎのために地上戦の場として利用する目的で、大規模な部隊を駐留させるとともに、両諸島に住んでいた約7000名のうち、多数の島民を「内地」に強制疎開させた。島々を〈捨て石〉として利用するために実施された強制疎開は、「疎開」と呼ばれてはいるものの、実態としては住民の追放・離散（ディアスポラ化）とかれらの生活空間の徹底的な破壊を意味していた。「帰化人」と呼ばれていた人びとも強制疎開の対象となり、ケテさんを含む多くの人が身寄りのない「内地」で生きぬくことを余儀なくされた。なかには「スパイ」とみなされて官憲に拘束された人や、「鬼畜米英」などと名指されて民間人から竹槍で殺されそうになった人もいるという。

　他方で小笠原諸島や硫黄諸島に住む男子青年層の多くは、強制疎開のメンバー

---

[13] さらに留意すべきなのは、植民地帝国としての日本が崩壊した1945年は、近代日本による植民地主義の終焉を意味していないことである。敗戦後の日本は、戦時中に〈捨て石〉として利用した沖縄諸島や小笠原諸島・硫黄諸島を米国の軍事利用のために貸与したうえで、米国が主導する冷戦秩序に〈うまく乗っかる〉ことによって、「平和憲法」体制のもとで民需主導型の産業構造を形成した。さらに、旧伴合地域である東アジアや旧占領地域である東南アジアに成立した開発主義政権——その多くは軍事独裁政権であった——に対して、「経済協力」「開発援助」の名による経済「進出」を果たしながら、改めてこれらの地域に資本蓄積の場を開拓し、「高度経済成長」を遂げていく。それは、米谷匡史が述べる〈植民地なき帝国主義〉——本稿の用法でいえば〈植民地帝国なき植民地主義〉——というべき位相にほかならない（米谷匡史『思考のフロンティア　アジア／日本』岩波書店、2006）。近代日本による植民地主義は、現在でもけっして終わっていない。

[14] 瀬川　前掲書。

から除外され、現地徴用の対象になった。「帰化人」と呼ばれていた人びとからも、男性5名が徴用され、父島で軍務に従事させられた。この5名のなかで現在存命の人は誰もいないが、2009年12月に亡くなるまで筆者が繰り返し聴き取りをしていたジェフレー・ゲレー（野沢幸男）さんは生前、父島に駐留する海軍部隊の徴用工として軍務に従事していたときに、上司にあたる技手から受けた扱いについて、次のように語っていた。

「んー、結局、何て言うんかねえ……まあ、中に悪い人がいてね……結局、ぼくも顔かわってるし、【…】で、空襲になっても、たまたま、ぼくだけは、［防空壕の外で］体縛って……何ていうの……柱に縛っておいたんですよ。【…】それを繰り返し、1ヶ月ぐらいやってたね。」

続いてジェフレーさんは軍属として海軍部隊に配属され、敗戦まで軍務に従事した。ジェフレーさんは度重なる空襲で命の危険にさらされながらも、敗戦までなんとか生き延びることができたが、米軍による武装解除後、元上司であった下士官からの打ち明け話によって、自分が「スパイ」として「処分」＝殺害されそうになっていたことを知らされる。

結局日本の敗戦まで小笠原諸島では地上戦は行われなかったが、硫黄島（中硫黄島）では日米軍が凄惨な地上戦を展開し、日本軍側が93名の硫黄島民を含む約20000名、米軍側も約7000名の死者を出すことになった[15]。

ケテさんの語りにもどろう。先にみたように、彼女にとって「異人」や「帰化人」と名指されることは、同質性／排他性を希求する国民共同体から一方的に排除される可能性を感じさせたが、その排除に対する恐怖は彼女に、国家という政治装置が戦時に暴力の組織化をはかるさい、自分が殺されたり傍らで家族が殺されたりする状況をも想像させた。このように、殺されるかもしれない／殺す（ことに加担する）かもしれない状況を想像するケテさんの語りは、国民国家というシステムの〈縁〉に置かれた者の発話にほかならない。

---

[15] 米国政府は1946年、日本統治下の小笠原諸島で「帰化人」として掌握されていた人びととその家族にのみ、米軍占領下の父島への帰島・再居住を許可した。だが施政権が日本から切り離された小笠原諸島と硫黄諸島は、日本政府の同意のもとに米軍が秘密基地として利用し続けたため、「内地」系島民（の子孫）が帰島することは認められなかった。かれらは〈日米合作〉の難民（ディアスポラ）となったのである。1968年、小笠原・硫黄諸島の施政権が日本国に「返還」され、父島に駐留していた米軍は完全に撤退した。その後小笠原諸島については、帰島を許されていなかった「内地」系島民（の子孫）の再居住が認められたが、硫黄諸島については再居住が認められなかった。1968年以降、硫黄諸島には自衛隊が駐屯し――米軍も引き続き使用している――、北硫黄島を含む硫黄諸島は依然として〈軍事占領〉下に置かれ、島民たちは強制疎開後65年以上を経てもディアスポラ状態に置かれ続けている（石原前掲論文「そこに社会があった」）。

そして、国家の〈縁〉で発話するケテさんは、日本国家が小笠原諸島を占領する以前にミクロネシアあるいはメラネシア方面の島から移住してきたと思われる、自分の祖先たちのことについて、次のように語っている。

> 「昔、南洋から二家族移ってきたそうだが、母島の王様はケテという人でした。夫はマ̌リ̌レ［＝モットレー］という米人で大変勢力があったので、ウェブという人が母島をとろうとしてマ̌リ̌レを殺そうとした。見つかってウェブは米国へ追いかえされました。その子孫は今父島にいます。マ̌リ̌レは郵便船がひっくりかえって死んだので、妻のケテが母島の女王様で、沖を通る油船でもケテばあさんの承諾がないと島に寄ることもできなかったそうです。そのケテばあさんが、後に油船で来たロース［＝ロルフス］という人を夫にしました。子がなかったので、ケテばあさんといとこだった私のお母さんの一ばん上の娘——つまり私の姉が貰われました。」[16]

　ここで「母島の女王様」の「ケテばあさん」と呼ばれているのは、語り手のケテさん本人のことではなく、語りでも説明されているように、ケテさんの母親のいとこにあたる人物を指す。このエピソードで想起されているのは、19世紀の小笠原諸島において、世界各地からやってきたケテさんの祖先たちが〈群島と海〉を拠点にいとなんでいた、国家によって管理されない移動民の自律的な生活空間や力（暴力）の記憶である。だが小笠原諸島が日本に占領される過程で、かれらが培ってきた自律的な生活空間やそこで生起していた力（暴力）は、しだいに国家による管理と禁圧の対象になってきたのだった。
　すなわち 1931 年のケテさんは、「帰化人」や「異人」と呼ばれ国家の〈縁〉で生きることを強いられ続けるなかで、自分や家族が国家装置によって殺されるかもしれない状況を想像しながら、同時にまた、国家装置によって管理され禁圧されてきた自分の祖先たちの自律的ないとなみを想起しているのである。ケテさんは、自分を殺すかもしれない国家というシステムに対して、正面から力（暴力）による抵抗を試みることはない。だが国家の〈縁〉から発せられるケテさんの語りは、禁圧され忘却されてきた祖先たちの自律の記憶を呼び出すことによって、排除に〈抵抗〉しているのである。
　歴史社会学の方法とは、「現在」の高みに立って——超越的な構えで——、社

---

[16] 瀬川　前掲書．

会(科)学的な一般理論構築にとっての有用性などの観点から、「過去」を取捨選択して利用することではない。かといってそれは、あたかもパラレル・ワールドを空想するかのように、〈ありえたかもしれない別の歴史〉を描くことでもない。

　歴史社会学的な思考に求められるのは、歴史的現在という地点に立っている認識者の位置性をじゅうぶん自覚しながら、過去とのたえざる往還の作業によって、近代システムの〈縁〉で翻弄されながらも生きぬいてきた人びとの経験や記憶を拾い集め、〈縁〉から近代世界を折り返していく作業である。いっけん迂遠にみえる、そうした地道な作業の積み重ねこそが、近代世界の論じ方それ自体を問い直す途へとつながるのである。

付記
　本稿は、拙著『近代日本と小笠原諸島—移動民の島々と帝国』(平凡社, 2007) の第1章と、内容が一部重複していることをお断りしておく。引用文中の［　］内は、筆者(引用者)による補足である。引用文中のなかで省略した部分は、【…】と表記している。
　本稿で言及したジェフレー・ゲレー(野沢幸男)さんは、2009年12月12日、85年の生涯を終えられた。本稿を亡きジェフレーさんにささげることを、お許しいただきたい。

●考えを深めよう●
　本章を読み、その内容をひととおりふまえたうえで、次の課題に取り組んでみてください。
①あなたの現在の居住地域もしくは出身地域には、旧日本帝国陸軍の第何師団が置かれていたのか、文献などで調べてみなさい。
②その師団がアジア太平洋戦争でどういった地域に派兵されていたか、どの国家の軍やゲリラと戦闘状態にあったか、その戦闘の状況はどうであったのか、戦闘に巻き込まれた住民の状況はどうであったのかについて、文献などで調べてみなさい。
③その師団に従軍していた軍人、軍属のなかで、朝鮮や台湾など旧「外地」出身者がいたかどうか、もしくは技術者、工員、軍夫、挺身隊員(「慰安婦」)などとして従軍していた人がいたかどうかについて、またこれらの人たちをめぐる状況はどうであったのかについて、文献などで調べてみなさい。
④上記②や③で調べた内容などを背景知としてふまえながら、あなたの親族や知り合いで、アジア太平洋戦争に従軍した経験をもつ人(むろん海軍の従軍者

でもかまわない）を探しだし、じっくりとインタヴューを実施しなさい。
⑤上記①〜④の作業を実施したうえで、(a) 戦争における従軍の経験について、(b) 軍隊内部における秩序や文化について、(c) 従軍者と植民地住民や戦闘地域に住む民間人との関係について、(d) 近代国民国家・植民地帝国と戦争の関係について、あなたが学んだこと、考えたことをレポートにまとめなさい。

さらに学びたい人のためのブックガイド

1．歴史社会学／社会史の方法と倫理
①佐藤健二『歴史社会学の作法─戦後社会科学批判』岩波書店，2001．
②二宮宏之『全体を見る眼と歴史家たち』平凡社，[1986] 1995．
③桜井 厚『インタビューの社会学─ライフストーリーの聞き方』せりか書房，2002．
＊①②はドキュメント・データに基づく歴史社会学／社会史の叙述が、③はインタヴュー・データに基づく歴史社会学／社会史の叙述が、何をふまえ、どのような倫理と方法論によって、何を考えるべきかに関して、つねに立ち戻って参照すべき書物である。

2．近代民衆をめぐる歴史社会学的／社会史的叙述
④良知 力『青きドナウの乱痴気─ウィーン1848年』平凡社，[1985] 1993．
⑤安丸良夫『出口なお─女性教祖と救済思想』洋泉社，[1977] 2009．
⑥中野 卓『口述の生活史─或る女の愛と呪いの日本近代　増補版』御茶の水書房，[1977] 1995．
⑦松田素二『呪医の末裔─東アフリカ・オデニョ一族の20世紀』講談社，2003．
＊上記の諸作品は、近代世界のなかを生きぬいたノンエリートたちの経験や記憶に正面から向きあい、成功を収めた歴史社会学的／社会史的叙述である。しかし、これらの名著のような歴史叙述をものすることは、〈言うは易く行うは難し〉である。ノンエリートの経験や記憶に向きあうためには、近代世界をまなざしてきた既成のアカデミックな概念やジャーナリスティックな通念とのたたかいという、地道で厄介な作業を経なければならないからだ。

3．植民地主義をめぐる歴史社会学的／社会史的叙述
⑧米谷匡史『思考のフロンティア　アジア／日本』岩波書店，2006．
⑨杉原 達『越境する民─近代大阪の朝鮮人史研究』新幹社，1998．
⑩冨山一郎『近代日本社会と「沖縄人」─「日本人」になるということ』日本

経済評論社,1990.
⑪石原　俊『近代日本と小笠原諸島―移動民の島々と帝国』平凡社,2007.

＊上記の諸作品は、近代日本の植民地主義に巻き込まれながら生きぬいた人びとの経験や記憶に向きあって書かれた歴史社会学的／社会史的叙述である。植民地主義について叙述する者には、超越的な観察者の位置に立って「植民地主義」なるものを分析できるかのような開き直りに陥らず、暴力や受苦の経験にほんとうは向きあいたくないので口先だけの「反省」を繰り返すような自己満足にも陥らず、近代世界の〈縁〉で生きた人びとの経験や記憶に向きあい続けるという、永遠に不安定な立場を引き受けることが求められる。

COLUMN

指紋法と移動の管理
高野麻子

　指紋法とは、指紋の「終生不変」・「万人不同」という特性を利用して、個人を識別する技術である。19世紀末から20世紀はじめにかけて、イギリスの植民地統治下インドを起点に、近代的な国民国家の整備とその拡大版としての植民地帝国の形成を目指す国々が、指紋法の導入と実用化を急いだ背景には、共通して「移動の管理」という問題が存在していた。放浪という生活形態を営むノマド、偽名を使って移動を繰り返す犯罪者、苛酷な労働環境から逃げ出す労働者、季節や労働条件によって国境を越えて往来する移民といった移動する人びとを、国家や植民地当局が把握・管理可能な状態に置くための道具として、指紋法は必要とされてきたのである。

　近代国家は、一定の領土とそこに帰属する国民を確定すると同時に、かれらに移動の自由を与えてきた。当然のことながら、移動の自由とは、国家の干渉を受けない野放しの自由ではない。移動の自由とは、国家が移動の管理を独占することではじめて成り立つのである。指紋法は、国民国家と帝国という同一空間を作り上げるうえで、移動する人びとを法的規範の内部に包摂するための道具であった。

　それは、後発の日本帝国においても同様であった。とりわけ日本の傀儡国家である「満洲国」は、年間数十万人の華北からの出稼ぎ労働者の移動に加え、満洲国内においても農村と都市間の移動、建設現場間の移動、劣悪な労働環境からの逃亡など、移動が常態化していた。そのため、移動の管理の必要性が高まるとともに、実際、労働者の指紋登録が大規模に実施された。指紋業務を専門に担う「指紋管理局」が設置され、年間100万枚以上の指紋原紙が、コンピュータ技術がなかった時代に手作業で処理されていたのである。さらにこうした状況は、満洲国が日本の植民地である同時に、国民国家という制度を選択したことと大きく関係していく。満洲国は敗戦まで国籍法が制定されなかったため、法的な意味での国民は存在しなかったが、日中戦争による深刻な労働者不足を契機に、国家が中央集権的な性格を強めるなかで、労働者の指紋登録が「国民登録」へと移行していくからである。ここに、移動が常態化するなかで国家形成を行った満洲国の特殊な事情を見ることができると同時に、移動の管理・把握が国民国家形成の根本的な課題と結びついていることがわかるだろう。

　そして今日、国民国家形成期に必要とされた指紋法が、国民国家の変容やグローバリゼーションが議論される時代において、再び需要を拡大している。興味深いことに、現代は、移動の増大と多様化を特徴とする時代でもある。今日の指紋法を含む生体認証技術の需要の拡大を、現代に特有の現象として捉えるのではなく、国民国家形成と変容の二つの時代を、一貫して移動の管理を軸に考察することは、現代を分析する視座へとつながると同時に、近代国民国家を再び現代から捉えなおす契機ともなるであろう。この両者の回路を切り開くことが必要である。

第 3 部

社会を動かす／社会とつながる

社会学と実践

第12章 社会学で社会を動かす
―― 社会学の実践について考える

斎藤嘉孝
Yoshitaka SAITO

1. はじめに

　本章では、社会学がいかに社会とつながっており、社会学によっていかに社会が動いているかを考えてみたい。

　ここで、社会が動くといった場合、人びとが劇的に社会を変革させるような事態を想定しない。たしかに民衆が一丸となって起こすような急激な変革が、社会学の知識や視点を持った人びとによってなされうる可能性は皆無ではない。しかしここでは、日々の社会生活が、社会学の知識や視点を利用することで動かされうることに注目したい。社会学を学んだ人が、実際にわが国の社会制度のなかでその知識や視点を活用しうる、そんな現実をみてみたい。

　「社会学は机上の学問だ」または「社会学は個別的・具体的目的に直接役立つ学問ではなく、教養科目だ」こうした言葉を聞いたことがあるかもしれない。さらに「社会学は役に立たないからこそ意義がある」あるいは「社会学は世俗的な知識を提供するものではない」などの（ときには社会学者自身による）位置づけも存在する。

　一般社会においては、社会学の存在感はあまり濃いとはいえないかもしれない。医学・看護学などの自然科学領域はもちろん、経営学や法学などといった同じ社会科学と比べても、差は存在している。実学的傾向の強い他の学問領域からみれば、社会学は「非実学」になりかねない。何をする学問か具体的にわかりにくい、という声をよく聞く。

　現実を鑑みるに、たしかに社会学部や社会学科を卒業したからといって、それにともなう主たる専門職や資格は確立されていない。医師国家資格や看護師国家資格、あるいは公認会計士や司法試験など、わが国の数ある職業資格に相当するものは、社会学には存在しないといってよい[1]。

---
[1] 社会調査士という資格があり、もちろん当資格そのものは意義のあるものである。しかし、これは学部の必須資格でもなければ、在学者がみなそろって目指すようなものでもない。

しかし、あえて筆者は**社会学は社会とつながっている**といいたい。とくに、**社会学を学んだ人が社会を動かす**ことは、日常的に生じている。一人の「社会学者」が——学部卒の「社会学士」から著名な学者まで——さまざまな側面で社会とつながり、動かしている。そのことを本章で、事例紹介のようなかたちで紹介したい。いわば一個人が、社会学の知識を身につけることでどう政策や制度とつながりうるか、そして政策や制度のなかでどう行動しうるか。このことを学習の早い段階で自分なりに考え、理解を深めておくことは、学部学生にとって意義深いことだろう。

2. 社会学を学んだ人が社会を動かす、4つのシナリオ

以下では、社会学を学んだ人がどのように社会のなかで機能しうるかを、シナリオを通してみていく。それぞれ「こんな人物像がありえる」という例を、まずはストーリーに見立ててみたい。そしてその後に解説を加えたい。

なお、シナリオAとBは「『社会学者』が社会や政策に影響を与える」実践例であり、シナリオCとDは「社会学を学んだ『社会学士』が、その知識や視点を活かしながら、日常の業務で社会や政策とつながる」実践例である。いずれも国内外をあまり意識的に区別しておらず、社会学という学問を例にできるならば、国内外の制限なくとりあげたつもりである。

2-1. 政治・行政のブレーンとして
（1）シナリオA

社会学者A氏は、今の政府の方向性に疑問を抱いている。政府はあまり経済政策に介入せず、民間のやり方に規制をかけない。市場原理を優先させ、民営化を促進している。その結果、市場原理を利用できる人たちとそれを謳歌できない人たちとの貧富の差が広がり、格差が顕著になっている。人びとの生活レベルの差は、きわめて著しい。

しかし、かといって、貧困層を救う政策を実行すればいいかというと、そんな簡単な話ではない。貧困層に手厚く支援をする政策をとってきた国は他にもある。しかしその結果、人びとの労働意欲が低くなり、「必要以上に努力しなくても政府が面倒をみてくれる」という風潮をつくってしまった。例えば20世紀の社会主義国家は、「結果の平等性」を重んじるあまり、人びとの労働意欲が喚起されなかった。今、それに類似した状況をつくりだすわけにはいかない。

かといって、目前のような弱肉強食の、いわゆる新自由主義路線が適切なのだろうか。経済格差や貧困層の増加といった問題は、見過ごせないほどに深刻である。
　そこでA氏は、もっと人間の**自助**の可能性を信じる道を考えだした。例えば、失業者に手厚い施しを与えるのは必ずしも得策でない。そこから抜けだす自助努力がうすれてしまいかねない。また国の財政も、失業者全員の人生を際限なく支えられるほどの余裕はない。むしろ失業者には、労働への道筋をつくり、社会に復帰することを目指させるような政策のほうが必要ではないか、そう考えるようになった。「自己責任」といって格差を当然のものとするのでもなく、「貧困はかわいそう」といって無制限の施しを与えるのでもない。自分自身で社会を生き抜いていける個人をつくるよう、政府は行動すべきではないか。それがA氏の主張になった。
　A氏の主張は、時の政権からその必要性・重要性を認められ、審議会などで役職を務めるようになった。まもなく首相からも声がかかり、直接的に助言を求められるようになった。首相は、まさに今の政府に彼の意見が必要だという認識を深めた。A氏の見解は一国の命運を担う政策的決断において、さまざまな側面に反映されることになった。

(2) 政策ブレーンとしての社会学者

　お気づきの読者もいたかもしれない。これは世界的に著名な社会学者**A. ギデンズ**（Anthony Giddens）をモデルにしている。英国のブレア政権（1997～2007年）の**政策ブレーン**として、英国社会に大きな影響を与えた人物である[2]。このシナリオで挙げた政府の方向性は「**第3の道**」というギデンズの考えをモデルにしている。この考えは英国の進む道のみならず、他の資本主義諸国にも大きな影響を与えた。現在のわが国でも、ギデンズの主張を解釈し、政策にいかしていこうとする政治家や行政担当者は、いまだに少なくない。まさに一人の社会学者の持つ知識や視点が、社会とつながり、社会を動かしたといえる一例である。
　日本でも、社会学者ではないが、一人の学者が日本社会を動かした例は存在する。

---

[2] ギデンズの考えが真に政策に反映され効果を挙げたのか、疑問視する声は皆無ではない。しかし大筋の理解として、ここに掲載した内容と合致しているものといってよい。また「第3の道」についても全てが肯定的な評価ばかりでなく、賛否両論が存在することは付け加えておく。

例えば小泉政権を支えた経済学者の竹中平蔵は大臣に重用された。もともと政治家でも行政担当者でもなかった彼は、大学で教鞭をとる研究者だった[3]。社会学者でこれほど政治家に重用された例は日本では類がないかもしれないが、いずれにせよ一人の学者の知識や視点が社会を動かしうることは、近年の日本でもありえる事態である。

　米国では、数多くの学者が大統領のブレーンとして貢献してきた。さまざまな分野からの学者が複数、ときの政権においてブレーンとなっている。例えば社会学者として著名なのは、クリントン大統領時代に活躍した、アフリカ系アメリカ人のW. J. ウィルソン（William Julius Wilson）である。

　ウィルソンの研究は、人種・民族的マイノリティのゲットー問題に関するものである。都市のスラム地区に居住する黒人の若年層がなぜ職にあふれるか、労働市場においてなぜ弱い立場にあるかなどを説明した[4]。ウィルソンによれば、米国都市部のスラムにおける日常生活では、幼少のときからサラリーマンを見ないで育つ。毎日昼間から近所をふらふらとする男性中高年がおり、そうした生活が、大人になったときの自分の姿のように思えてしまう。すると、自分が実際にその年になったときも同じ生活をしてしまう。規則正しいサラリーマンを毎日見て育った人たちとは、そこが根本的に異なるという。彼の議論は、米国の民主党（Democrats）の考える路線とも近いところがあり、その主張はクリントン政権の政策に反映されたといわれている。

　日本では、**地方自治体の政策に関与する社会学者**が少なくない。各種審議会などに積極的に参加し、委員を務めている社会学者である。子育て施策、高齢者施策、男女共同参画施策など、関与するテーマは枚挙にいとまがない。なお、筆者自身も微力ながら自治体の審議会委員等を務めている。審議会等で作成された政策案やガイドラインが自治体首長らに提出され、間接的ではあるが、社会学者は政策に影響する一端を担いうることを実感している[5]。

2-2. プログラムの研究者・実践者として

（1）シナリオB

　B氏は某大学の教員である。専門は教育社会学、とりわけ初等・中等教育に

---

[3] 竹中氏が起用されたことには賛否あるかもしれないが、それを論じるのが本稿の目的ではない。あくまで、学者が政治・行政に影響を与えた例として取りあげた。
[4] 例えば、Wilson, William J., *When Work Disappears*, New York: Vintage Books, 1996.
[5] もちろん社会学者の主張の全てが反映されるわけでない。政治家や政策担当者の「参考資料」を作成しているにすぎないかもしれない。しかし「見識者」として社会学者の意見が組み込まれることが自治体に推進されつつあるのは間違いない。

おける成績格差や、その家庭的要因について研究している。主に数量的データを用いて分析している。

　B氏はデータ分析を重ね、過去の実証研究を参照するうちに、だんだん低学力の子どもたちに何が欠けているか、具体的に見えてきた。例えばそれは「学習のモチベーション」の低さだったり、「反復学習」の欠如だったりすることがわかってきた。換言すれば、遺伝的な「頭のよさ」のようなものではないことを確信するようになった。

　そこで、まず「学習のモチベーション」を高めるため、チューター（ここでは、学生や地域住民など）から教わる経験を増やすことが有効ではないかと考えた。教師が頭ごなしに教えるのではなく、もっと気楽に関われる存在から学んでいくことでモチベーションを高めさせようとする。

　さらに、「反復学習」の欠如の克復として、日常生活を変えることが必要だと考えた。低学力の子どもたちは、帰宅してまったく予習・復習をしない。一度教わったことはそれっきりになってしまう。そこで彼ら／彼女らには、少数のことを何度も振り返りながら学んでもらうことが適しているのではないかと考えた。

　B氏は、こうした要素を含んだ教育プログラムを実行すれば、子どもたちの学力は向上するのではないかと考えた。そして実験的手法としての**プログラム**を企画した。準備を重ね、資金を得て、いざプログラムの実行段階になった。実行の過程では、柔軟な姿勢を忘れずに、子どものニーズに答えるものに随時修正していった。

　結果的に、B氏の考えたプログラムは成功をおさめた。統計的に、このプログラムを経験した子どもたちは、参加以前の学力水準から大きく飛躍する結果になった。

　このプログラムの評判は広まり、資金もより潤沢になり、他の地域でも開催されるようになった。

　知事からもその功績が認められ、感謝状が送られた。そののち、国家元首の耳にもB氏の功績は伝えられ、官邸に招聘され、家族とともに元首から直接感謝の意を述べられるに至った。

　結果として、一社会学者の研究が実際に多くの子どもたちの学力を向上させる結果となり、社会貢献の一端を担うことになった。

(2) 社会学とプログラム研究

 これも日本の研究者ではなく、米国の社会学者 G. ファーカス（George Farkas）をモデルにしたシナリオである。教育達成格差とその家庭要因などを専門とし、マイノリティ生徒への補習プログラムの実践・評価を実践している[6]。

 研究者個人もしくは研究者チームが始めた実験的取組みに効力があることがわかり、それが実践として広まっていく、そんなプロセスは米国では珍しくない。このシナリオのように、教育格差是正プログラムであることもあれば、保育・子育て支援プログラムのこともあり、また青少年のための性教育・薬物防止教育などのこともある。または健康増進のためのプログラムや、ドメスティックバイオレンスの防止（治療）のためのプログラムもある[7]。

 しかし、特に日本の社会学は、なかなかプログラムの企画・実施・評価という発想になりにくい。たしかに他分野と同様、社会学にもプログラムを企画・実施したり、過程や成果を評価したりする研究者はいる。ただし心理学や社会福祉学、公衆衛生学などと比べると、やや少ない傾向にあるようだ。良くも悪くも、**社会学者は、その研究過程において社会を俯瞰し、客観視することを重視する傾向にある**のかもしれない。

 しかし、社会学ならではのプログラム研究は日本にもたしかに存在する。例えば世代間交流プログラムには現在、社会学者も参加している。子ども世代と高齢者世代の交流の機会を意識的につくりだし、その効果を期待するものである[8]。

 あるいは他分野の研究者との共同研究において、社会学の知見を表明することで、プログラム実施に貢献する例もある[9]。それもまた、社会学がプログラムを通じて社会とつながり、社会を動かす一端を担っている一例といえる。

 最初は小さな現場での実践かもしれない。社会貢献といっても、少数の人たちの生活や技能の開発へのわずかながらの貢献かもしれない。しかし、協力者が増え、資金が集まり、他の現場に広がっていくことはありえる。社会学の知識を使った研究が、現実に人びとの利益になっていき、政策的に取り入れられ、

---

[6] Farkas, George, "Reading One-to-One: An Intensive Program Serving a Great Many Students While Still Achieving Large Effects,"Jonathan Crane ed., *Social Programs that Work*, New York: Russell Sage Foundation, 1998, pp. 75-109.
[7] 例えば、Crane, Jonathan, ed., *Social Programs that Work*, New York: Russell Sage Foundation, 1998. には多種のプログラムが紹介されている。
[8] 詳しくは、草野篤子他編著『世代間交流効果』三学出版、2009など。
[9] 実際、主に医療系の研究者や実践家によって編成されるAGES（愛知老年学的評価研究・代表近藤克則）に、筆者ら社会学者も関わっている。高齢者の地域生活における介護予防プログラムの評価等をおこなっている。

より広範囲での実践になっていく[10]。これもまた社会学が社会とつながる一つのかたちである。

2-3. 行政スタッフとして
（1）シナリオ C

　C氏は現在、大都市郊外の某市役所に勤務している。大学時代は社会学を専攻し、卒業後すぐに当市役所に就職した。現在は高齢者福祉に関係する部署に配属され、3年目を迎えている。

　受け持った担当業務における目下の課題のひとつは、地域在住高齢者の日常生活の充実である。つまり高齢者が地域で暮らすなかで、いきがいや楽しみを充実させることである。当市では、NPOなどと協力し、高齢者むけのサロンを開催している。参加する高齢者たちからの評判は今のところ悪くない。

　しかしC氏は、本当の問題は「参加しない高齢者」たちにあるのではないかと目をつけている。とくにこの地域の男性高齢者は、地域活動への参加が積極的でない。だれにも発見されることなく最期を迎える「孤独死」も、男性に多いと一般的にいわれており、男性高齢者が地域社会から孤立している現状はほうっておけない。

　そこで当部署内で、もっと男性高齢者に参加を呼びかけようと提案した。ふだん地域活動に参加しない男性たちの自宅を個々に訪問し、直接参加を呼びかけて廻った。やるだけやったつもりだが住民の反応はいまひとつで、数カ月経った今も、残念ながら結果が十分にでていない。

　当部署では、実態把握をせねば問題は見えてこないということになり、アンケート調査をおこなうことになった。市内の地域在住の男性高齢者を対象に、「どうしたら地域活動に参加するか」をたずねることになった。

　しかしここでC氏は、大学時代に社会学の授業で、ジェンダーや家族生活について学んだことを思い出した。男女共同参画が叫ばれる世の中にもかかわらず、現実には、家庭では子どもの世話は妻に任せきり、PTAや子ども会などの地域のつきあいにも夫は消極的……、そんな家庭が多いという。

　そこでC氏は、「高齢者になってから男性が地域活動に参加しないのは、急に生じた結果ではない。問題はもっと前のライフステージにある。つまり現役時代における、男性の家庭生活のあり方やジェンダー意識などを問うべきではな

---

[10] もちろんこういうプロセスをたどらないプログラムも存在する。

いか」と考えた。

そこでアンケートの質問には、今の彼らの状況だけでなく、現役時代の事項もたずねることにした。定年退職する前の家庭生活やジェンダー意識などを盛り込み、高齢男性の地域参加の阻害要因を分析しようと考えた。高齢者の男性だけをみて、地域参加させようとするだけでは、問題は改善に向かわない。地域参加は現役時代の生活のあり方と深く関係していることをデータで示し、もっと若いうちに早めに地域活動に参加できる政策やしくみを視野に入れたいと、C氏は考え始めた。

(2) 行政現場で役立つ社会学的知識・技術

社会学を学ぶことがどのように行政スタッフとして役に立つか、これに対する答えは一つではないだろう。本章冒頭でも述べたが、法律や会計などのように、いわゆる即戦力としていかせる技能や知識は少ない。しかしこのシナリオのように、職業上いかせる部分があるのは事実である。

シナリオでは、わかりやすい例として、高齢者の地域生活に関する政策および調査の例をとりあげた。家庭や地域のあり方というのは、自治体としてはたしかに検討の必要な課題である。その担当になったとき、学生時代にジェンダー論や地域社会学などの学習経験があるのとないのでは、考えかたに違いがでてくるかもしれない。C氏は架空の人物だが、目前の高齢者だけを問題にするのではなく、**問題の背景に考えをめぐらす視点**を、社会学はC氏に与えていたかもしれない。

また、**社会調査**の知識・技術も、社会学の教育課程のなかで専門に学習できる。「**社会調査士**」という資格は、日本社会学会などが創設したものであり、現在は一般社団法人社会調査協会によって運営・管理されている。この資格取得をめざして調査論を学習した経験があるか否かによって、調査への対応も違ってくるだろう。

例えば、アンケート作成において、どのぐらいの分量でどのような聞き方が適切なのか。高齢者のなかには目や耳の不自由なかたがいるかもしれないが、そういった方がたにどのような調査手法が可能なのか。こういったことへの答えの出しかたを学ぶことができる。政策現場でも社会調査が必要な時代になってきている現在、この点からも社会学は有益である。

また、**公務員試験**のなかで社会学が課されることも少なくない(例えば、国家

公務員Ⅰ種・Ⅱ種など)。この事実は、公務に就くものには社会学を学習しておいてほしいという、国や自治体の願いだと読みとれよう。法律や経済、政治・行政などだけでなく、公務には社会学の知識や視点が求められていることを確認できる。社会学が社会とつながっている一端といえるのではないか。

2-4. 福祉現場スタッフとして
(1) シナリオD

D氏は、ある**児童養護施設**の職員(児童指導員)である。現在30代半ばであり、当施設では中堅となっている。大学では社会学を学んでいた。大学3年のときに先輩に誘われて始めた当施設のボランティアだったが、人柄や仕事ぶりが評価され、4年生の初めには施設長にスカウトされた。そして、卒業後に正職員として働くことになった。

児童養護施設というのは、かつては孤児(親のいない子ども)を収容する施設だったが、最近では孤児は少ない。むしろ親はいるが、当の親から虐待を受け、実家で暮らすことができない子どもが入所児童の相当な割合をしめている[11]。

施設職員として、入所している子どもたちの生活の世話はもちろん必須である。しかしそれだけでなく、虐待を受けた子どもたちには、独特の心のケアも必要である。例えば、他者への不信感や人間関係づくりの難しさは、児童養護施設に在住する子どもたちの持つ特徴だといわれている。D氏が考えるに、そういった子どもたちと接するにあたり、社会学で学んだ知識は役に立っている。社会学で学んだ「沈黙の持つ意味」や言葉の奥に隠された「**メタメッセージ**」(表明された文言を越えたメッセージ)を理解することは、日常的な子どもたちとのコミュニケーションで欠かすことができない。被虐待児は、大人への不信感を持っていることが少なくなく、自らの思いを簡単に表明しないようなところがあると、D氏も感じている。そういう理解なしに、子どもたちから表出された表面的な言葉だけで理解するのは危険だと痛感している。

それに加え、子どもたちの問題は親の問題でもあり、D氏は、親をどうにかしなければ根本的な解決に向かわないことに、いつも注意が向く。例えば、一時的に家庭に戻って施設に帰ってくる子どもがいるが、ときに不安定な精神状態になってしまっている。こうした事態を防ぐため、親と施設が適切かつ十分にコミュニケーションをとることが必要である。そのためD氏は親に連絡をし、

---

[11] 統計によって多少の差はあるが、おおむね過半数をゆうに超えているのは間違いない。

できるだけコミュニケーションをとっている。子どもの精神の安定には、それが有効だと捉えている。目前のクライエント（入所児童）への対応だけでなく、**家族システム**の中で考えるようにしている。

さらに、子どもの問題は**社会システム**のあり方にも深く関係していると感じている。虐待を生じさせる社会そのものの問題に、D氏は着目している。

今の日本社会で親たちにかかるストレスは尋常ではない。子育てへのプレッシャーを世間から強く押しつけられているなか、長期的不況下でもあり、仕事上のストレスは強い。もちろん、こうしたプレッシャーやストレスが即時に虐待を起こすのではないだろうが、それらが心の余裕を奪い、虐待の引き金になりかねないと考えている。

そこで目前の子どもたちに対応するだけでなく、D氏は、虐待防止の運動に積極的に参加したり、現在の家族問題や政府の動き、法制度などを、幅広く把握しようと努力している。D氏は大学時代に社会学を学んだことが、このように物事の背景をみながら行動する源になっていると感じている。

(2) 福祉現場における社会学への期待

社会学が社会とつながっているシナリオとして、D氏という福祉現場で働く人物をとりあげた。

このD氏は、日常業務のなかで社会学の知識や視点をうまくいかしている。例えば、目前の現象を重層的に捉えている。つまり、**ミクロレベル**ではメタメッセージの存在に気づくこと、**メゾレベル**では家族との関係性に配慮すること、**マクロレベル**では政策・社会システムへの理解をおこなうこと、これらを積極的に実践している。目前のクライエントを見るだけでなく、そのクライエントの非言語的な部分や、家族や社会などの背景、政策などにも配慮する姿勢が身についている。それは社会学を学んだ人のメリットではないだろうか。

保育学や心理学、教育学などを学んだ人にも、それぞれの強みがあるだろう。しかし、そういったバックグラウンドの人たちには、社会学と同じような見方はしにくいかもしれない。もちろん社会学が持つ特有の弱みはあり、他の学問分野からみて足りない部分はあるかもしれないので、「社会学が最上の学問だ」と主張するつもりはない。しかし、こうした社会学の実用的なメリットを、われわれはもっと自覚してよいだろう。

そもそも社会学が資格として必須になっている業種や資格はそう多くない。

そんななか、**社会福祉士**の国家資格試験では社会学が必須科目になっている。

さらに（これもあまり知られていないかもしれないが）「**社会学士**」であることを任用資格としている職業もある[12]。シナリオで挙げた児童養護施設における児童指導員のような、いくつかの福祉系の職業がそれに該当する。児童相談所における児童福祉司、知的障害者授産施設における生活指導員など、社会学を大学等で修めたことを任用の条件とする職業がある[13]。こうした職種が福祉・心理・教育などと並び、社会学の学部や学科で学習したことを求めているのは注目に値する。現場で働くのに必要な学問として、社会学を一要件としているのだ。つまり社会学は、福祉業界から一面で期待されているといってよい。少なくとも「役に立たない『非実学』」のようなものだとは、こうした任用資格を規定する側は考えていないはずである。

社会学はその期待に応えているだろうか。もっといえば、社会学を教える側は、こうした期待があることを意識して、学生たちに教授しているだろうか。福祉現場の職員から「なんだ、社会学はそんなことしか教えないのか」と、半ば失望されるような状況になっていないだろうか。こうした問題提起も含めて、今後の社会学の可能性や期待される位置づけを読者に問いかけたい。

3. おわりに

以上で取りあげたシナリオA～Dは、「社会学が社会を動かす」ことのすべての側面を体系的に網羅しているわけではない。あくまで直接的に社会学の知識・技術がいかされうる典型像としての、社会学を勉強し始めた学部学生に理解しやすいシナリオにすぎない。つまり、これらは社会学の持っている潜在力の一部を示したにすぎない。

このほか、例えば民間企業に就職し、そこで社会学の知識や調査の技法などを駆使しながらさまざまな事業で活躍している人もいるだろう。マスコミに就職し、社会学の知識や視点をもとに取材をし、市民に情報を届けている人もいるだろう。そういった意味で、本章で取りあげたのは、より公的な色彩の強い場所で活躍する人たちといえる。民間企業等でいかに社会学の知識や視点をいかして社会とつながり社会を動かすかについては、読者自身の検討課題としてみてはいかがだろうか。

---

[12] 正確には、社会学を修めたことが条件であり、学士名が厳密に社会学士でなければならないと限定されているわけではない。
[13] ただし知的障害者授産施設は、法制度上の過渡期にあるため、今後も必ずしも同じではないかもしれない。

たしかに「社会学を学ぶと教養になる、視野が広がる」あるいは「社会学を学べば、現実を読みとくツールを身につけられる」といった自己成長を促す側面も当然ある。しかしそれ以外に、なにか自己成長を超えた「**社会を動かすこと**」につながる具体的な可能性を、社会学は持っていないだろうか。
　とはいえ、社会運動家や市民団体が社会を動かすようなシナリオは本章に入れなかった。社会運動団体やNPO（非営利活動団体）の人びとが社会学的な知識を用いて社会を変えるような事態はありえるのかもしれない。しかし、それらは本章でとりあげたような、いわば「制度内」での「一個人」の実践とはいえまい。それらは「制度外」の実践だろうと判断した[14]。こうした実践については第13章を参照してほしい。
　なお、社会学のプロフェッショナルたち（主に大学や教育・研究機関に勤務する者）が、もっとできるかもしれない組織的な動きについて、自戒の念も込めて付記しておきたい。現実的にはあまり実践されていないかもしれないが、ことによれば期待は大きいのかもしれない。
　たとえば医師や看護師などは、プロフェッショナルの集合する団体として、政治・行政に対して、医療・保健などの組織的な声明を表明している。社会学者も同様に、「社会学者だからこそ見える／気づくこと」をもっと集合させて、署名や声明文などを表明したり、政治や行政に訴えかけていくことはできないだろうか。それは個人として論文や書籍などで行なうだけでなく、あるいは行政審議会などで個人的に表明するのでもない——もちろんそれらには大きな意味があるが——別の社会貢献である。
　例えば、家族の問題への法的・政策的処遇ははたして現行のままでよいのか。都市や農村の地域生活で生じている問題についてはどうか。犯罪については……。教育現場については……。貧困問題については……。国籍や文化の違う人びとに関する処遇は……。
　社会学者だからこそ見える／気づく事項は、本来ならば枚挙にいとまがない。それらを、もっと現実社会とつながるものとして、組織的に声明してもよいのかもしれない。
　社会学の実践とはどのようなものだろうか。いかに社会とつながり、いかに社会を日常的に動かすことができるのだろうか。その問いに対する答えは、残念ながら多くの社会学者が用意しているものでもない。本章で挙げたシナリオ

---

[14] 紙面や他章との兼ね合いもあって、「制度外」の実践については論じなかったことを理解されたい。

も、その答えのほんの一部でしかない。

　「社会学は役に立つものであるべきか」「純粋に教養的な学問であるべきか」などの議論はいったん横に置き、これを機に「社会に役立てるものにするならば、どのようにして可能なのか」と考えてみてはいかがだろうか。せっかく社会学を学ぶ機会を手に入れた読者たちは、自分の卒業後の姿や、社会人として日常をすごしている姿を想像し、そして社会学のさらなる可能性を考えながら、学んでみてはどうだろうか。

●考えを深めよう●
　以下について議論してください。
①社会一般の人たちは、社会学という学問にどのようなイメージを持っていると思いますか。「社会学を学んだ」人にどのような役割を期待するでしょうか。
②社会学にあって他の学問領域にない、特有の強みとは何でしょうか。
③「社会学が社会の役に立つ」とすれば、どのようにしてでしょうか。社会学のどんなことが、何に対して、どう役立つと考えられますか。
④社会学の強みが発揮できる具体的な職業とは何でしょうか。他の学問分野よりも、あえて社会学が望まれるとしたら、どのような職業でしょうか。また、そこではどう社会学がいかされるのでしょうか。(特に本章で挙げなかった職業を考えてみましょう)
⑤もし社会学がこの世に存在しなかったとしたら、どのような不都合があるでしょうか。それとも不都合はないのでしょうか。(個人的なことや、社会全体のことなど、さまざまな角度から)

　さらに学びたい人のための文献紹介

①アンソニー・ギデンズ(佐和隆光訳)『第三の道―効率と公正の新たな同盟』日本経済新聞社, 1999.
＊世界的に著名な社会学者が、社会学を駆使してどんな主張をおこなってきたのかが具体的にわかる(注4の英語文献とも、社会学者の功績という意味で関係する)。
②久門道利編『社会理論と社会システム―社会学』弘文堂, 2009.
＊社会福祉士国家試験を対象とした社会学のテキスト。社会福祉という実用分野と関連させて、社会学の視点や考えを学ぶ機会を与えてくれる。

③草野篤子他編著『世代間交流効果』三学出版，2009．
＊社会学者として「プログラム」とどう関わっていけるか考えることができる。注7の文献で掲載されているような「プログラム」が、より身近に感じられる。
④斎藤嘉孝『ワードマップ社会福祉調査』新曜社，2010．
＊社会学者が社会福祉の世界に身を置き、様々な調査をした経験から、調査の知識や技術が現場でどのように実践しうるかを論じた。
⑤長谷川眞人・堀場純矢編著『児童養護施設の援助実践』三学出版，2007．
＊福祉現場の働きを知り、社会学にどんな可能性があり、どんな期待が持たれるかを考えるきっかけになる。
⑥西研・菅野仁『社会学にできること』ちくまプリマー新書，2009．
＊理論を中心に、自分と社会の関係などを読みとくという点から、社会学を学ぶ意味を考える上で参考になる。

第13章 市民運動・社会運動とつながる
—— 社会学から見えてくること

西城戸誠
Makoto NISHIKIDO

|1.| 社会を動かす／社会とつなげるための「社会運動」

　本書の読者はすでに社会学を学ぶことの意味や、さまざまなテーマから「社会」を考えてきているはずだ。本章では「社会運動」という側面から「社会」を考えるという営み——「社会」とつながること、「社会」を動かすこと——について考えていきたい。

　さて、私たちが「社会」というものを感じるときはどのような場面であろうか。奥村隆は、生きにくさ苦しさ、自分との「ズレ」「違和」を感じさせる時に、初めて人は「社会」の存在を感じると述べている[1]。例えば、学校を卒業したばかりの「新社会人[2]」が、自分の思い通りにならない世界や、「大人たち」の世界を感じる時、それらの世界を「社会」と考えるかもしれない。また、人種、性別、公害、いじめ、家族の押しつけなどの「差別」に出くわし、「社会」との間の「問題」に直面したときに、「確かに『社会』がある」という実感を持つことがあるだろう。このように私たちは、自分に生きにくさや苦しさ、自分との「ズレ」「違和」を感じさせられる時に、初めて「社会」の存在を感じるのである。そして、その「社会」に潜む深刻な問題を解決しようと、「社会」を考え、「社会」とつながり、「社会」を動かそうとする人々も——必ずしも多くはないかもしれないが——存在する。

　この章で議論するのは、一般に「社会運動」や「市民活動」と総称される人々の営みである。「社会」に何らかの違和感を持ち、それぞれが考える「望ましい社会」のあり方を模索しようとする人々は、集い、共同してそれぞれの目標に向かって活動するが、これらの営みは、さまざまな時代、場所でなされてきた。もちろんすべてが成果をあげたわけではないが、あるべき社会の姿や望ましい

---

[1] 奥村隆「社会学に何ができるか—なめらかさからの距離」奥村隆編『社会学に何ができるか』八千代出版，1997．
[2] 日本語では「社会にでる」「社会人になる」という言葉が、「就職をする」という意味で使われ、「社会人」＝「就職をする人」ということになる。だが、それでは子どもや学生、専業主婦（夫）、高齢者など「仕事をしていない人」は「社会人」ではなくなってしまう。このように日本語の「社会人」という言葉の可笑しさはあるのだが、ここでは一般的に使われている「社会人」という事例を用いている。

制度に対して、自らの案を提示し、社会の一側面を変革してきた。

では、これまでに存在した社会運動は、「社会」に対してどのような役割を果たしてきたのだろうか[3]。第一に、社会運動は、環境、人権、労働、差別、ジェンダーなどといった社会問題を「問題」として、広く認知させる機能を持つ。社会問題とは客観的に実在するのではなく、人々が認識し、意味づけを与えることによって、問題は問題として認知され、発見される。このような考え方を「**社会構築主義**」[4]というが、つまり、人々によって問題として認知されなければ、「社会問題」として存在しえない。「社会」に違和を覚え、集まって抗議をする人々の背景には、社会運動を通してのみしか解決できない問題が当事者に存在すること、また、社会制度の不備や、既存の価値規範や文化のあり方が現状にマッチしていないことを、当事者以外の人々に知らしめてくれるのである。

第二に、社会運動はさまざまな制度、文化、思想、価値を作り出してきた。社会運動によって社会問題化した争点は、問題を引き起こした事業者や行政によって一定の対応がなされることで、その問題が一定程度解決することがある。例えば、1960年代に社会問題化された、水俣病、新潟水俣病、イタイイタイ病、四日市ぜんそくといった四大公害問題における公害反対運動や、新幹線公害、空港騒音公害に対する反対運動は、1970年代になり、環境に係わる法律の整備や環境庁（現、環境省）の発足をもたらした。

一方、思想や価値、文化という点については、例えば、自由や平等という思想・価値、民主主義という制度が、共産主義であった東ヨーロッパの国々にもたらされたのは人々の抵抗の産物であった。東アジアに目を向ければ、韓国や台湾に民主化がもたらされた背景には、市民運動の存在があった。さらに、同性愛者、障碍者、在日外国人などのマイノリティが声をあげることで、彼ら／かの女らのアイデンティティが示され、これまでの差別的な扱いに対する補償や、権利要求が、不十分ではあるが徐々に認められつつある。

また、1960年代から70年代初頭にかけての民衆運動の高まりの中で、ある社会の支配的な文化に対して、もう一つの文化のあり方を示すような「**対抗文化（カウンターカルチャー）**」が提示された。それはエコロジー、フェミニズムなどの運動のうねりを生み出す一方で、ロックやパンクなど音楽やファッション

---

[3] 道場親信・成元哲「社会運動は社会を作る？」大畑裕嗣ほか編『社会運動の社会学』有斐閣、2004. 川北稔「社会問題を「発見」する社会運動」大畑裕嗣ほか編『社会運動の社会学』有斐閣、2004.
[4] 社会構築主義については、J. I. キツセ、M. B. スペクター（村上直之ほか訳）『社会問題の構築―ラベリング理論を超えて』マルジュ社、1990が古典として有名である。なお、社会構築主義に関してはジェンダーとセクシュアリティを事例に第3章でも論じている。

にも影響を与えた。社会運動は、このような人々のライフスタイル（生活文化）にも、大きな影響をもたらすのである[5]。

もっとも、すべての社会運動が制度形成や、文化や思想、価値形成をもたらすわけではないし、多くの社会運動が必ずしも望ましい成果をあげたわけではない。だが、このような社会運動の存在によって、「社会は動く」ことがある。そしてそのことは社会のダイナミズムを維持する上で、社会運動の存在が重要であることも示しているといえる。確かに社会学のある理論的立場では、社会運動などを逸脱的な現象として扱う議論もある（構造機能主義などの均衡理論など）。だが、社会運動や紛争の社会的機能を重視する**葛藤理論（コンフリクトセオリー）**は、社会運動が社会に対して果たす積極的な役割を評価している。

さて、一般的な社会運動の定義を述べれば、それは、複数の人々が集合的に、社会のある側面を変革するために、組織的に取り組み、その結果、敵手・競合者と多様な社会的な相互作用を展開する非制度的な手段をも用いる行為[6]を指すものである。しかしながら、現在の日本人の多くは、自分にとって社会運動は「遠い」存在のように感じているだろう。なぜならば、デモをする、権威・権力に対して抗議をするといった一般的な社会運動のイメージが、「普通の人」からすれば日常的なものではないし、さらに、社会運動によって社会と自分が「つながる」ということや、自分が「社会を動かす」ということがそれほど容易ではないというイメージが存在しているからである。

だが、上記のようなイメージの「社会運動」が社会運動のすべてなのだろうか。また、本当に私たちにとって、「社会運動」は「遠い」存在なのだろうか。例えば、政治に対する不満や、今の社会のあり方に対する違和感を持っても、その違和感を具体的な動きにつなげていないだけではないのだろうか。さらに、自宅近くに突如、大型マンションやゴミ処理場ができることがわかったら、住民としてあなたはどのような行動をするのだろうか。

本章では、抗議をするといった、一般的な社会運動から抜け出し、多様な社会運動の形を示しながら、「普通の人」が社会に「つながり」、社会を「動かす」ことの可能性を、生活クラブ生協の実践の事例を紹介しながら考えていきたい。1968年に東京で始まった**生活クラブ生協**は、高度経済成長を背景として首都圏において急速な発展を遂げた。住宅の整備に小売の整備が追いつかず、自家用車

---

[5] 酒井隆史「自由の夢」大畑裕嗣ほか編『社会運動の社会学』有斐閣, 2004.
[6] 道場親信・成元哲前掲論文。

がまだ一般的ではない時代において、食品や日用品を配達してくれる生活クラブ生協は非常に便利であり、さらに食品公害が社会問題化している状況の中で、食の安全を求める専業主婦の願いを受け止める存在として、生活クラブ生協など生協セクターはその役割を果たしていた。生活クラブ生協は、2009年末現在、19都道府県に29単協、組合員数は約31万人（そのほとんどは女性）に達している。

2. 生活クラブ生協の実践——消費材から社会を考える

では、最初に生活クラブ生協の概要について見ていこう[7]。生活クラブ生協の発端は、設立メンバーである岩根邦雄が、東京都世田谷区で行っていた原水爆禁止を訴える署名運動を通じて知り合いになった専業主婦に対して1965年から始めた牛乳の共同購入にある。職員4名、会員200人によって始まった生活クラブは、市場よりも安い牛乳を供給し、当初の329本の牛乳の供給を、2年後には2000本にし、会員も800名以上になった。この組織の拡大に伴って、牛乳だけではなく、石けん、洗剤、灯油なども共同購入の対象となった。だが、1968年に生協としての法人格を獲得し、生活クラブ生協となり、大きな転換点を迎える。岩根は「生活協同組合は、われわれ組合員の生活要求を基礎に、組合員自身の団結と共同の力によって、組合員自身の利益をかちとっていく自立的な組織」であり、「資金を出し合い、力をあわせて築く抵抗の組織」[8]と捉えている。では、何に対して「抵抗」しているのであろうか。ここに「社会運動」としての生活クラブ生協の意味が示されている。

生活クラブ生協の中心的な活動は、食材や洗剤などの雑貨を中心とした消費材の供給であり、組合員の共同購入活動である。だが、その共同購入するものは「商品」と呼ばず、「消費材」とされている。この消費材という言葉には「流通市場に出回っている物品は、利潤を求めて売れることによってのみ目的を達することができる"商品"であるのに対し、消費する者の意図が予め込められ、使うために作られたという意味」が込められている[9]。では、消費する者（組合員）が使うために作られた消費材とはどのようなものなのか。

生活クラブ生協が発足した当時は、現在と異なり、市場には質の高い安全な

---

[7] 以下の生活クラブ生協に関する記述は、角一典の論考（角一典、「非日常と日常のはざまで——社会運動組織の変化」大畑裕嗣ほか編『社会運動の社会学』有斐閣、2004）に依っている。
[8] 岩根邦雄『生活クラブとともに——岩根邦雄半生譜』新時代社、1979.
[9] 横田克巳『オルタナティブ市民社会宣言——もうひとつの「社会」主義』現代の理論社、1989.

食品がないという問題があった。したがって、質の高い安全な食品を手に入れるためには、質の高い安全な食品を生産する生産者との連携を模索する必要があった。そこで、生活クラブ生協は、生産者から「素性のたしかな消費材」を直接買い付ける「産直」（産地直送）を行い、また、有機農業や無／減農薬農業に取り組む生産者との関係性を構築するようになった。そして、組合員が欲しい消費材の開発に際しては、組合員が自発的に学習会を開き、時には生産者との協議を踏まえてさまざまな検討を重ねて、供給されていった。

　このようにして作られた「消費材」は、生活クラブ生協の組合員にとって、その時点で「ベストな商品」である。組合員に供給される消費材は一つの種類で唯一その消費材だけとなる。例えば、生活クラブ生協の醤油は、遺伝子組み換え作物ではない国内産の大豆を原料とした丸大豆醤油であり、生活クラブ生協は、その醤油がベストであると考えるから、それを供給する。さらに組合員はそのベストな醤油を他の人に広めようと試みる。一方、現在ではスーパーなどでも容易に丸大豆醤油は買うことができる。だが、小売業は丸大豆醤油でない醤油も販売しており、質的に良い物だけを売っている訳ではない。つまり、市場で出回っている商品は、生産者や小売業の利潤追求のための商品であるのに対し、生活クラブ生協の消費材は、消費する者がベストであると思い、使いたいと考えている商品である。これが「消費する者が使うために作られた商品」という意味なのである。

　以上のような生活クラブ生協の消費材の供給は、既存の生産・流通システムや、商品に対する批判として考えることができるであろう。それは、必ずしも国や行政に対して抗議をするという形をとっていない。むしろ、組合員は、消費材の開発や共同購入の中で、既存の生産や流通の現状や問題点を徐々に実感し、その問題点の一端が、実は消費者のエゴであったことにも気づくことで、自らのライフスタイルを見つめ直す。そして、その組合員の自己反省的な態度が、単に消費をするための消費者ではなく、自分が欲しい消費材を追求しながらも、「考える消費者」へと変わっていくきっかけとなる[10]。このような「考える消費者」の数が増えることによって、よりよい商品も広まり、既存の社会に対する抗議や変革につながっていくのである。

---

[10] 生活クラブ生協が行っている産直運動において「豚一頭買い」という実践も、組合員が「考える消費者」となった例である。スーパーで欲しい部位の肉を買うのと異なり、安全な豚肉を手にいれるためには、生産者から一頭丸ごと買い取らなければならない。組合員は肉の部位の学習や料理講習会を開き、豚肉を無駄なく利用する工夫を行ったのである。なお、組合員が拡大し、規模も大きくなった現在の生活クラブ生協では、このような実践は行われていないが、その運動の理念はさまざまな活動の中で引き継がれている。

さて、この生活クラブ生協の消費材の共同購入は、「**班別予約共同購入**」というシステムによって担われていた。班別予約共同購入とは、近隣の10世帯前後で班を作り、班単位で消費材を一定のロット（購入の最小単位）にしたがって一括注文し、まとめて配達された消費材を班の中で分配する仕組みである。他の生協の多くは、店舗を構えるスタイルが一般的であったが、資金的にも人員的にも余裕のなかった生活クラブ生協では店舗を持つことができず、配達に依存するしかなかった。だが、これは意外な派生効果を生活クラブ生協にもたらした。それは組合員の共同作業の場を形成することで組合員同士の交流が図られたことである[11]。特に新興住宅地では地域住民のつながりが薄く、近隣での交友関係を模索する一部の主婦にとって、班による組合員同士の交流は重要なものであった[12]。なぜなら、この班による組合員同士の交流は、同時に組合員が生活クラブ生協の組織運営や理念、消費材に関する知識などを学ぶ場を提供しているからでもある。「台所から世界が見える」というフレーズに代表されるように、生活のあらゆることが政治や経済と密接に関連し、その変革主体としての一翼を担うという意識がこの班によって醸成されてきたのである。ここで「普通の主婦」が変身し、上述した安全な消費材の開発やその普及、組合員の勧誘（「拡大」）の活動を担うようになっていった。つまり、生活クラブ生協にとって班は、運動経験のない一般の主婦が主体形成を成し遂げ、生活クラブ生協のアイデンティティを獲得する場であった。そしてこの組合員は、「生活」にかかわる社会運動や市民活動を展開するようになっていったのである。その意味で、生活クラブ生協は、さまざまな社会運動の**インキュベーター（孵卵器）**であるともいえる。

| 3. | **生活者の視点による政治と労働**——代理人運動とワーカーズ・コレクティブ

　生活クラブ生協の組合員が自らの生活を見直し、日常生活の問題を深く掘り下げていくと、政治的な問題につながってくることがある。1973年当時、合成洗剤を供給していた生活クラブ東京では、合成洗剤の安全性に疑問を持った組合員が調査・学習した結果、石けんの利用を組合員に勧めるようになった。しかし、組合員だけが石けんを使っても河川の汚染は止まらず、むしろ洗剤を製造・販売する企業が情報公開し、さらにその企業を監視・指導することが行政の役

---

[11] もう一つは、職員が担う個別配送の労働の一部を組合員労働に置き換えたこと、ロットを前提とした配送のみの扱いとすることで在庫管理がしやすいということも相まって、消費材価格の抑制が可能となった点である。
[12] なお、この班別予約共同購入は、多くの地域生協が模倣し、「日本型生協システム」として世界的にも評価を受けたことで知られている。

割ではないかと考えるようになった。そこで 1975 年に合成洗剤の製造販売を禁止する請願運動を開始、10 万 5 千人の署名を集めて東京都議会に提出した。この請願は不採択になったものの、1976 年には合成洗剤追放を東京都に働きかける請願が、東京都板橋区、保谷市（当時）、調布市で採択されることになった。

さらに、組合員の自宅の食卓では、顔のみえる生産者がつくった安心できる食べ物や、合成洗剤ではなく石けんの使用の努力をしていながら、食品添加物、合成洗剤、プラスチック容器を使用している学校給食に無関心でよいのかと考えた東京都町田市の組合員が、1981 年に他の市民団体と協力して、「町田市学校給食基本問題調査会の設置および運営に関する条例」の制定を求める直接請求運動を展開した。

しかしながら、議会への請願や直接請求を行っても、地方議会の審議の中でその主張を阻まれることも多く、議会の中に生活クラブ生協の提案を反映させるしくみを考える必要に迫られた。そこで 1977 年、生活クラブ生協は「**代理人運動**」を始める。それは、既成の特定の政党から自立した、生活クラブ生協の考え方を地方議会に反映し実現できる人を、生活クラブ生協の「代理人」[13] として地方議会に送り込み、市民政策の提案を行う試みであった。1978 年に東京都グループ生活者（現在、東京・生活者ネットワーク）という運動母体が結成され、1979 年に始めて練馬区に代理人が誕生した。その後、東京都議会、区・市議会に議員（代理人）が誕生し、その結果、合成洗剤、学校給食、ゴミの分別とリサイクル、飲み水、遺伝子組み換え食品の表示義務問題など生活に密着し、地域から掘り起こした問題を議会で議論することに成功したのである。2009 年 12 月現在、生活者ネットワーク運動は、東京、神奈川、千葉、埼玉、茨城、長野、福岡、熊本まで拡がり、県議・市議（区議）を含めて、136 人となっている。

一方、生活クラブ生協の組合員は、既存の女性の働き方に対して「もうひとつの働き方」を模索して「**ワーカーズ・コレクティブ**」の活動を展開している。ワーカーズ・コレクティブとは、女性が自分たちで必要な資金を出し自ら働くことによって、サービスを提供する活動である。2007 年現在、ワーカーズ・コレクティブは全国で 600 団体、約 17000 人が関わり、総事業高は約 136 億円である [14]。ワーカーズ・コレクティブの具体的な内容には、高齢者への在宅福祉・介護サービス、集合託児・出張託児などの福祉分野だけでなく、仕出し・弁当・パンなどの製

---

[13] なお、生活クラブ生協組合員の代理で始まった代理人運動は、その後、「市民の代理人」「生活者の代理人」とされた。
[14] 三菱総合研究所,『「豊かな公」を支える資金循環システムに関する実態調査報告書』2008.
(http://www5.cao.go.jp/keizai2/2008/0623yutakanaooyake/)

造販売や、リサイクル事業、生活クラブ生協の小規模店舗（デポー）の運営などがある。これらの活動には、メンバーの日常の生活を踏まえた生活者ならではのこだわりや、生活クラブ生協の消費材の供給を受けながら行っている。そして、ワーカーズ・コレクティブでは、事業目標の決定、経営の管理は出資者全員が行うため、雇う／雇われるという雇用関係はない。そこでは男性中心に作られた現在の企業社会において、男性と差異を感じながら働くのではなく、またパートで不利な条件で働くのでもなく、「もうひとつの働き方」として女性の社会進出の場として考えられている。つまり、ワーカーズ・コレクティブは、現在の市場経済では提供されにくい商品やサービスを供給するだけではなく、その組織のあり方自体に、女性の労働環境の現状に対する異議申し立ての意味が込められているのである。

　これまでみてきたように、生活クラブ生協に集う女性たちの活動は、必ずしも国や行政に抗議をするという形ではないものの、今の社会に対して異議申し立てをしていることがわかる。また、生活クラブ生協の組合員の多くは「普通の専業主婦」であり、運動をするために集まったわけではない。だが、その専業主婦が「社会」に違和感を持ち、「社会」に関わり、さまざまな活動を今なお展開しているという事実は、「普通の人」が社会に「つながり」、社会を「動かす」ことの可能性を示唆しているといえるであろう。

4.　「個」の時代の社会運動の困難と可能性

　しかしながら、生活クラブ生協を取り巻く環境は大きく変化している。生活クラブ生協が設立された当初は、商業施設が少ない新興住宅地の専業主婦が組合員に加入したからこそ組織規模を拡大できたが、現在は郊外にある大型商業施設や質の高い商品の販売をする同業他社も増えており、このような商業環境の変化によって、かつての生活クラブ生協の有利さは失われてきている。また、女性の社会進出が進んだこともあり、専業主婦層が相対的に減少し、専業主婦自体もそれぞれのライフスタイルに合わせた多様な活動をするようになったことは、消費材の受け渡しを班で行う班別予約共同購入にシステムの変更を迫る結果となった。つまり、班別予約共同購入は存在するものの、個々人にそれぞれ消費材を配送するという個別（戸別）配送システムが段階的に導入されていった。現在、新規の組合員だけでなく、以前、班別予約共同購入をしていた組合員も、荷分けをしなくてもよいという理由や、他人と交流することの煩わしさ

を理由として、個別配送を選ぶようになってきている。その結果、班で組合員が定期的に集まるといったような組合員同士の交流が少なくなり、組合員自身が生活クラブ生協の理念や考え方を共有しづらい環境が生まれている。さらに、生活クラブ生協や組合員同士を知らない組合員の増加は、生活クラブ生協のさまざまな活動をリードする組合員リーダーの創出にも影を落としている[15]。

　社会運動が社会の中で一定程度認知された時代とは異なり、他者と連帯して行動するという経験が共有されにくく、かつ「個」の生活が重要視される中で、いかにして「**連帯**」し運動をしていくのかという点は、生活クラブ生協に限らず、現在の社会運動の大きな課題であるだろう。それは、「個」が重視される中でいかにして「連帯」をしていくのかという課題と、本来ならば「連帯」し問題を解決すべき「個」が「連帯」できない状況をどのように解決していくのかという課題が含まれている。そして、このような「個」の時代における社会運動の方向性についても、生活クラブ生協は模索しているようにも思われる。

　例えば、多くの他の生協が経営の安定化のために生協同士が合併する中で、生活クラブ東京は1994年、神奈川は2004年に「ブロック単協化」を行った。これは1〜2万人の組合員を目安として、都県ごとに設立されている生協組織を分割し、個々の組合員と生協との距離を縮め、組合員参加を重視する試みである[16]。特に生活クラブ生協東京では、自らが住む「地域」を起点に市民によるまちづくりを促進する運動と事業を展開することを重視し、個別配送の組合員が、まちづくりのリーダーとして、「個」である組合員との交流を図りながらさまざまな活動を展開している。

　さらに、生活クラブ北海道では、1986年のチェルノブイリ原発事故を契機に、北海道発の原子力発電所である泊原発や、北海道幌延町の核廃棄物処理施設反対運動など、北海道の反原発運動を中心的に担ってきたが、その後、エネルギー問題に関する対案提示型の運動として「グリーン料金運動」を展開するようになった。これは生活クラブ生協による灯油の共同購入をヒントにして始まったもので、月々の電気料金に5％の「グリーン料金」を加えた額を支払い、グリーン料金分を自然再生エネルギー普及（風力発電）のための「基金」にするという活動である。5％という定率にした理由は、エネルギーを使っている分だけ環境保全のために必要な社会的コストを応分に負担し合うという考えが背景にあ

---

[15] 西城戸誠『抗いの条件―社会運動の文化的アプローチ』人文書院，2008.
[16] 角一典「生活クラブ生協の現在」鳥越皓之・帯谷博明編『よくわかる環境社会学』ミネルヴァ書房，2008.

る。一般家庭で月400円程度のグリーン料金は、5%分節電すれば基金に拠出する5%分は相殺され、従来の電気料金と変わらず、かつその分だけ環境負荷を下げ環境保全に貢献したことになる。同時に、自然エネルギーのためのファンドができ、風力発電を育てることもできる。このような「個」のライフスタイルを見直しながら、新しい電力源を育てていこうとする政策提言的な運動は、全国の市民が風力発電事業に出資をし、市民共同発電所（市民風車）を作ることに結実する。2001年9月に北海道浜頓別町で市民風力発電所・1号機が完成し、2010年9月現在、全国で12基の市民風車が発電を行っている。このように「環境に何か良いことをしたいがよくわからない」という「個」に対して、グリーン料金運動や市民風車への出資という形で、自然再生エネルギーのための運動の担い手になる「しかけ」を提供することは、「個」の時代の連帯のあり方に一つの方策を与えているといえる[17]。

さらに、近年の非正規雇用と不況によるリストラの拡大によって、生活困窮、多重債務者の増大が社会問題化している。生活クラブ生協の組合員の中でも多重債務者となり、消費材の支払いが滞るケースも見られるようになった。生活クラブ東京では、「借金は個人の問題」と捉えるのではなく、「明日は自分にも降りかかってくる問題」と捉え、多重債務問題の解決のために、生活サポート生協・東京を2006年12月に設立した。この生活サポート生協では、生活サポート基金からの貸し付けを仲介し、返済可能な状況を作り出すことで多重債務者の生活の再建を推進することや、買い物依存、アルコール・ギャンブル依存などへのカウンセリングなども行っている[18]。多重債務は個人の問題であると同時に、個人の力では対処できない問題でもある。「個」ではどうしようもできない問題、しかも「個」が連帯できない状況下において、このような生活サポート生協の運動は、問題を抱えた「個」自体の動きではないものの、「連帯」できない「個」の問題を解決する一つの方向性を示す運動として捉えることができるであろう。

5.　社会運動に対して社会学ができること

ここまで社会運動にはさまざまなかたちがあることを生活クラブ生協の運動の実践を中心に述べてきた。生活クラブ生協の実践は、「社会」のさまざまな問

---

[17] 西城戸誠前掲書。
[18] 角一典前掲論文。

題に対して、創造的な運動のスタイルを提供し、「社会」を動かしてきたといえるだろう。最後に、社会学（社会運動研究）が社会運動に対して何が貢献できるのかについて簡単に述べておきたい[19]。

　社会運動に対して、社会学が貢献しうることの一つは、社会運動の記録を残すという作業である。運動の当事者の忙しさによる記録の散逸、運動自体の記録が残りにくいこと（地域の運動史も市町村史に残ることは稀である）を考えると、記録を残すこと自体に価値はあるだろう。また、「抗議」という営みが顕在化しづらい今日の日本において、さまざまなかたちの運動のあり方、抗う当事者の意味を問うという作業は、日本の運動経験、アクティビズムの遺産を継承するという観点からも必要なことであろう。さらに、運動の当事者の多様な意味づけを研究者が描くことで、運動当事者の意味世界が世間一般とは別であるものの、それが持つ意味の重要性の指摘や価値付けるという営みは、運動の当事者にとっても必要なものであろう。司会者・タレントで国会議員でもあった大橋巨泉は、「民主主義の根幹は、『君の意見には100パーセント反対だが、君が意見を言う自由は命を賭けても守る』というもの」と述べているが、この点を尊重する必要があるならば、社会運動の当事者の主張に耳を傾け、それを記録として後世に残すことは意義があることに違いない。ただし、社会運動の記録を残すという営みは、特にラディカルな運動の場合は当局に利用される危険性も孕むため、運動の当事者からすれば拒否されることもしばしばである。その意味で記録の残し方は、運動の当事者との信頼関係を築いた上で考えていく必要はある。

　もっとも、社会運動の当事者にとっては、「運動に役に立つ」学問としての社会学が求められることだろう。つまり、「敵」と「味方」の双方の強みと弱みを知り尽くした有能な「軍師」としての役割である。より実践的な形で社会運動にかかわる可能性は、対象となる運動によって異なり、それは運動の現場に寄り添いながら考えるしかない。「自分は研究者であるから実践にはかかわらず、記録に徹する」という立場も考えられるが、時には運動の当事者に寄り添い、一緒に汗をかき、声を出しながら、研究対象である社会運動に資するために何ができるのかという問いを問い続けることの重要性も考慮に入れておく必要があるだろう。

---

[19] だが、本来はこの問いは非常に難しく、ナイーブな問いでもある。以下、指摘する点は筆者の数少ない経験に基づく指摘に過ぎないことをお断りしておく。なお、社会運動に限らず、当事者と研究者との関係性に関する論考として、宮内洋・好井裕明編『〈当事者〉をめぐる社会学―調査での出会いを通して』北大路書房, 2010 がある。

●考えを深めよう●
①あなたが考える「社会運動」やそのイメージについて列挙してみよう。また、それらを何人かの友人と照らし合わせ、比較し、その違いや共通点について話し合ってみよう。
②興味をもった社会運動の歴史・経過について、書籍、新聞記事などから情報を集めてみよう。また、実際にインタビューを試みてみよう。

さらに学びたい人のための文献紹介

①片桐新自『社会運動の中範囲理論——資源動員論からの展開』東京大学出版会，1995．
＊社会運動研究における「資源動員論」に着目し、理論的展開の整理とそれを踏まえた実証的な研究。

②久保田滋・樋口直人・矢部拓也・高木竜輔編『再帰的近代の政治社会学——吉野川可動堰問題と民主主義の実験』ミネルヴァ書房，2008．
＊1992年の吉野川可動堰建設計画以降の徳島を舞台に、住民運動と既成政治が対峙する選挙を実証的に分析し、再帰的近代という観点から政治変動と民主主義のあり方を問う。

③松原治郎・似田貝香門『住民運動の論理：運動の展開過程　課題と展望』学陽書房，1976．
＊1970年代の住民運動を対象に、住民運動展開過程図、住民運動をめぐる組織連関図による運動の展開過程の考察と、住民運動自体の課題を考察している。

④ McAdam, D., J. D. McCarthy and M. N. Zald (eds.), *Comparative Perspectives on Social Movements: Political Opportunities, Mobilizing Structures, and Cultural Framings*, Cambridge University Press, 1996.
＊政治的機会構造、動員構造、フレーミングという社会運動研究の3つの分析視角を提供し、その実証的な研究がまとめられている論文集。

⑤森元孝『逗子の市民運動——池子米軍住宅建設反対運動と民主主義の研究』御茶ノ水書房，1996．
＊米軍住宅建設反対運動に関わった逗子市民の動向・意識・意見を詳細に分析し、12年間におよぶ運動の歴史的・社会的意味づけを考察した。

⑥中澤秀雄『住民投票運動とローカルレジーム——新潟県巻町と根源的民主主義の細道，1994-2004』ハーベスト社，2005．
＊新潟県巻町と柏崎市・刈羽村の原子力発電所に対する住民投票運動を比較し、その対照的な選択から戦後日本の地方政治と地方自治のあり方を考察する。

⑦西城戸誠『抗いの条件——社会運動の文化的アプローチ』人文書院，2008．

＊社会運動の文化的アプローチに着目し、複数の事例研究から社会運動の盛衰を規定する要因について分析、考察する。

⑧大畑裕嗣・道場親信・樋口直人・成元哲編『社会運動の社会学』有斐閣，2004．
＊社会運動の社会学の入門書。理論的考察を踏まえた実証研究の紹介と、運動の当事者のコラムも充実している。

⑨佐藤慶幸・天野正子・那須壽（編）『女性たちの生活者運動―生活クラブを支える人びと』マルジュ社，1995．
＊生活クラブ生協に関わり、自己実現を果たしてきた女性（組合員）と、生活クラブ生協を支える専従職員に関する実証的研究によって、生活クラブの実態を包括的に考察。

COLUMN

グローバル社会運動
濱西栄司

　2009年12月、国連の気候変動枠組条約締約国会議（COP15）がデンマークの首都コペンハーゲンで開催された。途上国を支援するために、あるいは原発推進といった「対策」を批判するために、さらには先進国中心のCOP会議そのものを中止させるために世界中からNGOや市民団体が集結し、10万人に及ぶデモもおこなわれた。気候変動だけではない。さまざまなグローバル・イシューをめぐる国際会議が、今では世界中の社会運動の重要なターゲットになってきている。

　グローバルな社会運動が実際に現地でどう展開するかは開催国の状況に左右されるが、とりわけ重要なのが運動やデモに対する開催国の住民・世論やメディアの評価である。2007年から2010年にかけて国際会議（G8やG20、COP）をめぐる運動調査をローマやピッツバーグ、コペンハーゲンでおこなってきたが、これらの社会では運動やデモはごく日常的なことであり、選挙と並んで「民主主義社会に生きる者の義務」とさえ捉えられていた。「選挙と選挙の間に政府が政策を転換しようとすれば、デモしか自分たちの考えを示す手段はない」という。

　ピッツバーグではデモを「言論の自由」として徹底的に守る「アメリカ自由人権協会」が活躍していたし、ローマではお決まりの集結地点（共和国広場）から毎週のようにデモがおこなわれていた。コペンハーゲンでは小学生や中学・高校生もデモに参加し、先生や親、祖父母が子供たちに声援を送っていた。これらの社会では10〜20代のころは運動やデモをおこない、30代後半になると労働組合や協同組合、地方自治体に関わって今度は若者の運動を支援する側に回る、といったライフコースがある程度確立されている。当然、国際会議をめぐるグローバルな運動も、これらの社会では好意的に評価され、デモも正当なものとして受け入れられていた。

　それらと比較すれば日本社会は特殊で、洞爺湖サミットをめぐるグローバルな運動に対しても住民や世論、メディアの評価は他と比べればそれほど好意的ではなかった。戦後日本の自民党政権は市民活動や社会運動を評価しなかったし、自治体もデモを厳しく規制する条例を次々と作ってきた。親たちは（団塊世代も）よく子供たちに「運動はするな」と教えてきたし、メディアも「運動」・「デモ」＝「暴力」・「治安悪化」というイメージを広めている。それゆえ本文でも指摘されているように、現在の日本人の多くが社会運動を「遠い」存在と感じ、低く評価したとしても無理はない。

　世界的に見れば特殊なこの日本の状況はそれでも、近年のように労組が影響力をもつ政権ができたり、市民活動や協同組合の支援法が成立したりしていくなかで少しずつ変わっていく可能性はある。それはかつてイタリアやデンマークが通った道であり、日本に決定的に欠けていたものである。

第14章 地域とつながる
―― 社会学と地域づくり

土居洋平
Yohei DOI

1. はじめに――地域を研究することは地域とつながること

　社会学に限らず、具体的な地域を対象として何か研究を行う場合、対象となる地域の人々との「つながり」が欠かせない。社会学の場合でも、アンケート調査やヒアリング調査を行う際、地域の人々の協力がなければ成り立たないことは、すぐに想像できるだろう。地域の統計や歴史的資料を入手するといった場合でも、何らかの形で地域とのつながりが必ず生まれる。地域を研究するということは、地域とつながりを持つということなのである。

　「つながり」が生まれる以上、地域を対象とした研究は、その成果のみならず過程においても地域に影響を与えるし、研究者[1]も地域の人々からの影響を受ける。例えば、アンケート調査を行う場面を考えてみよう。どんなに簡単なアンケートであっても、それを行うためには対象となる地域の人々が時間を取り、調査者が設定した「問い――それは、普段なら意識しないもの、明確に考えたことがないものもある」について考え、応えなければ成立しない。場合によっては、調査をきっかけにその「問い」に気づき／考え／行動を変えることもあるだろう。研究者も、単にアンケート調査の結果から知見を得るという意味で影響を受けるだけはない。調査実施のために、地域の人々と様々な「つながり」を持つなかで、その生き方や価値観など、研究を超えた影響を受けることもある。地域の人々も研究者もモノではない以上、「つながり」があれば様々な影響を受け、考えや行動を変化させる。そうした意味で、地域を対象に研究をすることは一つの「**対話（Dialogue）**」なのである。

　ただし、こうした研究過程における研究者と地域の人々との「つながり」は、必ずしもお互いにとって好ましいものとは限らない。このことは、地域を対象に研究する者であれば、強く意識すべきことである。というのは、そうした研

---

[1] ここでの「研究者」とは、専門家のことだけではなく地域に入って研究をしようとする人全般を指す。学生であっても、地域を対象に考え・調べるのであれば、誰でも「研究者」なのである。

究の多くは（当然のことではあるが）研究をする者の都合・事情で行われる。もちろん、地域の人々の要望を背景に行われる研究もある。また、研究者の都合・事情で行うといっても、それが地域の人々がそれまで気づかなかった重要な発見をもたらすこともあるだろう。しかし、どれだけ真摯で重要な研究であっても、研究の主体となるのは研究者という基本的構造は変わるわけではない。そうである以上、地域の人々の都合や事情は従属的なものにならざるを得ない。

こうした構造のなかで、研究者が「つながり」という視点を無くした時、地域での研究は、地域の人々にとって暴力的なものとなる。この場合、研究者とは「ある日突然やって来て人々の時間を使って情報を引出し、そしていなくなる」存在となる。そして、研究の成果は地域の人々の知らない所で語られ、研究する者の業績（や単位）となるのだ。とりわけ、何か注目されやすいモノを抱える地域の場合、このような収奪的な調査が繰り返し行われ、やがて地域の人々は調査に慣れ／疲れることになる。もちろん、地域の人々は単なる受動的存在ではない。だから、調査を地域の都合で利用することもある[2]。ただし、この場合でも、上述の基本的な構造が変わることはない。

だからこそ、地域を対象に研究する者は、対象となる地域、地域の人々との「つながり」を意識しなければならない。では、「つながり」を意識したとき、地域を対象にする研究は、どのような可能性を持つのだろうか。調査そのものが持つ可能性については、第二部の各章で既に論じられているので、ここでは、研究者が地域の実践的な活動に関わること、とりわけ地域を対象とする研究者が「地域づくり」と呼ばれる一連の実践的な活動と関わることが持つ可能性について考えてみたい。

2. 地域と地域づくりを考える

2-1. 地域とは

さて、ここまで地域という言葉を特に解説することなく使ってきた。しかし、地域を対象に研究を行うことを考えた場合、根幹となるこの用語について考えないわけにはいかない。そこで、まずは地域という言葉について考えよう。

---

[2] こうした事例やそれにまつわる問題については、原山浩介「「地域活性化」言説における多重な消費の構造—優良事例として消費される農山」日本村落研究学会編『年報　村落社会研究　第41集　消費される農村：ポスト生産主義下の「あらたな農村問題」』農山漁村文化協会, 2004, 161-200頁を参照。

(1) 一般的な言葉としての地域概念

まず、日常的に使う意味での地域という言葉について考えてみよう[3]。あなたが普段「地域」という言葉を使うとき、そこにどのような意味を込めているのだろうか。それは、日常生活を営む場所、町内会や自治会といった隣近所での集まり（読者諸氏の場合は、小学生時代に経験したであろう「子ども会」の方が身近か？）などであろうか。あるいは、プロ・スポーツで盛んに取り入れられた「地域密着型チーム」を連想し、地元の野球やサッカーチームのことを思い浮かべるであろうか。それとも、最近メディアで取り上げられることも多い「県民性」なるものを思い出し、都道府県のような単位を思い浮かべるであろうか。あるいは、単に地元の大字や市町村を思い浮かべるだけであろうか。

私たちは地域という言葉に、様々なイメージを込める。それは、"隣近所"程度のごく狭い範囲を表すこともあれば、"都道府県"のような広い範囲を表すこともある。また、それは、"場所に根差した様々な組織"（町内会や自治会、市町村など行政機関）を意味する場合もあれば、"そこに住む人々の特性"を意味することもある。あるいは、単純に"場所"を意味するだけのこともある。

このように、私たちは地域という言葉を、非常に曖昧に使っている。一方で地域という言葉は、どのような使われ方をしても、私たちの生活と切り離しにくいものでもある。例えば「地域密着型チーム」とは、チームの活動を通じて、地域の人々の生活の中に当該スポーツとチームが溶け込むことを意味していると言えるであろう。あるいは「県民性」（地域性）の意味する内容は、その地域の人々の持つ生活習慣で、ほかの地域にはない特性といったところであろう。地域とは、私たちの生活に密着した言葉なのである。

(2) 「地域」という概念と地域社会

地域という言葉が生活に密着した言葉であるとして、もちろん、それだけでは地域という言葉の意味を理解できたとは言えない。地域という言葉が、生活に密着した何ものであるのかを理解する必要がある。ここでは、地域という言葉の持つ広がりを考え、その意味（専門用語としての地域の概念）について考えてみたい。

---

[3] 通常、学問上使用する言葉と日常的に使う言葉は区別して考える。前者は、専門用語や科学言語と呼ばれ、後者は日常言語や一般言語といった形で表現されることが多い。社会学を含む社会科学の研究においては、多くの用語が日常言語としても専門用語としても使われている（当然、両者には意味も重なる部分がある）。ただし、前者の内容が曖昧さを含むものである一方で、後者の内容は研究者によって設定される。

まずは、地域という言葉の根幹から考えよう。地域といった場合に、共通して意味するところは何か。当然、それは「一定の広がりをもった空間」ということであろう。私たちは「農村地域」「地域振興」「地域間交流」など、地域を使った様々な言葉を使う。一方、地域という言葉が用いられたときは、どの場合でも「一定の広がりをもった空間」が指し示されている。例えば「農村地域」といった場合、農村という広がりをもった空間のことが示されているし、「地域振興」といった場合、どこか一定の広がりを持った空間を振興するという意味となる。地域を抽象的な言葉として用いれば、それは「一定の広がりを持った空間」ということになるのである。

これでイメージがつきにくければ、具体的に考えればよい。「一定の広がりを持った空間」とは、具体的には何らかの固有名詞を持った場所である。それは、あなたが生まれ育った集落、地区、大字でもあるし、市町村でもあるし、都道府県でもある。地域という言葉の根幹は「一定の広がりをもった空間」であり、具体的には何らかの場所なのである。

一方で地域という言葉の広がりは、単なる空間や場所に留まるものではない。上述のとおり、それは、生活への密着というイメージを内包したものでもある。例えば、**地域間交流**という場合を考えてみよう。この場合、地域と地域が交流するということが示されているわけであるが、ここでいう地域とは、明らかに単なる空間や場所という意味に留まるものではない。地域間交流といった場合、当然、交流するのは地域の人々同士である。冒頭の用例と合わせ、ここでは地域という言葉の指し示す意味が、単なる空間や場所を超え、そこにいる人々へと広がっていることが理解できる。このことは、地域という言葉を使った様々な用語にも当てはまる。例えば、前述の「地域振興」の場合も、その意味は単なる空間や場所を超えた広がりがあることは、容易に想像することができるだろう。

地域という言葉は空間や場所はもちろん、そこにいる人々という意味を内包している。ところで、こうした空間と人々の関係について、磯村英一は、都市社会に3種類の空間があることを指摘した。つまり、都市においては、人々が居住し生活を営む空間（**第1空間**）があり、それとは別に働いたり学んだりする空間（**第2空間**）があり、さらに、第1空間と第2空間の間には、盛り場をはじめとして趣味や娯楽等の様々な余暇活動を行うもう一つの空間（**第3空間**）

があるとしたのである[4]。

　広い意味では地域という言葉には、この全てが含まれる。例えば「都市地域」といった場合は、この第1空間から第3空間までの全てが含まれるだろう。一方で、地域という言葉を「空間や場所およびそこにいる人々」という点から考えると、特に空間や場所に根差したものとして、第1空間を取り上げることができる。もちろん第2空間や第3空間も具体的には個々の場所との結びつきを強くもったものであるが、そこを訪れる人々と場所との関係は必ずしも強いとは限らない。一方、そこに居住し生活を営む空間である第1空間では、そこに居る人々と場所との関係が必然的に強くなる。

　上述の地域を使った言葉（「地域間交流」や「地域振興」）の場合も、地域を第1空間として捉えると理解が容易になる。地域という言葉は、広くは空間や場所とそれに結びついた人々一般を指すが、主には、居住や生活を軸にした空間や場所とそれに結びついた人々のことを指すのである。

　わたしたちは、こうした第1空間に代表されるような居住と生活を軸にした地域のことを、**地域社会**と呼ぶ。それは、住むことを中心にして広がる社会関係の存在を前提にした、具体的な場所に関連づけられた社会のことであり、そうした関係はしばしば**コミュニティ**[5]ともよばれる。

2-2. 地域づくりとは

　地域づくり[6]といった場合の地域も、単なる場所という意味を表しているわけではない。それは、上述のとおり、主として住む場所を軸に形成された社会を意味している。つまり、地域づくりとは、場所に根差した社会を形づくることなのである。

　この言葉は1970年前後から使われ始めたが、広く注目を集めるようになったのは1990年代に入ってからである[7]。それでは、何故、1990年代からこの言葉が注目を集めるようになったのであろうか。それまでは、地域づくりということは必要がないものであったのだろうか。

---

[4] 磯村英一『都市社会学研究』有斐閣，1959.
[5] 但し、近年ではインターネット上の掲示板やSNS（ソーシャル・ネットワーキング・サービス）等で形成された場所を前提としない関係も（ヴァーチャル・）コミュニティと捉える見方もある。
[6] 地域づくりに似た言葉に「まちづくり」や「むらづくり」があるが、ここでは都市や農村といった地域特性に限定されない言葉として「地域づくり」という言葉を用い、この中には「まちづくり」や「むらづくり」を含めるものと考える。
[7] 例えば、国立国会図書館のデータベース（http://www.ndl.go.jp/）を使って「地域づくり」で雑誌記事のタイトルを検索してみると、1960年代で2件、1970年代で37件、1980年代で148件であったのに対して、1990年代は916件、2000年代になると3000件を超す結果が出てくる。ここからも、90年代頃からこの言葉が盛んに用いられるようになったことを伺いしることができる。

そのことを考えるために、似ていて異なる言葉である**都市計画**という言葉を手がかりに考えてみよう[8]。**近代**[9]の都市計画は、エベネザー・ハワード[10]から始まったと言われる。彼は、産業革命以降、都市部に人口が集中し交通・景観・防災・公衆衛生をはじめ様々な問題が噴出するなかで、ロンドン近郊に職住近接の**田園都市**を建設しようと試みた。それは、実際にハードとしての新しい町を建設し、それによって都市生活における快適性を取り戻そうという試みであり、この構想に従って実際に**レッチワース**という都市が創りだされた。

以降、日本にもハワードの都市計画は影響を与えていくが、その基本はハード面の整備を通じて人々が暮らす場所の快適性を向上させるというものであった。しかし、近代以降の日本の場合、この都市計画は様々な事情によって十分に機能はしてこなかった。その主な要因としては、震災や戦災等、都市計画により快適性を向上させるよりも都市機能を復興させることを重視せざるを得なかったこと、戦後の高度経済成長期に想定を超えた都市の集中と拡大が生じ、計画による制御が上手く機能しなかったことなどが挙げられる。

このように都市計画が上手く機能しないなかで、高度経済成長期がすぎ1990年代に入り、バブル経済が崩壊し景気が低迷するなかで、新たに地域づくりという言葉に注目が集まるようになる。それでは、この時代になって何故、地域づくりに注目が集まるようになったのであろうか。

都市計画も地域づくりも、目指す所は人々が暮らす場所の快適性を向上させるというものである。一方で、都市計画の場合はそれをハード整備中心に進めるのに対して、地域づくりの場合はソフト面での活動を中心に進めるという違いがある。

高度経済成長期が過ぎて日本も**高度消費社会**[11]に突入するようになると、人々が持つ生活環境への要望も多様化するようになる。そこには、生存のための一律的な要望から、より快適性を高める多様な要望への変化が生じるようになる。前者の場合、共通の基準を用いて上意下達する形で進めることができるが、後

---

[8] ただし、都市計画の歴史は古く、また、都市計画学という一つの専門分野もあり研究の幅も広いものであるから、ここでは、地域づくりとの関連する部分のみ取り上げる。都市計画について関心があれば、渡辺俊一『「都市計画」の誕生―国際比較からみた日本近代都市計画』柏書房, 1993 などを参考にするとよい。

[9] 社会学で言う近代は、modernの訳語であり、現在までを含めた概念である。社会学そのものが近代に入って社会が変化することで誕生したということは、社会学が主に対象とするのが近代社会ということもあり、近代とは社会学にとって極めて重要な概念である。このことについては、アンソニー・ギデンズ（松尾精文・小幡正敏訳）『近代とはいかなる時代か？―モダニティの帰結』而立書房, 1993 などを参照。

[10] エベネザー・ハワード（長素連訳）『明日の田園都市』鹿島出版会, 1968 を参照。

[11] 高度消費社会とは、モノ（商品）が単に機能によって評価されるのではなく記号的な意味によって評価されることが、消費の中心的位置に来る社会のことを指す。これについては、ジャン・ボードリヤール（今村仁司・塚原史訳）『消費社会の神話と構造』紀伊國屋書店, 1979 を参照。

者の場合は個別の要望が異なるため、そうした形で進めることは難しい。そして当時の日本の都市計画の場合「市民によって構成された都市自治体が自発的に自らの環境を維持向上させていこうという考え方が欠如していた」[12]のであった。そうしたなかで注目を集めるようになったのが、地域の人々の考えや活動に軸足を置いた地域づくりだったのである。

また、地方においては高度経済成長期の頃から既に過疎化や高齢化が問題にされていたが、道路や拠点施設の整備といったハード面での整備をいくら進めても、それが止まらないという事情もあった。さらに1991年にバブル経済が崩壊し景気が長く低迷するようになると、都市部においても**中心市街地の空洞化**[13]といった問題が噴出するようになる。

こうして、一律的なハード面での整備では人々の暮らす場所の快適性を向上させるのに限界が生じ、地域が危機的な状況に追い込まれるなかで、個別の活動、ソフト面の活動に軸足を置いた地域づくりに注目が集まるようになったのである[14]。

3. 地域づくりに〈関わる〉

上述のように、地域づくりがソフト面の活動、すなわち地域の人々が考え／話し合い／アイデアを出し合って行動していくものとして捉えた場合、社会学者がここに入り込む理由が浮き彫りになる。というのも、社会学とは、人と人の関係の在り方に注目した学問であり、地域づくりが行うソフト面の活動に注目する学問と言えるからである。

つまり、調査や研究という枠を超えた時、社会学者が地域に最も接近しやすいものが地域づくりなのである。それでは、社会学者[15]は具体的にはどのように地域づくりに関わることができるのだろうか。ここでは、2つの側面から考えてみよう。

---

[12] 田村明『都市を計画する』岩波書店, 1977参照。
[13] もちろん、単なる景気低迷だけではなく、大都市周辺部を除いた地域では全国的に車中心のライフスタイルが形成され、ロードサイドの大型店が次々に登場し、中心市街地に人が集まらなくなったという事情もある。
[14] このような地域づくりの特徴として、佐藤滋は、7つの原則を挙げている。すなわち、住民・地権者主催の原則、身近な生活環境整備の原則、漸進性の原則、場所の文脈と地域性の原則、総合性の原則、パートナーシップの原則、個の啓発の原則である。詳細は、佐藤滋編著『まちづくりの科学』鹿島出版会, 1999を参照。
[15] ここでも、先の研究者と同様、社会学の視点をもって地域を研究する者全般を指す。つまり、学生であっても社会学を学び地域と関わる者であれば、ここでいう社会学者に含まれ、同種の影響力や責任を保持するものなのである。

3-1. 社会学者がひとりの人間として地域づくりに関わる

　社会学者が地域づくりに関わる手法の一つは、研究とはいったん切り離した形で地域づくりに関わるという形である。例えば、調査を契機に「つながり」を得た地域で、その「つながり」をもとに地域づくりへの協力を要請され、研究とは直接つながらない形で地域づくりに関わるということがある。この場合、地域の人々とともに考え、行動し、その中で自らの専門知識や経験を提供することになる。

　実は、こうした形での関わり方（専門知識をもって実践的な活動に関わること）は、社会学においては地域づくりに限らず、以前から頻繁に行われていたことであった。例えば、先述の磯村英一は、都市社会学者として研究に励む一方で東京都の行政職員として活躍しており、その専門知識を行政施策に発揮していた。あるいは、環境社会学の研究者が研究対象である環境運動に関わるといったことは、過去も現在もよく見受けられることである。

　こうした時、よく問題にされるのが科学の中立性である。つまり、実際の地域に関わりながら地域に関連した研究を進める場合、どうしても地域の人々の側に偏った視点に立ってしまうのではないか、という懸念である。例えば、何らかの環境破壊に反対する運動に入り込んだ研究の場合は、反対する者の視点に偏ってしまうのではないか、といったことである。しかし、かつてマックス・ヴェーバーが価値自由という概念で示そうとしたように、社会学に限らず科学というものは何らかの価値に依拠しているものである。であるならば、重要なことは自らが依って立つ価値を自覚することであって、無色透明な立場に立とうとすることではないのだ。

　地域づくりの場合でも、研究といったんは切り離した形で関わる社会学者も多い。その場合、例えば、当該地域と同種の悩みを抱えた別の地域において課題を克服した事例を紹介し、それをもとに地域の人々と共に考え、行動するといった形がある。ここでは、研究者も様々な形で地域に入るよそ者[16]の一人として、自らの知識や経験を地域づくりの場へと提供するのである。

　筆者の場合も、地域を対象に研究を進める一方で地域づくりに関わるNPOに

---

[16] 地域づくりの現場には、学識者以外にもコンサルティング会社の人間、学生、地域外の行政職員、新たに移住してきた人々など様々な形でそこに住んでいない／いなかった人々が入ることが多く、それを総称して「よそ者」と呼ぶ。地域づくりにおいては、「よそ者」「若者」「ばか者」が必要と言われることが多く、そのなかで「よそ者」は、地域の外の価値観や考え、知識を伝える存在として期待されている。これについては、遠藤あおい「人と人の出会いと交流を促進する「まちの駅」」（社）街づくり区画整理協会編『月刊　区画整理』48巻3号, 51-55頁を参照。

所属し、研究とは切り離した形で地域づくりに関わる活動に参加している[17]。あるいは、調査で関わった地域において、調査とは別に地域づくりの活動に関わることもある。「つながり」を意識して地域に入って研究を進めた場合、こうしたことは自然と生まれてくる。その中で、社会学者の場合、最も関わりやすく貢献しやすいものが、地域づくりなのである。

　もちろん、研究者である以上、地域づくりに携わる中で考えたことをもとに、研究を進めることもある。それは、関わっている個別の地域づくりそのものを対象にしたものもあるが、直接関わっている事例から離れ、地域づくり全般の現代的な意義や問題を考える場合もある[18]。

　当該地域を直接の研究対象としない形でも、社会学者は地域に関わり、そこから研究を進めることができるのだ。

3-2. 研究の中で地域と関わる

　もちろん、研究の中で直接地域づくりを取り上げ、取り上げながらそこに関わるという方法もある。この場合でも「つながり」を意識することが極めて重要になってくる。

　研究で地域づくりを取り上げるということは、基本的には研究者の側の都合で地域づくりについての調査や研究を進めることになるが、当然のことながら、地域づくりは研究とは別の論理で進んでいる実践的な活動である。ゆえに、地域づくりの実践を理解し、それとある程度は「つながる」形で調査研究を組立てる必要が出てくる。

　特に、地域づくりの「先進地」と呼ばれる所は、卒業論文等で調査の対象とされることも多々あるだろうが、こうした先進地の場合は、より慎重に「つながり」を意識しなければならない。というのも、数多くの調査が入るなかで、いわゆる**調査疲れ**を起こしている場合もあるからである。

　学問上の調査研究は、少なくとも社会学の場合、そのまま当該地域の地域づくりに直接「役に立つ」というケースは少ない。地域づくりが活発に行われている「先進地」の場合、当然のことながら地域の人々は忙しく活動をしており、

---

[17] これについては、そうした活動の一つについて、土居洋平「仕掛けられる地域活性化」日本村落研究学会編『年報　村落社会研究　第41集　消費される農村：ポスト生産主義下の「あらたな農村問題」』農山漁村文化協会，2004，96-125頁　に詳述している。
[18] 地域づくりに関わる・関わらないに限らず、個別の事例ではなく地域づくり全般の意義についての研究も多い。例えば、立川雅司「ポスト生産主義への移行と農村に対する「まなざし」の変容」日本村落研究学会編『年報 村落社会研究　第41集　消費される農村：ポスト生産主義下の「あらたな農村問題」』農山漁村文化協会，2004，7-40頁では、農村に対する見方の変化との関係から、この問題が論じられている。

その合間を縫って調査に協力をすることになる。一方で、調査そのものから地域の人々が得る利点は見えにくい。その中で、次々と調査が行われれば、当然、地域の人々から疑問も挙がるだろう。

実際、筆者が山形県において地域づくりで有名な山村地域に調査で訪れた際、はっきりと「研究のための研究、**調査のための調査には協力できない**」と言われたことがある。調査に慣れ、調査に疲れた地域においては、単なる調査というだけで協力を得ることが難しくなりつつあるのである。

ただ、そうした地域づくりの先進地と呼ばれる地域には、他の地域でも参考になる貴重な取組みが多々あり[19]、調査研究の対象として設定することは意義深いこともあるだろう。では、そうした地域で調査研究を進めるには、どのようにしたらよいのであろうか。

これについても、一つのヒントが「つながり」を意識することである。すなわち、「つながり」を得るなかで対象地域の人々の考えや調査に対する意識を理解し、その上で、調査研究の中に、当該地域づくりが抱える課題やその解決に向けた視点や地域の人々が知りたいと考えていること、改善したいと考えていることを盛り込むのである。つまり、地域づくりの実践に関わる形で調査研究を進めるのである。

地域づくりについての調査は「つながり」を意識した時、それは実践と関わる形になるのである。

4. まとめ

以上、本章では「つながり」をキーワードに、地域と地域づくり、そして地域を研究することと地域づくりの関係を論じた。前半部分では、地域に関わる調査や研究を行う際、地域との「つながり」が欠かせないことを示したうえで、地域と地域づくりの概念について提示した。地域については、それが単に場所を示す概念ではなく、場所(とりわけ住む場所)を軸にした人間関係を含んだ概念であることを提示した。また、地域づくりについても、それが人間関係を軸にしたソフト面での活動であることを示した。

これをもとに、後半部分では、社会学者が地域に入る際、最も親和性の高い実践的活動が地域づくりであることを示したうえで、その形態として当該地域

---

19 もちろん、近年の地域づくりが外から人を呼び込む観光に軸足を置いている所を考えると、ある地域で成功した取組みを繰り返した所で、全ての地域で地域づくりが成功するわけではない。ただし、その取り組みの過程、手法には学ぶべき点があることも事実である。

を直接研究しない形で地域づくりに関わる形と、地域づくりを研究しながら実践にも関わる形という二つの形態があることを示した。前者については、研究と実践の関係を中心に、そうした実践活動を踏まえて研究が展開する点について指摘した。後者については、地域づくりを調査することが、「つながり」を踏まえると地域づくりの実践につながる可能性が高いことを示した。

　読者の中には、これから社会学を学ぶなかで、地域に入って調査を行う場合もあるだろう。そうした時、社会学を学ぶ者として、本章で提示した地域の人々との「つながり」を是非、忘れずに実践してほしい。「つながり」は一方向的ではなく、それを意識して地域と実践的に関われた時、それは地域の人々にとっても、研究するあなたにとっても有益なものになるはずだからである。

●考えを深めよう●
　本章を読んでから、授業の課題や卒業論文制作のために地域に入ることについて考えてみて下さい。そのうえで、次の質問について議論してみてください。
①「課題や卒業論文のために地域に入るのだから、それらが完成したらもう関係がない」という態度に問題があるとすれば、それは何だと思いますか？
②地域づくりに関わる時、あなた自身が貢献できることは何だと思いますか？

　さらに学びたい人のための文献紹介

1．地域に関わることについて
①大川健嗣『さがす　こだわる　つくる　地域づくり論—その視点と手法』河北新報出版センター，2006.
②結城登美雄『地元学からの出発』農山漁村文化協会，2009.
③渡辺めぐみ『生きがいの戦略：農業労働とジェンダー』有志舎，2009.
＊①は研究者が地域づくりに関わる経緯を、②には地域にこだわって歩き続ける民俗研究家の想いを、③は自らの出身地域を研究することの困難さについて学ぶことができる。

2．「地域づくり」の背景や意義について
④岩本通弥編『ふるさと資源化と民俗学』吉川弘文館，2007.
⑤山下裕作『実践の民俗学：現代日本の中山間地域問題と「農村伝承」』農山漁

村文化協会，2008．

⑥野田公夫編『生物資源から考える 21 世紀の農学　第 7 巻　生物資源問題と世界』京都大学学術出版会，2007．

＊④⑤は、地域にあるものを地域づくりの資源として活用することの是非を考えさせられる。⑥は特に第 6 章（秋津元輝著）に農村への見方の転換が紹介されている。

3．地域づくりを共に研究することについて

⑦北野収『共生時代の地域づくり論―人間・学び・関係性からのアプローチ』農林統計出版，2008．

＊⑦は、著者が研究室の学部学生とともにまとめあげた書籍で、地域づくりについて共に研究することについて考えさせられる。

COLUMN

まちづくり＜まちづくろい
明石あおい

　私は「まちづくり」という言葉より、「まちづくろい」という言葉の方が好きだ。「繕う」は「糸」篇に「善」と書く。だめになったところを直すだけでなく、より良くするという意味も持つからだ。こう考えるようになったのは、地域交流センターで「まちの駅」にどっぷり浸かったからであろう。

　地域交流センターは「交流」と「連携」をテーマに、ひとつの地域やテーマで解決しきれない問題・課題を解決するという活動を30数年続けている団体である。全国に900以上設置されている「道の駅」も、この団体の発案と社会実験により、制度化につながっている。私は、グラフィックデザインを齧ったこともあって「まちの駅」のシンボルマーク制作やコンセプトづくりに初期から携わった。

　「まちの駅」とは、誰でも休憩でき、情報が得られる"まちかどの案内所"または"地域の茶飲み場"と説明している。設置者や立地に制限はなく、トイレが貸せ、腰かけるところと地域情報があり、人が「おもてなしの心」を持って迎えるというのが設置条件だ。2000年から全国組織を発足させ、現在、全国約1650カ所で取り組まれるに至っている。関わった当初は0カ所だったものが、これだけ増え、今この瞬間もどこかの「まちの駅」で、素敵な出会いや交流が生まれているのは非常に嬉しいことだ。

　「まちの駅」には、行政が設置した大規模な複合施設から家族経営の食堂まで、様々な施設が参加しているが、サービスとしての最大の特徴は、トイレを貸すということにある。

　この活動を通じて、北海道から沖縄まで、たくさんの地域づくりのキーパーソンと知り合い、語り合い、一緒に汗を流してきた。彼らの多くは「自分の施設や店舗だけが良ければいいのではない。まち全体が良くなって初めて、自分たちに返ってくるのだ」という想いを持ち、時には採算に関係なく、時にはうまく商売やミッションと絡めながら「まちの駅」に取り組んでいる。彼らは正直で、前向きで、努力家で力強い。日々の生活、営みの延長線上にまちの未来があることを知り、動いているからだと思う。

　今年5月、住む・働く・役に立てるところを一緒にしたいと、地元・富山県にUターンした。何かを「つくる」と力んで挑むことも時には必要だろうが、常に「つくろう」感覚で、富山の中で役立てる部分を見つけ、磨いていけたらと思う。

第 4 部

社会が変わる

社会学と高度近代

第15章 「社会」が変わる
―― 近代社会の論理とその変容

菅野博史
Hiroshi KANNO

1. 「婚活」の時代背景

　新聞の紙面に、「婚圧　私は流されない」という見出しの文字が躍っている[1]。何気なく読んでみると、結婚相手を意識的に探す独身男女の活動を指す「婚活」という言葉がすぐに目に飛び込んでくる。さらによく読めば、「婚活」がマスメディアで大きく取り上げられてブームとなり、独身の人びとを結婚へと後押しする圧力である「婚圧」も高まっているけれども、こうしたブームに流されるのではなく、自分自身で納得のできる結婚の選択をすべきであるといったことが書かれている。何の変哲もない普通の新聞記事である。特にこの問題に興味がなければ、読み飛ばしてしまうに違いない。

　しかしこの新聞記事は社会学的に見れば、私たちの生きている時代を象徴するような、非常に特殊な人間の行動様式について描写しているのだと言ったら、どのように思うだろうか？　そうした行動様式とは、例えば見合い結婚が減り恋愛結婚が増えるなかで、自ら積極的に「婚活」へと動く人びとが増加した、今どきの恋愛自由主義のことだと考えるだろうか？　あるいはそれをインターネットのサイト登録を通じて、地縁・血縁のネットワークを超えて独身男女が互いに結婚相手をドライに選択し合うような、人間の商品化といった現象すら透けて見える、新たな合理主義的行動のことだと思うだろうか？

　もちろんそうした解釈も可能であるが、「婚活」ブームを大きな歴史的流れのなかに位置づけてみると、また違ったことが見えてくる。そこで結婚をめぐる歴史を大きく単純化してとらえてみよう。するとそれは、結婚相手を家同士で決め合うお見合い結婚型のパートナー選択から、自分に相応しい結婚相手を個人の責任で選ぶような、恋愛結婚型のパートナー選択へと大きく変化したということがわかる。別の言い方をすれば、「結婚とはかくかくしかじかのものだ」という世間一般の共通認識のもとに、一人前になるための社会的な通過儀礼と

---

[1] 2010年3月5日の朝日新聞朝刊（東京版）。

して結婚を当然視していたかつての時代から、「結婚とは何か」を自分自身の問題としてとらえ、自らの人生設計に照らしながら結婚する／しないを決めなくてはならない、個人的選択の時代へと結婚をめぐる状況が変化したのである。

社会的な取り決めから個人の選択へというこの変化には、いま述べたように「結婚とは何か」ということを一人ひとりが考え直すこと、すなわち結婚に関する人びとの反省がともなっている。すなわち、これまではいわば社会に埋め込まれていた結婚という社会制度の意味を、人びとが問い返してそれに反省を加えることで、結婚が社会の埋め込みから脱して、個人的選択の対象となってきたのである。このような結婚観の変化に応じて生じた人びとの新たな振る舞い、すなわち自分の行ったことの意味をつねに問い返しながら行為するといった新たな行動様式を、イギリスの社会学者アンソニー・ギデンズは**再帰性**（reflexivity）と名づけて、それを**近代社会**（modernity）に見られる重要な特性としている[2]。

逆に言えば、近代以前の伝統的社会では、社会制度の意味を問い返しながら人びとが日常的に行動するといった現象はあまり見られなかったということになる。その意味でこれは近代社会に特有の現象であり、こうした再帰的行動こそがそのメルクマールだとされるのである。またギデンズは初期の近代社会に見られた政治制度や経済制度に対する問い返しの段階から、近年にいたって自らの人生設計やライフスタイルに関わるような、典型的にいえば環境問題とか男女関係に関わるような問題を問い返す段階へと、いわば再帰性そのものが進化し、それにともなって近代社会は**高度近代社会**（high modernity）へと進化したのだとも述べている[3]。ともあれ、こうしたギデンズの見方に従うとき、先の新聞記事で取り上げた「婚活」という私たちに身近な現象は、人びとの再帰的行動に基づいた極めて近代的な行動様式を示すものだということになる。

ところで、再帰性に基づいて社会を問い返しながら行動するには、社会についての知識といったものが必要になってくる。そしてそれが正確な知識であればあるほど、すなわち客観的で科学的な知識であればあるほど、自らの行動基盤を問い返しながら行動するという、再帰的行為の意義も増すことになる。よく知られているように、先に登場した「婚活」という言葉は、社会学的な知識に基づいて作られた造語である[4]。すなわち、統計データや制度分析をもとにした社会学的な結婚市場に関する研究に基づいて、独身男女の多くは受け身のま

---

[2] アンソニー・ギデンズ『近代とはいかなる時代か？』而立書房, 1993.
[3] アンソニー・ギデンズ（秋吉美都・安藤太郎・筒井淳也訳）『モダニティと自己アイデンティティ』ハーベスト社, 2005.
[4] 山田昌弘・白河桃子『「婚活」時代』ディスカヴァー・トゥエンティワン, 2008.

までは結婚できなくなっているので、今や積極的に結婚相手を見つけるための行動、すなわち「婚活」をしなければならないという提言がなされたという経緯がある。こうしたことを踏まえていえば、今どきの独身男女が「婚活」をするということは、社会学的な知識を人びとが現実に使用するということ、つまりそうした知識を再び社会のなかへと投入することをも意味していることになる。

　こう考えるときには、社会学自体も、近代社会の再帰性を構成する一要素であるということになる。すなわち、社会学を含む社会についての知識は、再び社会のなかへと投入されることで、社会をダイナミックに変化させていく原動力となるわけである。近代社会では、多くの人びとが社会についての知識、つまり社会学的と総称しうる知識をもとにして再帰的に行動しているのだとすれば、「近代社会は本質的に社会学的現象である」というギデンズの主張[5]もまた、社会学者の自惚れ以上の意味合いをもつことになる。こうして「婚活」という現象から見えてきた事柄は、近代という時代に特有の、自らの行動基盤を問い返しながら行動している現代人たちによって生み出された、再帰性という独特の行動様式から編成されている社会のあり方だということになる。

2. 民主主義制度の再帰性

　ギデンズのいう再帰性とは、近代社会に特有の「社会制度をめぐる知識の再帰性」といったものであった。それに対してこれから説明する再帰性の概念は、同じく再帰性という言葉を使い、近代社会に特有の現象を記述するためのものではあるけれども、「社会制度における機能的過程の再帰性」、つまりある機能がそれ自身に再帰的に働くことに関わるまったく別の事態を扱うものである。どういうことか、民主主義という制度を例にとりながら、順を追って説明していくことにしよう。

　ドイツの社会学者ニクラス・ルーマンは、近代化の進展とともに社会のさまざまな機能領域がそれぞれ独自の社会システムを構成しながら分化していくとともに、**各機能システム**は自らが生み出す独自の過程に対して再帰的に働くようになると主張した[6]。ここでルーマンがいう再帰性（Reflexivität）とは、具体的にいえば、法的判断の正しさについて法的に言及する（法システム）とか、科

---

[5] ギデンズ『近代とはいかなる時代か？』61頁。
[6] 例えば、ニクラス・ルーマン（馬場靖雄・赤堀三郎・菅原謙・高橋徹訳）『社会の社会 1』法政大学出版局，2009。

学的言説について科学的に議論する（科学システム）とか、交換可能性を交換する（経済システム、これについてはコラムを参照）とか、教育とは何かを教育する（教育システム）とかいった、ある社会的働きが自分自身にかかわるような自己言及的な過程を指すものだといえる。そしてこうした各機能システムの再帰性によって、それぞれの機能システムの分化が強められるとともに、その機能システムに安定性がもたらされるようになるとしたのである。

政治という機能領域を取り上げてみよう。まず政治とは、「多くの人びとを拘束するような決定を行うこと」であると定義できる[7]。この考え方に従えば、未開社会においては例えば霊的な指導者が、絶対主義体制においては王様が、徳川幕藩体制においては将軍がこうした決定を行う主たる権限をもっていたといえる。しかしこれとは別に、こうした特定の少数者だけではなく、社会を構成する多くの人びとによって決定が行われるような、独特の政治制度もまた存在していた。直接民主制である。これは典型的には古代ギリシアのポリス、特にアテネなどで発達したものであり、男子自由民という一定の身分を満たす者のなかから抽選で選ばれた人びとが、民会という全体集会においてポリス社会全体としての意思決定を行うという、いわば「治者と被治者とが同一な」統治形態のことであった[8]。

この直接民主制は社会の規模が大きくなると不可能になってしまうため、都市国家などの一部を例外として、政治的な統治形態としては根づかなかったといえる。しかしその後、西欧中世の議会政治と独自に結びつくことで、政治的代表を選挙で選ぶ間接民主制という新たな統治形態が近代になってから再び、歴史の表舞台に登場してくることになる。すなわち近代社会では、国ごとに憲法が制定されるとともに、その憲法で規定された民主的な制度、つまり政治的決定を行う権限をもつ政治家たちの選択を主権者である国民が決定するという政治制度が、生み出されるようになったのである。こうして政治的決定について政治的に決定するという再帰的な政治システム、すなわち間接民主制というものが誕生したのである。

私たちが学校で習ってきた間接民主制というこの政治システム、つまり主権者である国民が選挙を通じて政治家を選択し、その政治家たちが法律を制定して国民に対して政治、つまり多くの人びとを拘束する決定を行うという社会的

---

[7] ニクラス・ルーマン（徳安彰訳）『福祉国家における政治理論』勁草書房，2007，86頁．
[8] 福田歓一『近代民主主義とその展望』岩波書店，1977，24-25頁．

な制度は、「政治的決定について政治的に決定する」という再帰性を組み込んだ、ルーマンがいう意味での近代的な機能システムの典型例であると見なすことができる。またかつての社会主義国などに見られた独裁体制の多くが崩壊し、そうした国々において民主化が果たされていくなかで、さらには多くの非民主主義国家においても民主化運動が繰り返されていくなかで、この政治システムの普遍性や安定性、そしてその効率性は現在、疑う余地がないものになっているといえる。そしてこのことは、間接民主制にとってかわる政治システムが存在していないことの証しでもあると考えられるのである。

3. 民主主義のパラドックス

とはいえ、近代社会における民主主義という政治システムが問題を抱えていないわけではない。政治家の汚職、国民の政治的無関心、政権政党による公約違反等々、むしろそれを数え上げればきりがない。しかし今見たように、この民主主義的な政治システムの他に別の選択肢がない以上、私たちはこうした問題に対しては、現在のシステムを微調整し修正していくことで対応する他はないということになる。

けれども社会学的に見ると、民主主義という政治システムには修正しがたいパラドックスがつねに内在しており、そのパラドックスを何らかの形で不可視化しなければ、この政治システム自体が機能不全を起こしてしまうのだという、まったく違った物の見方をすることもできる。つまりこの場合には、民主主義のパラドックスはそもそも修正不可能な種類のものとなるために、それは調整というよりも隠蔽され不可視化されるより他はないということになるのである。いったい、これはどういうことだろうか?

ルーマンによれば、近代社会における分化した機能システムは、自らが生み出した特殊な過程に対して再帰的に関与するのであった。例えば、科学システムの再帰性においては、ある事柄が真／偽であるという科学的言説に対して、再び真／偽という科学的言説自体を適用するという形で、この再帰性が現れてくることになる。しかしこの場合の再帰性は、有名なクレタ人のパラドックスと同型の問題を生み出してしまうのである。

このクレタ人のパラドックスは単純化していえば、「クレタ人は嘘つきであるとクレタ人が言った」という自己言及の形式をとるものである。そしてこの自己言及の形式においては、発言をしたクレタ人が本当のことを言っているとす

れば、クレタ人は嘘つきではなくなってしまう一方で、このクレタ人が嘘をついているとすれば、彼の言明自体が嘘になってしまい、それゆえこの言明における「クレタ人は嘘つきである」ということそのものが否定されてしまうのである。結局、どちらの解釈をとっても矛盾が生じるために、このパラドックスを何らかの形で解消する必要に迫られて、例えばクレタ人の発言内容（「クレタ人は嘘つきである」という言明の真／偽）とその発言行為（特定のクレタ人が行った発言自体の真／偽）とを論理的に区別することを通じて、このパラドックスの不可視化がはかられることになる。

　こうした自己言及のパラドックスは、政治システムの再帰性においても生じるといえる。この場合それは、「この決定は政治的に拘束力のない決定であると政治的な拘束力をもって決定する」という再帰的な循環のうちに現れる。もちろん、このような政治的決定における「決定不可能性」を生み出すような純粋に論理的なパラドックスが、現実にそのままの形で現れるわけではなく、間接民主制という政治システムにおいては、政治的決定の有効性に疑問を差し挟むような場面で、これとは別のパラドックスとして現れることになる。

　ところでまず間接民主制という政治制度においては、政治的決定の有効性に疑問が差し挟まれないための条件、つまり「すべての政治的決定は拘束力をもった決定である」ということを保証するための条件は、政治的決定における形式的な妥当性であるということが確認できる。つまり政治的決定が形式的に正しく行われたものならば、それは政治的に拘束力をもつ決定として受け入れられなければならないとされるわけである。しかしかつてのワイマール共和国では形式的には正しい民主主義的な手続きを踏んでナチズムが台頭したように、形式的に正しいことがそのまま内容的にも正しいことを保証するわけではない。また社会における多数派の要望が通りやすい間接民主制においては、形式的に正しい政治的決定であっても少数派の意見は抑圧されがちとなり、すべての人間の平等という民主主義的な価値観（！）からは問題の多い政策が施行されるという弊害が、つねに生じることになる。こうした民主主義的決定の形式的妥当性がはらむパラドックスは、現在の政治制度に内在的なものであり、それゆえに間接民主制の内部では解決できないものだといえる。

　市民的不服従、直接民主制による投票、社会運動を通じた世論の喚起などは、この民主主義がもつ形式性のパラドックスを可視化するために動員される、いわば外部的な力であると考えられる。具体的には、例えば原発反対の社会運動

や住民投票などがそうである。しかしこうした行動はどれも間接民主制の圧力のもとで、つまり既存の政治的決定がつねに優先される形で、否定され不可視化されてしまうケースが圧倒的に多いこともまた事実である。というのも、この民主主義のパラドックスを隠蔽してそれが存在しなかったことにすること、すなわち再帰的な政治システムが機能不全に陥ることを防ぎながらその存続をはかることこそが、現存する政治システムの第一の要請だと考えられるからである。

そして間接民主制においては、「すべての政治的決定は拘束力をもった決定である」ということを保証する条件として、すなわちその最終的な審級（決定基盤）を構成するものとして、国民の主権を持ち出すこともつねに行われる。しかし本当のところ誰が国民であり、なぜこうした主権なるものを彼ら／彼女らが担っているのかという**シティズンシップ**の問題は、国民主権の絶対性という社会契約説的な前提が外されるときには、自明のものではなくなってしまう。エスニック集団やマイノリティなどによる「差異の政治学」は、主権者とは誰かについては主権者自身が決めたわけではないという、こうしたシティズンシップがはらむパラドックスを明らかにしてきたものだとも考えられる。また**グローバリゼーション**の進行を通じて**国民国家**という枠組みが揺らいでいる現在、世界市民という従来のナショナルな主権概念を超えた国際的な「主体」による、コスモポリタン民主主義の可能性も取り沙汰されるようになってきている[9]。このように国家という単位を基礎とする間接民主制における主権者をめぐるパラドックスが、さまざまな外部の力を背景にして可視化されてきているわけである。

しかし永住外国人に対する参政権の付与をめぐる議論一つをとってみても、こうしたパラドックスを不可視化する社会的圧力は極めて大きいものであるといえる。その理由は先にも述べたとおり、形式性のパラドックスについても主権のパラドックスについても、外部の力がそれを可視化することがあったとしても、政治システムの存続を図るためにシステムの内部で再びそのパラドックスを不可視化せざるをえないからである。そして外部の力によって政治システムの内部に大きな変革がもたらされたとしても、こうしたパラドックスは完全に解消されることはありえないため、つねにそのつど繰り返し不可視化されるだけにとどまるのである。つまり結局のところ、再帰性をともなった近代の政治システムはその進展のために、パラドックスをつねに内在させつつも、それ

---

[9] ウルリッヒ・ベック（木前利明・中村健吾監訳）『グローバル化の社会学』国文社, 2005.

を隠蔽しながら展開していかざるを得ないわけである。

4. リスク社会としての現代

　間接民主制をとる再帰的な政治システムは、内在するパラドックスにもかかわらず発展し続けているというルーマン流の主張を認めるとしても、国民国家を基盤とするこうした政治システムだけでは、私たちが未来に何らかの不利益を被る可能性、つまり**リスク**といったものですら、完全にコントロールすることはできない。例えば環境問題一つをとっても、グローバル化の著しい現在、一国の政治システムによってこれを解決することなどできないことは自明である。実際、国家単位の政治システムよりも、小回りのきく国際的な環境保護のNGOなどのほうが、かえって政治力をもっていることが多いともいえる。こうした事態を一般化していえば、環境問題などによって生じるさまざまなリスクの可能性に対しては、こうしたリスクに対する抗議運動を行う主体である一般の人びとの影響力が以前よりもずっと増しているのであり、これまでの一国単位の政治システムを超えた新たな「政治」を実践する市民たちが活躍するような新しい段階を、近代社会は迎えているのだということになる。ドイツの社会学者ウルリッヒ・ベックはこのように考えて[10]、そうした社会のあり方に**リスク社会**という名前をつけている。

　ベックがいうリスク社会とは、近代社会が産業社会から再帰的に変動した新たな段階を画するもの、いわば**第二の近代**ともいえるものである。言葉を換えていえば、これはさまざまなリスクの生起に関わる知識をもとにして、一般の市民たちを巻き込みながら新たな種類の政治的決定を生み出すような、反省的社会のことを指す概念なのである。例えば、原発やゴミ焼却場、高速道路やダムなどの建設をめぐり、さまざまな形で市民による抗議運動が起こるとき、最新の「科学的な」知識に基づく政治的対立を通じて、社会を反省的に変革する可能性が同時に生み出されることになるというわけである。

　ベックのいう第一の近代である産業社会が、すべてはコントロールできると考える国家単位の政治システムが中心の世界であったとすれば、第二の近代としてのリスク社会は、こうしたコントロールを逃れ出たさまざまなリスクが社会の前面に躍り出た、通常の意味での政治システムを超えた社会的勢力がグロー

---

[10] ウルリッヒ・ベック（東廉・伊藤美登里訳）『危険社会』法政大学出版局、1998。なおベックはこの「政治」に「サブ政治」という名称を与えている。

バルに交差する、ダイナミックな世界であるといえる。そしてそうしたリスク社会では、リスクへの対処が新たなリスクを呼び、その連鎖はとどまるところを知らない。例えば、地球温暖化対策として企業規模ごとのCO_2排出値を国が設定したとすれば、経済的損失という新たなリスクが生まれ、そのリスクを回避しようとして設定した基準値を緩めてしまえば、環境保護団体や国際世論からの批判というさらなるリスクが生まれてしまうといった具合なのである。

そして個人化が進行したリスク社会では、**自己責任**が原則となる。すべてを市場原理に委ねる**新自由主義**の思潮とも相まって、こうした風潮は私たちに身近なものとなっている。不況による解雇も自己責任、その結果としての離婚も自己責任、さらに住むところを失ってホームレスになっても自己責任というわけである。もちろん社会保障の充実という政治システムがとるべき対策も必要不可欠なものではあるが、そうした対策では対応しきれない状況、つまりそれを超えたリスクがつねに生じてしまうというのがリスク社会の現実なのである。それゆえ私たちとしては受け身の姿勢ではなく、自らの行為基盤に見え隠れしているリスクをできるだけ正確で大局的な見地に立った知識をもとにして問い返しながら、場合によっては抗議運動にも訴えて、より良い社会を目指してそのときどきで可能な社会変革を実践していかなければならない、というのがベックの基本的な姿勢なのである。

5.　再帰的近代の可能性

結局のところ、ルーマンがいう意味での再帰性を組み込むことで発展してきた政治システムや経済システムは、自らの領域に関わる問題は解決できても、グローバルな社会全体に関わるリスクから生じる、それぞれのシステムを超える問題については、独力では解決できなくなっている。ベックのいう「政治」も、こうした機能システムの狭間に登場する新たな力を指すものである。それゆえリスク社会論によって突きつけられている大きな課題は、諸機能システムの処理能力を超えた問題について、つまりはグローバル社会の現実について問うことのできる新たな認識枠組みを手に入れることであるといえる。しかし私たちの生きている「この」社会の現実やそのあり得べき姿について、多くの人びとを納得させる新しい社会学的認識は、残念ながらいまだ登場していないように思われる。

その一方で、ギデンズやベックの再帰性概念から私たちが汲み取れることは、

自らの行動基盤やそれがはらむリスクをつねに問い返すローカルな実践の大切さである。つまり諸機能システムに問題解決を委ねるというやり方ではなく、自分たちで再帰的に行動することを通じてダイナミックに社会を変革していくことが、いま求められているのである。再帰的に行動する人びとの声によって、企業や政治家もまた社会的責任を問われるようになっている。さらに社会を反省する役割を果たすようなNGOやそうした反省の上に立って行動する社会起業家など、新たな主体たちも現れている。再帰的近代のゆくえは、このように社会を反省しながら行為する主体たちが、今後「どのように」結びついていくかにかかっているといえる。私たちの暮らす社会がこれまでとは違ったものになるとすれば、それはどのような形態をとるのか？　私たち一人ひとりにこの大きな問いが投げかけられているのである。

●考えを深めよう●
① 1960〜70年以前に結婚をした人から話を聞いてその内容を報告し合い、現在の結婚との相違点、およびかつての結婚制度がもっていた良い点、悪い点などについてディスカッションしなさい。
②各自が考える「民主主義のパラドックス」の具体例を一つずつ挙げ、それがどのような意味でパラドックスなのかを内容的に明らかにした上で、その解決策についても話し合いなさい。
③私たちが当たり前だと思って従っている身近な行動条件を一つ取り上げてあえて反省し、何をどうすればもっと世の中が良くなるのかという観点から改善点についてのアイデアを出した上で、そうしたアイデアの実現可能性についてお互いに議論しなさい。

さらに学びたい人のための文献紹介

再帰性について
①ウルリッヒ・ベック、アンソニー・ギデンズ、スコット・ラッシュ『再帰的近代化』而立書房，1997.
②ピエール・ブルデュー、ロイック J. D. ヴァカン（水島和則訳）『リフレクシヴ・ソシオロジーへの招待―ブルデュー社会学を語る』藤原書店，2007.
③篠原一『市民の政治学―討議デモクラシーとは何か』岩波新書，2004.

＊まず③の第二章までを読んで議論の大枠を理解してから、歯ごたえのある①に進むとよい。本章の注で挙げたギデンズの文献はその後で。また②はこの章では取り上げなかった、どちらかというと認識論的なブルデューの再帰性概念をわかりやすく紹介した本である。

民主主義の問題点について
④森政稔『変貌する民主主義』ちくま新書，2008.
⑤杉田敦『デモクラシーの論じ方――論争の政治』ちくま新書，2001.
＊どちらも政治思想系の研究者による著作であるが、⑤では民主主義がはらむパラドックスの問題について、④ではそうしたパラドックスを抱えた民主主義の変容過程について知ることができる。

現代社会論について
⑥ジグムント・バウマン（澤井敦ほか訳）『個人化社会』青弓社，2008.
⑦広井良典『コミュニティを問いなおす――つながり・都市・日本社会の未来』ちくま新書，2009.
⑧ゲオルク・クニール、アルミン・ナセヒ（舘野受男ほか訳）『ルーマン　社会システム理論』新泉社，1995.
⑨ニクラス・ルーマン（佐藤勉監訳）『社会システム理論　上・下』恒星社厚生閣，1993・1995.
＊ルーマンの社会理論については⑧を読んでから、主著である⑨に進むのがよい。本章の註で挙げたベックの文献の他に、⑥のバウマンの議論も私たちの住むグローバルな世界についての現状分析を行っている。また社会学者の著作ではないが、⑦の議論は新たな認識枠組みの提示を伴う、「これからのあるべき社会」についての重要な示唆に富む本である。

COLUMN

経済システムと再帰性
菅野博史

　経済システムを再帰性の理論から解釈すべきだと主張する人物がいる。伝説の投資家であり、その投資活動から1兆3000億円ともいわれる莫大な個人資産を築き上げた男、ジョージ・ソロスである。もちろん彼は経済学者でも社会学者でもないが、再帰性の理論を独自に編み出し、それに基づいて華々しい投資を行ってきたのだという。

　彼の再帰性の理論とはこうである（ジョージ・ソロス（徳川家広訳）『ソロスは警告する』講談社、2008）。人間は目の前の社会的状況を解釈する「認知機能」だけではなく、そうした状況に対して働きかける「操作機能」も備えている。このとき、人間の「認知機能」は「操作機能」の結果に影響される一方で、「操作機能」の側もまた「認知機能」の内容に影響されるというように、双方向に働くフィードバックの関係が認められる。そしてこのフィードバックが存在することで、一般の経済学の教えとは異なって、経済的状況、特に彼の専門領域である金融市場は、予測できない形でダイナミックに変動することになるというのである。

　こうした再帰性のとらえ方は、驚くことにギデンズとほぼ同じ（！）であるといえる。特に自然科学と社会科学との違いや、社会科学的知識の限定性、そして社会をコントロールすることの難しさなどを強調する姿勢は、まったく共通のものであるといってもよい。そしてソロスは自らの再帰性の理論を駆使しながら、社会全体が意図せざる方向へと雪崩を打ったが如くに突き進む、金融危機の実際を具体的に描いてみせるのである。

　一方、ルーマン流の再帰性の概念も、経済システムでは見やすいところである。というのも経済の中心は、商品との交換可能性を保証する貨幣のやりとりにあり、この貨幣自体の交換可能性を保証するもの、例えば株式や債券といった金融商品が、交換可能性の交換可能性といった経済システムにおける自己言及性を生み出す、再帰的な存在として流通しているからである。2008年のリーマン・ショックで取り沙汰されたアメリカのサブプライム・ローンの問題は、劣悪な住宅ローンを証券化という金融技術を用いて交換可能な金融商品へと変換した結果、それを購入した多数の投資家たちが大きな損害を被ったというものであり、これがグローバルな金融危機の大きな原因になったと考えられている。こうした現象は返済される見込みのない住宅ローンを組み込んだ金融商品が世界中に流通してしまうという不測の事態を表しているために、「交換不可能性の交換可能性」という経済システムにおける固有のパラドックスを不可視化することに失敗した当の経済システムが、自らの機能不全を顕在化させるにいたった現象としてとらえることもできるわけである。

第16章 「空間」が変わる
—— グローバル都市／地方都市における「ジモトらしさ」のゆくえ

五十嵐泰正・川端浩平
Yasumasa IGARASHI　Kohei KAWABATA

1. グローバル化と都市

　デヴィッド・ハーヴェイは、**グローバル化**とは時間と空間の圧縮であると簡潔に定義した[1]。実際に、地球上ほぼどこへでも格安航空券を使って24時間以内に移動できるようになり、インターネットを介したきわめて安価なデータの送受信や国際通話の恩恵を受けている私たちは、この惑星上の空間の隔たりが意味を減じていることを日々実感している。

　しかしそれは、人や企業の活動が空間性と無関係になったということを意味しているわけではない。1970年代以降、地理学や社会学をはじめとした幅広い領域で、これまで歴史性と比して空間性が十分に分析されることがなかったという問題意識が高まり、社会理論の「**空間論的転回**」と呼ばれる動向が起こった。前述のハーヴェイもそうした思想動向を主導した理論家のひとりであるが、「空間論的転回」を経た近年の新都市社会学では、グローバル化をめぐる諸力は、あくまでも特定の空間を基盤として持ち、常に特定の空間を通して発現し、自らに適合的な空間を生産してゆくのだと捉えてきた。グローバル化した世界に住む私たちが見つめるべきことは、空間の消滅ではなく、空間性というものの持つ意味の本質的な変容なのだ。

　グローバル化をめぐる社会理論は百家争鳴の観があるが、グローバル化を駆動する主要なアクターが、国境を軽々と越えて経済活動を展開する多国籍企業であることには、誰も異論がないだろう。多国籍企業は、全地球上に張りめぐらされた情報、金融と物流のネットワークに基づいて、経営／生産拠点の効率的な再配置を繰り返している。こうした状況をマヌエル・カステルは、「**フローの空間**」が「**場所の空間**」に優越してゆく、と表現した[2]。それぞれに個別の都市や地域もまた、その土地ではぐくまれてきた自生的な秩序に基づいた場所では

---
[1] デヴィッド・ハーヴェイ（吉原直樹監訳）『ポストモダニティの条件』青木書店，1999．
[2] マヌエル・カステル（大澤善信訳）『都市・情報・グローバル経済』青木書店，1999．

なく、グローバルなフロー——資本や商品、情報や人の移動——の中での、あくまでも一時的な結節点として再定位されてゆくのだ。

ただし、国境を越えた流動性が高まると、人や企業、各種の資本の集積の度合いはむしろ高まることになりがちなことには、注意が必要だ。この地球上のどこででも経済活動を行うことができるのならば、多彩な人材が一カ所に集まることによる創発的な**クリエイティビティ**と、対面的で迅速な意思決定こそが、かえって替えがたい価値になってくるからだ。その結果世界中の都市は、中枢管理機能と金融市場が集中して、かつてない戦略的重要性を担うようになったいくつかの**グローバル・シティ**を筆頭に、IT産業が集積するシリコンバレーやバンガロールなど、特定の産業や物流の世界的回路の結節点となる都市が、階層的に再編成され、構造化されてゆく。

こうした状況の中で、流動性と集積性がともに高い金融資本や多国籍企業、そこで働く**コスモポリタン**なエリート層を呼び込むべく、世界の各都市は、**都市間競争**が激化しているという危機感を煽って、都市空間そのものを商品化する「**シティ・セールス**」にしのぎを削る。「千客万来の世界都市」[3]を掲げる石原都政と、都市再生を掲げる小泉政権がタッグを組んだ2000年代の東京もその典型に違いない。各種の「グローバル・シティ・ランキング」での順位づけに一喜一憂するそうした都市にとっては、グローバル化とは、進行する現象を描写する言葉という以上に、政策的に目指すべき規範やイデオロギーとして機能しているわけだ。

それでは、「シティ・セールス」の具体的なメニューとはどのようなものなのだろうか。コスモポリタンなエリート層にアピールする魅力の創出のためには、税制的な優遇など制度面の整備とともに、彼らのビジネスを支えるサービスやインフラが提供される空間の提供が不可欠だ。ただしそれは、機能的なオフィスビルを整備するだけでは十分ではない。彼らが滞在するタワーマンションや高級ホテル、商談のための各国料理の高級レストラン、国際会議を行うコンベンションセンターも必要だ。こうした需要を満たすために、都市行政は特定地区の再開発を戦略的に誘導し、六本木や汐留などの再開発が進んだ2000年代の東京がまさにそうであったように、グローバル化に適合的な空間が生産されてゆくのだ。これらの再開発は、産業資本主義時代の大きな役割を失った港湾・

---

[3] これは、石原都知事が就任1年後に策定した長期マスタープラン、『東京構想2000』(東京都、2000年)のサブタイトルである。この『東京構想2000』では、「激化する都市間競争に勝ち抜き、日本経済を力強く牽引する世界に冠たる国際都市」を目指して、東京の魅力を高めることが謳われている。

重工業エリアや、移民や低所得者が集住する**インナーシティ**など、都心に比較的近いにもかかわらず地価が安いまま放置されている地区を高級化させる形(これを**ジェントリフィケーション**という)をとることが多いが、インナーシティが再開発の対象になった場合には、家賃高騰による住民の立ち退きなどの深刻な社会問題をしばしば伴うことになる。

　上記のような再開発で生産される機能的でコスモポリタンな空間は、ロンドンであれシンガポールであれ東京であれ、どこでも多かれ少なかれ似たような様相を呈する。ただし、グローバルな流動性が高まる中で、空間は固有の**場所性**を剥ぎ取られて均質化してゆくばかりではない。考えてもみてほしい。国際会議の参加者は、ホテルとコンベンションセンターの無味乾燥な往復しかできない都市と、会議の合間にエキゾチックでユニークな体験ができる都市と、どちらでの開催を好むだろうか。そう、真に人を集める都市とは、ハイレベルに普遍的な機能性のみならず、換えのきかない個性、すなわち、ほかの都市からきわだつ**差異性**をも備えていなければならない。

　そもそも差異とは利益を生み出す源泉であり、資本は差異を求めて動き回る性質を持つ。であればこそ、空間の障壁が意味を持たなくなればなるほど、資本の運動はごくわずかな差異にも敏感になり、かえって特別な質を持った場所を生産しようとするようになるのが当然の帰結である。そのためシティ・セールス戦略においては、普遍的な機能的空間の生産と並行して、その都市に固有な歴史や伝統文化、新奇な若者文化などを発掘して、特定の場所と結び付けて積極的に発信することが目指される。

　かくして、グローバル化の中でこそローカルな**固有性**が(再)発見・創造されてゆくという事態が生じる。ただし都市空間における差異は、ちょうど博物館のように、普遍化されたフォーマットの上に秩序づけて分類・配置され、しかるべき演出をされたときに、はじめて有効な資源として意味を持つものであることに注意が必要だ。世界中どこのグローバル・シティでも、その土地らしさを強調したレストランや店舗が外国人観光客に人気を博しているが、それらはあくまでも世界標準のサービス——クレジットカードの受け入れから、店員のつかず離れずの「適切な」対応まで——と清潔さが保たれた上で、料理やインテリアのユニークさを競いあっている。大ざっぱに言えば、目につきにくい店舗運営のシステムやオペレーションの部分では普遍的な水準がクリアされた上で、目立つところではユニークな場所性が強調されるのだ。こんなふうに、

グローバル化時代の都市空間では、**均質化と差異化**が複雑に絡み合いながら同時進行している。

2. まちづくり／創造都市論の可能性と陥穽

　前節の議論はおもにグローバル・シティを念頭に置いたものではあったが、大都市から中小都市まで、現代日本で盛んに行われている「**まちづくり**」の文脈でも、都市や地域の固有性の発掘が重要視されている。明確で独特な**地域イメージ**を打ち出すことで外来者にアピールする魅力を作り出すのみならず、「わが町」のかけがえのなさを知り、街の外の人々に広くそれを承認・評価されることで、住民の地域への愛着やアイデンティティの醸成につながると考えられているからだ。画一的な開発主義に反発する**ニュー・アーバニズム**[4]的な思想を底流に持つこうした考え方は、伝統的な中心市街地が**シャッター商店街**化し、どこにでもある大型チェーン店が**ロードサイド**を席巻するというような、現在の地方都市が共通して抱える問題——三浦展が「**ファスト風土化**」[5]と巧みに造語したような趨勢——に抗してゆくためにも、とても重要である。ここにおいて、より資本を集積させようとするグローバル・シティと、3～4節で取り上げるような、何とか中心市街地を活性化させたいという切迫感を持った地方都市の生き残り戦略とが、はからずも同じ地域イメージ戦略を重視することになるのだ。

　このような意味でのローカルな固有性の発掘と提示は、言ってみれば〈都市間〉の多様性の称揚につながるものだ。ただしそれは、グローバルな人の移動の激化に伴って、いやおうなく増大する〈都市内〉の多様性を覆い隠しかねない危険性も持っていることには、注意が必要だ。都市にはすべからく多様な文化と複眼的な歴史が重層的に息づいている以上、明確な地域イメージを確立して、ユニークな都市の固有性を外部にアピールする戦略は、常に選択的な過程とならざるを得ない。何らかの地域の歴史を「正史」として保全したり、特定の「売れそうな」文化に光を当てたりしてゆくことは、別の何かをおろそかにすること、あるいは存在すらも気づかないまま無視することと表裏一体だからだ。

　たとえば、上野や浅草などの「下町」に対して東京都は、シティ・セールスの一端として伝統的で「日本的」な魅力の発信を担わせようとしてきた。しかし、

---

[4]　過度な郊外へのスプロール現象が続いたアメリカで、その反省を元に1980年代後半から生まれた都市計画の潮流で、多様な用途が集積した中心市街地で自動車に頼らず生活できるような、ヒューマンスケールな**コンパクトシティ**の構築（再生）を志向する。
[5]　三浦展『ファスト風土化する日本―郊外化とその病理』洋泉社, 2004.

筆者のひとりが長年フィールドワークをしてきた上野は、江戸時代以来たびたび「日本史」の表舞台に登場してきた一方で、在日コリアンの人々が戦後60余年にわたってコミュニティを形成し、近年ではさまざまなアジア系ニューカマーの出店も目立つ地域でもある。こうした街では、単に「江戸≒日本的な情緒」が残る街として固有性を発掘し、地域イメージを確立していくだけでなく、多様な背景を持った文化を、上野という場所を織り成す諸要素として位置づけていくような発想が求められるだろうが、現実の施策を考えるとなかなか難しい課題である。

その一方で、〈都市内〉の多様性もまた、ポジティブなものとして位置づけようとする考え方も台頭してきた。たとえば、現在のアメリカ経済を牽引する「**クリエイティブ・クラス**」の居住動向に注目しながら、全米各都市の経済成長率や人口構造を統計的に分析したリチャード・フロリダの主張が有名である。ハイテクや金融といった知識集約型産業に従事する専門職層＝クリエイティブ・クラスたちは、雇用がきわめて流動的であるため、就業機会が数多く存在する特定の都市への集住が進み、場所へのアイデンティティや、特定の場所に住むことのステータス性が高まってゆく。彼らは、多様で刺激的なライフスタイルを謳歌することを好むので、外国人やゲイといったマイノリティに寛容で、「本物の」ワールド・ミュージックやエスニック・レストランといった**多文化的なアメニティ**が存在する都市こそが、クリエイティブ・クラスを集め、経済的にも発展することになるというのだ[6]。フロリダの議論をはじめとした「**創造都市論**」は、日本のまちづくりも含めた世界中の都市政策に大きな影響を与えつつある。それは確かに、マジョリティの歴史や文化のみが「正史」として認証されてきた単一的な文化観を覆し、都市に当たり前に存在してきた多様性に目を向けることにつながり、さらにはマイノリティ文化の認証による移民やゲイ・コミュニティの**エンパワメント**につながる契機を持っている。

しかしこうした発想にもまた、ある種の落とし穴がある。激しい地域間競争という資本の論理の貫徹を前提として、これまで周縁化されてきた歴史や文化であっても、集客力＝生産性につながりさえすれば資源として動員しようという発想に基づいているからだ。たとえば、南ロンドンのブリクストン、第二次世界大戦後の早い時期からジャマイカを中心とした西インド諸島からの黒人系の移民が定着した多人種地区の事例を見てみたい。ここは、1981年の暴動を頂

---

[6] リチャード・フロリダ（井口典夫訳）『クリエイティブ資本論―新たな経済階級の台頭』ダイヤモンド社, 2008.

点に人種間の緊張が常に存在し、「危険」のレッテルを貼られながらも、貧しくも温かい繋がりに満ちた移民たちの確かな生活空間であり、レゲエ・ミュージックをはじめとした豊かな文化を育くんできた街でもあった。

ただし現在のブリクストンは、都心に勤める白人専門職層に好まれる家賃の高い住宅や、彼らをあてこんだオシャレなレストランやカフェが目立つという、典型的な高級化(ジェントリフィケーション)されたエリアになっている。この地区で高級化(ジェントリフィケーション)が進んだ背景には、ロンドンの都心に程近いにも関わらず「危険地区」だった時代に地価が下落していたことが大きいが、もうひとつ文化的な要因もあった。レゲエに象徴されるブリクストンの多文化的な環境は、若い専門職たち(ヤッピー)にとって非常に魅力的な付加価値であり、この地区は「エッジでヒップな街」として喧伝され、人気を博したのだ。ところが皮肉なことに、レゲエという文化を育んできた当の西インド諸島からの移民やその子孫たちは、次々にブリクストンを去らざるを得なくなっている。家賃が高騰し、収入の多くない彼らには住めなくなってきているからだ。そして、観光客向けのレゲエのCDやラスタグッズのショップが賑わう一方で、ジャマイカを代表する味覚であるジャーク・チキンは、移民たちの生活空間であったマーケットの屋台や安食堂ではなく、白ワインのつまみにオシャレなレストランで供されるようになっていった。ブリクストンでは、マイノリティの文化や歴史が単純に隠蔽・消去されたのではなく、その中で最も大きな市場価値を有するレゲエやカリブ料理だけが摘み取られ、外部に向けて「ブリクストンの多文化的な魅力」として提示されたことで、かえって当事者の西インド系のコミュニティが疎外されていってしまったのだ[7]。

3. 「ジモト」と「ヨソモノ」

ここからは、華やかなグローバル・シティからいったん離れて、日本の地方都市の現状を眺めてみることにしよう。物語の舞台は、南ロンドンのブリクストンから遠く離れた、中国地方の政令指定都市である岡山市だ。

岡山市の中心市街地は、90年代後半から00年代にかけてグローバルな基準を満たすための再開発が行われてきた。JR岡山駅の新幹線のプラットホームから眺めてみると、散在する高層マンションが目に飛び込んでくる。真下には**オープン・スペース**が広がり、駅ビルは「さんすて」(サンステーション・テラス)

---

[7] ブリクストンに長らく住んできた住民による、現在の街の変化に対する異議申し立ての一例として、以下のウェブページの生々しいエッセイをぜひ読んでみてほしい。
http://yellowcontent.blogspot.com/2005/04/guest-article-on-brixton-london_20.html

と改められ、今風の装いと空間が広がる。高齢者や障害者に配慮したユニバーサル・デザインの導入、英語のみならず、中国語やハングル表記の標識の設置など、グローバルな基準を満たすインフラ整備が施されている。駅周辺には、国際会議を開催するためのコンベンションセンターも新しく建設された。

その一方でそれらの標準化されたインフラは、地域の固有性を示すべく様々な記号やシンボルによって差異化が試みられている。所々にオープン・スペースが施された駅前の目抜き通りは桃太郎大通りと呼ばれ、リニューアルされた競技場や体育館にはそれぞれ桃太郎スタジアムと桃太郎アリーナという名前がつけられた。駅の隣に新設されたコンベンションセンターの名前はままかりフォーラムである。いずれも、岡山の歴史や名産品と結びつけることによって、**地域のブランド**をめぐるイメージが掲げられている。

このような地方都市空間の再編成が生じているなかで、地域で生活する人びとが目まぐるしく変化する空間を自分たちの拠り所であるべき場所＝**地元**として定義しようとするのはとても自然な流れなのかもしれない。外からの眼差しを意識しつつ、自分たちを固有の存在として確認する過程で安心できる場所としての地元への希求が高まっているのである。排他性が社会に周知され、少し大袈裟な**ナショナリズム**よりも、等身大で温もりの感じられる空間としての地元を、流動性と不安が高まる私たちを寄る辺のなさから解放してくれる拠り所として共有したいという感覚が広まっているようである[8]。しかしまた、地方都市といえども、都市・農村部ともに**郊外化**が進展してきたことを踏まえると、お互いに顔の見えるような**相互扶助的な共同体**としての実体はなくなっているという意味で、地元は改めて「再発見」されているのだといえる。しかしここで再発見されている地元とは、私たち一人ひとりの記憶や経験を取り巻く原風景として存在している――例えば同級生の友人たちとの会話で用いる――主観的な概念である「**ジモト**」とは異なる論理で機能している点に注意を払う必要がある。

地元の再発見は、ポピュラーカルチャーやサブカルチャーの領域においても見ることができ、それらが諸地域のまちづくりと結びついている。例えば、レゲエ音楽と静岡県の焼津という地域を結びつけた PAPA U-GEE の『焼津港』[9]や埼玉県鷲宮町におけるアニメ作品『らき☆すた』など[10]では、クールな文化と

---

[8] 轡田竜蔵「過剰包摂される地元志向の若者たち―地方私立 X 大学出身者を対象とする比較事例研究」樋口明彦『東アジアにおける若者問題』法政大学出版局、2010．

[9] 鈴木慎一郎「"レペゼン"の諸相―レゲエにおける場所への愛着と誇りをめぐって」鶴本花織・西山哲郎・松宮朝編『トヨティズムを生きる―名古屋発カルチュラル・スタディーズ』せりか書房、2008．

地元を結びつけることによってまちづくりが試みられている。岡山でも「ヨサコイ祭り」のフォーマットが踏襲された「うらじゃ祭り」など、**地元意識**とまちづくりが強く結びついた動きが活発である。これらの例を見てみると、地元と結びつけられる文化は、必ずしもその地域に特有なものに限られていないことが分かるだろう。つまり、グローバルに流通している**ヨソモノ**の文化やそのフォーマットを租借することはやぶさかではないというわけだ。また、ヨソモノが排除の対象となっていないことも明らかだ。大分県の温泉町である湯布院で長年のあいだまちづくりに関わってきた中谷健太郎が提唱し、地域のまちづくりでも強調されているように、ワカモノとバカモノと並んで地域おこしの主要なアクターとしてはヨソモノの重要性が強調されている。つまりヨソモノは、クリエイティブな資源として地元を活性化するものとして受け止められているのである。そのように、積極的にヨソモノやその文化を受け入れることによって、地元が改めて発見される。地元は、自分たちに居場所を与えてくれ、自分たちとは何者かという存在論的な意味を与えてくれる。さらに、自分たちとは何かを外へ向かって発信していくことを通じて、地域アイデンティティとして前景化していっているのである。

　クリエイティブな資源、グローバルエリートである外国人ビジネスマンや資本、海外からの観光客といったヨソモノへの寛容性を備えた、規模は小さいもののグローバル都市としての岡山市という側面は前景化するいっぽうで、そこには受け入れられない別の種類のヨソモノが地方都市の舞台裏に存在している、つまり後景化していることにも注意を促す必要があるだろう。グローバル化に対する危機感から私たちの地元やそこで生活する人びとを守るために「どげんかせんといかん」と試みられるローカルなまちづくりや地元への包摂が、同じ場所で生活する人びとやその文化を排除しているとしたら本末転倒であるといわざるをえないだろう。つまり、地元といった場合、それは誰にとっての地元を意味しているのか、どのような地元を構想したいのかを改めて問う必要がある。例えば、まちづくりを主導することによって新しいローカルな権力や既得権益が発生することもあるとするならば、その意味を検討することも必要だろう。

[10]　以下を参照のこと。山村高淑「アニメ聖地の成立とその展開に関する研究—アニメ作品「らき☆すた」による埼玉県鷲宮町の旅客誘致に関する一考察」『北海道大学国際広報メディア・観光学ジャーナル』No. 7, 2008, 谷村要「インターネットを媒介とした集合行為によるメディア表現活動のメカニズム—『ハレ晴レユカイ』ダンス『祭り』の事例から」情報通信学会誌 vol. 25 No. 3, 2008.

では、地方都市空間＝地元から後景化しているヨソモノとは何なのだろうか？それは、ある特定の場所がグローバルかつローカルのせめぎあいのなかで成立していく過程でそこから消え去った人や場所、さらにはそこで営まれていたコミュニケーションや文化などである。そのことを想像してみるのはそんなに難しいことではないだろう。例えば、2002 年に東京都の千代田区を嚆矢として導入された路上喫煙の禁止条例（これ自体がグローバルな流行である）は全国の市街地・観光地・海水浴場や砂浜などで実施されており、2007 年より岡山市でも「美しいまちづくり、快適なまちづくり条例」として、JR 岡山駅周辺や地元のデパートである天満屋のある表町商店街周辺地域で施行されている。その結果、路上に捨てられた吸殻は限りなく少なくなった。たばこを吸わない通行人や周りの人びとへの健康被害などのリスクも低くなっているに違いない。しかしそれが、タバコを吸う人びとや、その人たちの文化やコミュニケーションの居場所を奪っていることもまた疑いようのない事実である。何かが前景化していけば、そこから何かが消える、そのことを想像するのはそんなに難しいことではないかもしれない。しかしもっと難しいのは、その消えたものがどこへ行ってしまったのか、その後どうなったのかということを想像することである。地元から消え去ってしまい、忘れられようとしている何か、そしてその人びとが生きている空間、そこに私たちと世界とのつながりを理解するための視点や自分は何者なのかを考えるためのヒントが眠っているのだろうか。

4. 意図せざる帰結としての排除／没個性化

何かがあるいは誰かの存在が空間から後景化していくとするならば、それは空間に施されたいかなる仕掛けによって生じるものなのだろうか。地方都市の商店街を眺めれば、そのような仕掛けをいくつも見つけることができる。

例えば、岡山市の表町商店街にある地元の老舗デパートである天満屋の一階の化粧品や貴金属売り場。イルミネーションが照らし出す商品や分厚いメークに覆われた店員、充満する化粧品の香り、そしてそこで買い物をしようと着飾った人びとの空間に入る際、私たちはパジャマやジャージは極端だとしても、少し油断して着古したTシャツとジーンズで立ち入ると感じる居心地の悪さ。シャツの皺や汚れやシミが何か過剰に気になってしまう。そのとき、私たちは消費社会空間のヨソモノであるという視線を自らに注ぐわけだ[11]。**消費社会的な排除と**

---

[11] 渋谷望『魂の労働―ネオリベラリズムの権力論』青土社, 2003 の第三章を参照。

は、経営側のマーケティング戦略における顧客像から逸脱している者を、空間に適合的なものではないとして浮き立たせる。

買い物や歩き疲れでちょっと一息つこうと思っても、まちの中に無料で座れる場所というのはとても少ないことに気づく。やっとの思いで商店街の外れにベンチをみつけると、何となくすわり心地が悪い。見た目も不思議だ。ギターの形にデザインされた木製のベンチには、いくつも仕切りが作られている。これは、表町商店街の町内会が、そこに長時間居座るホームレスが眠ることができないようにするための工夫だそうである。このようなすわり心地の悪いベンチは本来、マクドナルドなどのファーストフード店で客が長時間居座らないようにするためのデザインに由来するものであるが、それが公共の空間に存在してしまうことの意味は慎重に検討されるべきであろう。このようなベンチは**排除型ベンチ**と呼ばれている[12]。

00年代に入って、人びとによるボランティア・パトロールも盛んだ。岡山市の中心市街地にもボランティアのパトロール集団がいる。例えば、1998年に発足した岡山ガーディアンズという防犯ボランティア集団。1979年にニューヨークで生まれた**ガーディアン・エンジェルズ**のモデルとマニュアルを導入したものである。ガーディアン・エンジェルズとは、1979年にニューヨークのブロンクス地区で始まった市民による犯罪防止のNPO団体である。現在では、アメリカ、ヨーロッパ、日本など世界11カ国で活動が行われている。彼らが依拠するのが、心理学者であるフィリップ・ジンバルドが提唱し、犯罪社会学者のジョージ・ケリングがモデル化した**割れ窓理論**と呼ばれるものである[13]。割れ窓理論とは、割れた窓に象徴されているように、犯罪の呼び水となりそうな場所に注目して、そのような環境を作らないことが犯罪抑止効果を高めるとするものである。この理論では、犯罪者そのものよりも、犯罪が起きそうな場所を重視することが強調される。そこでターゲットとなるのは、風紀を乱しかねないタバコのポイ捨て、ピンクビラ、自転車の二人乗りや無灯火などである。岡山ガーディアンズのメンバーは、ボランティアスタッフとして、夜の繁華街を歩き、まちをきれいな空間にするために取り組んでいる。その背景にあるメンバーたちの認識は、「**見て見ぬふりをしない**」（Dare to care）というスローガンに集約されている。

---

[12] 五十嵐太郎『過防備都市』中央公論新社、2004.
[13] Phillip G Zimbardo, "The human choice: Individuation, reason, and order versus deindividuation, impulse, and chaos, in W. J. Arnold & D. Levine eds., *1969 Nebraska Symposium on Motivation*, University of Nebraska Press, pp. 207-307. James Q Wilson and George L Kelling, "Broken Windows — The police and neighbourhood safety", in *The Atlantic Monthly*, March 1982, pp. 29-37.

「見て見ぬふりをしない」とは、人びとはお互いに無関心になっているがゆえに、人びとの繋がりが失われ、それが犯罪の呼び水となっているという認識を出発点としている。そこにはメンバーたちの、地元を安心で安全な場所にしたいという切実な願いがこめられている。しかしもういっぽうで、例えばそのようなきれいになった空間から**ホームレス**の人びとの居場所はなくなってしまう。それは、岡山ガーディアンズのメンバーたちにとってとても悩ましい問題である[14]。しかし、地元＝ホームを守ろうとすることが、ホームレスをさらに排除してしまうことはまさに**意図せざる帰結**であるといえるだろう。

　それでは、地元から消えたヨソモノたちは、どのような空間を生きているのだろうか。総延長1キロ以上にもおよぶ岡山市中心市街地で最大規模の表町商店街では、テナントの高齢化や後継者不足が進み、一日中シャッターを降ろしている店舗も多く見られる。ゲームセンター周辺の商店街は、郊外型シネマコンプレックスがオープンした影響でかつて存在していた映画館が閉鎖されたこともあり、特に元気がない。夜の9時も過ぎれば、閑散とした商店街にはUFOキャッチャーの電子音が静かに漏れ、その周辺にかすかに広がっていく。そしてゲームセンターには、人びとにはあまり知られていない、しかしおそらくどこの地方のゲームセンターに行っても広がっているであろう光景や人びとの繋がりが存在している。その空間とささやかな繋がりは、UFOキャッチャーから流れてくる電子音で奏でられた「おどるポンポコリン」のように切なく、希薄なものである。

　実に様々な人びとにそのゲームセンターで出会うことができる。地元の私立大学に通う大学生。中学校を卒業して以来、学校にも通わないし、働いていないニートの若者たち。UFOキャッチャーで取った景品でコスプレしている少女たち。ゲーム好きのサラリーマン。そして、野宿生活をするホームレスの若者たち。皆、行き場を失っているという意味では、「ホーム・レス」と呼べるのかもしれない。彼／彼女らは、メールアドレスを交換し、ジュースや煙草、ゲーム料金やコインを融通しあうなかで、その寂しい場所を意味あるものにするためにメンテナンスし、社会との繋がりをギリギリのところで維持している。このように、経営的には必ずしも芳しいとはいえない地方の裏寂れた商店街のゲームセンターも、居場所を失ったヨソモノたちの拠り所となり、自己を確認し、

---

[14] 岡山ガーディアンズのメンバーに対するインタビュー調査より。あるメンバーによると、パトロールをしていてもっとも悩ましいのはホームレスへの対応であるという。「決して排除はしたくない」という思いとパトロールの対象であるというあいだでメンバーたちの気持ちは強く揺らぐ。

文化を営む場所となっている。この他にも、インターネットカフェなどの**貧困ビジネス**と呼ばれる消費社会的環境は、ホームレスの人びとの居場所となっている。

　まちづくりによって高級化された場所と貧困ビジネスによる末端の消費者的環境が混在する一方で、ホームレスの人びとの居場所や寝床は公共空間ではますます不可視なものとなっている。かつての寝床であった裏寂れた商店街や公園は、まさにグローバルな基準を満たすべく再開発の対象ともなっているからだ。その結果、ホームレスの人びとにとっての寝場所はますます限られたものとなっている。一つの場所に安住するのは難しく、河川敷や公園、空きビルや知人の住居などを転々としている。

　例えば徳永君（仮名）は、2年くらい前からホームレスとなり路上生活をしている。といっても、実際には色々な寝床を転々として生活をしており、昨年の秋口までは営業停止した空ビルの2階のテナントに住んでいた。当然空ビルの入り口には鍵がかかっているため、ビルにある非常用の梯子から上がると、彼が生活しているかつてはスナックであった部屋に辿りつく。辺りは歓楽街のため人目につくので、主に出入りするのは深夜過ぎである。まだ蒸し暑さが残る夏の深夜過ぎに彼と他の友人とともに梯子を登り部屋へと遊びに出かけた。

　彼は、スナック入口のドアを壊し、そこを出入り口としている。電気や水道は止められているので、夜間は蠟燭を照明の代わりとして用いている。かつてはたくさんのお客で毎晩賑わったであろうその部屋が明るく映し出され、不思議な光景が広がっている。同じ階には、かつてスナックを営んでいたであろう部屋が他にもある。かつてのスナックのママやお客が幽霊のようにまだその空間に漂っているような不思議な感覚に襲われる。夏だったせいもあるが、小便の臭いが部屋に充満しており、頭がくらくらするような感覚に陥る。彼がこの空ビルで生活していることをそのオーナーが知らないわけではない。そして、彼に言わせれば、「理解してもらって」そこで生活しているという。しかし、その後ビルを改装するということになり、彼はそこを出ていかざるを得なかった。

　このように、地元から排除されたヨソモノの空間に目を向けると、寄る辺のない時代を生きる自分たちの姿が浮かび上がってくる。それでは、そのようなヨソモノの存在を代償とした地元はグローバル化時代に適合的かつローカルな固有性を魅力として発信できるような場所になったのだろうか。むしろ、再開発とまちづくりの結果現れてきたのは、全国の地方都市の中心市街地に広がる

没個性的なものである感は拭いきれないのではないだろうか。そう苦々しく思うのは、私だけではないと思う。地元を「どげんかせんといかん」と試みたまちづくりがもたらしたもう一つの意図せざる帰結とは、排除を伴うのみでなく、何か夢や希望を持つことのできない没個性的でどこかシュールなまちが出来上がってしまったことである。そうだとすれば、「どげんかせんといかん」と焦って安易なグローバル（地方）都市を目指すことに迎合するような地元志向ではなく、私たちが安心して眠れる＝夢を見るだけのゆとりをジモトに取り戻すことが、空間の再編成に介入するための一つのヒントなのかもしれない。

●考えを深めよう●

　人々が流入と定着を繰り返してきた都市には、まちづくり運動やメディアによって選ばれ、演出された「歴史」や地域イメージだけでなく、多様な背景を持つ人々のさまざまな歴史と記憶がせめぎあっている。あなたにとって馴染み深い街にも、きっとあなたが気づいていない色々な顔があるのだろう。あなたがよく知っているあの街の「歴史」や地域イメージは、いつごろどのように形成され、その結果として、どんなオルタナティブな歴史や記憶が見えにくくなってしまっているのだろうか。実際の街と図書館を往復しながら考えてみよう。

さらに学びたい人のための文献紹介

1. グローバルな空間再編とグローバル・シティ

①デヴィッド・ハーヴェイ（吉原直樹監訳）『ポストモダニティの条件』青木書店，1999．

②マヌエル・カステル（大澤善信訳）『都市・情報・グローバル経済』青木書店，1999．

③サスキア・サッセン（伊豫谷登士翁監訳）『グローバル・シティ―ニューヨーク・ロンドン・東京から世界を読む』筑摩書房，2008．

④加藤政洋、大城直樹編著『都市空間の地理学』ミネルヴァ書房，2006．

＊都市論・空間論を学ぶ上でおさえておきたい代表的な翻訳の大著を3冊紹介したが、上記の①、②は、入門書としては少し難解だろう。その場合は、都市社会学／都市地理学の諸理論をコンパクトに紹介した④を入口として読み進めるとよいかもしれない。

2. 都市空間の消費と創造

⑤三浦展『ファスト風土化する日本―郊外化とその病理』洋泉社，2004.
⑥リチャード・フロリダ（井口典夫訳）『クリエイティブ資本論―新たな経済階級の台頭』ダイヤモンド社，2008.
⑦ジョージ・リッツァ（正岡寛司監訳）『マクドナルド化する社会』早稲田大学出版部，1999.
＊00年代に社会的にも都市政策的にも大きなインパクトをもたらした日米のベストセラー（⑤、⑥）と、グローバル都市の消費文化を考える上での古典のひとつである⑦。

3. マイノリティの都市

⑧ドロレス・ハイデン（後藤春彦、篠田裕見、佐藤俊郎訳）『場所の力―パブリック・ヒストリーとしての都市景観』学芸出版社，2002.
⑨高祖岩三郎『ニューヨーク烈伝―闘う世界民衆の都市空間』青土社，2006.
⑩西澤晃彦『貧者の領域―誰が排除されているのか』河出書房新社，2010.
＊これらの文献は、アメリカの諸都市（⑧、⑨）や東京（⑩）を舞台に、都市における排除と隠蔽のメカニズムを見つめた上で、排除・隠蔽されてきた貧困者やマイノリティの生き抜き戦略や「場所」を取り戻そうとする異議申し立ての実践を活き活きと描き出している。

第17章 「国家」が変わる
―― 福祉国家の形成と変容

冨江直子
Naoko TOMIE

1. 「国家」の両義性

　福祉国家と呼ばれる今日の「国家」は、私たちの生活や生存に深いかかわりをもっている。しかし、多くの人びとは、逆説的に、福祉国家の諸制度に包まれているからこそ、日常の生活のなかで「国家」の存在を意識することはあまりないかもしれない。この章では、私たちの生と福祉国家をめぐる問いを通じて、「個人」と「国家」の関係について考察していこう。

　はじめに、「国家」とは何重にも両義的なものであるということを確認しておきたい。

　第一に、私たちにとっての「国家」の存在が両義的である。戦前日本のように、「国家」は、私たちの自由を制限したり、戦争によって生命を奪ったりすることがある。しかし、現代の日本のように、社会の中のさまざまな暴力から私たちの安全や自由を守ったり、教育や労働の権利を保障したり、自力で生きていけなくなった時には**社会保障制度**によって生活と生存を守ったりしてくれるのも、また「国家」である。「国家」とは、それ自体が私たちに対して圧倒的な暴力を行使し得るものであり、同時に社会のあらゆる暴力から私たちを保護するものでもある。

　第二に、「国家」は、その内側に目線を置いてみるか、外側に目線をおいて見るかによって、全く違った意味を持つ。「国家」の内においては、階級や性別や民族などに基づくさまざまな違いを持ち、さまざまな身分や集団に分裂している人びとが、普遍的な法の下に置かれ、形式的に平等な存在としての「国民」となる。「国民」は、あらゆる差異にかかわらず、同じ権利と義務を付与され、等しい価値を持つ成員として「国家」に包摂される。しかしこのことは、「国民」ではない人びと――非成員――というカテゴリーを、「国家」の外につくり出すことでもある。外に置かれる人びとに対しては、「国家」は特殊利害を代表する閉じた共同体である。

そして第三に、そもそも「国家」という言葉自体が両義的である。「国家」という言葉には、二つの意味がある。政治・行政の機能を担う機関としての「国家」（state）と、「国民」の共同体としての「国家」（nation）である[1]。この二つの「国家」概念が、「国家」をめぐる社会事象を考えるうえで極めて重要な意味を持ってくる。機関としての「国家」と共同体としての「国家」という二つの「国家」概念は、時にせめぎ合い、時に重なり合ってきた。そのせめぎ合いと交錯によって、「個人」と「国家」の関係は全く異なったものとなるのである。

2. 近代国家と「個人」

2-1. 社会契約による「国家」の創設

なぜ、あるいはどのようにして、「国家」は誕生したのだろうか。ここでは、「国家」とは人びとが自己保存の目的のために創設した機関である、という説を見てみよう。

「社会」は自然に成立したのではなく、「個人」の契約によって人為的に作られたと考える学説を、**社会契約論**と呼ぶ。この社会契約論による「国家」の成立過程の説明を、ホッブズの議論に沿って概観してみることにしよう[2]。

すべての人びとを畏怖させるような共通の権力がない状態（自然状態）では、人間は、各人の各人に対する戦争状態にあると考えられる。各人が各人の敵である戦争状態においては、人びとは互いに分離し、相互に侵略したり滅ぼしあったりする。そして、こうした戦争状態には、正邪や正義不正義の観念は存在しない。共通の権力が存在しないところに法はなく、法が存在しないところに不正はないのである。

「国家」は、こうした「各人の各人に対する戦争状態」の悲惨から「個人」の生命を守ることを目的として創設された機関である。

人びとは、自分自身の生命を維持するために、自分の力を自分が欲するように用い得る自由（自然権）を持っているが、各人の生命の安全保障と、生活の維持のための手段を確保するためには、人びとはこの自然権を放棄し、公共的な権力＝「主権者」に譲渡する必要がある。「主権者」は、すべての「個人」から与えられた権限を持って、国内の平和を維持し、団結して外敵に対抗するために、人びとを威嚇することによって多くの異なった意志を一つに結集させる

---

[1] 「国民」概念とナショナリズムについては 18 章も参照。
[2] 以下の議論は、ホッブズ（永井道雄・上田邦義訳）『リヴァイアサンⅠ』中公クラシックス，2009 を参照。

ことができる。人びとを恐れさせ、また人びとを共通の利益を求めるように導きもするこの公共的な権力を、ホッブズは、「コモンウェルス（国家）」と呼んだ。

2-2.「国家からの自由」としての人権

しかし、人びとから自然権を譲渡され、唯一の公権力となった「国家」自体が、その強大な権力によって人びとを脅かすおそれもある。そうした「国家」の権力に枠をはめ、「国家」の専制的暴力から「個人」を守るのが**人権**である。

「国家」は、既存の身分制や中間集団を解体し、権力を一元化することによって、人びとを共同体から解放した。人びとは、ある身分に属するとか、職能団体や地方共同体などの中間集団のメンバーであるとかに基づいてではなく、「個人」として、「国家」の前にあるものとされた。ここに、自由で平等な「個人」という概念が成立する。「個人」は、「国家」によって共同体の拘束から解放されると同時に、共同体による保護からも放り出された「二重に自由な」存在として、「国家」と直に対峙する[3]。

ここで描かれる「個人」とは、自己決定をし、自己決定の結果を自分自身に引き受けるという、自立的かつ自律的な「強い個人」である[4]。こうした「個人」の自由を、「国家」の権力から守るのが、しばしば「国家からの自由」として説明され、**自由権**と呼ばれる権利である。自由権は、「国家」が「個人」の領域に権力的に介入することを排除し、「個人」の内面や活動の自由を保障する。精神的自由権、経済的自由権、人身の自由の権利などがこれに含まれる。

ところで、実際には人は必ずしも「強い個人」ではない。だから、共同体による抑圧と保護から解放された「強い個人」を主体とする権利概念には、批判が向けられることになる。「個人」の生命や自由や権利を保障するためには、「個人」を自然状態から守るために自然権を譲渡された「国家」と、その「国家」の権力から「個人」を守るための「国家からの自由」だけでは、十分でないのである。このことについては、後で見ることにしよう。

3. 共同体としての「国家」——「国民」の形成

「国家」は「個人」の生命や自由を守るための手段として創設された機関であるだけでなく、人びとが「国民」として帰属する共同体でもある。次に、「国民」

---

[3] 樋口陽一『一語の辞典　人権』三省堂，1996.
[4] 樋口陽一　前掲書。

の共同体としての「国家」が、どのように形成されていったのかを考えてみよう。

　日本国憲法には、「日本国民たる要件は、法律でこれを定める」（第10条）とある。しかし、法律によって「国家」という制度の下に置かれるだけで、人は「国家」という共同体に帰属意識を持つようになるわけではない。人びとは、さまざまな回路を通じて、この共同体に帰属意識を持つ主体＝「国民」とされていったのである。

　人びとをして共同体の一員として「国家」と命運を共にする意識を持たせ、「国家」目的に協力させるために重要であったのは、支配の対象でしかなかった人びとを、「国家」の担い手へと変容させていくことであった。そのために政府は、「国家」の主人となるためのさまざまな権利を人びとに付与することによって、「国家」を担う主体を作り出していった。

　「個人」が「国家」の担い手となるために付与された権利は、「国家」に「個人」への介入を差し控えさせるための「国家からの自由」としての権利とは異なるものである。「個人」をして、能動的に「国家」に参与させるための権利である。自由権の前提となっていた「個人」対「国家」の消極的な関係とは異なり、ここでは「個人」と「国家」との関係は積極的なものとされている。「国民」としての権利を付与されるということは、「国家」に参与する義務を負うことと同義であった。この権利は、しばしば「国家への自由」と説明される。

　近代国家の建設が至上命令であった明治の日本においても、「国家」の担い手である「国民」を作り出すことは、極めて重要な課題であった。

　明治政府の下で、人びとは、専制的権力としての「国家」にとっての支配の客体とされていたのではなく、（「国家」への反逆とはならない形で）「国家」を担う主体となることを求められた。『明治憲法』は、天皇の統治の前に形式的に平等の存在としての「臣民」を誕生させ、「国家」に対する「臣民」の権利と義務を定めた。そして、「臣民」を「国家」に参加・貢献させるための回路として、徴兵や選挙の制度が作られていった。

　人びとへの政治的権利の付与を求めた自由民権運動が目指したのも、近代国家を担う「国民」主体の創出であった。自由民権運動は、政府に対して「国民」としての権利の付与を求めると同時に、人びとに対しては「国民」としての義務を担うことを求めた。人びとに「国家」の主人としての自覚を持たせ、「国家」への帰属意識を共有させることが、政治的権利（「国家」に参与する権利＝義務）を求める目的であった。たとえば、板垣退助ら自由民権派士族が1874年（明治

7) に提出した「民選議院ヲ建ルノ議」は、次のように述べている。

> 今日我国政府の宜しく以て其目的となす可き者則民選議院を立て我人民をして其敢為の気を起し天下を分任するの義務を弁知し天下の事に参与し得せしむるに在り[5]。

「国民」としての権利＝義務を「上から」付与することによる「国民」化が進められる一方で、その逆の方向の運動もあった。つまり、自ら「国民」としての義務を積極的に果たすことによる「国民」化である。参政権や徴兵制という「国民」化の回路からはずされていた女性たちは、「国民」としての権利を獲得するための戦略として、積極的に「国民」としての義務を果たし、事実上の「国民」主体となろうとした。戦時体制下の日本において、権利を求める運動を展開していた女性たちは、女性参政権実現への道として、次のような決意をしたのであった。

> 然し私共が婦選を要求する目的は、婦人の立場より国家社会に貢献せんがために政府と又男子と協力せんとする所にある。従ってこの国家としてかつてなき非常時局の突破に対し、婦人がその実力を発揮して実績をあげることは、これ即ち婦選の目的を達する所以でもあり、法律上に於ける婦選を獲得する為めの段階ともなるであろう。悲しみ、苦しみを噛みしめて、婦人の護るべき部署に就かう[6]。

こうして「国家」は、さまざまな階級や性別、その他の差異を持つ人びとを、「国民」という一つの形式で包摂し、「国民」の共同体を形成していった。

しかし、これは「国家」からの排除と表裏一体の過程である。「国家」が「国民」に権利＝義務を付与することによって「国民」主体を作り出す過程は、それが付与されない非「国民」という存在を作り出す過程でもある。そして、「国家」の外（外国）との関係を意識する時、また「国家」の内の「非国民」の存在を非難する時こそ、われわれ意識、わが国意識は強化されるのである。

---

[5] 牧原憲夫編、色川大吉・我部政男監修『明治建白書集成 第三巻』筑摩書房, 1986.
[6] 市川房枝『市川房枝自伝 戦前編』新宿書房, 1974（『女性展望』1937年9月号から転載したもの）.

4. 福祉国家

4-1.「国家」の変容と社会権

　先にみたように、「個人」の自由や安全や生存を守るための人権とは、「個人」を「国家」の専制的暴力から守るものであった。しかし、現実には、人は「国家」の干渉から自由になりさえすれば、自己決定し、自己責任を負って、一人で生きていけるほど強いとは限らない。

　20世紀になると、「国家」権力の介入を差し控えるだけでは、「個人」の自由は実現され得ないという考え方が支配的になった。その背景には、資本主義システムの発展に伴って深刻化する失業や低賃金による貧困や、貧富の格差の拡大といった、「個人」の自己責任に帰すことのできない問題への認識があった。

　実際には必ずしも「強い個人」ではない私たちに対して、以来今日に至るまで、「国家」はさまざまな施策を行ってきた。私たちは、憲法によって保障された権利として、教育と労働の機会を与えられ、自力で生活を維持し難い時には「国家」から生活費等の給付を受けることもできる。こうした権利は、しばしば「国家による自由」と説明され、**社会権**と呼ばれる。

　社会権は、「国家」の干渉を制限することで「個人」の自由を守る自由権とは逆に、「国家」が積極的に介入することによって「個人」の自由を守ろうとするものである。社会権を付与された「個人」は、人間らしい生活を営むことができるように、「国家」の積極的な配慮を求めることができる。ここで前提とされている人間像は、「国家」による施策や給付がないと自由を行使することができない「弱い個人」である。

　このように、19世紀末から20世紀にかけて、「国家」が果たすべきと考えられる役割は大きく変化した。社会的・経済的に弱い立場にある人びとの生存や自由を保障するために積極的に介入する「国家」は、**福祉国家**と呼ばれる[7]。

　福祉国家もまた、「個人」の生命や自由や権利を保障するための手段として創設された機関としての「国家」の、ひとつの側面、ひとつの機能と考えることができる。「個人」を守るために、「国家」は、「個人」への介入を差し控えることを命じられもし、また積極的に配慮し介入することを義務づけられもするのである。

---

[7] しかし、福祉国家のあり方は一つではなく、また単線的に発展してきたわけでもない。社会の相違による福祉国家の複数の型について、エスピン・アンデルセンによる福祉国家の三類型論をはじめとする数多くの研究が行われてきている。また、欧米中心であった従来の福祉国家研究に対して、東アジア諸国の経験を捉える福祉国家研究も近年進んでいる（コラムを参照）。金成垣『後発福祉国家論──比較のなかの韓国と東アジア』東京大学出版会、2008 など。

こうした「個人」と「国家」の関係の変容を、T. H. マーシャルは、近代化に伴う**シティズンシップ**の発展過程として理論化した[8]。シティズンシップとは、共同社会のメンバーシップであり、完全なメンバーシップを持つ人びとは、共同社会の成員としての権利と義務を付与される。つまり、シティズンシップとして保障される権利は、表裏一体のものとしての義務を伴うのである。次の項では、福祉国家におけるこの義務の側面について考えてみよう。

4-2. 二つの福祉国家論

　福祉国家は、単に「個人」の生命や自由や権利のための手段であるだけではない。

　貧困は「個人」のみに原因があるのではなく、失業や低賃金など社会にも原因があるということが、「国家」の積極的な介入を正当化する一つの根拠であった。つまり、貧困の原因が社会的なものであるがゆえに、その責任もまた社会的なものであるという認識である。

　一方、貧困の結果が社会的なものであるという認識もまた、「国家」の積極的な介入を正当化する根拠となる。教育や労働の機会を与えられず、困窮している人びとは、社会のために貢献することができない。そうした人びとを救済し、教育や労働の機会を与え、社会に貢献できる人材へと育てて働かせることができれば、それは「国家」や社会にとっての利益になる。福祉国家は、「国家」や社会の利益を増進するための手段としても意味づけられ得るのである。

　福祉国家の定義をみると、たとえば『広辞苑（第六版）』（岩波書店）には、「完全雇用政策と社会保障政策とによって全国民の最低生活の保障と物的福祉の増大とを図ることを目的とした国家体制」とある。

　しかし、これとはかなり異なる意味で福祉国家という言葉が使われることもあった。たとえば、1950 年代に日本国憲法の改正を主張した『憲法改正の方向』には、理想とすべき「国家」像として「福祉国家」が掲げられている[9]。改憲論者たちが福祉国家建設のために大切であると考えたのは、「公共の福祉や社会の

---

[8] T. H. マーシャルは、シティズンシップを、市民的権利（個人の自由のために必要とされる諸権利）、政治的権利（政治的権力の公使に参加するための権利）、社会的権利（経済的福祉と安全の最小限を請求する権利、社会的財産を完全に分かち合う権利や、社会の標準的な水準に照らして文明市民としての生活を送る権利）の三つの要素から成り立つものとして整理し、イギリスの歴史においてこれらの要素が順に形成されてきたというシティズンシップの進化論を提起した。T. H. マーシャル・トム・ボットモア（岩崎信彦・中村健吾訳）『シティズンシップと社会的階級—近現代を総括するマニフェスト』法律文化社、1993.

[9] 八木秀次他「憲法改正の方向」憲法調査会『憲法調査会における各委員の意見』憲法調査会報告書付属文書第一号：567-669、1964.

安寧秩序をたもつために、相互作用によって人権が制約を受ける」こと、そして「国民としての当然の義務」を明示することであった。「国家」と「個人」との関係を敵対的なものとみて、「国家」からの「個人」の自由を尊重するよりも、「国家」と「個人」との関係を積極的・協力的なものとみて、「国民」の義務や、公共の福祉による人権の制限を規定すべきことが提案されたのであった。

以上からもわかるように、福祉国家の「国家」の意味もまた一つではない。機関としての福祉国家は、社会保障や雇用政策等を通じての**再分配**および**生活保障**の機能を担い、労働や教育の機会を与え、最低限の生活を賄うための給付を行う。一方、共同体としての福祉国家は、「国民」の相互責任、相互扶助の単位であり、「国民」に自助や共助の義務を課す。

一見対照的にみえるこの二つの福祉国家のあり方は、実は密接に結びついていることが少なくない。福祉国家形成の歴史のなかで、こうした二つの福祉国家は決して無関係ではなかった。再分配や生活保障の機能を担う機関としての「国家」の形成は、同時に「国民」の相互責任、相互義務の共同体としての「国家」の形成でもあり得る。

日本の福祉国家の歴史も、「国民」の共同体の形成と深く結びついていた。たとえば**総力戦体制**（軍事力だけでなく、経済や文化などあらゆる分野の総力を戦争に動員する体制）の下での社会政策の展開を見てみよう。

1930年代後半の日本では、国防の観点から、人的資源としての「国民」の身体的・精神的条件に対する国策上の関心が高まった。たとえば1934年に陸軍省から出されたパンフレット『国防の本義と其強化の提唱』は、国防の力としての人的資源の培養のために国民生活の安定を確保し、挙国一致のため貧富の格差を解消するという社会改革の必要性を訴えた[10]。

こうした施策は、「国家」のために生き、「国家」のために死ねるほどに、人びとを「国家」に自己同一化させるための条件でもあった。「国民」生活への積極的な配慮や平等化という福祉国家的施策は、「個人」のために「国家」が義務づけられるものであるだけでなく、「個人」に対して「国家」のために生きることを義務づけるものである場合もある。

　　最後の一人の生存権を保全しよう！　之を以て、われわれの国民的理想として新らしく押し立てて行くことができないであらうか。さうして、それは、

---

[10] 陸軍省新聞班『国防の本義と其強化の提唱』陸軍省新聞班，1934．

やがて、最後の一人までに、国民としての能力を最大限度に拡充せしめることになるのである。——換言すれば、最後の一人の生存権を保全することに因って、最後の一人までを必要の場合に於て国家の犠牲たらしめることを得るのである。国家は、最後の一人の生存権を惜しむことに因って、最後の一人までを戦はしめ得るのである[11]。

「国民」が命運を共にすべき共同体としての「国家」は、最後の一人の生存権を守るものでもあり、同時に、というよりそれゆえに、最後の一人まで「国家」のために戦わせるものであるかもれない。「国家」によって生存を保障されることと、「国家」のために死ぬこととは、表裏一体であることもある。その時、人びとは「国家」の暴力に参加する主体となる。

「個人」の自己保存を守るものである「国家」が、「個人」の生命を脅かすという展開が、ここにもある。「個人」を脅かすのは、「個人」に対峙する権力としての「国家」によって、外から加えられる力だけではない。生の基盤として人びとを包み込む共同体としての「国家」の、内側から浸入するような力もまた、「個人」を脅かすものとして作用することがある。

先に見たように、「個人」は、権力を一元化し、正当な暴力の行使を独占した「国家」によって、社会のさまざまな暴力から守られる存在であり、また同時に、強大な権力を持った「国家」の暴力から、人権によって守られるべき存在である。しかし、「個人」は、「国民」主体として「国家」に包摂されることによって、「国家」の暴力に参加する存在ともなる。

5. 現代福祉国家の挑戦
5-1. 福祉国家への批判

第二次世界大戦後の先進資本主義国家においては、福祉国家への社会的支持と経済成長を背景に、生活保障の制度が形成され、拡充されていった。

しかし1970年代の後半ごろからは、「福祉国家の危機」論が広く語られ、福祉国家は左右両派からのさまざまな批判を浴びるようになった[12]。

経済的自由主義と保守主義とが結びついた**ニューライト**の立場からの福祉国批判は、「国家」による「弱い個人」への生存と生活の保障という福祉国家の理念

---

[11] 牧野英一『法律と生存権』有斐閣, 1928(『改造』1924年10月号から転載したもの)。
[12] クリストファー・ピアソン(田中浩・神谷直樹訳)『曲がり角にきた福祉国家—福祉の政治経済学』未來社, 1996, 武川正吾『社会政策のなかの現代—福祉国家と福祉社会』東京大学出版会, 1999 などを参照。

そのものへの挑戦であった。その批判の要点は次のようなものである。福祉国家は、物質的給付によって、「個人」の自助と家族の共助という伝統的美風を衰退させる。福祉国家は、累進課税を通じた所得の再分配や、**社会サービス**の独占的供給によって、人びとの生活に介入し、経済的自由を制約したり、選択の自由を奪ったりしかねない。

　右派からの福祉国家批判は、「強い個人」と「強い家族」によって担われる市場と伝統的共同体の秩序を擁護するものであった。日本でも 1980 年代に、福祉国家よりも「個人」の自助と家族・地域の相互扶助を重んじるべきと主張する「**日本型福祉社会論**」が、政府によって唱えられた。

　福祉国家は左派からも批判を受けた。その要点は次のようなものである。福祉国家は人びとの生活への監視や指導を通じて社会統制を強化するかもしれない。福祉国家は資本主義体制を維持するためのものであり、第一義的に労働者の福祉を実現するものではない。そして、福祉国家は貧困や不平等をなくすことを目的として存在しているにもかかわらず、その目的を達成できていない。

　ここでは、この最後の点について、福祉国家の理念を擁護する立場から内在的に考えたい。今日の福祉国家にまず投げかけられるべき問いは、「弱い個人」に対して本当に生存と生活を保障し得てきたのか、ということであろう。現代の日本社会における貧困や格差の問題を前にして、福祉国家による「個人」の生の保障という課題が、あらためて問い直されなければならない。

5-2.「個人」の生の保障

　この章では、ここまで「個人」と「国家」との間の関係について考えてきた。しかし、福祉国家の前にいるのは、果たして「個人」だろうか。〈個人と国家〉という前提自体に、現代の福祉国家が向き合うべき重要な課題がある。

　共同体から解放された自由で平等な「個人」とは論理上のフィクションである。現実の社会において、人びとは、さまざまな共同体に属し、さまざまな属性によって区別されている。たとえば家族とジェンダーは、その中の重要なものである。ジェンダーの視点で見ると、日本の福祉国家は、フルタイムで賃金労働に従事する男性と、家庭で家事や育児を担う女性という**ジェンダー分業**を前提として、男性労働者に対する雇用や所得の保障を通じて、その家族（世帯）の生活を保障してきたということがわかる[13]。

---

[13] 大沢真理『現代日本の生活保障システム――座標とゆくえ』岩波書店, 2007.

今日の日本社会の現実を見ると、「例外的に」家族、地域、職場などの共同体から「自由」な人びとは、福祉国家のセーフティネットからしばしばこぼれ落ちてしまっている。**ホームレス**と呼ばれる人びとは、まさに共同体から「自由」であるがゆえに、福祉国家のセーフティネットからこぼれ落ちた人びとである。こうした光景は、福祉国家が、必ずしも共同体から解放された自由な「個人」に対して、その生存と生活を保障してきたわけではないことの証左である。福祉国家の諸制度は、実際には「個人」ではなく、家族や地域や職域などの共同体——そして「国家」という共同体——を前提として設計されていることが多いのである。

　今日、こうした共同体からこぼれ落ち、それゆえにさまざまな社会制度や機会から遠ざけられている人びとの存在、**社会的排除**という問題への視点が、ますます重要になってきている[14]。「個人」の生をいかにして保障するかということは、現代の福祉国家への大きな挑戦なのである。

　このことに関連して問うてみなければならないのは、「国家」という共同体から自由な「個人」に対して、福祉国家は生を保障することができるのか、という問題である。本章の終わりは、「個人」の自由と福祉国家をめぐる問いを確認することによってむすびたい。

5-3. 福祉国家と自由

　福祉国家によって実現される「国家による自由」とは、いかなる自由であろうか。「国家」によって実現される自由が、「国家からの自由」なのか、「国家への自由」なのか、その内容については、「国家による自由」という言葉はまだ何も語っていない。

　日本国憲法第25条の**生存権**は、少なくとも文言上は、「人」に固有の権利であるかもしれない。憲法には、教育権、労働権に対応するものとして、教育の義務と勤労の義務が定められているが、「生存の義務」というものは定められていないのである。そして、憲法前文にある「平和的生存権」は、少なくとも「国家」の暴力に参加する義務なしに、生きる権利を保障され得るということを言っているとも考えられる。私たちは、「国民」としての「国家」への参加や貢献の如何に拘わらず、「人」として生存権を保障されることができるかもしれない。

---

[14] 岩田正美『社会的排除——参加の欠如・不確かな帰属』有斐閣、2008. 社会的排除をめぐる福祉国家の課題については、第5章も参照してほしい。

実際、生活保護法には、「無差別平等」に、つまりその人の属性や来歴や社会関係などを問うことなく、「国家」が最低限の生活を保障すべきことが規定されている。

　しかし、生活保護法は、「国民」には認められている保護請求権を、日本国籍を持たない人びとには認めていない[15]。現行生活保護法の成立（1950 年）によって保護を受けることが権利になった時、その権利の主体としての「国民」が生活保護法の適用範囲とされたのであった（旧生活保護法では、保護請求権がなかったため、その権利の主体についての規定もなく、従って国籍による区別はされなかった）。

　「国民」の生存権が語られる際に、明白に区別され、排除される人びとがいる。つまり、私たちが享受している権利が、「国民」であるという地位・身分に基づくものであることは事実なのである。こうした福祉国家の下では、「国家」から自由であることは必ずしも容易ではないのかもしれない。

　けれども、今日、福祉国家をめぐるさまざまな議論のなかで、「個人」と「国家」との関係があらためて問われている。生活保障における「国家」の枠組みを問い直す議論[16] や、あるいは、生活保障の論理そのものを組み替えようとする試み（たとえば**ベーシック・インカム**[17] など）がある。これまでの歴史においてそうであったように、「国家」や「国民」、そして「個人」という概念は、変容し続けていくのかもしれない。

●考えを深めよう●
①「国家」の枠組みを超えうる生活保障の実践や構想について調べ、その可能性や限界について議論してみよう。
②ベーシック・インカムというアイデアについて、賛成論・反対論に分かれてディベートをしてみよう。

---

[15] 外国籍の住民に対する生活保護は、法の準用という形で行われている。日本国民は、保護を受ける権利が侵害された場合に不服申し立てを行うことができるが、外国籍の人びとにはそれができない。
[16] NIRA・シティズンシップ研究会編著『多文化社会の選択―「シティズンシップ」の視点から』日本経済評論社、2001 などを参照。
[17] ベーシック・インカムとは、社会の構成員全員に無条件で一定額の所得を給付するというアイデアである。所得や資産の調査が行われたり、就労や求職活動の義務が課されたりすることはない。技術的に簡便で明快であり、受給にスティグマ（恥辱感）が伴わない、個人単位の給付であるため世帯のあり方に対して中立であることなどがその利点として挙げられる。反対論の立場からは、無条件の所得保障があると勤労意欲をなくす人が増えるのではないかといった批判がある。また、給付の対象となる「社会の構成員」をどのように決めるかをめぐっての議論もある。山森亮『ベーシック・インカム入門―無条件給付の基本所得を考える』光文社、2009、武川正吾編『シティズンシップとベーシック・インカムの可能性』法律文化社、2008 などを参照。

さらに学びたい人のための文献紹介

1. 個人と国家をめぐって

①樋口陽一『国法学―人権原論［補訂］』有斐閣，2007.
②牧原憲夫『客分と国民のあいだ―近代民衆の政治意識』吉川弘文館，1998.
③田中浩『新版　国家と個人―市民革命から現代まで』岩波書店，2008.
＊①は歴史と比較の視点から論じた人権の基礎理論。立憲主義の意味を考える導きになる。②は1880-90年代の日本において国民意識が創出されていった様を描く。民衆の政治意識の視点から日本の近代を考えさせてくれる。③は西欧と日本の歴史をたどりながら国家と個人をめぐる問題を論じた概説書である。

2. 福祉国家の理論と歴史

④T. H. マーシャル・トム・ボットモア（岩崎信彦・中村健吾訳）『シティズンシップと社会的階級―近現代を総括するマニフェスト』法律文化社，1993.
⑤G. エスピン・アンデルセン（岡沢憲芙・宮本太郎監訳）『福祉資本主義の三つの世界―比較福祉国家の理論と動態』ミネルヴァ書房，2001.
⑥クリストファー・ピアソン（田中浩・神谷直樹訳）『曲がり角にきた福祉国家―福祉の新政治経済学』未來社，1996.
＊④はシティズンシップ論の必読書。⑤は福祉国家の類型論を展開し、その後の福祉国家研究に大きな影響を与えた。⑥は福祉国家をめぐるさまざまな研究や議論を、歴史的流れのなかで捉えるための助けになる。

3. 現代の福祉国家

⑦武川正吾『連帯と承認―グローバル化と個人化のなかの福祉国家』東京大学出版会，2007.
⑧藤村正之『福祉国家の再編成―「分権化」と「民営化」をめぐる日本的動態』東京大学出版会，1999.
⑨大沢真理『現代日本の生活保障システム―座標とゆくえ』岩波書店，2007.
＊現代福祉国家を捉える枠組みと、日本の福祉国家の現状と課題を理解する助けになる3冊。⑦と⑧は、社会学の視点から、現代社会の動態のなかで福祉国家を捉える。⑨は現代日本の生活保障システムを国際的比較の座標に位置づけ、ジェンダーの視点から批判的に検証する。

COLUMN

福祉国家の諸類型
金　成垣

　福祉国家の類型論は、ある国がいかなる福祉国家なのかを捉えるための視座を提供するものでる。これに関する最も代表的な議論としては、デンマーク出身の研究者である G. エスピン-アンデルセンが、1990年の著作『福祉資本主義の3つの世界』（邦訳 2001 年）で提起した「社会民主主義モデル」「保守主義モデル」「自由主義モデル」という3類型論がある。彼以前には、たとえば H. L. ウィレンスキーの「福祉先進国」と「福祉後進国」という類型のように、各国における社会支出の規模や社会保障制度の整備水準など福祉供給の量的な相違に着目する単線的な類型論が主流であった。これに対して、上記の3類型においては、福祉供給の量的な相違より、その供給方式の質的な相違が強調される。すなわち、福祉の供給において国家の役割が大きい社会民主主義モデル（スウェーデンなどの北欧諸国）、家族や職域集団の役割が大きい保守主義モデル（ドイツなどの大陸ヨーロッパ諸国）、そして市場の役割が大きい自由主義モデル（アメリカなどのアングロサクソン諸国）という類型である。この類型論は国家、市場、家族や職域集団という現代社会を構成する基本部門の役割とその関係に着目して設定されたものであり、そのため福祉国家の国際比較を行い各国の特徴や位置関係を明らかにする上で適用可能性の高いものと評価されている。

　エスピン-アンデルセンの類型論の登場は、その後の比較福祉国家研究を方向づけることとなったが、他方でそれに対する重要な問題提起も行われている。何より彼の類型論で描かれているのは、基本的に欧米諸国なかでもスウェーデン、ドイツ、アメリカであり、それ以外の国においては多様な中間形態が見られるという問題提起である。たとえば、イギリスやオーストラリアは社会民主主義モデルと自由主義モデル、オランダは社会民主主義モデルと保守主義モデル、日本や韓国は保守主義モデルと自由主義モデルの中間形態として位置づけられる。そのため3類型を全ての国にそのまま適用することはできず、新しい視点を加えることでその説明力を高めることが試みられている。その新しい視点に関しては、福祉の供給方式のみならず、その前提となる生産・雇用構造の相違に着目する視点、また福祉の供給方式によって再生産されるジェンダー関係の相違に着目する視点がある。さらには、これらの新しい視点を導入しつつ、時間軸を重視し、日本をはじめとする東アジア諸国のような後発国の福祉国家としてのスタートラインの相違に着目する視点もある。これらの視点の導入によって、各国における福祉国家の歴史的な変化と現状を知り、今後の政策的方向性を考えるための、より説明力の高い新しい類型論を模索する研究が現在進行中である。

第18章 「国民」が変わる

—— ナショナリズムと多文化主義/多文化共生

塩原良和
Yoshikazu SHIOBARA

1. 「単一民族」社会という「事実誤認」

　日本は「単一民族」社会であるとしばしば言われてきた。現在でも、それが日本古来の伝統であるかのように主張されることがある。しかし20世紀前半の日本は公式に「多民族帝国」を名乗っていた。小熊英二は、日本が「単一民族国家」であるという社会通念が、実は第二次世界大戦以降に定着した「神話」であることを検証した[1]。しかも、そのような「神話」が普及していることが日本社会の特異性というわけでもない。たとえば米国のように民族・文化的多様性がより高い国家では日本とは異なり、自分たちの**ネイション（国民/民族）**は、「多様性のなかの統一（統合）」によって成立していると主張される。だが「多様性のなかの統合」なのか「単一民族としての統合」なのかは、ネイションの統合をどう「想像」するかの違いにすぎない。私たちの住む社会はいつでもどこでも多様性に満ちており、したがってあらゆる近代ネイションは**想像の共同体**であることは、ベネディクト・アンダーソンが喝破したとおりである[2]。私たちは同じ民族/国民共同体に属している人々の大部分と会ったことはないし、一生会うこともない。実際には、そうした人たちと自分の習慣や価値観、話し言葉は異なっているかもしれない。それでも、われわれは同じ共同体に属する「同胞」なのだという想像によって人々が結びつき、それが再想像され続けるプロセスこそが、社会学的な現実としてのネイションに他ならない。現代先進諸国における**ナショナリズム**とは、ネイションの再想像のプロセスを駆動させるための制度やシンボル、言説なのである[3]。

　したがって、ネイションはある意味で「事実誤認」によって成立している。「単

---

[1] 小熊英二『単一民族神話の起源―「日本人」の自画像の系譜』新曜社, 1995.
[2] ベネディクト・アンダーソン（白石隆・白石さや訳）『定本　想像の共同体―ナショナリズムの起源と流行』書籍工房早山, 2007.
[3] 吉野耕作はこれを「再構築型ナショナリズム」と呼ぶ。ナショナリズムの理論・学説的整理と国際比較については吉野耕作『文化ナショナリズムの社会学―現代日本のアイデンティティの行方』名古屋大学出版会, 1997, および田辺俊介『ナショナル・アイデンティティの国際比較』慶應義塾大学出版会, 2010 を参照。

一民族神話」の「神話」とは現実を隠ぺいする誤った認識である。日本の北部に近代化以前から独自の文化・社会を築き、「和人」の侵略を受けながらもそこに住み続けてきたアイヌ民族や、1609年に薩摩藩の侵攻を被りつつ1872年までは独自の王朝として存続してきた琉球王国の存在は、明治以前において現在「日本」とされる領域が多民族的であったことを端的に示している。また在日コリアンの存在は、「単一民族神話」が力をもっていた戦後の一時期ですら、日本が単一民族社会などではなかったことを物語っている。

　にもかかわらず第二次世界大戦後、日本政府は国際社会の場で「日本に少数民族はいない」という主張を繰り返し表明してきた。1986年、当時の中曽根康弘首相による、日本は単一民族社会でありアイヌ民族はすでに日本人と同化しているという「単一民族国家発言」がアイヌ民族団体の反発を招いた。折からの**先住民族**の権利回復の国際的機運の高まりのなかで、アイヌ民族たちは国際社会で先住民族としての自らの存在と権利を主張するようになった。こうしたアイヌ民族の運動や国際社会からの働きかけもあり、日本政府は1991年にアイヌ民族を日本における「少数民族」と認めた。1997年には、アイヌ民族を「先住民族」であると認めた二風谷ダム判決があり、北海道旧土人保護法が廃止され、アイヌ文化の存在を認めその振興を促すアイヌ文化振興法が施行された[4]。

　2007年9月、国連総会において日本政府も賛成して**先住民族の権利に関する国際連合宣言**が採択され、翌年6月には日本の衆参両院で「アイヌ民族を先住民族とすることを求める決議」が全会一致で採択された。日本の近代化の過程においてアイヌの人々が差別され、困窮を余儀なくされてきたという歴史認識を示したこの国会決議を受け、政府はアイヌが先住民族であるという見解を示し、「アイヌ政策のあり方に関する有識者懇談会」を設置してアイヌ政策の確立に向けた総合的な検討を開始した。2009年7月に公表された同懇談会報告書はアイヌ民族が日本の先住民族であり、政府にはその文化の復興に配慮する強い責任があるという認識を示した。そして国連宣言や日本国憲法を踏まえ、アイヌのアイデンティティの尊重、多様な文化と民族の共生の尊重といった理念のもとに全国的施策を整備するように提言している。

2. 「同質的な社会」という信念と「日本人性」

　先住民族の権利回復の動きとともに、多民族・多文化社会としての日本とい

---

[4] 上村英明『知っていますか？　アイヌ民族一問一答』解放出版社, 2008.

う認識が広まる重要なきっかけとなったのが**ニューカマー外国人住民**の増加である。1990年代以降、経済・社会的状況の変化や出入国管理政策の変化とともに日本に住む外国人住民の数は増え続け、2009年末の時点で外国人登録者数は約219万人、非正規滞在者数が約9万2000人となっている。外国人住民の集住地域が全国各地に形成され、外国人住民との交流や支援を行う市民活動も活発に行われるようになった。

こうして「単一民族社会」日本という神話の神通力は失われつつあるようだ。だが、それで日本が理想的な多民族・多文化共生社会になるのかといえば、それほど単純ではない。

講義や講演で日本の多文化状況について話をすると、「日本は確かに『単一民族』社会ではないかもしれないけれど、『日本人』が圧倒的多数を占める『同質的な』社会であるのは間違いないでしょう？ だから日本で多文化共生を実現するのは難しいのではないですか？」という感想をよく耳にする。日本が単一民族社会だという主張が事実誤認であることは、在日外国人や先住民族が日本に住んでいることを挙げれば簡単に証明できる。だが「日本は同質的な社会である」という主張は、一見するともっともらしく思えてしまう。

しかし、そもそもある国家が「同質的な社会」といえるかどうかは**程度の問題**に過ぎない。その社会の民族的主流派ないし**マジョリティ**とされる国民以外の人々がどれだけの割合ならば、「同質的」といえるのか。その基準を誰が決めるのか。たとえば多文化国家として名高いオーストラリアでは、全人口の5割近くが国外で生まれた移民1世かその子である。移民は世界各地からやってきており、異文化間結婚も当たり前である。もちろん先住民族もいる。しかしそれでも、オーストラリア社会とはかつての宗主国である英国式の社会であり、オーストラリア文化とは英国風文化であるという考え方は根強い。シドニーの街中を歩く人々の圧倒的多数が非-白人であったとしても、オーストラリアは英国風社会だと信じている人はいる。

あらゆる社会には移民や外国人、少数・先住民族といった**マイノリティ**が存在している。したがって、ある社会が「同質的である」という主張は、この程度の多様性ならば無視してよいという「判断」や、この社会は本来同質的であるべきだという「信念」を含まざるを得ない。だから「日本は同質的な社会である」という主張は、事実の言明というより「日本は『日本人』が圧倒的多数を占める同質的な社会であるのが**あたりまえだ**」という判断や信念の表明とみなすべ

きなのだ。

　では、日本社会で「日本人」がマジョリティなのがあたりまえだとされていることの、いったい何が問題なのか。そのことを理解するためには、**白人性研究**の視点が参考になる[5]。アメリカ合衆国を中心に数多く行われるようになった「白人」を主題にした人文・社会科学的研究は、マジョリティとしての白人を特権化する社会構造のあり方を可視化しようとする。「特別」な人々として研究の対象とされてきたマイノリティとは異なり、白人はマジョリティであるがゆえに「ふつう」の存在とされ、研究対象にはならなかった。しかし考えてみれば、ある人の価値観や文化、行動様式がその社会の「ふつう＝標準」とされるということは、その人を圧倒的に優位な立場に立たせる。他の人は努力して「ふつう」に合わせなければならないのに、その人自身は何の努力もせずとも、自分のやり方に他人が勝手に合わせてくれるのだから。「白人らしさ（白人性）」が「ふつう」とされる社会では、白人とみなされる人々が特権的な立場に立っていることが「あたりまえ」だとされ、意識されることがない。「マジョリティ性」とは、自分がマジョリティであることが「あたりまえ」であるがゆえに、そのことを意識しなくて済むような状況のことをいうのだ。

　欧米における白人性研究の視点を日本人性の批判的分析に適用し、マジョリティ性としての**日本人性**に注目した社会科学的研究がみられるようになった[6]。それにより、「日本人」の文化・価値観・行動様式が日本社会で「ふつう」であることが「あたりまえ」とみなされていることの問題性が浮き彫りになる。日本は「日本人」と見なされた人々が構造的に優位に立つことができる社会であり、その特権を「日本人」たちは自覚していないのである。「日本は『日本人』が圧倒的多数を占める同質的な社会であるのがあたりまえだ」という主張の背後には、日本社会における「日本人性の優位」という自明の前提があるのだ。

3.　「郷に入れば郷に従え」の不可能性

　「郷に入れば郷に従え」。民族・文化的多様性を承認することに慎重な人が必ずといっていいほど口にする格言だ。「私たちだって海外旅行に行ったらその土地のやり方に従うのだから、外国人にも日本の文化や習慣に従ってもらわないと……『郷に入れば郷に従え』ですよ」。

---

[5] 藤川隆男編『白人とは何か？―ホワイトネス・スタディーズ入門』刀水書房，2005.
[6] 「特集　異文化間教育研究と『日本人性』」『異文化間教育』（異文化間教育学会）22号，2005.

このように主張する人は、日本にいる外国人はすべて旅行者か一時滞在者だと思い込んでいることも多い。現実には在日外国人住民の在留期間の長期化[7]は確実に進んでいる。あなたが「郷に入れば郷に従え」と命ずる外国人は、実はあなたが生まれる前から日本に住んでいるかもしれないのだ。ただし、日本に何年住んでいようが、外国人は「日本人」と違った振る舞いをしていると見なされる限り「郷に入れば郷に従え」と言われ続けることも事実だ。日本社会の「ホスト＝主人」は「日本人」であり、外国人は「ゲスト＝客」に過ぎないとされる。自分の家でどのように振舞うべきかを客に命令する権利が主人にあるのは「あたりまえ」というわけだ……。もうお分かりだろう。「日本人」が外国人に対して「郷に入れば郷に従え」と命ずるとき、その「日本人」は日本社会における「日本人性の優位」という信念を暗黙の前提として語ることで、自分のやり方を外国人に押し付けることを正当化しているのである。

「郷」とはすなわち**ホームランド（祖国・故郷）**である。「郷に入れば郷に従え」と移民・外国人に命じるマジョリティ国民は、ここは自分たちのホームランドであり、したがって自分たちの文化や意向が優先されるべきだと主張しているのだ。ようするにマジョリティ国民たちは自らのホームランドにおける自己決定（自決）権（self-determination）を主張しているのであり、これはまさにナショナリズムの表明に他ならない。外国人に「郷に入れば郷に従え」と命ずる「日本人」は（たとえそれが「善意」に基づいていたとしても）、「日本人性の優位」という信念に基づいたナショナリズムによって外国人住民の日本社会における主体性を否定しているのだ。

こう述べたとしても、「確かにナショナリズムかもしれないけれど、私たちは日本人なのだから、日本に来た外国人に『郷に入れば郷に従え』という権利がある」と考える人は多いだろう。そんな「日本人」にあえて問おう。はたして私たちには、外国人に『郷に入れば郷に従え』と命ずる権利があるのだろうか？

何を馬鹿な、と思われるかもしれない。自分の家で客がどう振舞うか、注文をつけるのは当然だ、と。しかし、もしあなたの「家＝ホーム」が、ご先祖様が他人から不当な手段で「盗んだ」ものだということが判明したら、どうだろう。「盗まれた」方の子孫がやってきて、言う。「おい、その家はお前のものじゃない。お前の先祖は、どんな正当な契約も結ばずに、わしらの先祖をここから追い出

---

[7] ただし、すべての外国人住民が地域に根付いたコミュニティを形成するというわけではなく、多様なあり方での「定住化」がありうる。梶田孝道他『顔の見えない定住化―日系ブラジル人と国家・市場・移民ネットワーク』名古屋大学出版会、2005を参照。

したのだ。お前は盗人の子孫、不法占拠者だ」。それでもまだ私たちは、家にやってくる人々に「郷に入れば郷に従え」と言いつづけることができるのか。そんな私たちの言い分を、誰がまともに受け止めるというのか。

「ホーム」を「ホームランド」に置き換えて考えてみれば、これがまさに先住民族の権利回復要求がマジョリティ国民に対して問いかけていることだとわかる。アイヌ民族も含め、先住民族とは近代国民国家の植民地化によってホームランドを奪われた人々である。したがってそうした人々の権利回復の主張とは、近代国民国家の正当性とマジョリティ国民のナショナリズムの根拠そのものに異議を申し立てている。マジョリティ国民が自分たちの「郷」だと信じていたこの土地は、マジョリティ国民の先祖が先住民族の先祖から「盗んで」、正当な**条約・謝罪・補償**なく「不法占拠」し続けている土地に過ぎないかもしれない。もし私たちが先住民族から「盗んだ」「郷」のうえに自分たちの社会を築いてきたのだとしたら、新たにやってきた移民・外国人に私たちが「郷に入れば郷に従え」と命ずる権利がどこにあるのか。私たちは単なる「不法占拠者」に過ぎないかもしれないというのに[8]。

オーストラリアなどでは、先住民族への過去の不正義に対する政府の公式謝罪がすでに実施された。アイヌ民族が先住民族であることがようやく公式に認められつつある日本においても、先住民族への公式な謝罪・補償を経た**和解**の取り組みが求められる。そうでなければ、「日本人」たちはいつまでも先住民族に対する負い目を抱えながら生きていくはめになる。結局のところ、現代の「日本人」にとっても、この土地は自分が生まれた「郷」に他ならないのであり、私たちが直接不正義に手を染めなかったとしても、過去に「盗まれた」土地の上に築かれた社会の恩恵を享受して成長してきたという**連累**が私たちにはあるのだ[9]。歴史的経緯のなかで、不幸なかたちで「郷」を共有するに至った私たちと彼・彼女らは、この土地のなかで共生していくための「対話」を行うより他はない。そして日本において先住民族の権利回復が進んでいない現状がある以上、「日本人」が外国人・移民に「郷に入れば郷に従え」と命じる権利の根拠は厳しく問いただされなければならない。

---

[8] ガッサン・ハージ（塩原良和訳）『希望の分配メカニズム―パラノイア・ナショナリズム批判』御茶の水書房，2008 の第5章を参照。
[9] テッサ・モーリス＝スズキ『批判的想像力のために―グローバル化時代の日本』平凡社，2002。

4.　「助っ人」との「共生」？

　1990年代から2000年代にかけて、マス・メディアや教育現場、地方自治体や政府の公的言説において、外国人住民と「日本人」との好ましい関係構築を目指す**多文化共生**という理念が普及してきた。たとえば法務省は2000年の第二次出入国管理基本計画において、「日本人と外国人が心地よく共生する社会の実現」を目指すと明記し、総務省は2006年に『地域における多文化共生推進プラン』を策定し、地方自治体の取り組みを促した。こうして多くの自治体で多文化共生に関する指針が作成されることになった。

　この「多文化共生」を英語でいう**多文化主義**（multiculturalism）の日本版と考える議論と、両者を区別すべきだという議論がある。後者は、欧米で思想や教育理念として掲げられる多文化主義が民族・文化的差異を尊重するあまり民族集団間の分断や相互無関心を助長し、社会を「分裂」させるという批判があることを強調する。そして日本の「多文化共生」は文化的多様性を尊重するものの、その根幹はあくまで社会統合政策であるとして多文化主義と区別しようする[10]。だが多文化主義政策を早くから実施してきたオーストラリアの例でも明らかなように、多文化主義も「政策」として実施される場合には、社会の「多様性の中の統一（統合）」を目的とする。したがって、日本の「多文化共生」政策も多文化主義政策のバリエーションだということができる。ただし、日本の多文化共生政策は、社会統合政策としては依然として極めて不十分である。とりわけ非正規雇用セクターに組み込まれているニューカマー外国人労働者の問題など、外国人住民をめぐる格差・不平等の問題への取り組みが不足している点は強調しておきたい。

　では、こうした取り組みが十分に行われたとしたら、多文化共生／多文化主義は「郷に入れば郷に従え」というナショナリズムを乗り越える理念になりうるのだろうか。だが意外なことに、それはある程度まで「郷に入れば郷に従え」という主張と両立しうる。ガッサン・ハージは、オーストラリアの多文化主義とはオーストラリア・ネイションにおける「白人の優位性」という幻想に基づいた「ホワイト・マルチカルチュラリズム」であると看破する[11]。「白人の優位性の幻想」とは、「白人」がオーストラリア・ネイションにおける主人公であり、非-白人マイノリティは白人によって管理される対象に過ぎないという、白人

---

[10] たとえば川村千鶴子他編著『移民政策へのアプローチ―ライフサイクルと多文化共生』明石書店, 2009.
[11] ガッサン・ハージ（保苅実・塩原良和訳）『ホワイト・ネイション―ネオ・ナショナリズム批判』平凡社, 2003.

の抱く幻想のことである。多文化主義を支持する白人たちもまた「白人の優位性の幻想」に囚われており、非－白人住民が自分たちの思惑通りに行動し、自分たちの意思に背いて自己主張したりしない限りにおいて（すなわち、「郷に入れば郷に従う」限りにおいて）、非－白人住民を「寛容」に受け入れているに過ぎないのだ。こうした非－白人マイノリティたちは白人中心のオーストラリア・ネイションの「利益になる」ことが期待されている。彼・彼女たちの振る舞いが自分たちの意にそぐわなかったり自分たちの利益にならないときには、「寛容」だった白人たちはいつでも「不寛容」にマイノリティを排除するのだとハージは警告する。

　日本の「多文化共生」も多くの場合「日本人の優位性」を前提としている。外国人に対して寛容に振舞うことが奨励されるいっぽうで、日本人の意に反して主体的に行動・主張する外国人には一転して「郷に入れば郷に従え」と命令することが当然視される[12]。外国人労働者は人口減少社会における労働力不足の切り札とされ、グローバルな市場競争に勝ち残るための「高度人材」としてもてはやされる[13]。そして、そうした人々を迎え入れるために「多文化共生」が称揚される。だが「高度人材」「人手不足の分野の外国人労働者」たちも、ひとたび国内の産業構造や労働市場が変化すれば用済みとして出て行ってもらわなければならない。だから移民・外国人労働者を導入すればするほど、移民・外国人の**在留管理**は強化される。彼・彼女らはプロスポーツの「助っ人外国人」選手のようなものである。即戦力であることを期待されるが、期待外れであればさっさと日本から出て行ってもらわねばならない。実力のある選手でも「旬」が過ぎたら日本人選手に主役の座を明け渡さなければならない。他方、「助っ人」にならず、政府から「望ましくない」とみなされた人々、典型的には**非正規（「不法」）滞在外国人**は、徹底的な取り締まりと排除の対象になる[14]。こうして日本やオーストラリアに限らず、他の先進諸国においても多文化主義の礼賛は移民・外国人の管理の強化と同時進行することになる。それは「助っ人」になる移民・外国人だけを許容する「共生」であり、マジョリティ国民が特権的な立場に立

---

[12] マス・メディアや批評などでは外国人による「日本社会への直言」や、日本人や日本社会に文句を言う外国人たちが話題になることもある。だがたいていは、そのような語りは日本社会における日本人の優位性を揺るがさないように無害化され、エンターテイメントとして消費される。そうした番組や記事をみる「日本人」たちは「外国人」の声を聞いているのではなく、いわば鏡としての彼・彼女たちに映った自己の姿に興じているに過ぎない。岩渕功一『文化の対話力―ソフト・パワーとブランド・ナショナリズムを越えて』日本経済新聞出版社, 2007 も参照。

[13] 渡戸一郎, 鈴木江理子, A. P. F. S 編著『在留特別許可と日本の移民政策―「移民選別」時代の到来』明石書店, 2007, 12-15 頁。

[14] 鈴木江理子『日本で働く非正規滞在者―彼らは「好ましくない外国人労働者」なのか？』明石書店, 2009 を参照。

つ社会構造を変えようとはしない**コスメティック・マルチカルチュラリズム（うわべだけの多文化主義）**（テッサ・モーリス＝スズキ）に過ぎないのだ[15]。

5. 「既得権益」を失うことへの不安

　いっぽうオーストラリアでは、多文化社会化の進行が「白人の優位性の幻想」をますます現実から懸け離れた文字通りの幻想にしつつある。非－白人住民の数が増えたからだけではない。マジョリティ「白人」と同等の力をもち、社会の一員として自己主張しようとする意思をもつ非－白人**専門職・ミドルクラス移民**の存在感が強まっているからだ[16]。日本でもニューカマー外国人住民の定住化が進み、日本社会の「ゲスト」の位置に留まらずに積極的に社会参加し、自己主張しようとする1世や2世たちが表れてきている（本章のコラム参照）。また先住民族による自己表現も活発化している。

　「ゲスト」や「助っ人」の位置に満足せず、自分が暮らす社会の「主人公」として行動や発言を始めているマイノリティたちにマジョリティ国民がどのように対応するかが、多民族・多文化社会のあり方を決める大きな分かれ道になる。残念ながら起こりがちなのは、マイノリティたちの台頭によってマジョリティ国民のナショナリズムが刺激され、それが**ゼノフォビア（異質性嫌悪）**や**ヘイトクライム（人種・民族・文化的差異への嫌悪に基づく反社会的行為）**[17]、マイノリティの排斥運動に結びついてしまうことだ。その背景には、グローバル化や高度近代と呼ばれる社会変動がある。

　急速な社会の変化は人々の**存在論的不安**（自己のアイデンティティや人生の存在意義の不確かさへの不安）を呼び起こす。これまで自分たちが享受してきた快適な生活や将来の展望が、不確かなものに見えてくるのだ。そうした「既得権益」を失うことへの不安を、じゅうぶんな財産や学歴・職歴・人脈をもったエリートたちは自力で克服できるかもしれない。だが、そうではない人々は、自分たちのアイデンティティや生活を守ってくれることを国家に期待する。実はこうした存在論的不安には特定の原因や根拠がないことも多いのだが、その根拠なき不安（パラノイア）は多くのマジョリティ国民を保守化させ、ハージ

---

[15] モーリス＝スズキ前掲書.
[16] 石井由香・関根政美・塩原良和『アジア系専門職移民の現在―変容するマルチカルチュラル・オーストラリア』慶應義塾大学出版会, 2009.
[17] これらの心情や行為は「レイシズム（人種主義）」とも呼ばれるが、現代のレイシズムは文化的な差異に刺激されて顕在化する場合が多くナショナリズムとの区別はあいまいになっている。ミシェル・ヴィヴィオルカ（森千香子訳）『レイシズムの変貌―グローバル化がまねいた社会の人種化・文化の断片化』明石書店, 2007, およびハージ2003前掲書を参照.

のいう**パラノイア・ナショナリズム**が台頭することになる[18]。このナショナリズムに囚われた人々は、自分が不安に陥った原因を探し求める。知識人たちがこざかしくも、グローバルな社会変動があなたたちの不安の原因なのですよ、などと言っても彼・彼女らは納得しない。そのような社会変動は、自分たちの力ではどうすることもできないからだ。それよりも彼・彼女らは、自分が不安に陥っている「特定の」原因を知りたいのだ。なぜなら「特定の」原因ならば、それさえ除去すれば自分たちの不安は鎮まるはずなのだから。そんなマジョリティ国民の眼には、社会的下層に位置する移民や外国人（とりわけ「不法」入国・滞在者）は、自分たちの社会を脅かす「敵」のように分かりやすく映る。こうして移民・外国人は「犯罪」や「テロへの脅威」といったイメージと結びつくようになる。さらに政府やマス・メディアは一部の移民・外国人を諸悪の根源であるかのように**悪魔化**して表象し、人々の支持を集めようとする[19]。こうして、ネイションの利益になる専門職・ミドルクラスの「高度人材」移民・外国人が歓迎されるいっぽうで、一部の下層移民・外国人が徹底的に排斥されるのである。政府や企業にとってこうした状況は、**新自由主義**[20]的経済政策によって増大する人々の不安の矛先を下層移民・外国人に向けさせ、政府の支持を保つことができる点で好都合である。だがもちろん、政府や企業の思惑をこえて、専門職・ミドルクラス「高度人材」移民・外国人に対する排斥運動が生じる場合もある。またパラノイア・ナショナリズムとマイノリティの悪魔化の進展によって、異民族・異文化を尊重する多文化主義が「国民社会の分裂」をもたらしているという保守派・右派からの批判もしばしば勢いを増す[21]。

6. 「対話」と「共生」の根拠

「マジョリティ性の優位」を前提とした「助っ人との共生」に留まっている限り、多文化主義／多文化共生は一部の移民・外国人住民が社会的・物理的に排除されるのを止めることができない。なぜなら、こうした「コスメティック・マルチカルチュラリズム」自体が、「望ましい移民・外国人」と「望ましくない

---

[18] ハージ 2008 前掲書．
[19] ジョック・ヤング（青木秀男他訳）『排除型社会—後期近代における犯罪・雇用・差異』洛北出版，2007，281 頁．
[20] 新自由主義とは、グローバル資本主義に適応するための国家による規制緩和・市場主導の経済社会改革志向と、国家の所得再分配機能を低下させる社会福祉政策の抑制傾向、およびそれらに付随する、個人の自己責任を強調する価値規範である。新自由主義は政府に対し、企業にとってもっとも最適な労働力の配置を実現するために国境における労働力の越境移動の規制も緩和し、柔軟化することを要請する傾向がある。デヴィッド・ハーヴェイ（渡辺治監訳）『新自由主義—その歴史的展開と現在』作品社，2007 を参照。
[21] オーストラリアの事例については、塩原良和『ネオ・リベラリズムの時代の多文化主義—オーストラリアン・マルチカルチュラリズムの変容』三元社，2005 を参照．

移民・外国人」を区別し、前者を受け入れ後者を排除する選別の論理のもとに成立しているからだ。そこでは、「望ましくない」と見なされた人々の人権が侵害され、文化やアイデンティティが否定され、社会的下層に押しとどめられたり国外に退去処分になったりすることがすべて、「望ましい人々」だけで構成される多文化共生社会を実現するための**やむをえない措置**として正当化されてしまう[22]。こうして保守派・右派からの批判とはまったく別の意味で、多文化主義／多文化共生は**社会的排除**と分断を黙認することになる。

あらゆる人々が排除されずに公正に扱われる社会を目指すとするならば、「助っ人との共生」という限界をこえた多文化主義／多文化共生のあり方を模索しなければならない。実は多民族・多文化社会化の進展は、より良い多文化主義／多文化共生を推進していくチャンスでもある。先述したように、民族・文化的マイノリティのあいだに、自己の存在や意見を表明し、マジョリティ国民と対等に対話しようとするだけの意思と能力をもった人々が増えつつあるからだ。マジョリティ国民たちには、そうした人々の問いかけに応じ、対等な**対話**の関係を彼・彼女らと築いていくことが求められている。マイノリティのためにそうすべきだと言っているのではない。マジョリティ自身のためにも、そうしないわけにはいかないと言っているのだ。グローバル化／高度近代という、絶えず解体・再編される境界線をすり抜けて人や文化が急速に行き交う流れのなかに生きる私たちは、他者との望ましいかかわり方を模索することなくして良い生を送ることなどできない。そもそも人間は他者の存在を内面化しながらアイデンティティを絶えずつくりかえていくものだが[23]、多民族・多文化化の時代において、私たちはますます多様な他者たちと接し、そして多様な他者たちを内面化しながら自己形成していく[24]。社会における他者との関係性のあり方は、自己のあり方に深く刻みつけられる。だから他者との不公正な関係を黙認する社会のあり方は、私たちの自己の深い部分に影響を与えずにはいられない。他者とのまともでない関係のなかで、まともな自己を保っていられるほど、人間は強くはないのだ。

[22] 塩原良和「あらゆる場所が『国境』になる―オーストラリアの難民申請者政策」『Quandrante』(東京外国語大学海外事情研究所) 10号, 2008, 51-64頁.
[23] 近代社会における自己やアイデンティティをめぐる諸問題については、第1章、第19章も参照のこと。
[24] 「アイデンティティ」とは「ほんとうの自分」のことだとされ、いついかなるときでも変わらぬものだとされている。だが、このようなアイデンティティ観はますます現実から乖離している。アイデンティティとは決して完結しない自己同一化の過程であり、他者との関係性によって絶えず変化していくのである。スチュアート・ホール「新旧のエスニシティ、新旧のアイデンティティ」(A. D. キング編(山中弘他訳)『文化とグローバル化―現代社会とアイデンティティ表現』玉川大学出版部, 1999, 第2章所収) を参照。

私たちは他者との**つながり**のなかで希望と良き生を模索する存在である。どんな人間も独りで生きることができないのはわかりきったことだが、「お前は独りで生きろ」と**自己責任論**を強弁したがる人は多い。だがそんな人でも、他者とのつながりがまったくなくても良い人生を送ることができるとは思っていないのではないか。ただし、グローバル化／高度近代とはあらゆる物事が絶えず変化していく時代でもある。急速な変化にさらされた結果、確かなものに思えた他者とのつながりもあっという間に移ろい、失われていくように感じてしまう。しかしそれでも、私たちにとってつながりは無意味ではない。いやむしろ絶えず変化にさらされる時代であるからこそ、私たちはなるべく多くの他者との対話の可能性を保っていなければならない。今日は自分とは無関係な他者だと思っていたとしても、明日には状況が変わり、その他者が自分の人生にとって重要なものにならないとは言い切れないのだから。いま他者とのつながりを断ってしまえば、先行き不透明な現代社会に生きる**リスク**を増大させ、より良い生を生きる可能性を自ら減少させてしまう。

　急速な社会変動の時代に生きる私たちにとって、多様な他者とのかかわりについて考えることは、自分が社会のなかでどう生きていくのか、そして自分の生きる社会をより良い方向にどう変えていけるのかを考えることである。それこそが多民族・多文化社会化するネイションや共同体において、異なる他者との対話と共生を模索しなければならない根拠なのだ。

●**考えを深めよう**●

　本章を読んでから、次の質問について考えてください。（もし可能であれば、「日本人」学生と在日外国人・留学生とのあいだで議論してみてください）

①「ここは日本なのだから、外国人も日本語を話して日本文化を身につけるのがあたりまえだ」という主張に問題があるとしたらそれは何だと思いますか。

②「日本人」が日本に住む外国人に対して「郷に入れば郷に従え」と言うのと「習うより慣れろ」と言うのとでは、何が同じで何が違うと思いますか。

③私たちは、「共生したい／しなければならない他者」とは共生しようとします。では「共生したくない／関心がない他者」と共生する理由があるとしたら、それはどんな理由でしょうか。

さらに学びたい人のための文献紹介

1．ナショナリズム
① E. J. ホブズボーム（浜林正夫他訳）『ナショナリズムの歴史と現在』大月書店，2001．
② アーネスト・ゲルナー（加藤節監訳）『民族とナショナリズム』岩波書店，2000．
③ アントニー・D・スミス（巣山靖司・高城和義他訳）『ネイションとエスニシティ―歴史社会学的考察』名古屋大学出版会，1999．
＊吉野耕作、田辺俊介（注3）の著作を読み終えた人のためのナショナリズム論の基本文献。①②はアンダーソン（注2）とともに「近代主義」の代表的論者の主著。③は「歴史主義者」の議論。

2．多文化主義・多文化共生
④ 関根政美『多文化主義社会の到来』朝日選書，2000．
⑤ ウィル・キムリッカ（角田猛之他監訳）『多文化時代の市民権―マイノリティの権利と自由主義』晃洋書房，1998．
⑥ ナンシー・フレイザー（仲正昌樹監訳）『中断された正義―「ポスト社会主義的」条件をめぐる批判的省察』御茶の水書房，2003．
⑦ 塩原良和『変革する多文化主義へ―オーストラリアからの展望』法政大学出版局，2010．
＊本章を読んで多文化主義に関心を持った人は、多文化主義をめぐる論点を明快にまとめた④をまず読むとよい。⑤⑥は、多文化主義を理論的・思想的に深く考えていくために避けて通れない文献。⑦ではガッサン・ハージ（注8・11）、テッサ・モーリス＝スズキ（注9）、塩原良和（注21）などをもとに本章での議論を発展させ、多文化主義／多文化共生の理論的再構築を試みた。

3．高度近代（後期近代）における他者とのかかわり
⑧ ジェラード・デランティ（山之内靖・伊藤茂訳）『コミュニティ―グローバル化と社会理論の変容』NTT出版，2006．
⑨ 岩渕功一編著『多文化社会の〈文化〉を問う―共生／コミュニティ／メディア』青弓社，2010．
⑩ テッサ・モーリス＝鈴木（大川正彦訳）『辺境から眺める―アイヌが経験する近代』みすず書房，2000．

＊ジョック・ヤング（注19）、デヴィッド・ハーヴェイ（注20）、スチュアート・ホール（注24）を読んで、現代社会における自己と他者のかかわりのあり方を知りたくなった人には⑧を薦める。⑨は現代における多文化主義の限界と可能性を考えるうえで示唆に富む。また⑩はアイヌ民族の存在から日本という国民国家を問い直す試み。

COLUMN

私を見て疑いなく「日本人」と思うのは時代遅れ
宮ヶ迫ナンシー理沙

　カタカナの名前で自己紹介すると、大抵いったん間をおいて、驚きの表情とともに「どこの人？」と聞かれる。初対面で私がブラジル人だなんて想像する人はあまりいないのだろう。今でこそ、納得してもらうまで自分のバックグラウンドを説明するやりとりを楽しめるまでになったが、10代の頃は面倒に感じるものだった。

　南米から日本に来る人が急増して20年も経つのに、外国へ渡った多くの日本人移民のことを知らない人もいれば、外国から日本に来て生活をしている人たちがたくさんいることやその背景を知らない人もいる。ここ数年は、メディアで取り上げられることが増え、認知度が高くなったが「社会問題」のようなネガティブな内容に偏っているうえ、複数の文化の狭間で生きる人という流行りの研究対象となってしまった。幼い時にブラジルから来日し、日本で生きる者として、何度かインタビューにも応じたが、いろんなものを吸われるだけ吸われたと感じていた。「日系ブラジル人」というカテゴリーに閉じ込められて、誰かに記録をとられるのはもういい。

　波風を立たせないよう黙って「日本人」と同じようにしていれば何も起きない。だが、研究の題材になったり、メディアに取り上げられたりする中で、なにか世間が抱いている「ブラジル人」「外国人」に対するイメージに違和感を覚えてきて、黙っていられなくなった。誰かに代弁されるくらいなら、自分たちで発信しようと仲間が集まり出来上がったのが映像作品 "Roots of Many Colors[1]" であり、音楽イベント "SHAKE FORWARD[2]" だった。「マイノリティ」に連想される「弱者」、「ブラジル」といえば「サッカー・サンバ・コーヒー」、……狭いカテゴリーの殻を打ち破って、自分たちで新しい意味を作り出したい、そんな私たちなりの試み。「〇〇人」代表ではなくて、一人ひとり違う人間であり、歩んできた道も、生きている環境も、考え方も違う。日本の生活が長いので自分を「日本人」と定義する人もいれば、どちらかだけではないどれも自分の一部だと考える人もいれば、自分は何人でもないと言う人もいる。他人の人生に踏み込んで、あれこれ疑問に思うことを質問するのはちょっと悪い気もする。しかし、根拠のないイメージで決めつけられるよりよっぽどよくて、「どうして、日本人のようなのにブラジル人なんだ？」とストレートに聞かれた方が、対話のきっかけになり、誤解や偏見を解いていける。何者であるかは、見た目ではなくて、結局その人と対話をすることでしかわからないことなのだ。

---

[1] 日本住む多様な「ルーツ」を持つ人たちの思いを綴ったドキュメンタリー。Roots of Many Colors/2008年/ドキュメンタリー/76分/日本。
[2] ミックスルーツなアーティストたち、またスタッフによる、音楽を通じて体感できる多文化コミュニケーション・音楽イベント。主催：ミックスルーツ・ジャパン http://www.mixroots.jp/

第19章 時代が変われば、社会学も変わる
―― 新しい社会学的思考の担い手となるべき社会学入門者のために

櫻井龍彦
Tatsuhiko SAKURAI

1. はじめに

　ここまでの各章の内容から分かってもらえたと思うが、社会学は非常に多様な対象を、非常に多様な方法や視点で扱う学問である。それゆえに社会学の特徴を簡単にまとめるのはかなり困難だが、それを承知であえてまとめれば、社会学の特徴はさしあたり以下の2点にあるといえるだろう。

　第1に、社会学はその名称からして明らかなように、「社会的なもの」の成り立ちを問う。その社会的なものの内容は、家族であったり地域社会であったり国家であったりあるいは世界全体であったりとさまざまだが、いずれにしても社会学はまず、人間の行為や関係の束としての社会的なものがどのように成り立っているか、という点を問題とする。そしてこの点は、人間がそのような社会的なものなしには生きてはいけない存在である以上、われわれにとってきわめて重要な問題であることはいうまでもない。

　そしてこうした、人間と社会的なものとの深い結びつきに関連して、社会学の第2の特徴として、さまざまな出来事や経験を、そのような社会的なものによって形成されたものとして対象化する点をあげることができるだろう。たとえば、男女の社会的役割の違いをはじめとする性差の問題は、かつてはもっぱら男女それぞれの生物学的な特質にもとづくものとして論じられていたが（そして通俗的な男女観としては現在でもそのような論じ方は根強く存在するが）、それが社会的に形成されたものとしての側面を多々持ち合わせていることは、最近一般にも広く知られるようになってきた**ジェンダー**の概念などを思い浮かべてみても明らかであろう[1]。このように社会学は、通常は社会的に形成されたものであることが忘れられがちなさまざまな事柄について、それがいかにして社会的に形成されているかという点を明らかにすることを、一つの重要な役割としてきた。

---

[1] ジェンダーとセクシュアリティについては、第3章を参照。

もちろん、社会的なものの成り立ちを問うということと、さまざまな事象を社会的なものによって形成されたものとして対象化するということとは、多くの場合は密接に関連している。したがって、両者を単純に別個のものとして区別するような考え方は生産的ではないし、また両者は社会学的認識としての妥当性をめぐって対立関係にあるというわけでもない。とはいえ、大まかな分類として、社会学的思考にはこうした2つの形があるということは指摘しておくことができる。

　さて、以上をふまえて本章で考えてみたいのは、上記の2点のうちの特に後者に関連している。上で述べたように、人間が社会的なものと切り離せない存在であるがゆえに、人間に関連するさまざまな事象が社会的に形成されたものとしての側面を持っているのなら、それは当然、社会学的思考それ自体にもあてはまることになるだろう。だとすれば、社会に暮らす人々がどのような社会学に魅力や説得力を感じるか（あるいは感じないか）という点も、それぞれの社会のあり方によって大きく異なるに違いない。

　そして私には、こうした違いを認識することが、社会学を学ぶ上で非常に大きな意味をもっているように思われるのである。そこで本章では、時代の変化によって生じる社会学の魅力や説得力の変化に注目して、この点について簡単に私見を述べておきたい。それによって、社会学入門者である読者に、自分自身が社会学にどのように取り組んでいくかを考えてもらうきっかけを提示することが、本章の目的である。

2. 社会学的思考の典型としてのアーヴィング・ゴフマン

　さて、時代の変化によって生じる社会学の魅力や説得力の変化といきなり言われてもイメージがわかないだろう。そこでまず、読者に具体的なイメージを持ってもらうために、本章を執筆している私の研究について簡単に説明しておこう。私がもっとも強い関心を持って研究しているのは、人と人とが直接的・対面的におこなうような**コミュニケーション**の構造と、そうしたコミュニケーションの中で対面的に関わり合っている当事者たちの**自己**がどのように形成されていくかという点である。そしてこうした点を考える上で、私に重要なヒントを数多く与えてくれた人物の一人に、カナダで生まれアメリカで活躍したアーヴィング・ゴフマンという社会学者がいる[2]。

---

[2] ゴフマンの理論および自己に関する社会学の考え方については、第1章も参照のこと。

紙幅の都合上、ゴフマンの社会学の特徴について詳細に説明することはここではできないが、ごく簡単にまとめると、ゴフマンの社会学の特徴は、当事者同士の対面的な関わりを**パフォーマー**と**オーディエンス**の関係、つまり他者の視線を意識してその視線に対して演技してみせる役者と、その演技を眺める観客との関係になぞらえてとらえた点にある。もちろん、パフォーマーとオーディエンスの関係は、劇場の舞台の上で演技をする役者と、それを客席から見る観客との関係とは異なり、固定的なものではなく可変的なものである。つまり、オーディエンスに対してパフォーマンスをおこなうパフォーマーは、同時にそのオーディエンスの行動を一つのパフォーマンスとして眺めるオーディエンスでもある。いずれにしても重要なのは、われわれは他者との対面的なコミュニケーション状況において、他者に見られる存在であることを一瞬たりともやめることができないという点である。そしてゴフマンは、他者の視線を意識してある種の演技を遂行するような感覚で他者に対して自己を作り上げることを**自己呈示**と呼び、外見のコントロールによってより望ましい自己イメージを獲得しようとすることを**印象操作**と呼ぶ[3]。

　さて、以上の整理から明らかなように、われわれの日常の暮らしにおいては他者との対面的な関わりは不可避である以上、われわれの自己というものは、根本的に他者に見られることを意識して形成される演技的な構成物であることから逃れられない。そしてそれゆえに、「個人は自分のイメージを完成させるのに他人たちに頼るということであって、自分だけでは自己イメージの一部しか描けない」[4]ということになる。というのは、他者に見られている状況においては、自己のイメージはその他者に実際のところ自分がどのように見えているか、ということと切り離せないものになっているからである。たとえば、「強くたくましい自分」という自己イメージを自分が欲していたとしよう。そのとき、いくら自分の心の中で、「自分は強くてたくましいのだ！」と唱えてみても、表情やしぐさに動揺や不安げな様子が現れていたとしたら、他者は強くたくましい自分という自己イメージなど承認してくれないし、そのような他者による承認なしに自己イメージを維持しようとしても、それは不可能だろう。なぜなら、他者による承認なしに形成される自己イメージなどは、結局は自分で勝手に都合よく作り上げたにすぎない、いってみれば単なる「でっち上げ」でしかないの

[3]　以上のようなゴフマンの発想は、「ドラマトゥルギー・アプローチ」とも呼ばれる。詳細については、ゴフマン（石黒毅訳）『行為と演技―日常生活における自己呈示』誠信書房，1974 を参照。
[4]　ゴフマン（浅野敏夫訳）『儀礼としての相互行為―対面行動の社会学』法政大学出版局，2002。

ではないか、という疑念が生じてしまうからである。いいかえれば、他者の視線から切り離された自分の内面において、「本当の私」とか「真の自分」とかいったものを作り出すこと自体は不可能ではないかもしれないが、そのようにして形成される自己の存在証明を、自分自身ですることはできない。「自分はこのような人間である」というイメージは、結局のところ、他者とのコミュニケーションの中で、他者による承認という手続きを踏まないと、自分自身でも維持することができないのである。

　このことは、「敬意」の問題を考えてみると一層よく分かるだろう。程度の差はあれ、われわれは誰でも、自分は尊敬されるに値するような価値ある人間でありたいと願っている。しかしだからといって、われわれは自分で自分に敬意を与えることはできないし、仮にそうしたところで、自分が敬意に値する価値ある人間であるという自己イメージを維持することなどできないだろう。逆に、そんなことをしても虚しさがつのるだけだ。つまり、「人は他人から敬意表現が寄せられるのを望み、現に寄せられ、またその敬意表現に値するかもしれない。だが、一般に人は敬意表現を自分自身に向けることはできず、他人からそれが向けられるのを求めるしかない」[5]のであり、敬意に値する自分というイメージは、他者に依存しなければ決して維持されえないのである。

　以上のように、ゴフマンは自己というものが他者とのコミュニケーションと不可分に結びついたものであることをさまざまな角度から明らかにしていく。そしてこうしたゴフマンの考え方からは、以下のような自己観も導き出されていくことになる。それは、自己というものはコミュニケーションと不可分のものである以上、自己はそれぞれのコミュニケーション状況に応じて変化する、きわめて可変的なものである、という自己観である。つまり、われわれの自己は、「A」というコミュニケーション状況においては自己呈示「a」として存在し、状況「B」においては「b」として存在し、さらに「C」においては「c」として、「D」においては「d」として……というように、その都度のコミュニケーション状況における自己呈示としてしか存在しない。そしてそうであるからこそ、a、b、c、d……と、それこそ状況に応じて無限に存在する自己のうちのどれが本物であり、どれが偽物であるとかいったことがいえるようなものでもない。また、他者に対する自己呈示という仮面をはぎとれば、そこに「素顔」の「本当の私」が存在するというわけでもない。というよりむしろ、自己とはそのような仮面

[5] ゴフマン、前掲書。

それ自体のことにほかならないというのがゴフマンの指摘であり、仮面の背後に素顔があるというような、常識的な発想に冷や水を浴びせたところに、ゴフマンの斬新さがあるのである。

このように、ゴフマンの発想は、自己というものを他者とのコミュニケーション状況という「社会」――「国家」や「世界」などと比べるとだいぶ規模が小さいがこれも一つの「社会的なもの」であることは確かである――に徹底して還元してとらえる点に大きな特徴がある。そしてこうした発想が、先ほど確認した社会学の第2の特徴とぴったり重なるものであることは明らかだろう。この点で、ゴフマンのコミュニケーション論や自我論は、社会学的思考の一つの典型的な形なのである。

3. 社会の変化と社会学

さて、ここで指摘しておきたいのは、私が大学に入って社会学に出会った頃（それは本章の執筆時点からちょうど20年前にあたるのだが）には、こうしたゴフマンの指摘が非常に面白く、また魅力あるものに感じられていたということである。自己というものが、自分という閉じた世界の中で完結してしまうものでも、そうした閉じた世界の中で安定的に存在するものでもなく、他者とのコミュニケーションによって作られたものにすぎないということ。そしてその意味で非常に曖昧なものであり、また可変的でもあるということ。こうしたことは、自己というものの自明性を突き崩すものとして、大きな衝撃をもたらしてくれた。また、そのようにして自己というものの自明性が突き崩されることは決して悪いこととも不快なこととも感じられず、非常に痛快なことのように感じられていた。そして、このような形で今まで思ってもみなかったような自己のあり方を指し示してくれる社会学の考え方は、非常に面白いものに思えたのである。

そんなことを一つのきっかけにして社会学に魅了され、そして社会学を教えることを仕事とすることになった私は、どうしても自分がゴフマンに出会ったときの興奮を学生に伝えたくなる。自己などといっても、結局それはコミュニケーションの産物でしかなく、そして仮面の背後に不変の安定した素顔としての「本当の私」のようなものが存在するわけではないのだ、と。

しかし、学生の反応からして、現在の若年層の多くにとっては、ゴフマンはそれほど魅力的な社会学者ではないようである。もちろん今でも、ゴフマンを非常に面白いと感じる学生はゼロではない。しかし、そうした学生は明らかに

減りつつあるし、むしろゴフマンに対しては否定的な反応の方が目立つようになってきているように思う。そして、そうした否定的な反応のポイントをまとめると以下のようになる。「ゴフマンのいっていることは、論理的には正しいのだろうと思うし、理屈としては確かに理解できる。しかし、論理的には正しいにしてもなんだか肝心なことに手が届いていない気がするし、だから聞いていてとてももどかしく感じてしまう──」[6]。

　こうした学生たちの反応は、私にとってはもちろん意外であり驚きでもあるが、同時に大いに社会学的興味をかき立てられるものでもある。なぜなら、私が社会学に出会った頃はあんなにも魅力的に思えていたゴフマンの理論が、今の多くの学生たちにとってはそうではないという事実は、ゴフマンの社会学に対してどのような感覚を持つかという点自体が時代によって変わるということ、つまりそれぞれの社会の特質と深く結びついて形成される社会的なものであることを示唆しているからである。いいかえれば、ゴフマンの社会学がどのように受けとられるかという点自体が、先ほど社会学の第2の特徴としてあげたような発想のもとに、社会学的に考察される必要があると考えられるのである。

　では、現在の若年層の多くにとって、なぜゴフマンはさほど魅力的とはいえないものになっているのか。もちろん、この点についてはさまざまな考察が可能だろう[7]。しかし紙幅の都合もあるので、ここでは2010年1月15日の朝日新聞の「天声人語」でとりあげられていた、ある高校生による非常に印象的な短歌を手がかりに簡単に考察するにとどめておくことにしたい。その短歌とは以下のようなものである。

　　友が降り電車に一人残されてため息深く演技終了

　一読して明らかなように、この短歌を作った高校生にとっても、自己というものは他者（この場合は友人）に対する演技として存在するものにほかならない。したがって、ゴフマンの理論が魅力を失ったのは、ゴフマンの言っていることが論理的に誤っているからではないし、現在の若年層にはあてはまらないものだからでもない。ではなぜゴフマンの理論の魅力がなくなってしまったかとい

---

[6] こうしたゴフマンに対する反応をはじめ、本章の着想に際しては、筆者の勤務先である浜松学院大学現代コミュニケーション学部の社会学概論の受講者がよせてくれた感想から多くの示唆をえた。記して感謝する。
[7] 本章では詳しくふれることはできないが、現在の若年層のコミュニケーション観や自己観については、土井隆義による以下の一連の考察が参考になる。『〈非行少年〉の消滅──個性神話と少年犯罪』信山社、2003、『「個性」を煽られる子供たち──親密圏の変容を考える』岩波書店、2004、『友だち地獄──「空気を読む」世代のサバイバル』筑摩書房、2008。

えば、それは現在の若年層にとっては、ゴフマンの述べていることはある意味でもはや陳腐なものと化してしまっているからではないだろうか。

現在の若年層の多くにとっては、人間関係、特にかつてであればさほど演技というものを意識せずにすんでいたはずの、そして1日のうちのかなり多くの時間を共有しなければならない、友人という親密な相手との関係が徹底的に演技的なものと化しており、そのことが巨大なプレッシャーになっている[8]。上の短歌中の深いため息とは、そのようなプレッシャーから開放された瞬間に安堵の思いから思わず漏れ出てしまうものに違いない。こうしたことは、何年か前からよくいわれるようになったいわゆる「KY」、つまり場の空気が読めないことをタブー視するような感覚が現在の若年層の間に強く見られることからも理解することができるだろう。そして、このような友人同士の間での厳格な演技の維持や空気の読み合いに絡め取られている彼らにとっては、ゴフマンの理論は当たり前のことをただなぞっているにすぎないだろう。逆に彼らにとっては、自己というものがあまりにも他者——特に友人のような親しい相手——の視線に振り回されすぎていて安定感が持てないということこそが問題なのである。つまり彼らにとっては、自己は他者とのコミュニケーションの中で演技的に構成されるものであるといったゴフマンの指摘は、「演技的なものとしてしか自己など存在しないということこそが苦しみのもとなのに、そのことをちゃんと分かっているんだろうか!?」という苛立ちを覚えずにはいられないものなのだ。だからこそ彼らにとっては、ゴフマンの理論は理屈としては理解できるものであったとしても、それほど大きな意義を感じさせてくれるようなものにはなりにくい。

逆に言えば、私も含め、20年前の大学生たちがゴフマンを素朴に面白いと思えたのは、演技というもののプレッシャーがさほど強烈ではなく、また安定的な自己というものが半ば自明のものと化しており、したがってゴフマンの理論によって自己が揺さぶられることを楽しいと感じる余裕があったからにほかならない。つまり、ゴフマンの理論の論理的妥当性自体は時代を超えて普遍的であるとしても、それを面白いとか説得力があるとかいったように感じられるか

---

[8] ちなみに、現在の若年層の間では、友人のような親密な他者に対して演技する感覚は強くあるかわりに、電車で偶然同じ車両に乗り合わせただけの見知らぬ他者のような存在に対して演技する感覚は弱くなっているといえるかもしれない（かつてはその逆だったと思われる）。そして近年、公共の場における若年層のマナーの低下といったことがさかんに指摘されるが、その当否は別として、そのような印象が抱かれる理由の一端はこうした点にあるといえるだろう。以上のような点についても前出の土井の一連の考察は示唆に富んでいるが、浜日出夫「親密性と公共性」長谷川公一・浜日出夫・藤村正之・町村敬志『社会学』有斐閣、2007、pp.17-46 もあわせて参照されたい。

否かはそれぞれの社会のあり方次第であり、ゴフマンを面白いとか納得がいくとかいったように感じることができること自体が、ある一定の社会的条件の下ではじめて可能になるのである。そして、私がゴフマンに出会った頃というのは、たまたまそうした条件が揃っていた時代——おそらくその終わりに近い頃——だったのだろう。

では、現在の若年層にとって魅力や説得力のある自己観とはどのようなものなのだろうか。ゴフマンの理論には魅力を感じない彼らは、当然のことながら、他者とのコミュニケーションや、そこで要求される演技といったものの中には、自己を感じ取ることはできないはずである。

そしてここで注目すべきなのが、近年の**心理学ブーム**や「本当の私」探しといった現象ではないだろうか。他者とのコミュニケーションや、そこで要求される演技の中には自己を感じ取ることができないのだとすれば、自己は他者の目には決してふれることのないような自分の心の奥底に求められるほかない。そして、自分の心の中のより深い場所に存在するような自己であればあるほど、それは他者の目や表面上の演技に汚染されることなくより純粋なまま保たれているものとして高い価値を持つに違いない。しかし、そのようにして自己のありかが深くなればなるほど、自己は他者の目にはもちろん、自分の目にも非常に見えにくいものとなり、それを見るためには特別な方法が必要になる。それが心理学というわけだ。そしてそのような特別な方法によってようやく発見されるのが「本当の私」であり、それは他者から切り離された、自分だけが見たり感じたりすることのできるものとして意識されているのである[9]（逆に、ゴフマンの理論に素朴に面白さや説得力が見出されていた時代においては、そのようにして「本当の私」を追い求めるようなことは、あまりにも「ナイーブ」で「気恥ずかしい」ものとしてタブー視されていたように思う。それは、自己が安定的に感じられていた時代においては、自己はむしろその安定性を揺さぶられることによってよりよく感じ取られるものだと考えられており、自分の心の奥底を慎重に探索するかのようにして自己を感じ取ろうとするのは、根本的にずれたやり方であることが直感的に理解されていたためだろう)。

したがって、現在のコミュニケーションや自己をめぐる考察は、もはやかつ

---

[9] ただし、心理学によって表面上の演技や他者の視線から切り離されたものとしての自己を探究しようとするような発想は、多くの場合、心理学のとらえ方として誤っているように思われる。というのは、現実には多くの心理学的知見は、社会学的な自我論と同様に、自己や自分の心といったものがいかに他者と深く結びついたものであるかを明らかにしているからである。逆に言えば、こうした誤った——そして通俗的な——心理学観にもとづく心理学ブームがまきおこっていること自体も、社会学的考察に値する興味深い現象だといえる。

てのように素朴にゴフマンを前提として成立するようなものではありえない。むしろ、そのような前提が成立しがたいということ自体を新たな視点として採用し、そこから現在のコミュニケーションや自己がどのようなものに変貌しているのかという点を、より深い反省をもって考察することが、現在の社会学的なコミュニケーション論や自我論には求められているのである。

　ただし誤解のないように念のため断っておくが、こうしたことはゴフマンの理論がコミュニケーション論や自我論としてもはや無意味であるということを意味するわけではない。というのは、すでに述べたように、他者の承認なしに自分自身だけで自己イメージを維持することなどはおそらく不可能だからである。心理学などに依拠して、他者の目にふれることのない自分の心の奥底に「本当の私」を見つけ出そうとするような傾向は確かに広く見られるが、そうした「本当の私探し」が、多くの場合「自分探しの旅」と化し、しかもそれがなかなか終わりの見えない果てしのない旅になってしまいがちな理由の一つも、こうした点にあるのではないだろうか。つまりそれは、①他者から切り離された次元に存在する自己イメージを見つけ出す→②とりあえずそれが「本当の私」だとして満足する→③しかしそれは誰の承認も得ておらず、自分だけで都合よく作り上げただけのものにすぎないのではないか、という疑念が湧く→④次の新しい自己イメージを見つけ出す→⑤しかしそれは結局……、という悪循環に陥っているのである。こうした悪循環から脱却し、自分自身でも納得できるような自己イメージを確立して、さらにそれを維持していくためには、最終的には他者による承認という手続きをどこかで踏むほかないだろう。そしてこうしたことに思い至ったとき、ゴフマンの理論はあらためて大きな意義を持つだろうと思われる。

　しかし重要なのは、かつてとは違って、ゴフマンの理論を最初から素朴に面白いとか納得がいくとかいうように思えるような感覚は、明らかに弱くなってきているという点である。そしてこの点で、ゴフマンに素朴に依拠してなされるようなコミュニケーション論や自我論には、もはや十分な説得力や魅力があるとはいえない。繰り返しになるが、現在の社会学は、ゴフマンの理論が――仮にそれが論理的には正しいものであるとしても――もはや素朴には受け入れられないものとなっていること自体をふまえた上で、考察にあたらなければならないのである。

4.　社会学を学ぶからには

　さて、以上をふまえて私が読者に期待することは、現在においてよりアクチュアリティのあるコミュニケーション論や自我論は具体的にどのようなものかを考えるといった各論的なことではない（もちろん、コミュニケーション論や自我論に関心がある読者には、ぜひそうした各論的な問いにも取り組んでほしいとは思うが）。私が読者に期待するのは、以上のことを一つの事例として念頭に置いた上で、あなた自身が社会学について——もちろんとりあえずは本書の内容についてでかまわないが——何を「面白い！」あるいは「納得！」と感じ、何を「つまらない！」あるいは「納得いかない！」と感じたかに自覚的になるということである。なぜならそれこそが、あなた自身と社会学との関わり方を左右するものとして非常に重要な意味を持つことになるからだ。

　「面白い！」とか「納得！」と思ったところがあったら、もちろんそれはぜひ大切にしてほしい。おそらくそこには、あなたがこれまでなかなか言葉にすることができなかったことを言葉にすることを可能にし、自分自身に対して何が問題なのかをはっきりと認識させ、さらにそれを他者に伝えることをも可能にする有用な用語や概念や分析枠組みが数多く見つかるはずだ。そしてそれらは、あなたのものの見方や考え方を大きく前進させてくれるだろう。20年前にゴフマンをはじめとするさまざまな社会学の知見に出会った私が、それまで想像もしていなかったような新たな角度から自分や自分が生きている社会を見つめ、考えることができるようになったのと同じように。

　しかしそれにとどまらず、「つまらない！」とか「納得いかない！」と感じたことも大切にしてほしい。というのは、20年間におこったゴフマンに対する感覚の変化から分かってもらえるように、そうした「つまらなさ」や「納得のいかなさ」は、あなた自身が生きている社会と既存の社会学との間のすき間から生じているのであり、そのすき間にこそ、社会学が新たに考えるべき、そして今社会学を学びはじめたあなたが新たに取り組むべき重要な課題が潜んでいるはずだからである。

　社会学は常に社会を追いかけ続けてきたし、もちろん現在でもそうしている。しかし、いくら懸命に追いかけても、どうしても追いつききれない「何か」が、残念ながらすき間として必ず残っている。もちろんそれは、社会学の大きな限界である。しかし、そうしたすき間に気づいて限界を認識することが、新たな社会学的思考を切り開いていくきっかけになるのだから、限界は同時に大きな

可能性でもある。そして、本書に紹介されている社会学のさまざまな知見も、それまでの社会学——あるいはより広く社会科学全般——に「納得のいかなさ」を感じ、社会学と自分自身が生きている社会との間のすき間を懸命になって埋めようとした人々の遺産にほかならないのである。

もちろん、既存の社会学とあなたが生きている社会との間のすき間として何が残っているのかを認識するためには、まずは社会学についてある程度までは知ってみることがどうしても必要になる。そのために、本書のような入門書には大きな意義があるだろう。しかしだからといって、社会学を学ぶという営みが、社会学を知るだけで終わってしまっては困る。なぜなら、社会学を学ぶ上で最も重要なことは、いうまでもなく「社会学を知ること」ではなく、自分自身が生きている社会について自分自身で「社会学的に思考することができるようになること」だからである。

そして、自分自身の社会学的思考を作り上げていくためには、社会学を知ることでその面白さや説得力を味わうだけでなく、今この社会を生きているあなた自身が社会学にふれるときに感じるつまらなさや納得のいかなさも自覚してみる必要があるのである。また、そうした自覚にもとづいてあなた自身がはじめる新たな社会学的思考は、あなたにとってだけではなく、あなたとともにこの社会を生きている多くの人々にとっても大きな意味があるはずだ。なぜなら、既存の社会学と自分が生きている社会との間にすき間を感じるあなた自身の感覚もまた社会的なものによって形成されたものにほかならず、したがってあなたと同じようにすき間を感じて新しい社会学的思考の必要性を感じるのも、決してあなただけではないからである。

●考えを深めよう●

本書を通読して、次の点について考えてみてください。

①本書の内容について、何を「面白い！」あるいは「納得！」と感じ、逆に何を「つまらない！」あるいは「納得いかない！」と感じたかを、なるべく自分自身がふだんの暮らしの中で体験したり目撃したりした具体例にふれながら説明してみてください。

②「つまらない！」あるいは「納得いかない！」と感じた点について、それを「面白い！」あるいは「納得！」と思えるようなものにするためにはどのような修正や補足が必要か、あなた自身の考えを述べてください。

さらに学びたい人のための文献紹介

1. コミュニケーション論・自我論関連

①アーヴィング・ゴフマン（丸木恵佑・本名信行訳）『集まりの構造——新しい日常行動論を求めて』誠信書房，1980.
②アーヴィング・ゴフマン（石黒毅訳）『スティグマの社会学——烙印を押されたアイデンティティ』せりか書房，1987.
③ジョージ＝ハーバード・ミード（稲葉三千男・中野収・滝沢正樹訳）『精神・自我・社会』青木書店，1973.

＊注3，注4で紹介した以外のゴフマンの著作としては，①と②が特に面白い。③は自己というものが他者とのコミュニケーションと不可分のものであることを，人間の成長や社会性の発達の過程と絡めて詳細に論じた社会学的自我論の古典。

2. 社会学的思考の面白さと課題について

④エミール・デュルケム（宮島喬訳）『自殺論』中央公論社，1985.
⑤エミール・デュルケム（宮島喬訳）『社会学的方法の規準』岩波書店，1978.
⑥奥村隆編『社会学になにができるか』八千代出版，1997.
⑦パオロ・マッツァリーノ『反社会学講座』イーストプレス，2004.

＊④は社会学の古典中の古典。ある人が自分自身を殺害するという，一見したところこれ以上なく個人的な行為に思える自殺という現象が，実は社会的なものと非常に深く結びついた現象であることを明らかにしていくデュルケムの思考の軌跡をたどると，社会学的思考の醍醐味を存分に味わうことができるだろう。また，デュルケムの社会学的思考の特徴についてさらに詳しく知りたい場合は，⑤を読んでみるとよい。デュルケムがそれまでの社会学（あるいは社会科学）のどんなところに「納得いかない！」と感じていたのか，それを彼はどのように乗り越えようとしたのか，そしてそうした営みがいかにして新しい社会学的思考を生み出していったのか，という点が鮮やかに描かれている。⑥は社会学的に思考することの楽しさをさまざまな論点で体験させてくれる好著。⑦は軽妙な文体と思わず吹き出してしまうようなユーモアあふれる内容で，社会学的に思考することの大切さと，社会学的思考に疑いを持つことの大切さをともに分からせてくれる（なお，⑦にはより手軽に入手することのできるちくま文庫版もある）。

COLUMN　社会学の入門書から見る社会の変化
櫻井龍彦

　本章では、時代の変化によってどのような社会学に魅力や説得力が感じられるかという点も大きく変化するということに注目したが、こうしたことは社会学の入門書の内容にもはっきりと反映されているように思われる。

　たとえば、本書の第5章では階層の問題が扱われているが、筆者が社会学を学びはじめた頃の入門書では（ちなみに筆者が大学に入学したのは1990年のことである）、階層については、それはマルクス主義でいう「階級」とは別のものだという点が論じられるにとどまることが多かったように思われる。また、もう少しつっこんで日本社会の階層構造についての解説がなされる場合でも、一般的には他の国に比べて階層差が少なく平等性の高い社会とされる日本でも、学術的に調査してみると、階層を測定する際に用いられる諸指標（たとえば学歴、収入、社会的地位、文化的嗜好など）においてはさまざまな差異や非一貫性が見られるといった形で論じられることが多かった。いずれにしても、当時は階層差の問題は一般の人々にとってはあまり実感やリアリティのある問題とは受けとられておらず（もちろん、だからこそそうした一般的なイメージでは忘れられがちな差異や非一貫性を暴き出す専門的な研究には大きな意義があったことは忘れてはならないが）、当時の社会学の入門書における階層の扱いも、そうしたことを色濃く反映していたといえる。

　しかし、「格差社会」といったことがさまざまな場面で叫ばれている現在の日本においては、階層差の問題は一般の人々にもきわめてリアリティのある問題になっているだろう。バブル崩壊後の長期にわたる不況や、雇用形態の変化にともなう非正規雇用者の増大といったここ20年ほどで起こった変化は、1990年代初頭の日本では想像もできなかったような階層差を現実にもたらしている。逆にいえば、筆者が社会学に出会った頃の入門書であれば、第5章のような内容はありえなかったのであって、このことは、第5章であげられているさまざまな文献の出版時期が、1990年代後半以降に集中していることからも分かるだろう。

　もちろん、階層の問題は一例にすぎない。要するに、時代が変われば社会も変わり、そしてそれに連動して社会学の内容も変わるのである。そんなことを念頭におきながら、時間があったら図書館に行ってそれぞれの時代の社会学の入門書にさっと目を通してみるとよい。そうすると、社会の変化にともなう社会学の変化が、さまざまな点で浮かび上がってくるはずだ。そしてそんなところから、社会と社会学との関係性を考えてみるのも面白いだろう。

補論　場所が変われば、「社会学」も変わる
―― 国境を越えて社会学を学ぶということ

木村真希子
Makiko KIMURA

1………はじめに

2001年にインドのジャワーハルラル・ネルー大学に留学した時のこと。しばらくの間、自分の研究に関連のある分野の論文を読んでも、なかなか文脈がつかめず、苦労した。また、社会学の理論や概念を使っても、日本にいたときとは違う意味にとられることもあり、そのギャップに苦心した。

インドと日本では社会的文脈は異なり、したがって議論の仕方が異なるのも当然である。が、同時に「理論」というものは普遍的に適用できるものだからこそ「理論」なのであり、国や社会によって違ってしまっては「理論」とは呼べないのではないだろうか、という疑問もぬぐい切れなかった。このように、同じ社会学といっても、日本とインドの大学における研究・教育のあり方は大きく異なっている。

試みに、インド社会学で議論されている分野を紹介してみよう。これは「社会学の実践[1]」という、インドにおける社会学の教育と研究に関する課題に関する論文を集めた本の目次で扱われているイシューである。教育法やシラバスに関するものを除くと、下記のような分野が取り上げられている。「開発社会学と貧困」、「環境と社会」、「カーストと社会学」、「ダリット闘争とインド社会学における認知」、「社会学と女性学の出合い」、「社会学とジェンダー」、「母系制とジェンダー、部族社会」「社会学とカルチュラル・スタディーズ」、「文化とグローバリゼーション」。環境やジェンダー、カルチュラル・スタディーズ、グローバリゼーションなど、日本でもおなじみの社会学のアジェンダと並行して、貧困[2]と開発社会学やカースト制、ダリット、母系制と部族社会など日本ではあまり取り上げられないイシューが並んでいる。たとえば、日本では第三世界の開発問題は経済学や開発学の領域とされており、また部族社会や母系制はどちらかといえ

---

[1] Chaudhuri, Maitree ed. *The Practice of Sociology*, New Delhi: Orient Longman, 2003.
[2] 日本で議論されるグローバリゼーションの影響による格差論とは異なり、インドでは低開発による貧困が長らくイシューとされてきた。そのため、開発社会学と合わせて語られている。詳細は Ravinder Kaur, "Development Sociology and the 'Poverty' Question," in Chaudhuri ed., pp.129-157.

ば文化人類学で扱われるだろう。こうした違いは、何を意味するのだろうか。

2………西洋の理論と、現地の文脈と――輸入学問としての社会学

　社会学はヨーロッパで生まれ、その後日本や他の国々に輸入されてきた。インドでは、1947年の大英帝国からの独立以後、社会学が本格的に学問領域として発展し始めた。それまでは、いわゆる「未開社会」を研究する文化人類学の方が盛んであり、「社会学」の発展は独立以後のことである。当然のことだが、対象社会が異なる日本とインドでは、社会学の関心領域やその後の発展の仕方は異なっている。

　インドにおいては、植民地時代に盛んであった「部族（トライブ）研究」や「未開社会の研究」に代わり、1950年代から70年代にかけて「村落研究」が盛んになった。そこでは、インドの村落が完結した一つの世界であるというオリエンタリスト的な先入観が問われ、同時に、孤立した自給自足の閉鎖社会という前提が問われた。村落研究に関しては、社会人類学者と社会学者が相互の見解を交換しあい、両者の違いが問われることは少なかった。また、村落研究は経済学者、政治学者、その他の社会科学者にも影響を及ぼした。

　さらに、村落研究でのフィールド調査の知見はカースト研究に重要な影響を及ぼした。カーストの動態性を密接に検証することにより、1950年代、60年代の社会学者は宗教と儀礼におけるカーストの役割が低下していると同時に、政治におけるカーストの重要性が増していることを指摘した。農村部におけるジャーティ（カースト制度の基礎となる、地域社会における共同体の単位）の変動に着目することにより、静的で硬直したカースト観から、絶え間なく変化するカースト観を構築し、歴史家やインド学者に対して過去のデータの再考を促した。このように、社会学における村落研究やカースト研究は社会変動という視点を取り入れ、独立後の変化が伝統的な村落社会やカースト制度に与えた影響を理解する上で大きな役割を果たした。

　こうしてインド社会学では、村落やカーストなど、西洋社会とは異なるインド独自の課題が大きな関心を集める一方、環境やジェンダーなど、西洋社会と同様の新しい研究領域も台頭した。特にジェンダーは80年代以降、領域横断的な注目を集めたが、その際、社会学者による貢献が非常に大きかった。こうしたジェンダーへの関心は、社会学内部で新しい概念、方法論、理論をもたらした[3]。

---

[3] Beteille, Andre, "Newness in Sociological Enquiry," Chaudhuri, Maitrayee ed., pp.403-419.

しかし、こうした新しい領域においても、西欧の理論とのミスマッチという問題は継続した。アンドレ・ベテイユは、「多くの社会科学の領域に共通することだが」と前置きしつつ、「特にインドの社会学は、借り物の理論、概念、方法論に依拠したため、いまだにシステマティックな社会の研究方法を確立できていないというのは本当である」と述べている[4]。

こうした問題は、社会学だけに固有の課題ではない。ヨゲンドラ・サインは、「インドの知識人（そして多くの発展途上国の知識人）は、歴史的な理由により西欧で発達してきた概念や思考体系、方法論、実施法を扱っている。知識人たちは過去にこれらを受け入れ、そして現在も受け入れ続けている。それは普遍的な共同体の創造的なパートナーとしてではなく、歴史の便利屋としてである。そのため、彼らの役割は革新的というよりは、模倣的である。」(Singh 1968: 27)。P. C. ジョシも、既に 1972 年の時点で「インドは他の発展途上社会と同様、社会の問題に社会科学が解決策を提示できないという問題を抱えている」と指摘した[5]。こうした主張は、もちろん無批判に受け入れられてきたわけではない。パトリシア・ウベロイは、「社会学は社会工学的でなければいけないのか？ 社会で起きていることの解釈や、政府に対する批判という役割をどう解釈するのか？」という疑問を投げかけている。ウベロイはまた、インドの社会科学全般が抱える問題として、知的植民地主義をあげている[6]。サティシュ・サベルワルは知的植民地主義の結果、「アフリカ・アジアの社会科学者が経済的、政治的および知的に第一世界の研究機関に依存し、そのために研究計画と優先事項を変更させている」と指摘している[7]。これは、1968 年の *Seminar* 誌の「知的植民地主義」に関する特集に掲載された論文であるが、この問題が独立後も、インドの知識人の間で一貫して問題であり、現在にも受け継がれていることを示している。

3………エスニシティを事例に

インドの社会学と同様、日本の社会学もまた「輸入学問」である。だが、同じ輸入学問でもインドと日本の社会学には大きな違いがある。それを理解するために、私の専門としているエスニシティ・ナショナリズム研究を例として取り

---

[4] Ibid. p. 413.
[5] P. C. Joshi, 'Question of Relevance' Seminar vol 157, 1972, pp. 24-29.
[6] Uberoi, Patricia, "Déjà vu?" *Seminar*, vol. 495, 2000, pp. 16-17.
[7] Saberwal, Satish (1968) "The Problem" in *Seminar*, vol 112, 1968, pp. 10-13.

上げたい。1960-70 年代、ヨーロッパにおける**地域主義**やアメリカ合衆国の**公民権運動**とそれに続く移民・難民集団による人種・民族差別に反対する対抗運動の台頭は、欧米におけるエスニシティへの関心の高まりにつながった。第二次世界大戦後、社会の近代化や産業化とともに安定的な近代的国民国家が形成され、人種やエスニシティの差へのこだわりは消滅し、偏見、差別、紛争、対立はなくなり、これらの問題は消滅すると思われていた。こうした前提が、欧米先進諸国においてひっくり返ったのである[8]。このため、エスニシティへのこだわりがさかんに研究されるようになった。そこには、移民・難民集団や少数民族による異議申し立てに、一定の正当性を認める社会的背景も存在した。こうした欧米発のエスニシティ・ナショナリズム論は、日本やインドの社会学にも影響を与えていった。

しかし、インドなどの**脱植民地国家**で民族・言語集団による運動の高まりがみられた背景には、先進諸国とは異なり脱植民地化という政治的・社会的変動が大きく影響していた。インドでは 1950-60 年代、州の単位を言語集団別に境界線を引きなおすことを求める運動がおこり、各地で**言語運動**が盛んになった。こうした運動の背景には、脱植民地化にともなう政治的変動の中で、誰が州内で権力を握るのかという闘争が大きく関係している。

アッサム州では、植民地時代の政策により多数の移民が導入され、下級官僚としてもベンガル人が多く登用された。アッサム語はベンガル語の方言とされ、州の行政言語としてベンガル語が採用されるが、地元のアッサム人の反対運動によってアッサム語が採用されたという経緯がある。独立後、州内の多数派であるアッサム語話者により、アッサム語の公用語化が目指され、言語運動が展開された。この背景には、植民地時代の移民の導入により、州内の中間階層の職業の多くが移民によって占められ、それに対して教育を受けた子弟が仕事に就くことができないアッサム語話者の不満が高まっていたことによる。独立後、州内の政権はアッサム人ヒンドゥー教徒を主流とする国民会議派が握り、そのため「土地の子」であるアッサム人が、アッサム語を公用語とし、かつ高等教育における教育言語として普及させ、自らが州内の覇権を握ることを試みた。

インド全体からみればアッサムは小さな州であり、アッサム人による公用語化要求はより大きな隣接するベンガル州に飲み込まれることを危惧したマイノリティによる自らの権利獲得運動とも映る。しかし、アッサム州内の勢力を考

---

[8] 関根政美「エスニシティの社会学」『国際社会学 [第 2 版]』梶田孝道編、1996、29-30 頁。

えると、アッサム州内には多くの移民集団、先住民族集団を抱え、アッサム人ヒンドゥー教徒はマジョリティである。そのため、こうした運動はしばしば保守反動的な側面を併せ持ち、逆にマイノリティに対してアッサム語を押し付けているととらえられ、反発を生んだ。特に山岳部にすむ先住民族集団はこうした動きに反発し、州分離を中央政府に対して働きかけた。これにより、カシ、ガロ、ジャインティア民族の住む丘陵地帯がメガラヤ州としてアッサム州より分離することとなった。

　こうした保守的で権力志向の傾向は、いまだに北東部における学生運動に根強い。北東部で多く起きている先住民族による権利獲得運動は、しばしば学生団体によって主導されるが、こうした運動は体制批判的というよりも、むしろその後州内において何らかの地位を占めたり、政党政治への入り口として使う傾向がみられ、保守反動的な性格を持つこともしばしばである。そのため、マルクス主義の影響の強いインドの一部の知識層や市民社会から共感を得られにくいという側面が存在する。北東部には自治・独立を目指し、武装闘争をも辞さない民族組織が体制の権威や正当性に挑戦する運動が存在する一方、こうした権力志向の運動の流れが存在する。

　言語運動や地域主義運動と並び、カースト・トライブ集団などの政治への利用、いわゆる「アイデンティティ・ポリティクス」と総称される現象が1980年代後半から目立つようになってきた。独立後のインドでは、カーストのような伝統的制度は近代化に伴って消滅するという楽観論が大勢を占めていた。しかし、前述のように、カーストはむしろ政治の中で重要な役割を果たすようになり、独立後の政治システムの下でも集票組織として、また利害集団として残った[9]。

　1980年代前後から「その他後進諸階級（Other Backward Classes、略称OBCs）」に対する優遇措置の是非をめぐって対立が起きた。この制度の導入に関し、1990年には連邦政府が一部導入を認め、激しい反対運動が展開された結果、当時の新政権崩壊の一因となった。この背景には、「緑の革命」を経て急速に力をつけてきた中堅農民層の政治的台頭の中で、「カーストを単位とする政治的結集が行政や政治における勢力の配分を迫る手段となってきたことに最大のポイントがある」と押川は分析する[10]。

　こうしたカーストを中心とする政治的行動は、アメリカにおいて1970年代、

---

[9] 押川文子「インド政治とカースト―『後進諸階級』問題を中心に」中兼和津次編、1994, 303 頁.
[10] 押川前掲論文, 320-21 頁.

80年代に黒人の政治進出が実現したことにより、優遇策に対する反感から新人種主義が生まれてきた現象に通ずる側面もあるが、伝統的社会と農村部の変化を背景としたインドと、高度に発達した資本主義社会であるアメリカでは文脈の違いが指摘できるだろう。インドでは、ウッタル・プラデーシュ州やビハール州などの中央に大きな影響力を持つ州で実際に政権交代がおこり、中間カーストが政権を取るという政治変動が起き、連邦政府レベルにも大きな影響をもたらした。と同時に、上位カーストによる私兵集団の台頭というバックラッシュと、政治の暴力化といった別の側面をも生み出した[11]。

　こうした文脈の違いを踏まえ、さらにインドの社会学に独自なエスニシティやナショナリズムの議論というものは、残念ながら現在のところあまり見かけない。欧米で発展してきたエスニシティなどの議論をインドの文脈で解釈しなおして議論に応用したり、カースト概念を使い続けているのが現状である。日本の社会学におけるエスニシティ・ナショナリズム論も、やはり欧米での議論の焼き直しに過ぎない部分が大きい。むしろ日本においてもインドにおいても、それぞれの文脈に適合した概念や理論を発展させていけば、よりエスニシティやナショナリズムの議論が各国の社会背景や条件を反映したものとなり、豊かな議論につながるだろう。

　日本とインドの両方の状況を知り、両方の文脈を往復しながら社会学を学んでいく中で、思わぬ示唆を得ることが多かった。日本や欧米社会のように、マジョリティの権力が強固な社会と異なり、インドなど脱植民地国家においてはそもそも「マジョリティが誰か」ということがはっきりしていない。しかし、それは抑圧やそれに対抗する運動がないということを意味せず、むしろ脱植民地化の変化の中でマジョリティの地位を獲得しようとする闘争が起きたり、また独立後の政治的変化の中で中間カーストが台頭したことにより、上位カーストの一層の保守化と政治の暴力化を招いている。こうした保守化・反動化の契機が高いため、研究者の間では必ずしもエスニックもしくはカースト運動に対する社会的正当性の認知は高いとはいえない。このような研究者の姿勢に当初は戸惑いを感じたが、次第に上記のような状況を知るにつれ、自らもその前提を共有し、納得する面も存在した。インドにおけるマイノリティによる運動は解放や権利獲得を目指す一方、政治的交渉により権力配分に応じ、利益誘導型政治の中に

---

[11] 中溝和弥「地主と虐殺—インド・ビハール州における私兵集団の結成と政治変動」『アジア・アフリカ地域研究』第9-2号, 2010, 180-222頁.

飲み込まれていくものも多い。マイノリティによる異議申し立てが盛んであることが問題解決の一歩であることは間違いないが、それだけでは問題の解決につながるとは限らず、政府の対応や権力配分のあり方が重要であるということを学んだ。

4………**おわりに**——国境を越えて社会学を学ぶということ

　この本の読者にも、海外のさまざまな問題や現象に興味があり、社会学的な興味関心を持って研究したいと思う学生は少なからずいるのではないかと思う。諸外国、特に欧米ではなくアジアやアフリカ、ラテンアメリカなどの第三世界の研究を始める際には、私がぶつかったような、それまで習って来た社会学の理論との矛盾にぶつかる学生もいるだろう。しかし、こうしたずれや矛盾の中にこそ、互いの社会学の間の違いや、ひいては社会的文脈、社会学の発展の仕方の違いといったより重要な問題への手掛かりが含まれていることも多い。こうしたずれや矛盾をぜひ大事にしてほしいと思う。

　今まで、社会学において地域研究、特に欧米以外の海外をフィールドとする研究者はあまり多くなかった。しかし、グローバル化の進行する現在、こうした境界線はどんどん崩れつつあり、またニーズも高まっている。こうした社会を研究する際、「社会学」の視点を持って調査研究することは、日本の中ではあまり蓄積がないため、困難を感じることも多いかも知れない。しかし、今までの研究にはない視点からの研究で、新たな発見をすることも多く、やりがいのある分野である。

　その際、「フィールド」として研究対象地にすることも重要だが、ぜひ対象国の研究機関に留学したり、現地の研究者との交流を試みてほしいと思う。異なる文脈の研究の流れに適応することは大変だし、また帰国後に再度日本の文脈になれるという二重の苦労があり、遠回りに感じるかも知れない。しかし、こうした経験は、単に対象となる研究テーマだけでなく、相手国の社会や高等教育のおかれた状況、知的植民地論、頭脳流出など、学問の背景にある状況の幅広い理解につながるだろう。

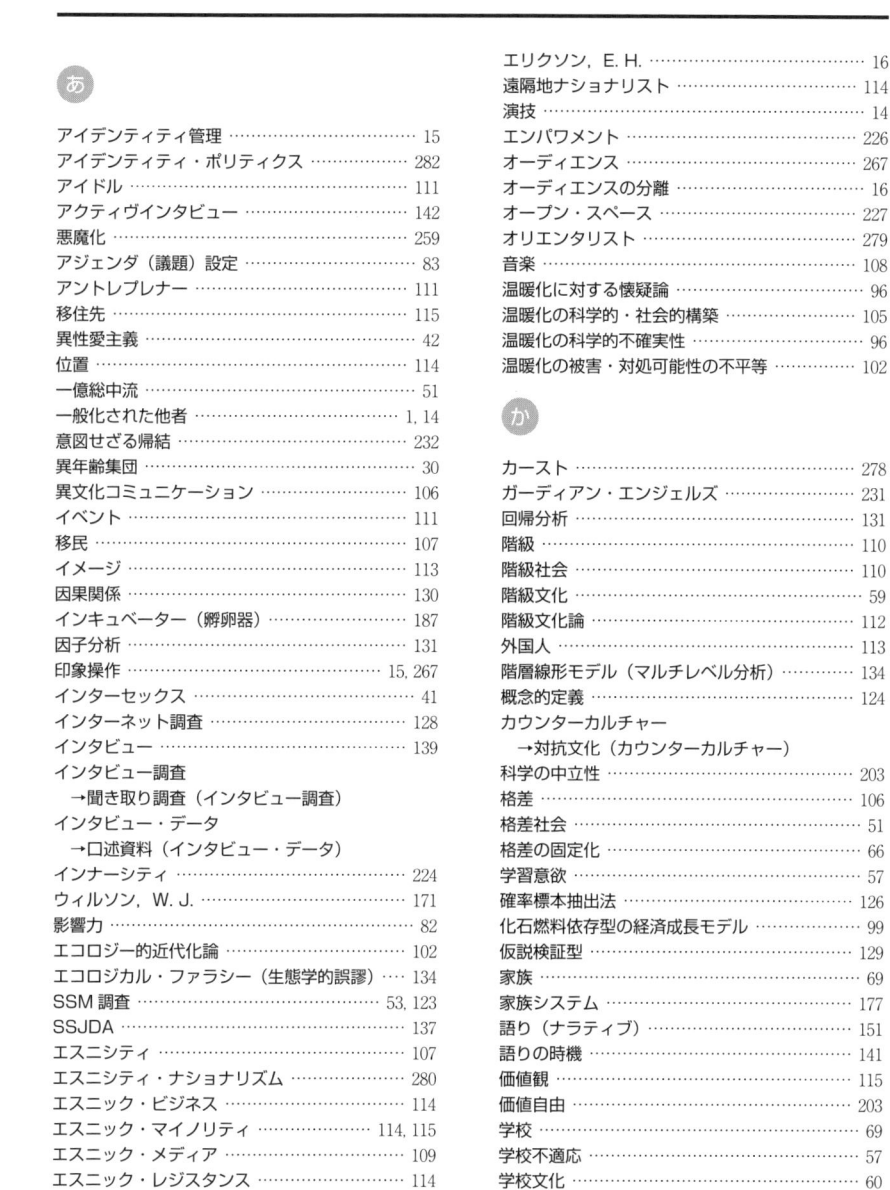

索引

あ

アイデンティティ管理 …………………… 15
アイデンティティ・ポリティクス …………… 282
アイドル ………………………………… 111
アクティヴインタビュー ……………………… 142
悪魔化 …………………………………… 259
アジェンダ（議題）設定 …………………… 83
アントレプレナー ………………………… 111
移住先 …………………………………… 115
異性愛主義 ………………………………… 42
位置 ……………………………………… 114
一億総中流 ………………………………… 51
一般化された他者 ……………………… 1, 14
意図せざる帰結 …………………………… 232
異年齢集団 ………………………………… 30
異文化コミュニケーション ………………… 106
イベント ………………………………… 111
移民 ……………………………………… 107
イメージ ………………………………… 113
因果関係 ………………………………… 130
インキュベーター（孵卵器） ……………… 187
因子分析 ………………………………… 131
印象操作 …………………………… 15, 267
インターセックス …………………………… 41
インターネット調査 ……………………… 128
インタビュー ……………………………… 139
インタビュー調査
　→聞き取り調査（インタビュー調査）
インタビュー・データ
　→口述資料（インタビュー・データ）
インナーシティ …………………………… 224
ウィルソン, W. J. …………………………… 171
影響力 ……………………………………… 82
エコロジー的近代化論 …………………… 102
エコロジカル・ファラシー（生態学的誤謬） … 134
SSM 調査 …………………………… 53, 123
SSJDA …………………………………… 137
エスニシティ ……………………………… 107
エスニシティ・ナショナリズム …………… 280
エスニック・ビジネス …………………… 114
エスニック・マイノリティ …………… 114, 115
エスニック・メディア …………………… 109
エスニック・レジスタンス ………………… 114

エリクソン, E. H. …………………………… 16
遠隔地ナショナリスト …………………… 114
演技 ……………………………………… 14
エンパワメント …………………………… 226
オーディエンス …………………………… 267
オーディエンスの分離 ……………………… 16
オープン・スペース ……………………… 227
オリエンタリスト ………………………… 279
音楽 ……………………………………… 108
温暖化に対する懐疑論 ……………………… 96
温暖化の科学的・社会的構築 …………… 105
温暖化の科学的不確実性 …………………… 96
温暖化の被害・対処可能性の不平等 ……… 102

か

カースト ………………………………… 278
ガーディアン・エンジェルズ ……………… 231
回帰分析 ………………………………… 131
階級 ……………………………………… 110
階級社会 ………………………………… 110
階級文化 …………………………………… 59
階級文化論 ……………………………… 112
外国人 …………………………………… 113
階層線形モデル（マルチレベル分析） …… 134
概念的定義 ……………………………… 124
カウンターカルチャー
　→対抗文化（カウンターカルチャー）
科学の中立性 …………………………… 203
格差 ……………………………………… 106
格差社会 ………………………………… 51
格差の固定化 ……………………………… 66
学習意欲 ………………………………… 57
確率標本抽出法 …………………………… 126
化石燃料依存型の経済成長モデル ………… 99
仮説検証型 ……………………………… 129
家族 ……………………………………… 69
家族システム …………………………… 177
語り（ナラティブ） ……………………… 151
語りの時機 ……………………………… 141
価値観 …………………………………… 115
価値自由 ………………………………… 203
学校 ……………………………………… 69
学校不適応 ……………………………… 57
学校文化 ………………………………… 60

葛藤理論（コンフリクトセオリー）	55, 184	計量分析	123
家庭背景	52	劇場型政治	80
仮親	30	言語	14
カルチュラル・スタディーズ	107	言語運動	281
カレンダー	116	言語コード	60
環境共存の社会学	93	幻想	55
環境問題の社会学	93	原点	112
記憶	115	権力	82
機会費用→放棄所得（機会費用）		公害	93
聞き取り調査（インタビュー調査）	109	郊外化	228
危険（リスク）	3, 217, 261	公害輸出	95
擬制親	30	後期近代	45
議題設定→アジェンダ（議題）設定		後期近代社会	15
ギデンズ, A.	17, 45, 170	公私の区分	44
機能	54	口述資料（インタビュー・データ）	152
機能システム	212	構造化インタビュー	140
機能主義	54	構造論的因果性	156
帰納的な研究戦略	140	高度近代社会	211
規範	14	高度経済成長期	34
帰無仮説	130	高度消費社会	201
教育選抜	52	公民権運動	281
教育達成	52	公務員試験	175
郷愁→ノスタルジー（郷愁）		合理性	114
業績主義	54, 55	合理的選択理論	60
均質化と差異化	225	考暦学	116
近代	155, 201	コールマン・レポート	55
近代化	17, 54	故郷	114
近代家族	32	故郷→ホームランド（祖国・故郷）	
近代家族の大衆化	34	国勢調査	127
近代社会	211	国民→ネイション（国民／民族）	
空間	115	国民国家	153, 216
空間論的転回	222	個人化	15
空洞化	112	個人化論	16
空動化	112	個人的なことは政治的である	39
Climategate 事件	97, 105	コスメティック・マルチカルチュラリズム	
クラスター分析	131	（うわべだけの多文化主義）	258
グリーン・ニューディール	101	コスモポリタン	223
クリエイティブ・クラス	226	個性尊重	57
クリエイティビティ	223	子育てネットワーク	30
グローバリゼーション（グローバル化）		子ども組	30
	3, 47, 72, 157, 216, 222	個票データ	137
グローバル・シティ	223	ゴフマン, E.	14
グローバル・メディア	88	コミュニケーション	266
ゲイ	44	コミュニティ	200
敬意	15	固有性	224
経済のグローバル化	94	雇用の流動化	66
系統抽出法	126	コンパクトシティ	225
芸能	108	コンフリクトセオリー	
系譜学	156	→葛藤理論（コンフリクトセオリー）	

さ

差異化 … 110
再解釈 … 116
再帰性 … 18, 211
再帰性の増大 … 45
再帰的 … 155
再帰的近代 … 18
再帰的自己 … 7
再現性 … 137
差異性 … 224
再生産 … 5, 111
在日ブラジル人 … 108
再分配 … 243
在留管理 … 257
サウンドバイト … 85
サラリーマン中心の社会 … 32
産業構造 … 53
産直（産地直送） … 186
サンプル→標本（サンプル）
参与観察（participant observation） … 111, 140
ジェンダー … 39, 265
ジェンダー分業 … 245
ジェントリフィケーション … 224
時間 … 116
自記式調査 … 128
自己 … 266
自己アイデンティティ … 16
自己正当化 … 56
自己責任 … 77, 218
自己責任論 … 261
自己呈示 … 267
自己物語 … 21, 142
自殺率 … 122
自助 … 170
実証主義アプローチ … 143
質的研究法 … 139
質問紙（調査票） … 124
シティズンシップ … 216, 242
シティ・セールス … 223
児童養護施設 … 176
シニシズム … 88
資本主義システム … 157
地元 … 228
ジモト … 228
地元意識 … 229
ジャーナリズム論 … 115
社会化 … 4

社会化機能 … 57
社会学的想像力 … 5
社会契約論 … 237
社会権 … 241
社会構造 … 4
社会構築主義 … 183
社会サービス … 245
社会システム … 177
社会心理学 … 113
社会秩序 … 56
社会調査 … 175
社会調査士 … 175
社会的凝集性 … 123
社会的事実 … 123
社会的ステータス … 109
社会的存在 … 1
社会的な死 … 1
社会的排除 … 246, 260
社会的分業 … 3
社会の「個人化」 … 7
社会福祉士 … 178
社会変動 … 52
社会保障制度 … 236
謝罪 … 255
シャッター商店街 … 225
自由権 … 238
集住都市 … 109
従属変数（被説明変数） … 130
周辺 … 156
受益権－受苦権 … 95
受益権－受苦権の国際的、空間的分離 … 95
受益権－受苦権の世代的、時間的な分離 … 98
主権国家システム … 156
出身階層 … 55
出生コーホート … 53
純粋な関係性 … 45
情 … 114
常識 … 115
承認 … 17
消費社会的な排除 … 230
情報発信力の南北格差 … 89
条約 … 255
植民地主義 … 157
新規学卒一括労働市場 … 66
人権 … 238
人口統計 … 110
人材配分 … 56
新自由主義 … 218, 259
新中間層 … 33

索引　287

人的資本論	70	相互行為の儀礼	15
シンボリック相互行為論	14	相互扶助的な共同体	228
シンボル	14	操作化	124
信頼性	125	操作的定義	124
心理学ブーム	271	創造都市論	226
衰退	112	想像の共同体	154, 250
スティグマ	15	相対的な格差	54
ステレオタイピング	113	総中流社会	76
生活クラブ生協	184	総力戦	81
生活史（ライフヒストリー）	22, 151	総力戦体制	243
生活文化	112	属性主義	54
生活保障	243	祖国→ホームランド（祖国・故郷）	
生活様式	116	存在論的不安	258
生－権力	43		
政策ブレーン	170		
生産の踏み車論	102		

た

セジウィック，E. K.	44	第1空間	199
生殖技術	46	大学入試の多様化	57
生存権	246	対抗的下位文化	60
生態学的誤謬→エコロジカル・ファラシー（生態学的誤謬）		対抗文化（カウンターカルチャー）	183
		第3空間	199
性同一性障害（者）	47	第3の道	170
正当化	55, 56	大衆	81
正統的文化資本	60	第2空間	199
生徒下位文化	57	第二の近代	217
性別適合手術	47	第二波フェミニズム	39
性別二元論	41	対立仮説	130
性別分業	32	代理人運動	188
セーフティネット	74	対話（Dialogue）	196, 260
世界市場	152	多国籍企業	73
世界システム	156	多次元尺度構成法	131
セクシュアリティ	39	脱工業化	72
セクシュアル・マイノリティ	46	脱植民地国家	281
世襲制	55	妥当性	125
絶対的な格差	54	多文化共生	256
説明変数→独立変数（説明変数）		多文化主義	256
ゼノフォビア（異質性嫌悪）	258	多文化的なアメニティ	226
先住民族	251	ダリット	278
先住民族の権利に関する国際連合宣言	251	探索型	131
全体主義	87	単純無作為抽出法→無作為抽出法	
選択可能性	16	男女雇用機会均等法	71
選抜システム	56	男性稼ぎ主モデル	73
選抜・配分機能	57	地位	54
専門家システム	3	地域	197
専門職・ミドルクラス移民	258	地域イメージ	225
相関関係	130	地域間交流	199
相関係数	130	地域社会	200
相互依存	2	地域主義	281
相互行為	13	地域づくり	200

地域のブランド	228
地位達成モデル	69
地球温暖化	93
父親の教育責任	31
知的植民地主義	280
中心	156
中心市街地の空洞化	202
中流階級	110
長期雇用慣行	70
調査疲れ	204
調査のための調査	205
調査票→質問紙（調査票）	
つながり	261
ディアスポラ	159
抵抗	114
TG →トランスジェンダー（TG）	
データアーカイブ	129, 137
デカセギ	109
田園都市	201
伝統	17
電話調査	128
統計的検定	130
統計的差別	71
同性愛者	43
到達階層	55
ドキュメント・データ →文献資料（ドキュメント・データ）	
ドキュメント分析	140
独立変数（説明変数）	130
都市間競争	223
都市計画	200
都市的な生活	16
留置調査	127
トライブ→部族（トライブ）	
トラッキング	57
ドラマトゥルギー	14
トランスジェンダー（TG）	47
トランスナショナル	111

な

内部労働市場	72
ナショナリズム	114, 228, 250
「名づけ」の暴力	42
ナラティブ→語り（ナラティブ）	
ニート	232
二次分析	137
日系移民	107
日本型福祉社会論	245
日本人性	253
ニュー・アーバニズム	225
ニューカマー外国人	252
ニューライト	244
人間主体の方法	143
ネイション（国民／民族）	250
年功制	55
年功賃金制度	70
能力主義	55
能力の社会的構成	56
ノスタルジー（郷愁）	114
のど自慢文化	112

は

場	115
背景知	141
排除	154
排除型ベンチ	231
バイセクシュアル	45
配分原理	56
白人性	253
場所性	224
場所の空間	222
バトラー, J.	41
パネルデータ	134
ハビトゥス	5
パフォーマー	267
パブリックヒストリー	146
パラダイム	81
パラノイア・ナショナリズム	259
ハレとケ	110
反証主義	134
班別予約共同購入	187
非異性愛者	44
非構造化インタビュー	140
非正規雇用	73
非正規雇用の増大	66
非正規（「不法」）滞在外国人	257
被説明変数→従属変数（被説明変数）	
ヒップホップ	113
表象	116
標本（サンプル）	126
貧困	51, 75
貧困ビジネス	233
ファーカス, G.	173
ファスト風土化	225
ファッション	108
フィールドワーク	109

フーコー，M.	42
普及	115
復元＝再構築	116
福祉国家	76, 241
複線型学校システム	57
服装	109
部族（トライブ）	279
「不法」滞在外国人	
→非正規（「不法」）滞在外国人	
フリーター	66
ブルデュー，P.	60, 111
フローの空間	222
プログラム	172
文化活動	107
文化圏	116
文化的再生産論	112
文化資本	112
文化資本論	60
文献資料（ドキュメント・データ）	152
ヘイトクライム（人権・民族・文化的差異への嫌悪に基づく反社会的行為）	258
ベーシック・インカム	247
ベック，U.	18
変革	5
放棄所得（機会費用）	58
包摂	153
ホームランド（祖国・故郷）	254
ホームレス	75, 222, 246
母子世帯	75
母集団	126
補償	255
ホスト社会	114
ポスト伝統的秩序	17
ポピュリズム	86
ホモソーシャリティ	44
ホモフォビア	44

ま

マイクロデータ	137
マイノリティ	252
マクロレベル	177
マジョリティ	252
マジョリティ社会	115
マス・コミュニケーション	80
マスターナラティヴ	145
マス・メディア	115
マス・メディアの社会的責任	89
まちづくり	225
マルチレベル分析	
→階層線形モデル（マルチレベル分析）	
ミード，G. H.	13
ミクロレベル	177
見て見ぬふりをしない	231
民族→ネイション（国民／民族）	
無作為抽出法	126
無知の姿勢	141
メゾレベル	177
メタメッセージ	176
メディア	82, 108, 114
メディア・ステレオタイピング	113
メリトクラシー	54
面接調査	127
面目	14
モダニティ	17
モデルストーリー	145
物語（narrative）	21
模倣＝再現	112

や

薬害 HIV	143
役割	13
役割取得	14
やむをえない措置	260
郵送調査	128
輸出志向型産業化	72
ユニークな物語	146
よそ者	203
ヨソモノ	229
予防原則（precautionary principle）	101
世論	115

ら

ライフコース	18, 70
ライフスタイル	116
ライフストーリー（life story）	138
ライフストーリーインタビュー	138
ライフヒストリー	
→生活史（ライフヒストリー）	
ライフ・ポリティクス	18
離散	112
リスク→危険（リスク）	
リスク社会	217
リスク社会論	102
流行	114
量的研究法	139

量的調査 …………………………… 123, 124	ロードサイド ………………………… 225
レズビアン ……………………………… 45	
レッチワース …………………………… 201	**わ**
連帯 …………………………………… 190	ワーカーズ・コレクティブ …………… 188
連累 …………………………………… 255	ワーキング・プア ……………………… 67
労働市場 ………………………………… 69	ワーク・ライフ・バランス …………… 76
労働市場の二重構造 …………………… 72	和解 …………………………………… 255
労働市場の分断構造 …………………… 72	割当法 ………………………………… 127
労働市場の流動性の増大 ……………… 72	割れ窓理論 …………………………… 231
労働者派遣法 …………………………… 73	

著者紹介

【編者】
塩原良和（しおばら　よしかず）
　慶應義塾大学法学部教授。1973年埼玉県生まれ。慶應義塾大学大学院社会学研究科後期博士課程単位取得退学。博士（社会学）。日本学術振興会海外特別研究員（シドニー大学客員研究員）、東京外国語大学外国語学部准教授等を経て現職。専攻は社会学・社会変動論、多文化主義研究、オーストラリア社会研究。
　主要業績に、『分断するコミュニティ』（法政大学出版局、2017年）、『分断と対話の社会学』（慶應義塾大学出版会、2017年）、『共に生きる』（弘文堂、2012年）、『変革する多文化主義へ』（法政大学出版局、2010年）、『ネオ・リベラリズムの時代の多文化主義』（三元社、2005年）、*Cultural and Social Division in Contemporary Japan*（共編著：Routledge、2019年）など。

竹ノ下弘久（たけのした　ひろひさ）
　慶應義塾大学法学部教授。1971年長崎県生まれ。慶應義塾大学大学院社会学研究科博士後期課程単位取得退学。修士（社会学）。日本学術振興会特別研究員等、静岡大学人文学部准教授、上智大学総合人間科学部教授を経て、現職。専攻は、社会階層論、国際社会学、比較社会学、計量社会学。
　主要業績に、"Intergenerational Mobility in East Asian Countries: A Comparative Study of Japan, Korea and China" (International Journal of Japanese Sociology, 2007年)、*Asian Cities, Migrant Labour, and Contested Spaces*（共著、Routledge、2010年）、"Voluntary and Involuntary Mobility in Japan: Resource, Reward and Labor Market Structure"（理論と方法、2008年）など。

【本文執筆者】
荻野達史（おぎの　たつし）
　静岡大学人文社会科学部教授。1968年埼玉生まれ。東京都立大学社会科学研究科博士課程単位取得退学。修士（社会学）。専攻は社会学・社会運動研究、教育社会学、「ひきこもり」研究。
　主要業績に、『ひきこもりもう一度、人を好きになる　仙台「わたげ」あそびとかかわりのエスノグラフィー』（明石書店、2013年）、『「ひきこもり」への社会学的アプローチ：メディア・当事者・支援活動』（共編著：ミネルヴァ書房、2008年）、「新たな社会問題群と社会運動：不登校、ひきこもり、ニートをめぐる民間活動」（『社会学評論』57(2)、2006年）など。

西村純子（にしむら　じゅんこ）
　お茶の水女子大学基幹研究院准教授。愛媛県生まれ。2005年慶應義塾大学大学院社会学研究科修了、博士（社会学）。専攻は、家族社会学。
　主要業績に、『ポスト育児期の女性と働き方―ワーク・ファミリー・バランスとストレス』（慶應義塾大学出版会、2009年）、『子育てと仕事の社会学―女性の働きかたは変わったか』（弘文堂、2014年）、*Motherhood and Work in Contemporary Japan*（Routledge、2016年）。

大貫挙学（おおぬき　たかみち）
　佛教大学社会学部准教授。1973年生まれ。慶應義塾大学大学院社会学研究科後期博士課程単位取得退学。博士（社会学）。専攻は、社会学、ジェンダー論。
　主要業績に、『性的主体化と社会空間―バトラーのパフォーマティヴィティ概念をめぐって』（インパクト出版会、2014年）、『越境する家族社会学』（共著：学文社、2014年）、「D. コーネルにおける『自由』の再検討―アイデンティティ再想像と社会構想の関係をめぐって」（『現代社会学理論研究』第10号、2016年）など。

荒牧草平（あらまき　そうへい）

　日本女子大学人間社会学部教授。1970年生まれ。大阪大学大学院人間科学研究科博士後期課程単位取得退学。博士（人間科学）。大学入試センター研究開発部助手、カリフォルニア大学ロサンゼルス校社会学部客員研究員、群馬大学教育学部准教授、九州大学大学院人間環境学研究院准教授を経て現職。専攻は教育社会学。

　主要業績に、『学歴の階層差はなぜ生まれるのか』勁草書房、2016年、『変容する社会と教育のゆくえ（教育社会学のフロンティア第2巻）』（共著：岩波書店、2018年）、『教育格差のかくれた背景：親のパーソナルネットワークと学歴志向』（勁草書房、2019年）、『教育と社会階層：ESSM全国調査からみた学歴・学校・格差』（共編著：東京大学出版会、2018年）。

烏谷昌幸（からすだに　まさゆき）

　慶應義塾大学法学部教授。1974年愛媛県生まれ。慶應義塾大学法学研究科博士課程単位取得退学。修士（法学）。尚美学園大学非常勤講師、法政大学非常勤講師、慶應義塾大学グローバルセキュリティ研究所助教を経て現職。専攻は政治社会学、ジャーナリズム論、マス・コミュニケーション論。

　主要業績に、「ジャーナリズムの『日常』の問題に関する一考察」『慶應義塾大学大学院法学研究科論文集第40号』（慶応義塾大学法学研究科、2000年）、「フレーム形成過程に関する理論的一考察」『マス・コミュニケーション研究　第58号』（日本マス・コミュニケーション学会、2001年）、『ジャーナリズムと権力』（共著：世界思想社、2006年）など。

平岡義和（ひらおか　よしかず）

　静岡大学人文社会科学部特任教授。1953年千葉県生まれ。東京都立大学大学院社会科学研究科後期博士課程単位取得退学。修士（社会学）。奈良大学社会学部教授等を経て現職。専攻は環境社会学、特に水俣病研究、日本とアジアの環境問題の比較研究。

　主要業績に、『アジアと世界（講座環境社会学5巻）』（共著：有斐閣、2001年）、『逸脱（講座社会学10巻）』（共著：東京大学出版会、1999年）、「環境問題のコンテクストとしての世界システム」『環境社会学研究』2号（有斐閣、1996年）など。

アンジェロ・イシ（Angelo Ishi）

　武蔵大学社会学部准教授。1967年サンパウロ市生まれ。サンパウロ大学ジャーナリズム学科卒業、東京大学大学院総合文化研究科博士課程単位取得退学。修士（文学）。在日ブラジル人向け週刊紙の編集長などを経て現職。専攻は国際社会学、メディア社会学、移民研究、ジャーナリズム。

　主要業績に、『ブラジルを知るための56章　第2版』（明石書店、2010年）、『移動する人々、変容する文化』（御茶の水書房、2008年）、*Transcultural Japan*（共著：Routledge Curzon, 2007年）、*Global Japan*（共著：Routledge Curzon, 2003年）、*Searching for Home Abroad*（共著：Duke University Press, 2003年）など。

田辺俊介（たなべ　しゅんすけ）

　早稲田大学文学学術院教授。1976年神奈川生まれ。東京都立大学社会科学研究科博士課程単位取得退学。博士（社会学）。専攻は社会意識（特にナショナリズムや政治意識）、計量社会学、社会調査方法論。

　主要業績に、『ナショナル・アイデンティティの国際比較』（慶應義塾大学出版会、2010年）、「「日本人」の外国好感度とその構造の実証的検討―亜細亜主義・東西冷戦・グローバリゼーション」『社会学評論』234号（2008年）、『日本人は右傾化したのか：データ分析で実像を読み解く』（編著：勁草書房、2019年）など。

南山浩二（みなみやま　こうじ）

　成城大学社会イノベーション学部教授。1964年長野県生まれ。東京都立大学大学院社会科学研究科

社会福祉学専攻博士課程満期単位修得退学。博士（社会福祉学）。静岡大学人文社会科学部教授等を経て現職。専門は、家族社会学、福祉社会学、「病い」のナラティヴ。

主要業績は、単著『精神障害者―家族の相互関係とストレス』ミネルヴァ書房、2006年、共編著『社会学―社会理論と社会システム』へるす出版、2008年、翻訳『「さよなら」のない別れ・別れのない「さよなら」』学文社、2005年、など。

石原　俊（いしはら　しゅん）

明治学院大学社会学部教授。1974年京都市生まれ。京都大学大学院文学研究科博士後期課程（社会学専修）修了。博士（文学）。千葉大学助教、明治学院大学准教授、カリフォルニア大学ロサンゼルス校客員研究員などを経て現職。専攻は歴史社会学、島嶼社会論。

主な著書に、『近代日本と小笠原諸島―移動民の島々と帝国』（平凡社、2007年：第7回日本社会学会奨励賞受賞）、『殺すこと／殺されることへの感度―〈2009年〉からみる日本社会のゆくえ』（東信堂、2010年）、『〈群島〉の歴史社会学―小笠原諸島・硫黄島、日本・アメリカ、そして太平洋世界』（弘文堂、2013年）、『群島と大学―冷戦ガラパゴスを超えて』（共和国、2017年）、『硫黄島―国策に翻弄された130年』（中公新書、2019年）などがある。

斎藤嘉孝（さいとう　よしたか）

法政大学キャリアデザイン学部教授。1972年群馬県桐生市生まれ。慶應義塾大学大学院社会学研究科修士課程修了、ペンシルベニア州立大学大学院社会学部博士課程修了。Ph. D.（社会学）。専攻は、親子関係・生涯発達・世代間交流・ライフコース等に関する調査研究、それに関連した福祉・教育制度の実証的検討および政策提言など。

主要業績に、『社会福祉調査』（新曜社、2010年）、『親になれない親たち』（新曜社、2009年）、『社会福祉を学ぶ』（医学評論社、2008年）、Special Issue: Intergenerational Pursuits in Japan（共編：Journal of Intergenerational Relationships, Vol. 7 (1)、2009年）

西城戸誠（にしきど　まこと）

早稲田大学文学学術院教授。1972年埼玉県生まれ。北海道大学大学院文学研究科修了。博士（行動科学）。北海道大学大学院文学研究科助手、京都教育大学教育学部講師、助教授を経て、現職。専攻・関心は社会運動論、環境社会学、地域社会学。

主要業績に、『抗いの条件―社会運動の文化的アプローチ』（人文書院、2008年）。『用水のあるまち―東京都日野市・水の郷づくりのゆくえ』（共編著：法政大学出版局、2010年）。『社会運動の社会学』（共著：有斐閣、2004年）など。

土居洋平（どい　ようへい）

跡見学園女子大学観光コミュニティ学部准教授。1973年東京都生まれ。慶應義塾大学大学院社会学研究科後期博士課程単位取得退学。修士（社会学）。NPO法人地域交流センター理事、東北文教大学短期大学部総合文化学科准教授等を経て現職。専攻は、地域社会学、農村社会学、農業と食料の社会学。

主要業績に、「仕掛けられる地域活性化」日本村落研究学会編『年報　村落社会研究第41集　消費される農村：ポスト生産主義下の新たな「農村問題」』（農山漁村文化協会、2004年）、「近隣観光の可能性と課題―農業・農村観の変化と「外来者（よそもの）」」『山形短期大学紀要』第41集、（2008年）、などがある。

菅野博史（かんの　ひろし）

帝京大学文学部社会学科教授。1965年東京都生まれ。慶應義塾大学大学院社会学研究科後期博士課程単位取得退学。修士（社会学）。専攻は、理論社会学、社会システム理論。

主要業績に、『現代社会理論と情報』（共著：福村出版、1996年）、「近代社会の自己記述は可能か？―ニクラス・ルーマンのオートポイエーシス的社会システム理論」『情況四月号別冊』（情況出版、1999

年）など。

五十嵐泰正（いがらし　やすまさ）

筑波大学大学院人文社会系准教授。1974年千葉県柏市生まれ。東京大学大学院総合文化研究科博士課程単位取得退学。専攻は都市社会学、国際移動論。

主要業績に、「北の『荒野』を往く──『成長の爪痕』と向き合う旅」『POSSE vol. 7』（合同出版、2010年）、『戦後日本スタディーズ③』（共著：紀伊国屋書店、2008年）、『新・国際社会学』（共著：名古屋大学出版局、2005年）など。

川端浩平（かわばた　こうへい）

津田塾大学学芸学部准教授。1974年岡山県生まれ。オーストラリア国立大学大学院アジア社会・歴史センター博士課程修了。Ph.D.（East Asian Studies）。専攻は社会学、カルチュラル・スタディーズ、日本研究（Japan Studies）。

主要業績に、『ジモトを歩く──身近な世界のエスノグラフィ』（御茶の水書房、2013年）、『サイレント・マジョリティとは誰か──フィールドから学ぶ地域社会学』（共編著：ナカニシヤ出版、2018年）、Cultural and Social Division in Contemporary Japan: Bridging Social Division（共編著：Routledge、2019）など。

冨江直子（とみえ　なおこ）

茨城大学人文社会科学部准教授。1973年滋賀県生まれ。東京大学大学院人文社会系研究科博士課程修了。博士（社会学）。日本学術振興会特別研究員PD、東京大学大学院人文社会系研究科・文学部社会学研究室助教などを経て現職。専攻は福祉社会学、歴史社会学。

主要業績に、『救貧のなかの日本近代─生存の義務』（ミネルヴァ書房、2007年）、『福祉権保障の現代的展開─生存権論のフロンティアへ』（共著：日本評論社、2018年）、『公正から問う近代日本史』（共著：吉田書店、2019年）、『福祉社会学のフロンティア──福祉国家・社会政策・ケアをめぐる想像力』（共著：ミネルヴァ書房、2021年）など。

櫻井龍彦（さくらい　たつひこ）

名城大学人間学部准教授。1971年長野県生まれ。慶應義塾大学大学院社会学研究科後期博士課程単位取得退学。修士（社会学）。浜松学院大学現代コミュニケーション学部教授等を経て現職。専攻は自己論、相互行為論など。

主要業績に、『社会学の饗宴Ⅰ　風景の意味──理性と感性』（分担執筆：三和書籍、2007年）、『希望の社会学──我々は何者か、我々はどこへ行くのか』（分担執筆：三和書籍、2013年）、『知の社会学の可能性』（分担執筆：学文社、2019年）など。

木村真希子（きむら　まきこ）

津田塾大学学芸学部多文化・国際協力学科教授。1974年横浜生まれ。ジャワーハルラル・ネルー大学（インド）博士課程修了。Ph. D（社会学）。日本学術振興会特別研究員（PD、東京大学東洋文化研究所所属）を経て現職。専攻はエスニシティ、ナショナリズム論、南アジア地域研究。

主要業績に We Lost Land: Colonial Forestry, Immigration and Land Alienation among Tribes in Assam（Indian Council of Historical Research, North-East Regional Centre, 2008）、「『暴動』をいかにとらえるか─南アジアにおける集合的暴力論の理論的展開」『PRIME』（明治学院大学国際平和研究所紀要、第27号、2008年）、「反移民暴動における民衆のエージェンシー──近隣コミュニティにおける集合的暴力」『国際政治』（第149号、2007年）など。

【コラム執筆者】

北相模美恵子（きたさがみ　みえこ）

　明星大学特任准教授。1965 年東京都生まれ。明星大学大学院人文学研究科（通信教育課程）教育学専攻博士前期課程修了。多摩市こぐま保育園に 28 年間保育士として勤務。2 人の子どもを育てながら働いてきた経験を生かし、育児に困難を感じる父母の応援が出来るように心がけている。子どもの育ちをより理解するため、2006 年臨床発達心理士を取得。発達に難しさを抱えた子どもと保護者への支援をライフワークとして考えている。

松木洋人（まつき　ひろと）

　大阪市立大学大学院生活科学研究科准教授。1978 年兵庫県生まれ。慶應義塾大学大学院社会学研究科後期博士課程単位取得退学。博士（社会学）。早稲田大学人間科学学術院助手、東京福祉大学短期大学部こども学科専任講師を経て現職。専攻は家族社会学。

　主要業績に、『子育て支援の社会学──社会化のジレンマと家族の変容』（新泉社、2013 年）、『〈ハイブリッドな親子〉の社会学──血縁・家族へのこだわりを解きほぐす』（共著：青弓社、2016 年）、『入門家族社会学』（共編：新泉社、2017 年）、『子育て支援を労働として考える』（共編：勁草書房、2020 年）など。

ウラノ・エジソン

　筑波大学大学院人文社会科学研究科准教授。ブラジル、サンパウロ州出身。東北大学大学院経済学研究科博士後期課程修了（経済学博士）。一橋大学大学院社会学研究科、日本学術振興会外国人特別研究員。一橋大学大学院社会学研究科フェアレイバー研究教育センターシニア・リサーチフェロー。上智大学外国語学部ポルトガル語学科講師を経て現職。専攻は国際社会学、労働社会学、ラテンアメリカ研究。

　主要業績に、「アウトソーシング市場の再編と在日ブラジル人労働者の移住過程」、『労働法律旬報』1635 号（旬報社、2006）、"Including the Excluded Workers?"（共著）、*Working USA: The Journal of Labor and Society*, Blackwell Publishing, USA, Volume 10 March 2007、"The Social and Economic Support among Migrants and the Families Left-Behind in Transnational Contexts"（共著）、*International Journal on Multicultural Societies*, UNESCO, Vol. 10, No. 2, 2008 など。

山口　仁（やまぐち　ひとし）

　日本大学法学部准教授。1978 年埼玉県生まれ。慶應義塾大学法学研究科後期博士課程単位取得退学。博士（法学）。財団法人国際通信経済研究所研究員、財団法人マルチメディア振興センター研究員、帝京大学文学部准教授等を経て現職。専攻はジャーナリズム論、マス・コミュニケーション論、情報化社会論。

　主要業績に、『メディアがつくる現実、メディアをめぐる現実』（勁草書房、2018 年）、『戦後日本のメディアと原子力問題』（共著：ミネルヴァ書房、2017 年）、『現代ジャーナリズムを学ぶ人のために　第 2 版』（共著：世界思想社、2018 年）。

MC BETO（エムシ　ベト）

　1972 年でブラジル、サンパウロ州生まれ。日本人とブラジル人グループ TENSAIS MC'S のリーダー。マルチ活動家として全国回って、ブラジルコミュニティ、学校、国際交流イベントでライブとスピーチをし、「現代問題と向き合うチャンスを掴めないと将来が無い」をテーマに、マスコミから沢山の取材を受け。

　オピニオンリーダーとして外国人労働者と連帯のフォラムでパネリストとして参加。また 2009 年、銀座で行われた派遣切り反対とエンパワーメント運動のデモ進行の先頭でリードをしました。

高野麻子（たかの　あさこ）

明治薬科大学薬学部講師。1981 年東京生まれ。一橋大学大学院社会学研究科地球社会研究専攻博士課程単位取得退学。博士（社会学）。日本学術振興会特別研究員（PD）などを経て、現職。専門は歴史社会学、移動研究。

主要業績に『指紋と近代―移動する身体の管理と統治の技法』みすず書房、2016 年。「定住と移動の溶解―移動する身体／意味づけられる身体」伊豫谷登士翁編『移動という経験―日本における「移民」研究の課題』有信堂高文社、2013 年など。

濱西栄司（はまにし　えいじ）

ノートルダム清心女子大学文学部現代社会学科准教授。1977 年京都生まれ。京都大学文学研究科指導認定退学。博士（文学）。日本学術振興会特別研究員等を経て現職。専攻は社会学理論、社会集団・組織論、社会運動論。

主要業績に『トゥレーヌ社会学と新しい社会運動理論』（新泉社、2016 年）、『問いからはじめる社会運動論』（共著、有斐閣、2020 年）など。仏語翻訳に『経験の社会学』（共訳、新泉社、2010 年）。

明石あおい（あかし　あおい）

NPO 法人 地域交流センター 理事、株式会社ワールドリー・デザイン代表取締役、「itona」編集長。1976 年京都府生まれ。早稲田大学第一文学部卒業。1999 年、地域交流センター入社、まちの駅のコンセプトデザインから全国協議会の立ち上げおよび運営の中核を担う。2010 年 5 月、実家のある富山県に U ターン。2011 年 6 月にまちづくりとデザインの会社を設立。

主要業績に『みんながとくする駅づくり』（地域交流センター）、『まちの駅ガイドブック』（地域交流センター）、H. Koike, A. Morimoto, K. Sasaki, A. Endo: Success of "Machinoeki", the Human Stations—10 Years Progress Report—, 10th International Conference for Walking, CD, 2009.

金　成垣（きむ　そんうぉん）

東京大学大学院人文社会系研究科准教授。1973 年ソウル生まれ。東京大学大学院人文社会系研究科博士課程単位修得退学。博士（社会学）。東京経済大学准教授、明治学院大学准教授を経て現職。専門は福祉社会学、比較福祉国家論、アジア社会論。

主要著作に、『後発福祉国家論』（東京大学出版会、2008 年）、『現代の比較福祉国家論』（単編：ミネルヴァ書房、2010 年）、『福祉国家の日韓比較』（明石書店、2016 年）、『アジアにおける高齢者の生活保障』（編者：明石書店、2017 年）。

宮ヶ迫ナンシー理沙（みやがさこ　なんしーりさ）

東京外国語大学大学院総合国際学研究科博士前期課程 1 年。多文化共生教育ネットワークかながわ（ME-net）事務局。1982 年ブラジル、リオデジャネイロ生まれ、日系 2 世。1991 年に来日。中央大学総合政策学部卒業後、通信制高校で生徒相談、入学相談等の業務を経て、現在、大学院で多文化教育やマイノリティ教育をテーマに教育社会学を学ぶ。

多様なルーツを持つ若者による音楽イベント「SHAKE FORWARD」（2008 年、2009 年開催）企画運営、外国にルーツを持ち日本で育った人たちのライフストーリーを綴ったドキュメンタリー「Roots of Many Colors」監督。

社会学入門

2010（平成22）年11月15日　初版1刷発行
2022（令和4）年2月28日　同 6刷発行

編　者　塩原　良和・竹ノ下弘久
発行者　鯉渕　友南
発行所　株式会社　弘文堂　　101-0062　東京都千代田区神田駿河台1の7
　　　　　　　　　　　　　　TEL 03(3294)4801　振替 00120-6-53909
　　　　　　　　　　　　　　　　　　https://www.koubundou.co.jp
装　丁　笠井亞子
印　刷　三美印刷
製　本　牧製本印刷

© 2010 Yoshikazu Shiobara, et al.　Printed in Japan
[JCOPY] <（社）出版者著作権管理機構 委託出版物>
本書の無断複写は著作権法上での例外を除き禁じられています。複写される場合は、そのつど事前に、（社）出版者著作権管理機構（電話 03-5244-5088、FAX 03-5244-5089、e-mail:info@jcopy.or.jp）の許諾を得てください。

ISBN978-4-335-55140-6